2010년대편 **2**권

한국 현대사산책

2010년대편 **2**권

한국현대사산책

증오와 혐오의 시대

강준만 지음

제1부   2012년

제8장 —— '나꼼수 비키니-코피 사건'과 'MBC의 6·25전쟁'

제9장 —— 싸이의 〈강남스타일〉, 문화 수출국으로 전환

2010년대편 5권

2012 『연합뉴스』 10대 국내 뉴스 ▼

1 제18대 대통령에 박근혜 당선
2 싸이 〈강남스타일〉 열풍
3 북北, 장거리 로켓 발사 성공
4 김정은 권력 승계
5 안철수 현상
6 검사 비리와 검찰 내분 사태
7 '하우스 푸어' 속출
8 '세종시대' 개막
9 삼성전자-애플 특허 충돌
10 새누리당, 4·11 총선 과반 확보

2012 『연합뉴스』 10대 국제 뉴스 ▼

1 동아시아 영토 분쟁
2 중국 '제5세대' 시진핑 시대 개막
3 미국 오바마 재선
4 유럽 경제위기 확산
5 계속되는 중동 혼란
6 자민당 재집권과 일본 우경화 급가속
7 세계 금융계, 비리 스캔들로 몸살
8 미국, 되풀이되는 총기 난사 사건 악몽
9 '무함마드를 모욕하지 마라'…이슬람, 분노의 반미 시위
10 몬스터 허리케인 '샌디' 미국 동북부 강타

제1장

이명박 정부의
도덕성 추락

김종인, 이명박의 자진 탈당 촉구

2012년 1월 2일 대통령 이명박은 신년 국정연설에서 "지난 한 해를 돌아보면서 국민 여러분께 송구스럽다는 말씀을 드리지 않을 수 없다"면서 "저 자신과 주변을 되돌아보고 잘못된 점은 바로잡고 보다 엄격하게 관리하겠다"고 밝혔다. 이 발언은 계속해서 발생한 대통령 친인척·측근 비리를 사과한 것으로 해석되었지만, 측근 비리 의혹은 계속 터져 나오고 있었다.

특히 이명박의 멘토이자 '방통대군'으로 통했던 방송통신위원회 위원장 최시중은 2008년 3월 방통위 초대 위원장에 취임한 이래 3년 넘게 이명박 정부의 방송·통신 정책을 주도했으며, 이 과정에서 종편 사업자 선정을 둘러싼 각종 특혜 의혹과 방송계 낙하산 인사와 온라인 통제 논란의 주역으로 지목되어 시민사회단체의 거센 반발을 사고 있었다.

1월 3일 수백억 원대 횡령 혐의를 받고 구속된 한국방송예술진흥원 이사장 김학인이 최시중의 '양아들'로까지 불렸던 최측근 인사인 전 방통위 정책보좌역 정용욱에게 EBS 이사 선임 청탁과 함께 2억 원을 건넸다는 의혹이 불거져 나왔다. 최시중의 자진 사퇴를 요구하는 목소리가 나왔지만, 최시중은 김학인 구속에 대해 "방통위가 선임한 EBS 이사가 개인 비리 혐의로 구속된 것에 대해 진심으로 사과하고 책임감을 느낀다"고 유감을 표명하면서도 자신에 대한 금품 수수 의혹은 부인했다.[1]

　　각종 측근 비리가 터져 나오자 1월 13일 민주통합당은 "이명박 정권은 초기부터 '영일대군', '방통대군', '은평대군'들이 무소불위의 권력을 휘둘렀다"면서 "이제는 보좌관 정권, 청와대 행정관 정권과 더불어 양아들 정권이라는 말까지 듣게 생겼다"고 비아냥거렸다.[2]

　　민주통합당은 1월 15일 전당대회에서 대의원 30%와 당원과 일반 시민 70%가 참여하는 경선을 통해 당 지도부를 선출했다. 온라인 투표 방식의 길을 열자, 대표 경선에 참여하는 일반 시민 선거인단 수가 50만 명을 돌파했다. 당 지도부 경선에서는 전 국무총리 한명숙이 당대표로 선출되었다. 2위로 문성근이 당선되었고, 박영선·이인영·박지원·김부겸도 함께 당선되어 6명의 선출직 지도부가 구성되었다.[3]

　　1월 18일 한나라당 비상대책위원인 김종인은 "스스로 판단해야 한다"며 우회적으로 이명박 대통령의 자진 탈당을 촉구했다. 다음 날 친이계 핵심 의원 이재오는 의원총회 후 기자들에게 "아버지가 잘못했다고 나가라고 하는 것은 패륜아가 할 짓"이라며 "대통령이 잘못했다고 나가라고 하는 것은 있을 수 없고, 그렇게 해서 이득을 본다면 비대위원이든 누구든 나가면 된다"고 말했다.[4]

"보수의 가치를 더럽힌 대통령 측근들"

"이 대통령은 그동안 '우리는 도덕적으로 완벽하다'고 큰소리를 쳤지만 사촌 처남이 구속됐고 부인 김윤옥 여사의 사촌 언니는 3년형을 선고받았다. 측근 참모 여러 명이 각종 비리에 연루됐다. 그런데도 이 대통령은 올해 신년 국정연설에서 결연한 의지나 진정성이 엿보이지 않는 형식적 사과를 하는 데 그쳤다. 민심이 현 정권에 등을 돌린 원인 가운데 하나가 대통령 친인척과 측근 비리에 대한 반감反感이라는 사실을 이 대통령은 뼈저리게 느끼지 못하는 듯하다."[5]

「보수의 가치를 더럽힌 대통령 측근들」이라는 『동아일보』 1월 25일자 사설이다. 1월 27일 『동아일보』 출신의 최시중이 정용욱의 금품 비리 의혹과 관련해 자진 사퇴하면서 '이명박 정권의 몰락이 현실화하고 있다'는 반응이 나왔다. 여당인 한나라당 의원들은 최시중의 사퇴를 '정권 말기의 신호'로 받아들였다. 수도권의 한 초선 의원은 "대선에 기여한 건 인정하지만 최 위원장이 방통위원장을 연임한 건 무리였다"며 "확실히 정권 말기로 간다는 느낌"이라고 말했다. 영남 지역의 한 의원은 "현 정권이 한꺼번에 무너지는 느낌"이라고 말했다.[6]

최시중의 사퇴로 이명박의 핵심 측근인 '6인회' 멤버가 모두 몰락하게 됨으로써 이명박 대통령의 '측근 정치'도 막을 내리게 되었다. '6인회'는 지난 대선 당시 대선캠프의 최고의사결정기구를 이르는 말로, 이명박 대통령을 비롯해 '큰형님' 이상득 한나라당 의원과 '실세' 이재오 의원, '정치 9단' 박희태 국회의장, 최시중 방통위원장, 김덕룡 전 대통령 특보 등이었다. 이명박을 제외한 5인은 정권 출범 이후 각자 맡은 분야에서 스포트라이트를 받으며 활동을 펴면서 '만사형통萬事兄通', 'MB 복심腹心' 등의 신조어가 만들어졌다. 그렇다면 이 시절 이들은 어떤 상황에 있었길래 '6인회'의 몰락이라는 말이 나왔던 것일까?

김덕룡만 별 소음 없이 물러났을 뿐 나머지 4명은 모두 이런저런 권력 비리와 연결되어 있었다. 이명박의 친형으로 '영일대군'으로 불리던 이상득 의원은 보좌관이 이국철 SLS그룹 회장과 제일저축은행 등에서 수억 원을 받은 혐의로 구속되고 자신까지 수사선상에 오르면서 4월 총선 불출마를 선언했다. 2007년 대선후보 당내 경선 때 선대위원장을 맡았던 박희태 의장은 한나라당 전당대회 돈봉투 살포 사건에 연루되어 보좌관 등이 검찰에 소환되면서 여야에서 의장직 사퇴와 정계 은퇴 압박을 받고 있었다. 정권 2인자로 통하던 이재오 의원은 당 비상대책위원회와 친박계에게서 친이계 실세로 낙인찍혀 4·11 총선 공천도 장담하지 못하는 상황에 처해 있었다.[7]

"역대 정권보다 친인척·실세 비리 광범위"

6인회뿐만 아니라 측근·친인척 비리도 다양했다. 이때까지 비리에 연루되었거나 의혹을 받고 있는 측근은 모두 18명에 이르렀다. 전 문화체육관광부 차관 신재민 등 7명은 수감 중이었고, 불구속 상태에서 재판받거나 집행유예로 풀려난 사람은 4명, 검찰 수사와 맞물려 의혹을 받고 있는 사람은 7명이었다.

지역별로는 대구·경북TK 출신이 5명, 부산·경남PK 출신이 4명으로, 영남 출신이 전체 의혹 대상자의 절반인 9명이었다. 고려대학교 출

이명박 정권은 "역대 정권보다 친인척·실세 비리가 광범위"하다는 평가가 나올 정도로 도덕적으로 불완전한 정권이었다. 특히 대통령의 친형 이상득 의원 관련 의혹, SLS 이국철 회장의 로비 의혹, 김윤옥 여사의 사촌 오빠 등 금품수수 의혹 등은 정권 말기에 터진 대표적인 비리였다.

신도 8명이나 되었다. 이는 이명박 정부의 인사가 TK와 고려대학교 인맥에 편중되어 있다는 것을 보여주는 것과 동시에 이들에게 집중된 권력이 비리로 이어졌음을 보여주는 것이었다. 비리 유형의 대부분은 기업체에서 돈을 받은 혐의였다. 세무조사 무마, 저축은행 퇴출 저지, 상가 개발사업 수주 등을 이유로 기업체에서 금품을 받은 것이다.

비리 의혹이 수면 위로 불거지고 검찰 수사가 진행된 시점은 임기 4년차인 2011년 중·후반기에 집중되었다. 물밑에 가라앉아 있던 각종 비리가 집권 4년차에 접어들어 레임덕 현상이 나타나면서 동시다발적으로 터져 나오기 시작한 것이다. 이명박 정부의 친인척 비리는 대부분

이명박의 부인 김윤옥 여사 쪽과 관련된 게 많았다. 2008년 이명박의 사촌 처형인 김옥희가 비례대표 국회의원 공천을 받아주겠다며 금품을 챙긴 혐의로 구속되었으며, 2011년 12월엔 김윤옥의 사촌 오빠인 김재홍 KT&G복지재단 이사장이 제일저축은행 구명 로비 대가로 4억 원을 받은 혐의로 구속되었다.[8]

『경향신문』은 2월 1일자 사설을 통해 "자고 나면 새 의혹이 불거진다 할 정도로 '돈 냄새'가 여권을 휘감고 있으나 한나라당은 '모르쇠'로 일관하고 있다. 이명박 대통령의 '멘토'로 불려온 최시중이 측근 비리 및 자신의 연루 의혹으로 물러났지만 책임 있는 여당이라면 당연히 내놓을 법한 진상규명 촉구 논평도 없었다. '식물 의장'으로 전락한 박희태 국회의장의 '돈봉투 전대'를 둘러싼 침묵은 더 가관이다"면서 다음과 같이 말했다.

"이 정권의 도덕 불감증은 특권층만 감싸는 바람에 누적된 '1% 정당'이라는 이미지와 더불어 간판을 내릴 수밖에 없을 정도로 한나라당을 망가트린 주요 원인이다. '도덕적으로 완벽한 정권'이라는 이 대통령의 발언이 두고두고 실소를 자아내는 것도 그 때문이다. 한나라당이 진정 국민 앞에서 뼈를 깎고 거듭나는 모습을 보이고 싶다면 지금 눈앞에서 드러나고 있는 권력형 비리에 대해 백배 사죄하고, 진상규명을 촉구하는 게 우선이라고 본다. 한나라당은 언제까지 당 주변에서 진동하는 돈 냄새를 두고 오불관언吳不關焉할 셈인가."[9]

"이명박 정부 도덕성 추락 끝이 안 보인다"

외교마저 그런 '돈 냄새' 바람에 휩쓸렸다는 게 드러나기 시작했다. 1월 12일부터 이명박 정부의 부실 자원외교 논란이 다시 불거진 것이다. 이명박 정부가 2011년 3월 자원외교의 쾌거라며 홍보한 우리나라의 아랍에미리트UAE 10억 배럴 이상 유전에 대한 우선적인 지분 참여 권리가 단순한 참여 기회 보장을 과장한 것이라는 의혹에 휩싸였다. 당시 정부는 이명박의 UAE 방문 당시 10억 배럴의 원유를 확보하는 효과가 있는 계약을 체결했다고 발표했다가 야당 등에서 따지고 들자 매장량 10억 배럴 이상인 생산유전에 대한 우선적인 지분 참여가 가능하다는 내용이라고 해명했다. 하지만 실제로는 '자격이 있는 한국 기업들에 참여할 기회를 준다'는 정도의 내용에 구속력도 없는 것으로 드러났다.[10]

자원외교는 이명박의 대통령 취임 후 정권 최실세들이 앞장서 진행해온 정책이었다. UAE 유전과 카메룬 광산, 미얀마 가스전 사업 등은 이명박의 친형인 이상득 의원, 박영준 전 지식경제부 차관, 곽승준 미래기획위원장 등 현 정권 핵심 실세들이 주도했으며, 측근들이 앞장서면서 지경부, 미래기획위, 석유공사 등 자원개발 관계자들도 적극적으로 지원했다.[11]

1월 18일 『문화일보』는 「다이아몬드 게이트…이李 정부 도덕성 추락 끝이 안 보인다」는 사설에서 "아프리카 카메룬의 다이아몬드 광산 개발과 관련한 씨앤케이인터내셔널사의 주가 조작 사건이 범汎정부적 비리 의혹으로 확산되는 기막힌 일이 벌어지고 있다"면서 다음과 같이 말했다. "외교통상부는 물론 국무총리실, 지식경제부, 한국광물자원공사 등의 일부 직원과 친인척들이 미공개 정보를 활용, 시세 차익을 거뒀다는 소문이 사실일 개연성이 더욱 커졌다. 이미 구속된 이명박 대통령의 측근과 친인척 숫자가 열 손가락이 모자랄 정도인데다 유상봉 게이트·저축은행 게이트에 이어 다이아몬드 게이트까지 현실화하고 있는 것이다. 이 정부의 도덕성 추락에 끝이 보이지 않는다."[12]

1월 26일 감사원은 '씨앤케이CNK인터내셔널 의혹'과 관련해 김은석 에너지자원대사가 씨앤케이의 카메룬 다이아몬드 광산 개발권 획득과 관련한 허위 보도자료 배포를 주도했으며 이 과정에서 공직자들이 미공개 정보를 이용한 주식투자로 배를 불린 사실이 확인되었다고 밝혔다. 감사원은 또 "다이아몬드는 '해외자원개발 기본계획'의 6대 전략 광물이 아니고, 관련 기관들도 씨앤케이 사업에 신중하게 접근해야 한다는 의견을 제시했지만 총리실이 일방적으로 에너지협력외교 대상에 포함해 정부가 지원하도록 했다"고 지적했다. 하지만 감사원은 이렇게 총리실이 주가 조작에 개입했음을 간접적으로 시사했으면서도 구체적인 혐의는 밝히지 못했다고 말했다.[13]

『경향신문』은 1월 27일자 사설 「다이아몬드 의혹 실체 규명 검찰에 달렸다」에서 "감사원은 김 대사 등 일부 공무원의 부정행위만 밝혀냈을 뿐 주가 조작 의혹의 실체는 건드리지도 못했다. 한마디로 변죽만 울린 셈이다"면서 다음과 같이 말했다.

"감사원의 감사 결과와 그동안 제기된 의혹들을 종합해볼 때 이번 사건에는 정권 실세의 힘이 작용했을 개연성이 농후하다. 단순한 고위 공무원의 주가 조작 의혹 사건이 아니라 권력형 비리 사건으로 비화할 가능성이 높다는 얘기다. 지난해 초 청와대 민정수석실이나 총리실이 자체 조사를 벌이고도 별다른 조치 없이 어물쩍 넘어간 것만 봐도 권력형 비리 냄새가 난다."[14]

1월 30일 무소속 의원 정태근은 "(씨앤케이 의혹에 연루된) 김은석 외교부 에너지자원대사가 (2006~2007년) 지금 한국국제협력단KOICA 이사장으로 있는 박대원 씨를 만난다는 이유로 이명박 대통령의 당시 대선캠프였던 안국포럼을 들락날락했다"고 말해 안국포럼 실세들이 카메룬 다이아몬드 개발 사업에 어떤 식으로든 관련되어 있음을 시사했다.[15]

새누리당, 빨간색, 경제민주화

이런 일련의 사건들은 비대위원장 박근혜에겐 난감한 일이었다. 게다가 연초에 터진, 4년 전에 일어난 한나라당 전당대회 돈봉투 살포 사건이 한 달 내내 화제가 되면서 여론이 들끓고 있었으니, 박근혜로선 4월 총선과 12월 대선을 치르려면 무언가 획기적인 이미지 쇄신이 필요하다는 결론을 내리지 않을 수 없었다.

우선 당 이름을 바꾸기로 했다. 새 당명을 짓기 위해 1월 말 국민공모를 통해 9,000건이 넘는 응모를 받았는데, 비대위에서 최종 확정한 이름은 새누리당이었다. 2월 13일부터 한나라당은 새누리당이 되었다. 여기에 더하여 당의 상징색을 파란색에서 빨간색으로 바꾸었다. 박근혜는 회고록에서 "전통적으로 빨간색은 좌파의 상징이었기 때문에 이런저런 반발이 나왔다"며 "새누리당은 그 뒤로 여러 번 당명이 바뀌었지만, 현 국민의힘까지 계속 빨간색을 상징색으로 쓰는 것을 보면 상징색 변경은 좋은 평가를 받은 것이라고 생각한다"고 했다.

새누리당은 당의 상징색을 파란색에서 빨간색으로 바꾸었는데, 박근혜는 "전통적으로 빨간색은 좌파의 상징이었기 때문에 이런저런 반발이 나왔다"고 말했다.

당명과 상징색의 변화도 중요했지만 더욱 중요한 건 비대위원으로 영입한 김종인의 작품이라고 할 수 있는 '경제민주화'였다. 1월 30일 당 비대위가 의결한 새 정강·정책은 "시장경제의 효율 극대화, 공정하고 투명한 시장경제질서 확립을 위해 정부의 역할과 기능을 강화해 경제민주화를 구현한다"고 적시했다. 또 "경제 세력의 불공정 거래를 엄단해 공정한 경쟁 풍토를 조성한다. 대기업과 중소기업 간 공정 경쟁과 동반 성장을 촉진할 수 있는 제도적 기반을 확대한다"는 내용도 포함되었다.[16] 경제민주화는 보수 진영에서 '지나친 좌클릭'으로 비난을 받기도 했지만, 이게 바로 민주당을 누를 수 있는 결정적 카드였다는 게 곧 밝혀진다.

한나라당 전당대회
돈봉투 살포 사건

2012년 1월 3일, 한나라당 의원 고승덕이 채널A의 정치 전문 생방송 토크쇼 프로그램인 〈쾌도난마〉에 출연해 한나라당의 2008년 전당대회 때 박희태 국회의장 쪽 인사가 자신에게 돈봉투를 건넸다고 폭로하면서 사건이 뒤늦게 처음 알려졌다. 고승덕은 20일 전인 2011년 12월 14일 『서울경제』에 기고한 「전당대회 유감」이라는 칼럼에서 돈봉투를 받은 사실을 공개했지만, 당시에는 크게 관심을 끌지 못했다.

한나라당은 검찰에 수사를 의뢰했고, 검찰은 1월 8일 고승덕을 참고인 자격으로 소환해 "2008년 7월 전당대회 2~3일 전에 의원실로 현금 300만 원이 든 돈봉투가 전달됐으며, 봉투 안에는 '박희태'라고 적힌 명함이 들어 있었다"면서 "대표실에 있던 K씨에게 돈봉투를 돌려주며 '박희태 대표에게 꼭 보고하고 전달해달라'고 말했다"는 취지의 진술을 받은 것으로 알려졌다.

2월 6일 박희태는 자신은 전혀 모르는 일이라고 밝혔지만, 일주일 만인 13일 국회에 사표를 냈다. 그는 기자회견에서 "집안 잔치(전당대회) 고 그런 분위기 때문에 약간 법의 범위를 벗어났던 관행이 있었던 게 사실"이라고 말했다. 그동안 돈봉투와 관련한 일체의 혐의를 부인했던 태도를 바꾼 것이다. 그는 "전대 행사는 일종의 축제 분위기 속에서 진행된다"며 "그렇기 때문에 그 분위기 자체가 딱딱한 법의 틀보다는 서로의 동지애 속에서 여태까지 진행돼온 것이 사실"이라고 돈봉투 살포가 정당정치의 관행이라는 주장을 폈다.

그러면서도 그는 "이런 시대적 변화와 국민적 바람이 너무나 거세다는 현실을 직시하고 우리가 잘못된 관행은 과감히 타파하고 고칠 것은 고쳐 우리 정치 풍토가 깨끗하고 한 점 오염되지 않는 식으로 전개되기를 진심으로 바란다"며 "다시 한번 국민 여러분들께 용서를 구하고 모든 것은 제 탓이다. 제 탓이라는 말씀을 드린다"고 말했다.

당시 검찰은 20명에 이르는 금품 수수 의원 명단을 확보했으나 언론 기고문을 통해 '자백'한 고승덕에게 전달된 300만 원 돈봉투만 수수자를 입증했다. 서울중앙지법 형사35부는 2012년 6월 25일 박희태에게 징역 8월에 집행유예 2년을 선고했다. 박희태와 함께 돈봉투 공여에 가담한 혐의로 기소된 김효재(당시 대선캠프 상황실장) 전 청와대 정무수석은 징역 6개월에 집행유예 1년이, 조정만(당시 대선캠프 재무담당) 전 국회의장 정책수석 비서관은 벌금 500만 원이 선고되었다.[17]

KBS 사장 정연주
불법 해임 사건

  2012년 1월 12일 대법원 2부(주심 양창수 대법관)는 세금 소송을 중단해 회사에 손해를 끼친 혐의(특정경제범죄가중처벌법의 배임)로 기소된 전 KBS 사장 정연주에게 무죄를 선고한 원심을 확정했다. 정연주는 2005년 KBS가 국세청을 상대로 수년간 벌여온 법인세 부과 취소 소송에서 승소가 예상됨에도 법원의 조정 권고를 받아들여 556억 원을 환급받고 소송을 취하했다. 검찰은 같은 해 경영난으로 인한 적자를 메우기 위해 소송을 포기함으로써 KBS에 1,892억 원의 손실을 끼친 혐의로 2008년 정연주를 불구속기소했다.

  1·2심 재판부는 "검찰의 공소사실처럼 피고인이 경영 적자로 말미암은 퇴진 압박에서 벗어나고자 1심에서 승소한 조세 소송이 상급심에서도 승소할 가능성이 큼에도 KBS의 이익에 반하는 조정을 강행했다고 보기 어렵다"며 "법원에서 중재하는 조정은 특성상 배임 책임을 묻기는

어렵고, 자칫 재판부가 배임을 방조했다는 문제가 제기될 수도 있다"고
밝혔다.

1·2심 재판부는 "누구도 특정 재판의 판결을 예측하기 어려운 데
다 정황상 소송 이후 과세 당국이 법인세를 재부가할 가능성이 크다고
봐야 하기 때문에 KBS가 상급심에서 승소할 가능성이 크고 세금 재부
과 가능성이 작다고 본 검찰의 주장을 받아들일 수 없다"고 설명했다.

정연주는 판결 직후 "우리 사회 정의를 위해 일해야 하는 검찰이 정
치검찰의 행태를 보인 데 대해 법원이 엄중하게 심판을 했다"며 "사장
해임의 핵심 역할을 한 최시중 방송통신위원장은 책임을 지고 사퇴해야
한다"고 말했다. 그는 이어 "사람이 동물과 다른 건 부끄러움을 안다는
것"이라며 "검찰의 권력 남용이 확인된 이상 이번 사건을 수사한 검찰
수사 라인은 먼저 저와 국민에게 사과해야 한다"고 말했다.[18]

정연주의 배임 혐의가 법정에서 무죄로 확정되면서 이미 측근 비리
문제로 사퇴 요구 압박을 받고 있던 방송통신위원회 위원장 최시중의
입장이 더욱 난처하게 되었다. 이명박 정권 초기 방송 장악을 위해 강제
로 정연주를 쫓아냈다는 비난을 듣고 있었기 때문이다.[19] 최시중은 1월
27일 자진 사퇴했다.

정연주는 2008년 부실 경영과 인사 전횡 등을 이유로 한 감사원의
해임 요구에 따라 이사회를 거쳐 해임되었으며, 이에 불복해 낸 행정소
송 1·2심에서 해임 무효 판결을 받고 상고심을 진행 중이었다. 2012년
2월 23일 대법원은 상고심에서 원고 승소(해임 무효)를 선고했다. 다만
정연주는 이후 복직하지는 않았다.

2019년 검찰 과거사조사위원회는 이 사건을 재조사한 후 검찰이 무

죄가 될 것을 알면서도 일부러 기소한 사건이라며 검찰총장의 사과를 촉구하는 결과를 발표했다. 그해 6월 검찰총장 문무일은 사과를 표명했다.[20]

제2장

청와대가 지시한
한국판 워터게이트 사건

"민간인 불법사찰 증거, 청와대가 부숴라 지시"

국무총리실의 민간인 불법사찰에 이어 증거인멸 의혹이 새로운 이슈로 떠올랐다. 2012년 3월 2일 『오마이뉴스』 팟캐스트 방송 〈이슈 털어주는 남자〉는 "최종석 전 청와대 고용노사비서관실 행정관이 당시 직접 증거인멸을 시행할 때 국무총리실 공직윤리지원관실 장진수 전 주무관에게 (컴퓨터를) 강물에 갖다 버리든지 부숴 없애라고 말했다"며 "증거의 물리적 파괴를 요구했다"고 밝혔다. 그러면서 "장 주무관은 위에서 시키니까 어쩔 수 없이 (증거인멸을) 실행한 꼬리 중에서 가장 낮은 꼬리"라고 지적했다.

3월 3일 『오마이뉴스』는 장진수가 증거인멸과 관련, 자신들이 "범죄 도구로 이용당했다"는 진술을 대법원에 제출한 것으로 확인되었다고 보도했다. 이 기사에 따르면 장진수는 2011년 6월 대법원에 제출한 상고이유보충서에서 "지원관실 직원들은 치밀하고 교활한 계략에 의해 범죄의 도구로 이용당한 것"이라며 당시 지원관실 책임자였던 진경락 전 과장, 혹은 그와 공모한 또 다른 공범을 사건의 몸통으로 지목했다.

장진수는 이 같은 의혹을 제기하며 "검찰은 '민간인 불법 내사' 수사를 위해 총리실을 압수수색했다고 하지만, 실제로 처음부터 '증거인멸'을 확인(수사)하기 위해 압수수색한 것"이라며 "증거인멸이라는 범죄를 만들어내고 본인을 기소한 것"이라고 주장했다. 그는 특히 검찰 수사가 시작되고 5일 후에나 압수수색이 있었다는 점에서 "지원관실에서 증거를 인멸하도록 검찰이 의도적으로 시간을 제공한 것"이라고 지적했다.

장진수는 2010년 7월 민간인 불법사찰과 관련한 검찰 수사가 시작되기 직전 지원관실 컴퓨터 하드디스크를 디가우징degaussing(강한 자력으로 파일 복구가 불가능하게 파기하는 방법)해 증거인멸 혐의로 기소되었으며, 2011년 2심에서 징역 8월에 집행유예 2년을 받았으나 이에 불복해 대법원에 상고한 상태였다.[21]

장진수는 『경향신문』 인터뷰에서 "검찰 수사는 불법사찰에 대한 수사가 아니라 애초 증거인멸에 초점을 맞춘 수사"라며 "내가 희생양이 됐다"고 주장했다. 그는 "뒤늦게 사실을 밝히는 게 후회스럽긴 하지만 이제라도 진실을 밝히는 게 국가공무원으로서 마지막 도리라고 생각한다"며 다음과 같이 말했다.

"2008년 2월 공직윤리지원관실의 전신인 조사심의관실을 폐지할 때도 국가정보원의 지침에 따라 모든 직원 컴퓨터의 자료를 폐기한 적이 있다. 그와 비슷한 보안의 이유라고 생각했다. 범죄라고 생각했다면 청사의 폐쇄회로CCTV 앞을 그렇게 당당하게 지나지 못했을 것이다. 지시를 따르지 않았을 때 외부로 나가서는 안 될 고위공무원 비위 자료 등이 알려져 큰 문제가 될 수 있다. 징계 책임을 피하기 위해서라도 상사의 지시를 따를 수밖에 없었다. 나는 범죄의 도구로 이용당하고 처벌받게 된 피해자다. 치밀한 계획하에 나를 끌어들인 자들이 진정한 범죄자들이다."

그는 또 "검찰의 압수수색에는 문제가 없었나"는 질문에 대해선 다음과 같이 말했다. "압수수색 시기가 늦었을 뿐 아니라 사무실의 종이 문서를 거의 가져가지 않았다. 또한 직원들이 압수수색을 앞두고 종이 문서 4만 5,000장을 파쇄했다는 사실을 나중에 발견하고도 증거인멸로 보지 않았다. 검찰은 하드디스크에만 집착했다. 사실 총리실 직원들은 USB와 개인 노트북에 중요 자료를 넣어둬 하드디스크는 큰 의미가 없다. 검찰은 민간인 사찰의 중요한 증거가 될 수 있는 사무실 전화 통화 내역도 압수하지 않았다. 검찰이 '민간인 사찰'을 수사하려는 게 아니라 처음부터 '증거인멸'을 확인하려고 계획하고 압수수색을 한 것 아닌지 의심스럽다."[22]

"불법사찰은 청와대 하명 사건"

2012년 3월 19일 민주통합당 최고위원 박영선은 서울 영등포 당사에서 열린 최고위원회의에서 "청와대가 이 사건과 무관치 않다는 또 다른 증거가 나왔다"며 장진수가 2011년 4월 청와대 민정수석실에서 5,000만 원을 받았다는 진술을 공개했다.[23] 장진수는 그 당시에 5,000만 원 받은 사실을 폭로하지 않는 것에 대해 "아이튠즈와 트위터에 올라온 나에 대한 응원 글을 보며 창피했다"며 "국민 여러분께서 진실을 이렇게

장진수는 청와대 민정수석실에서 5,000만 원을 받았다고 폭로했다. 이는 민간인 불법사찰이 "청와대가 지시하고, 총리실이 시행하고, 검찰이 은폐한 한국판 워터게이트 사건"이라고 할 만했다.

갈망하고 있는데……, 고백하고 가는 것이 올바른 길이라고 판단했다"고 말했다. 이에 앞서 장진수는 "이영호 전 청와대 고용노사비서관으로부터 2,000만 원을 건네받았다가 돌려줬다"고 폭로한 바 있었다.[24]

　　3월 21일 민주통합당은 민간인 불법사찰 사건과 관련해 '청와대 몸통론'을 제기하며 이명박을 직접 겨냥했다. 원내대표 김진표는 이날 최고위원회의에서 "(민간인 불법사찰은) 청와대가 지시하고, 총리실이 시행하고, 검찰이 은폐한 한국판 워터게이트 사건"이라며 "이제는 대통령이 직접 나서서 진상을 밝히고 국민 앞에 용서를 구해야 한다"고 말했다. 최고위원 박지원도 "대통령에게 보고되지 않고 (민간인 불법사찰이) 일어날 수 있느냐"며 "몸통은 박영준 전 지경부 차관, 형님(이상득 의원)으로 이어지는 영포 라인과 청와대"라고 주장했다.[25]

　　3월 22일 검찰이 2010년 수사 당시 국무총리실 공직윤리지원관실

조사관에게서 청와대 지시로 민간인 불법사찰을 했다는 진술을 받고도 무시한 것으로 드러났다. 검찰이 청와대 개입 사실을 알고도 의도적으로 수사를 축소했다는 의혹이 사실로 확인된 것이다. 22일 공개된 검찰 진술서에 따르면 민간인 불법사찰을 실행했던 한 조사관은 2010년 당시 수사 검사에게서 '(민간인 불법사찰 대상이) 청와대 하명 사건인가'라는 질문에 "그렇다"고 답했다. 이 조사관은 남경필 의원에 대한 사찰도 청와대 하명 사건이라고 말했다. 그는 청와대 하명 사건은 공직윤리지원관실 기획총괄과가 직접 챙겼다고 덧붙였다. 이 조사관은 '청와대 하명 사건이 어떤 성질의 사건인가'라는 질문에 "대통령 국정 운영에 도움이 되는 사건, 혹은 국정 운영에 반대가 되는 사건"이라고 설명했다.[26]

3월 27일 장진수는 팟캐스트 〈이슈 털어주는 남자〉에서 "사건 관련자들의 입을 막기 위한 시도가 이명박 대통령에게 보고된 것으로 안다"는 취지로 증언했다. 그는 이날 "지난해 1월께 진경락 기획총괄과장의 후임인 정 아무개 과장과 대화를 나눴는데, 기소된 7명에 대해 민정수석실에 각각 담당자가 정해져 있고 이 같은 사실은 VIP한테도 전달됐다고 정 과장이 말했다"며 "엄지손가락을 세우며 VIP라고 말해서 대통령으로 이해했다"고 밝혔다.[27]

"불륜 행각 분 단위로 기록…사생활까지 엿봐"

2012년 3월 29일 전국언론노조 KBS 본부(새노조)가 제작하는 인터넷뉴스 〈리셋 KBS 뉴스9〉를 통해 국무총리실 공직윤리지원관실이 2008년부터 2010년까지 자행한 사찰 내용이 담긴 문건 2,600여 건이 무더기로 공개되었다. KBS 새노조는 "〈리셋 케이비에스 뉴스9〉가 보도한 문건은 검찰이 '민간인 사찰 증거인멸' 사건을 수사하는 과정에서 법원에 제출한 자료"라고 밝혔다.

새노조 위원장 김현석은 "우리가 파업을 안 했으면 취재하기 어려웠을 것"이라며 "(자료를 건네준 취재원이) 파업 중인 한국방송 기자라고 하니까 진실을 보도할 수 있겠다며 건네줬다"고 말했다. 제작진이 확보한 자료 파일은 1년 단위로 작성한 '하명사건처리부' 엑셀파일 3건과 사찰을 한 기관이나 사람에 대한 구체적인 사찰 내역을 기록한 2,619건의 한글파일이다. 엑셀파일에는 '하명사건처리부 처리 현황과 진행 상황' 등이 세부 항목으로 구분되어 있다.[28]

문건 공개에 앞서 KBS 새노조는 9월 22일 〈리셋 KBS 뉴스9〉에서 "청와대의 지시로 총리실이 광범위하게 사찰하면서 작성한 이른바 '하명사건처리부'를 단독입수했다"고 밝히면서 국무총리실이 전 KB한마음 대표 김종익을 비롯해 최소한 수십 명을 대상으로 불법사찰이 진행되었다고 보도했다. 이 문건은 2010년 검찰이 민간인 불법사찰 의혹을 수사할 당시 작성한 이른바 '2008년 하명사건처리부'다. 새노조는 "청와대가 지시한 사찰이 어떻게 진행됐는지 정리한 자료"라고 설명했다.[29]

사찰 대상은 광범위했다. 공직자와 공기업·공공기관 간부는 물론 정·재계, 언론계, 노조, 시민단체 인사 등의 동태를 무차별적으로 파악한 것으로 나타났다. 노무현 정부 인사는 '축출용'으로, 이명박 정부 인사는 '충성 검증용'으로 활용된 정황도 드러나 무차별 사찰의 기준이 '정권 보위'에 있음을 보여주었다.[30]

'사찰 보고서'에는 KBS와 YTN에 '낙하산 사장'을 앉히기 위한 동향 파악과 함께 구체적인 지시 사항이 담겨 있어 이명박 정권이 집권 초부터 시도해온 언론 장악의 실체도 드러났다. KBS, YTN 등 언론은 'BH(청와대) 하명'이라는 이름으로 대대적인 사찰을 벌였다. 청와대 지시를 의미하는 BH 하명은 문건 곳곳에서 등장했다.

예컨대 2009년 8월 25일 작성된 'KBS, YTN, MBC 임원진 교체 방향 보고'라는 문건 비고란에는 'BH', 즉 청와대 하명이라고 기록되어 있어 청와대가 방송사 인사에 직접 개입했음을 시사했다. 이 시기는 김인규 KBS 사장과 배석규 YTN 사장의 선임이 결정되고 엄기영 전 MBC 사장에 대한 퇴임 압박이 거세지던 때였다.

2009년 9월 3일자로 작성된 'YTN 최근 동향 및 경영진 인사 관련 보고'에도 이명박 정부의 언론 장악 시나리오가 그대로 담겨 있었다. '노조의 반발 제압'이라는 소제목으로 정리된 이 문건은 배석규 사장 직무대행을 높게 평가한 뒤 정식 사장으로 임명해 힘을 실어줄 필요가 있다고 제안했다. 배석규 사장은 보고서가 작성된 지 한 달 뒤 구본홍 사장에 이어 사장에 올랐다.

KBS도 마찬가지였다. 2009년 12월 작성된 것으로 보이는 'KBS 최근 동향 보고'라는 문건은 "KBS 색깔을 바꾸고 인사와 조직개편을 거쳐 조직을 장악한 후 수신료 현실화 등 개혁 과제 추진 예정"이라고 적었다. 이 문건은 2008년 촛불 정국으로 정연주 전 사장이 강제 해임된 이후 이명박 대선후보 특보 출신인 김인규가 2009년 11월 KBS 사장에 취임한 지 한 달 후에 작성된 것으로, 당시 'MB 특보 낙하산 인사 반대', '공영방송 사수'를 요구한 노조를 회유하기 위해 회사 측이 수신료 인상을 앞세웠다는 것을 시사했다.

이 문건은 또 김인규와 관련해 그가 가장 먼저 KBS의 색깔을 바꾸고, 인사와 조직개편을 거쳐 조직을 장악할 것이라고 분석했으며, 이명박의 고향인 포항 출신을 인사실장으로, KBS 내의 사조직인 '수요회' 회장을 보도본부장으로 임명하는 등 측근들을 주요 보직에 배치해 친정체제의 토대를 마련했다고 상세하게 적었다.[31]

사찰 대상에 오른 사람들은 일거수일투족을 감시당했다. 특히 당사자들이 나눈 소소한 대화까지 보고 대상에 올라 개인의 일거수일투족을 감시하기 위한 상시적인 미행과 감시는 물론 도청 의혹도 가늠케 했다. 예컨대 2009년 5월 19일 한 사정기관의 고위 간부에 대한 사찰 문건에는 이 간부의 불륜 행적이 분分 단위로 적혀 있었다. 이 간부가 내연녀와 함께 간 장소와 시간뿐 아니라 당시 지었던 표정, 어떤 말을 했는지까지 상세히 묘사되어 있었다. 사찰 결과가 보고된 지 두 달 뒤 이 간부는 사의를 표명했다.[32]

문재인 "MB 청와대 참 나쁘고 비열하다"

청와대 하명 불법 민간인 사찰을 증빙하는 문서가 폭로되자 청와대는 '80%, 노무현 정부 작성론'으로 대응했다. 3월 31일 청와대 홍보수석 최금락은 "검찰이 법원에 제출한 CD에는 문서 파일이 2,619건 들어 있으며 이 가운데 80%가 넘는 2,200여 건은 한명숙 민주통합당 대표가 총리로 재직하던 노무현 정부 시절 이뤄진 문건"이라면서 민주통합당을 향해 총선을 앞두고 정치 공세를 즉각 중단하라고 밝혔다. 이어 "이 정부에서 작성한 문건은 공직자 비리와 관련한 진정, 제보, 투서, 언론 보도 등을 토대로 조사한 400여 건으로 제목과 개요 정도만 있고 실제 문서 형태로 된 문건은 120건 정도"라고 덧붙였다.[33] 그는 또 4월 1일 "참여 정부 시절 총리실 조사심의관실이 다수의 민간인과 여야 국회의원 등을 사찰한 사실이 드러났다"고 말했다. 같은 날 임종룡 국무총리실장도 기자회견을 자청해 "(공개된 내용의) 80% 이상은 참여정부에서 이뤄진 문건"이라고 말했다.

2개월 전 당명을 한나라당에서 새누리당으로 바꾼 여당도 노무현 정부 책임론에 합류했다. 4월 1일 새누리당 비상대책위원장 박근혜는 국무총리실 공직윤리지원관실의 민간인 불법사찰 파문과 관련해 "(사찰) 문건의 80%는 지난 정권에서 작성된 것"이라고 주장하고 나섰다. 그는 부산 유세에서 "저에 대해서도 지난 정권과 이 정권 할 것 없이 모두 사찰했다는 언론 보도가 여러 번 있었다. 이번에 공개된 문건의 80%가 지난 정권에서 만들어졌다는 것을 보면 어느 정권 할 것 없이 불법사찰을 했다는 것이 밝혀진 셈"이라고 말했다. 이는 전날 박근혜 주재로 연중앙선거대책위 회의에서 총리실 불법사찰 진상규명을 위한 '특검 도입'을 제안했던 것에서 대응 방향을 바꾼 것이었다.

이에 대해 민주당이 발끈하고 나섰다. 4월 1일 민주통합당 'MB새누리 국민심판위원회'의 위원장 박영선은 "청와대는 진상 고백과 사죄를 해도 모자라는데 마치 노무현 정부 때도 (불법사찰을) 했다며 물타기하는 것은 대국민 사기 행위"라며 "어느 정권 없이 불법사찰했다는 박근혜 위원장의 발언도 공직 기강을 바로잡기 위한 감찰과 정권에 대한 정적이나 민간인을 사찰한 것을 구별하지 못한 어리석은 발언"이라고 비판했다.

민주당 대표 한명숙은 서울 영등포 당사에서 특별기자회견을 열어 "사건의 본질은 청와대가 주도한 무차별 국민 뒷조사 사건으로 민주주의 사회에서는 있을 수 없는 일"이라며 조사 대상인 권재진 법무부 장관 해임과 범죄 은닉 연루자인 검찰 수사 라인의 전면 교체, 특별수사본부 신설을 통한 재수사, 민간인 불법사찰 자료 전면 공개를 요구했다.

전 청와대 비서실장 문재인도 자신의 트위터에 "파일에 (참여정부 때의 총리실) 조사심의관실 시기의 기록이 남아 있다면 당연히 참여정부 때 기록일 것입니다. 물론 공직 기강 목적의 적법한 감찰 기록이죠"라며 "이걸 두고 참여정부 때 한 게 80%라는 등 하면서 불법사찰을 물타기하다니 엠비MB 청와대 참 나쁩니다. 비열합니다"고 적었다.[34]

"사찰에 비하면 노무현 탄핵 사유는 경미"

4·11 총선을 앞두고 민간인 불법사찰은 선거의 최대 변수로 떠올랐다. 『한겨레』가 3월 31일 한국사회여론연구소KSOI와 함께 진행한 전국 여론조사 결과에 따르면, 불법사찰 파문이 이번 선거에서 '여당에 불리할 것'이라는 답변은 67.4%로, '영향을 주지 않을 것'이라는 응답(25.0%)보다 월등히 높았다.[35] 『국민일보』가 여론조사 기관 GH코리아에 의뢰해 3월 31일과 4월 1일 이틀간 전국의 관심 지역구 10곳을 조사한 결과에 따르면, 절반 이상이 국무총리실 공직윤리지원관실의 불법사찰 의혹 사건이 4·11 총선에 영향을 미칠 것이라고 답했다. 특히 승부처로 꼽히는 서울에서는 그 비율이 60%대를 상회하는 지역구가 적지 않은 것으로 나타났다.[36]

4월 2일 새누리당 중앙선대위 대변인 이상일은 브리핑에서 "민간인 사찰은 인권을 유린하고 민주주의를 파괴하는 범죄행위"라며 "이에 대해 이명박 정부는 분명한 입장을 밝혀야 한다. 민간인 사찰이 왜 이루어졌는지, 그 결과가 어느 선까지 보고되었는지 진실되게 밝혀야 한다. 그리고 있을 수 없는 일이 벌어진데 대해 국민에게 사과해야 한다"고 말했다. 이어 그는 "(당시 청와대 민정수석이었던) 권재진 법무장관 등 책임 있는 분들에게 책임을 물어야 한다"고 덧붙였다.[37]

새누리당이 현 정부의 사과를 요구한 것에 대해 청와대 고위 관계자는 "일반 공무원(총리실 공직윤리지원관실 등 검·경 외의 조사기관 직원을 지칭)들이 공무원 비리와 관련된 조사를 하는 것은 불법적인 게 아니다. 어느 정부에서나 그렇게 한다"며 "이 문제는 사과할 사안이 아니다. 대통령을 거론한다는 게 말이 되느냐"고 밝혔다. 이 관계자는 또 "공무원 100만 명을 관리하려면 이렇게 (조사를) 안 하면 큰 일이 난다"며 "공무원들의 일탈을 막는, 기강을 바로잡은 행위"라고 주장했다.

현 정부의 사찰 문건 중 2건이 검찰 수사 대상이 되었던 점에 대해서도 "일을 하다 보면 에러도 있을 수 있다"며 "0.5% 정도의 실수는 범할 수밖에 없다"고 말했다. 이 관계자는 야권에서 'BH 하명'이란 부분을 부각하는 데 대해 "DJ 정부 등 어느 정부에서나 BH 하명이란 게 있었다. 진정이나 투서 등이 우리나라의 경우 청와대로 집중되는 경향이 있기 때문"이라며 "(사찰 논란이 계속되는 데 대해) 선거철이 되고 해서 그런 것"이라고 주장했다.[38]

4월 5일 새누리당 비상대책위원 이상돈은 MBC 라디오 〈손석희의 시선집중〉에 출연해 "현재 이런 상황(불법사찰)이 발생했기 때문에 (대통

새누리당 비상대책위원 이상돈은 미국의 닉슨 대통령이 하야하게 된 '워터게이트 사건'을 예로 들며, 이명박 대통령이 민간인 불법사찰에 대해 알고 있었다면 심각한 상황이라고 말했다.

령이) 사과를 해야 하는 것은 분명하다"며 "더 어려운 부분은 대통령이 이 문제에 대해 사전에 인지한 바는 없느냐, 혹시 책임질 만한 일을 한 것은 아니냐는 부분"이라고 지적했다. 이어 "그런 부분까지 밝혀지면 사과로 끝날 문제가 아니며 정말로 심각한 상황이 된다"고 말했다.

이상돈은 '심각한 상황'의 의미에 대해 미국의 닉슨 대통령이 하야하게 된 '워터게이트 사건'을 예로 들어 설명했다. 그는 "(불법사찰이) 워터게이트 사건을 빼어 박았다"고 주장했다. "직접적인 관련이 있는 것으로 나오면 하야까지 요구할 수 있다는 의미로 들린다"는 질문에 "그런 해석이 가능하다. 이것은 법치주의에 대한 근본적인 훼손이기 때문에 과연 우리 국민들이 사과 정도로서 그냥 만족할 것인가라는 어려운 문제가 있다"고 덧붙였다.[39]

제3장

4·11 총선,
예상을 깬 새누리당의 승리

나꼼수의 흥행 이유는 무엇인가?

김어준이 주도해 2011년 4월 말 창업한 나꼼수는 방송 1회당 평균 600만 건의 다운로드를 기록하는 '권력'으로 부상해 제19대 총선(2012년 4월 11일)을 앞두고 민주통합당에 절대적 영향력을 행사하고 있었다. 2012년 1·15 민주통합당 지도부 경선에 출마한 3명이 나꼼수에 출연하고 트위터에 올린 소감을 감상해보자.

"지금 막 〈나는 꼼수다〉 녹음을 마치고 나왔다."(한명숙) "나꼼수 녹음 갔더니 정봉주 전 의원 등신대 사진을 앉혀놓고 진행해요."(문성근) "조금 전 나꼼수팀과 녹음 마치고 돌아왔습니다. 지하녹음실에서 취조당하고 왔습니다. ㅋㅋㅋ"(박영선)[40]

이와는 반대로 섭외를 받지 못한 다른 후보들은 왜 나는 뺐냐고 나꼼수 측에 항의를 했을 정도로 나꼼수가 민주당 지지자들에게 미치는 영향력은 절대적인 것이었다. 어찌하여 이런 일이 가능했을까? 성공을 자축하는 기념으로 2012년 1월에 출간한 『나는 꼼수다: 세계 유일 가카 헌정 시사 소설집 Episode 1』에서 나꼼수 4인방(김어준·정봉주·주진우·김용민)에게 "나꼼수의 흥행 이유는 무엇이라고 보는가?"라는 질문을 던졌더니 이런 답들이 나왔다.

주진우는 "오직 가카. 팩트 그리고 위로"라고 했고, 김용민은 "난해한 정치를 원초적 본능(금욕, 성욕, 식욕)으로 풀어냈다"고 했다. 김어준의 답은 좀 길었다. "당연히 가카. 거기 더해 애티튜드. 쫄지 말라는. 그러한 태도 자체가 절절한 위로가 되는 시대다. 그래서 웃으면서 운다. 그리고 네 사람이 각기 살아온 삶. 자기 콘텐츠는 결국 자기가 삶을 상대하는 태도로부터 나온다. 정보는 그 위에 얹히는 토핑일 뿐이다. 마지막으로 화법. 자신이 얼마나 옳고 똑똑한지를 입증하기 위한 화려한 화술이라는 의미가 아니라 애티튜드, 정보, 해학, 캐릭터, 진심이 화학 결합해 만들어내는 합목적적인 전달력. 전달되지 않는 메시지는 아무리 많은 사람이 모여 크게 외쳐도 독백일 뿐이다."

정봉주의 답은 조금 더 길었다. "듣고 싶은 얘기가 아니라 내가 하고픈 얘기를 대신 해주는 데 대해 카타르시스를 느끼는 것 아닐까. 또 하나는 울분. 이것이 분명하다고 확신을 하지만 술좌석에서 아무리 얘기해봐야 욕만 받는데 나와 똑같은 콘텐츠가 방송이라는 신뢰의 무기로 치장을 하는 순간에 나의 울분은 정의감으로 전환되는 것이다. 확인되는 내 울분 그리고 정의감으로서의 전환에 엄청난 희열을 느끼는 것. 그리고 부끄러운 자화상에 대한 반성문 성격도 있는 것 같다. 다들 자기 검열하면서 촛불 이후를 살았다. 그런데 그런 두려움에 아랑곳하지 않고 하고픈 얘기를 지껄여대는 인간들을 보면서 부끄러운 내 모습이 오버래핑되는 거지. 이러지 말자. 이거라도 열심히 듣는 것이 반성문 쓰는 것이다 하면서."[41]

"을사늑약과 한미 FTA는 본질이 같다"

나꼼수 4인방이 지적했듯이, 나꼼수의 흥행 요인은 '원초적 본능'이나 '카타르시스'와 관련된 것이었다. 그들이 정치판에만 뛰어들지 않았다면, 그게 문제될 건 없었다. 하지만 그들은 '원초적 본능'이나 '카타르시스'를 충족시키는 방식으로 정치에 접근하면서 그걸 선전·선동의 주요 근거이자 무기로 삼았다. 이는 이후 십수 년간 지속될 한국 정치의 비극이었다.

나꼼수의 지지자였던 정치학자 조기숙은 훗날 출간한 『어떻게 민주당은 무너지는가』(2023)에서 "나꼼수가 어쩌다 맞는 선무당일 수 있음을 감지하기 시작했던 건 2012년 총선을 앞두고 2011년 12월 여의도에서 있었던 나꼼수의 한미 FTA 반대 집회였다"며 다음과 같이 말했다. "나꼼수의 위세에 눌려 누구도 한미 FTA 재협상 (요구)에 이견을 제시하지 못했다. 안희정 전 충남지사만 유일하게 국가 간 신의를 저버릴 수 없다며 반대 의견에 찬물을 끼얹었다. 이 집회는 2012년 민주통합당의 선거전략에도 큰 영향을 미쳤다."[42]

한미 FTA 발효(2012년 3월 15일)를 1개월여 앞둔 2012년 2월 8일 오후 민주통합당 대표 한명숙은 통합진보당, 한미FTA저지범국민운동본부 등과 함께 서울 광화문 세종문화회관 앞에서 기자회견을 열어 한미

FTA 발효 중단과 재협상을 미국에 촉구했다. 또 이 같은 내용을 담아 미국 대통령 버락 오바마Barack Obama와 상하원 의장에게 보내는 공개서한을 미국 대사관에 전달했다.

이들은 공개서한에서 "한미 FTA는 경제민주화를 위한 시장 개입을 국가의 의무로 규정한 대한민국 헌법 제119조의 정신에 정면으로 위배된다"며 "이에 대한 재협상에 실패한다면 우리는 입법기관으로서의 권한을 행사하여 한미 FTA 시행을 막기 위한 모든 조치를 다할 것"이라고 밝혔다. 또한 이들은 "12월에 열리는 대통령 선거에서 우리가 승리한다면, 그리고 그때까지도 우리가 위에서 제시한 재협상안이 관철되지 않는다면, 한미 FTA는 협정문 제24.5조 제2항에 따라 종료될 것"이라고 밝혔다.

한명숙은 "국민들의 분노는 하늘을 치솟고 있다"며 "날치기 통과된 매국적인 이 협상을 원천 무효라고 규정하고 발효 중단을 촉구한다"고 말했다. 그는 또 "오늘 (의원) 96명의 서명으로 나가는 이 서한은 96명의 서한이 아니라 99% 우리나라 서민들의 한을 담은 서한"이라며 "국민 여러분께서 손을 잡아주시고 힘을 합쳐 달라"고 호소했다.

민주통합당 '날치기한미FTA저지투쟁위원회'를 이끌고 있던 최고위원 정동영은 "한미 FTA 발효가 다가오면서 서민들의 운명도 점점 위태로워지고 있다"며 한미 FTA 발효 중단과 재협상을 촉구했다. 그는 또 "민주당과 한나라당 원내지도부 간 일방 합의에 의해서 등원 결정이 이뤄짐에 따라서 야권 공조가 깨지는 불행한 일이 일어났다"고 상기하며 "우리는 함께 힘을 합쳐서 싸워야 한다"고 강조했다.

통합진보당 공동대표 이정희는 "한미 FTA 발표 중단 결의안을 국회에서 함께 발의하고 그리고 함께 통과를 위해서 최대한 노력할 것"이라며 "야당의 가장 중요하고 큰 공조 행보가 한미 FTA 발효 중단으로 모아질 수 있도록 열심히 해나가겠다"고 말했다.[43]

당시 진보 진영의 기본 인식은 "을사늑약과 한미 FTA는 본질이 같다"(정동영)는 것이었는데,[44] 이 바탕엔 진보의 필수 요소처럼 여겨지던 이중적 반미주의反美主義가 자리 잡고 있는 것처럼 보였다. '이중적'이라 함은 개인과 가족의 차원에선 미국을 너무도 사랑하지만 국가와 민족을 앞세울 땐 반미를 부르짖는 위선이 매우 심각한 수준이었다는 뜻이다.

총선 직전 대통령 이명박의 지지율은 25%대에 불과했지만, 여당인 새누리당은 박근혜 비상대책위원회 체제로 이명박과 차별화를 시도했다. 여기에 더해 야당 스스로 새누리당을 돕는 일을 했으니, 그건 바로 나꼼수 김용민의 막말 파동이었다. 반미주의적 증오를 기반으로 한 성공이 독이 된 걸까? 민주당은 이 파동의 영향력을 과소평가하는 치명적인 실수를 저지르게 되니 말이다.

"라이스, 강간해서 죽이자" 김용민 발언 파문

2012년 4월 1일 민주통합당 서울 노원갑 후보 김용민이 2004년 10월~2005년 1월 인터넷방송 〈라디오21〉의 '김구라·한이의 플러스18' 코너에서 "라이스(전 미국 국무장관)를 강간해서 죽이자"는 발언을 한 사실이 알려져 총선의 최대 변수로 떠올랐다. 김용민은 2004~2005년 자신이 PD로 참여한 인터넷 라디오 방송 '김구라·한이의 플러스18'에 직접 출연해 테러 대처 방안에 대해 이야기를 나누다가 "미국에 대해서

민주당 노원갑 후보 김용민의 "라이스를 강간해서 죽이자"는 발언, 저출산 문제 발언 논란, 노인 비하 파문 등으로 선거판 전체가 흔들리고 있었다.

테러를 하는 거예요. 유영철을 풀어가지고 부시, 럼스펠트, 라이스는 아예 ××을 해가지고 죽이는 거예요"라고 말했다.

김용민은 또 저출산 문제와 관련해 "지상파 텔레비전 에스비에스, 엠비시, 케이비에스가 밤 12시에 무조건 떡영화를 두세 시간씩 상영하는 겁니다. 주말은 특집으로 포르노를 보여주는 거예요. 피임약을 최음제로 바꿔서 피임약이라고 파는 겁니다" 등의 발언을 했다. 4월 3일 새누리당은 상근부대변인 장덕상 명의의 논평을 내어 "민주통합당과 통합진보당 지도부는 인터넷에 떠돌고 있는 방송을 실제 들어보라. 두 당이 단일후보로 내세운 김 후보에게 도덕도, 인격도, 품위도 찾아볼 수 없다"며 김용민의 사퇴를 요구했다.[45]

4월 4일엔 같은 인터넷 방송에서 했던 김용민의 과거 노인 비하 발언이 터져 나왔다. 이 음성파일에 따르면 김구라가 "시청역 앞에서 오버하고 지랄하는 노친네들이 많은데요. 다스리는 법이 없을까요"라고 묻자 김용민은 "시청역은 4개 층 정도 지하로 내려가야 하잖나. 계단을 하나로 만드는 거예요. 에스컬레이터, 엘리베이터 다 없애고……. 그러면 엄두가 나질 않아서 시청에 안 오지 않겠나"라고 말했다. 이어 "또 다른 방법도 있다. 알카에다 테러조직에 까놓고 '밥도 주고 돈도 줄 테니까'라고 해서 시청광장에다 아지트를 지어주는 거예요"라고 했다. 민주당 대표 한명숙은 대전 유세 도중 기자들과 만난 자리에서 "걱정이다"는 짧막한 답변으로 이번 사태에 대한 우려를 표시했다. 한 핵심 관계자는 "선거가 1주일도 남지 않았는데……. 악재 중 악재"라고 토로했다. 그러나 공식 언급을 내놓지는 않았다.[46]

"민주당, 나꼼수에 업혀 집권하려는가"

왜 민주당은 검증을 통해 이런 문제를 사전에 파악하지 못했을까? 이 또한 나꼼수의 힘 때문이었다. 원래 노원갑 의원은 나꼼수 멤버인 정봉주였다. 그는 2007년 제17대 대통령 선거에서 대통합민주신당의 BBK진상조사단장을 맡아 한나라당 후보 이명박의 BBK 의혹을 앞장서서 알렸다. 정봉주는 이후 선거법 위반과 명예훼손 혐의로 기소되었으며, 2008년 제18대 총선에서도 노원갑에 출마했으나 한나라당 후보 현경병에게 2,759표 차이로 밀려 낙선했다.

이후 나꼼수 멤버가 되어 활약하다가 2011년 12월 22일 3년여간 계속되던 BBK 재판에서 대법원 선고가 확정되어 징역 1년의 형을 선고

받아 12월 26일 구속 수감되었다(그는 복역 후 2012년 12월 25일 만기 출소했다). 그는 사실상 '순교자'가 되어 민주당 지지자들의 '영웅' 대접을 받고 있었기에 그가 강력 추천한 김용민이 노원갑 후보가 될 수 있었다. 1·15 민주통합당 지도부 경선 녹음시 정봉주의 등신대 사진을 앉혀놓고 진행한 것도 정봉주의 그런 영향력을 말해준 것이었다.

그러나 김용민의 막말 파문으로 선거판 전체가 흔들리고 있었으니 민주당으로선 결단을 내려야만 했다. 4월 7일 한명숙은 김용민의 막말 파문과 관련해 공식적으로 사과하고 김용민의 사퇴를 권고했다. 한명숙은 비서실장을 통해 "김용민 후보의 과거 발언은 이유 여하를 불문하고 분명 잘못된 것"이라며 "민주통합당과 후보들을 지지하는 분, 국민 여러분께 마음의 상처를 드려 죄송하다"며 사과했다. 그는 "이번 선거는 특권재벌경제로 민생을 파탄시킨 이명박 새누리당 정권을 심판하는 선거"라며 "국민 여러분께 마음을 모아주길 간곡히 호소한다"고 말했다. 하지만 김용민 측은 유권자의 심판을 받겠다며 완주하겠다는 뜻을 굽히지 않았다.[47]

『동아일보』는 4월 9일자 사설 「민주당, 진정 나꼼수에 업혀 집권하려는가」에서 "민주당은 후보자 등록 후라서 후보자를 바꾸는 것이 불가능하다면 당에서 제명해서라도 사과의 진정성을 보여줘야 한다. 나꼼수에 대한 세습 형태의 묻지 마 공천이나 하고, 그들 눈치나 보는 정당의 집권 자격에 의문이 드는 것은 당연하다"면서 다음과 같이 말했다.

"김어준 씨 등 나꼼수 진행자들은 김 후보의 막말 논란에도 '끝까지 간다'고 큰소리친다. 막말이 본질인 나꼼수가 막말 때문에 김 후보의 사퇴에 동의하면 스스로를 부정하는 꼴이 되기 때문일 것이다. 그러나 나꼼수의 행태보다 이들에게 업혀 집권을 해보겠다는 민주당의 태도가 더 실망스럽다. 문재인 민주당 상임고문은 김 후보 논란의 와중에도 5일 부산에서 나꼼수와 만나 방송을 녹음했다. 결국 민주당은 한편으로는 종북 從北세력, 다른 한편으로는 나꼼수의 도구가 되려는가."[48]

하기야 민주당의 선거 로고송이 '나는 꼼수다'의 주제곡이었으니 더 말해 무엇하랴. 이 주제곡은 "민주통합당 찍어야 MB 막을 수 있는 거 아시죠"라는 멘트와 함께 이명박 정권을 심판해야 한다는 내용의 가사가 이어졌다. 문제는 선거, 그것도 총선이라는 큰 선거에선 증오·혐오의 선전·선동 이외에 정책의 측면에서 다른 그 무엇이 필요했음에도 민주당엔 있긴 했지만 그걸 충분히 부각하지 못했다는 점이다.[49]

4·11 총선: 새누리 152석, 야권연대 140석

4·11 총선은 유권자 4,020만 5,055명 중 2,181만 5,420명이 투표에 참여해 54.3%의 투표율을 보였다. 전국 단위의 선거로는 역대 최저인 제18대 총선의 투표율 46.1%보다 8.2%포인트 높았다. 새누리당은 당초 예상을 깨고 과반인 152석을 차지했으며, 민주통합당은 127석, 통합진보당은 13석, 자유선진당은 5석, 무소속은 3석을 얻었다. 새누리당은 비례대표에 25석을 차지했으며, 민주통합당은 21석, 통합진보당 6석, 자유선진당 2석을 얻었다.

정당별 득표율은 새누리당이 42.8%로 1위를 차지했으며, 민주통합당은 36.45%, 통합진보당은 10.3%, 자유선진당은 3.23%였다. 새누리당은 '정권 심판론'이 먹힌 서울과 수도권에서 패했지만 대구·경북을

'싹쓸이'했으며 부산에선 사상(문재인), 사하을(조경태) 등 2석만을 내주었으며, 강원과 충청에서도 크게 약진했다.[50]

통합진보당은 어떻게 해서 13석이라는 비교적 많은 의석을 얻을 수 있었을까? 조기숙은 "나를 좌절시켰던 건 민주통합당과 통합진보당 사이의 당 대 당 후보 단일화였다"며 이렇게 말했다. "구좌파 세력과 선 긋기를 하려던 내 노력은 수포로 돌아갔고, 유시민은 노무현의 한미 FTA를 사과한 후 통합진보당에 합류했다. 민주통합당은 통합진보당에 선거 내내 끌려다녔다. 이게 바로 나꼼수가 진두지휘한 선거 전략의 성적표였다."[51]

『경향신문』은 4월 14일자 기사 「김용민 막말에 접전지 타격…"표 1~3%P 깎여"」에서 "19대 총선에서 민주통합당 김용민 후보(서울 노원을·사진)의 '막말 파문'이 적지 않은 영향력을 미쳤다는 건 전문가들의 공통된 견해다"면서 "선거 이슈로서 '정권 심판론'을 상쇄했고, '스윙보터'(부동층)인 30~40대 투표율도 저하시켰다. 특히 여야가 박빙 승부를 벌인 지역의 승패를 가른 것으로 평가됐다"고 했다.

리서치뷰 대표 안일원은 "민주당이 5~10% 앞서가던 곳들이 (막말 파문이 터진) 4월 들어 접전을 보이거나 역전되는 등 데이터상 충격이라고 할 정도의 변화가 나타났다"면서 "야권이 기대했던 것보다 투표율이 낮게 나온 데서 알 수 있듯이 젊은 층 투표 의지도 약화시킨 것으로 보인다"고 밝혔다.

리얼미터가 4월 12일 유권자 750명을 상대로 여론조사한 결과 지지후보를 결정하는 데 가장 큰 영향을 미쳤던 이슈는 '막말 파문'(22.3%)으로 나타났다. 이어 '경제민주화 공약'(16.1%), '민간인 불법사찰'(14.9%), '한·미 자유무역협정 폐기 논란'(10.7%), '서울 관악을 야권 단일화의 여론조사 조작 파문'(9.7%) 순이었다.

민주통합당 사무총장 박선숙은 막말 파문이 터지고 난 뒤 줄곧 "김용민 변수가 충청·강원 지역에 꽤 영향을 미치는 것 같다"고 말했다. 막말 파문이 보수층엔 '대응 논리'를 마련해주면서 결집도를 높여준 것은 물론, 공천 파동과 경선 여론조작 논란 등 일련의 과정에서 야권에 대해 내키지 않는 시각을 가지고 있던 중도층의 표심이 이탈하는 빌미도 제공했다는 풀이도 나왔다.[52]

민주통합당이 김용민을 그대로 밀어붙인 것은 증오의 대결 구도를 말해주는 좋은 사례였다. 또 하나의 사례가 있었다. 4·11 총선에서 새누리당은 영화 〈완득이〉에 출연한 필리핀 출신 이자스민을 비례대표 의원으로 공천해 당선시켰다. 그런데 선거 과정 중 트위터 등 SNS 공간에서 이자스민에게 가해진 극도의 증오심 표출은 차마 눈 뜨고 보기 힘들 정도였다. 이에 대해 한겨레경제연구소장 이원재는 "흥미롭게도 이런 사람 중 상당수가 새누리당보다, 상대적으로 진보적인 민주화 세력을 지지하는 사람들이었다"며 다음과 같이 말했다.

"이 장면을 목격하는 순간 한국의 정치에 대한 골수 지지자들은 사실 보수적이지도 진보적이지도 않을지 모른다는 생각이 들었다. 우리 편이 하면 뭐가 됐든 좋은 것이고 상대편이 하면 뭐든 나쁜 것이라고 생각하는 수준일 수 있다는 이야기다.……이게 바로 절반으로 나뉜 51 대 49 사회의 중요한 특징이다. 다양한 의견을 정치적으로 표출하고 토론할 길은 없다. 정치세력은 단순히 두 개로만 나뉘어 있다. 그러니 증오가 판치는 것이다."[53]

"김용민 감싸고돈 문재인 '부메랑'"

왜 민주당은 김용민을 계속 밀어붙였던 걸까? 그건 바로 당시 민주당 실세였던 문재인의 김어준·나꼼수에 대한 깊은 애정, 달리 말하자면 희박한 공사公私 구분 의식 때문이었다. 김어준이 누군가? 문재인의 '대통령 자격'을 가장 먼저 알아본 사람이었다. 그리고 가장 열심히 문재인 띄우기를 실천한 사람이었다. 제1권에서 지적했듯이, 둘의 관계는 2009년 5월 29일로 거슬러 올라간다.

그날 서울광장에서 노무현의 영결식이 열렸을 때, 대통령 이명박이 헌화를 하는 순간 민주당 의원 백원우가 자리에서 일어나 그를 향해 "정치 보복 사죄하라"고 외쳤다. 상주 역할을 맡은 문재인은 이명박에게 머리를 숙이며 사과했다. 바로 이 장면에서 문재인의 '타고난 애티튜드의 힘'을 포착한 김어준은 이후 '문재인 대통령 만들기'의 선봉에 섰고, 대통령이 된 후엔 '문재인 지키기'의 선봉에 섰음은 이미 널리 알려진 사실이다.[54]

앞서 보았듯이, 4월 7일 한명숙은 김용민의 막말 파문과 관련해 공식적으로 사과하고 그의 사퇴를 권고했지만, 문재인은 한명숙에게 전화를 걸어 "김용민 씨(서울 노원갑 후보)에게 사퇴를 요구해서는 안 된다"고 당부했다. 그래서 한명숙은 주요 언론매체가 쉬는 토요일(7일) 한밤중에 측근을 통해 "김씨의 과거 발언은 분명 잘못으로 사과드린다. 김씨에게 사퇴를 권고했으나 '유권자들에게 심판을 받겠다'고 한다"며 이도 저도 아닌 입장을 내놓게 되었다는 것이다. 「김용민 감싸고돈 문재인 '부메랑'」이라는 기사에서 이 뉴스를 전한『동아일보』는 "실제로 문재인 고문

한명숙은 김용민에게 사퇴를 권고했지만, 문재인은 한명숙에게 "김용민에게 사퇴를 요구해서는 안 된다"고 말했다. 이는 문재인의 리더십과 관련해 '공사 구분 의식'의 문제를 제기한 대표적 사건이었다. 결국 새누리당은 예상을 깨고 과반인 152석을 차지했다.

은 김씨의 막말 파문에도 그를 옹호하는 태도를 보였다"며 다음과 같이 말했다.

선거 이틀 전인 9일 방송된 '나꼼수'에 민주당 박지원 최고위원, 통합진보당 노회찬 대변인 등과 함께 출연했다.……같은 날엔 부산대 앞에서 김어준 『딴지일보』 총수, 주진우 『시사IN』 기자 등 나꼼수 멤버들과 민주당 후보 지원 유세를 벌였다. 수도권에서 재당선된 한 의원은 "낙동강 벨트의 부진한 성적표는 문 고문이 막말 주역들과 지원 유세를 함께한 탓도 있을 것"이라며 "수도권 후보들끼리 '문 고문이 이상하다' '대선후보감은 아닌 것 같다'는 얘기를 나누곤 했다"고 쓴소리를 했다.[55]

그래서 김용민은 사퇴하지 않았고, 그 덕분에 새누리당은 4·11 총선에서 당초 예상을 깨고 과반인 152석을 차지하는 승리를 거둘 수 있었다. 패배에 큰 충격을 받은 민주통합당 내부에서도 "공당 대표가 정치인 팬클럽 반발을 의식해 중요한 결단을 내리지 못했다는 건 그야말로 비극"이라는 비판이 나왔고, 한명숙은 결국 총선 패배의 책임을 지고 대표직을 사퇴했다.[56] 당시 문재인의 책임론은 크게 불거지지 않았지만, 이는 문재인의 리더십과 관련해 '공사 구분 의식'의 문제를 제기한 대표적 사건이었다.

"나꼼수 현상이 결국 독으로 작용했다"

『한겨레』의 오판도 지적해둘 필요가 있겠다. 『한겨레』는 4월 9일자 사설 「총선의 심판 대상은 정권이지 '김용민'이 아니다」에서 "이명박 정부의 민간인 불법사찰로 궁지에 몰려 있는 분위기를 한꺼번에 뒤집을 호재라고 생각했는지 연일 '김용민 막말'을 재방송하고, 새로운 문젯거리를 '발굴'하는 데 몰두하고 있다. 여기에 이른바 조·중·동 보수언론까지 가세하면서 이번 총선이 '김용민 심판의 장'인 양 호들갑을 떨고 있다"면서 다음과 같이 말했다.

"이번 선거의 가장 중요한 의미는 누가 뭐래도 지난 4년간 이명박 정권의 국정 운영을 평가하고 더 좋은 미래를 열어갈 세력을 선택하는 데 있다. 이명박 정부와 새누리당이 그간 펴온 대기업 위주 및 성장 만능의 경제정책, 인권과 민주주의의 후퇴, 대결 위주의 남북정책을 지지하면 여당에, 반대하면 야당에 표를 던지는 게 정상적이다."[57]

도대체 그런 정책 대결로 이루어진 선거가 그간 얼마나 있었다고 그런 순진한 주장을 해댄 건지 모를 일이었다. 총선 결과가 민주당의 패배로 나타나자, 원망의 파편은 나꼼수에도 튀었다. 한겨레사회정책연구소 연구위원 한귀영은 "자신의 과오는 인정하지 않는 태도로 성찰의 공간을 갖지 않는 〈나꼼수〉에 휘둘렸다는 평가는 줄곧 지속됐다"며 "진영 논리로 우리 편 아니면 적이라는 식으로 '쫄지 마' 형태로 일관하는 것이 처음에는 달콤 짜릿하지만 결국 그것이 자기편에게 부메랑이 되어 돌아오게 되는 것"이라고 말했다. 경희대학교 교수 이택광도 "새누리당 과반 의석 차지는 공허한 심판론과 막말 파문에 대한 안이한 대처가 만들어낸 결과"라며 "나꼼수 현상이 결국 독으로 작용했다. 떠먹여주는 밥도 못 먹는다는 말이 나오는 까닭"이라고 지적했다.[58]

　스스로 자신을 '중죄인'이라 했던 김용민의 반성은 오래 가지 않았다. 그는 선거 이틀 뒤에 다시 입을 열고 "낙선자의 근신은 끝났다"며 국민 욕쟁이가 되겠다고 나섰다. 김어준은 한 술 더 떠서 "나꼼수 때문에 선거에서 진 것이 아니라, 나꼼수 때문에 이만큼 저지한 것이다"고 주장했다.[59] 앞으로 기회 있을 때마다 독毒 역할도 마다하지 않겠다는 뜻이었을까?

민주당 리더십의 문제

　민주당 정책통으로 민주연구원 부원장을 지낸 신성장경제연구소 소장 최병천은 "새누리당 총선 승리의 또 다른 숨은 공신은 '민주당의 리더십'이었다고 했다. 김용민의 막말 파동에 제대로 대처하지 못한 것뿐만 아니라 그 이전에 '임종석 사건'이 있었다는 것이다. 그는 민주당의 총선 지도부가 당시 1심에서 유죄를 받았던 전 의원 임종석을 사무총장으로 지명했다는 걸 상기시키면서 다음과 같이 말했다.

"임종석 사무총장을 포함한 '무경선 전략공천' 지역을 먼저 발표했다. 당연히 여론의 반발이 커졌고, 결국 임종석 전 의원은 사퇴했다. 언론의 집중 공격을 자초했고, 당내 갈등은 더욱 커졌다. 선거는 '51% 게임'이다. 진보파도, 보수파도 단독으로 51%를 받을 수 없다. '유권자 연합'이 중요하다. 전통적인 지지층이 이탈하지 않되, 약점을 보완하고, 과감한 중도 확장에 성공하는 것. 선거 승리의 법칙이다."[60]

문재인은 총선에 처음 등장했을 때 지역주의 해소를 위해 노력하겠다고 말했다. 시사평론가 이철희는 그건 "자신이 말할 수 있는 유일한 자기 가치였다"고 인정하면서도 '낙동강 벨트'를 전략으로 내세우는 '바보 같은 선택'을 했다고 비판했다. 그는 "낙동강은 낙동강에 인접해 있는 부산의 일부를 말한다. 서면과 같은 부산의 본토를 공략하는 것이 아니라 부산의 변방, 그중에서도 가장 쉬운 선거구에 안착하고서 그것을 '낙동강 벨트'라고 규정했다. 그리고 이것을 지역주의에 대한 도전이라고 주장했다"며 다음과 같이 말했다.

"노무현의 가치인 지역주의 해소를 계승하겠다고 했지만, 보여지는 행동은 노무현의 것에 훨씬 못 미치는 수준이었다. 감동이 덜한 게 당연했다. 결과적으로 문재인의 '낙동강 벨트'는 부산 시민에게 아무런 충격을 주지 못했다. 오히려 노무현과 비교당하며 정치인으로서의 매력이 떨어진다는 판단 근거만 제공한 셈이 됐다. 만약 노무현의 지역주의 해소가 문재인의 것이기도 했다면, 그 이유로 정치판에 나오겠다고 한 것이라면 더욱 강력한 행동을 보여줬어야 했다."[61]

김어준은 문재인의 '애티튜드의 힘'을 찬양했지만, 총선 보름 후에 터진 민주통합당의 '담합 파동'은 좀 다른 모습을 보여주었다. 4월 27일 『경향신문』은 「'선수가 게임 룰에 개입' 흠집 난 문재인」이라는 기사에서 "민주통합당 이해찬 전 총리와 박지원 전 원내대표의 '담합' 후폭풍이 문재인 노무현재단 이사장을 덮치고 있다. 문 이사장이 정략적인 권력 분점에 관여한 것으로 알려지면서 '문재인 대망론'도 도마에 올랐다"며 다음과 같이 말했다.

이 전 총리는 박 전 원내대표에게 원내대표직을 제안할 때 '문 이사장과 한명숙 전 대표도 동의했다'고 전했다. 문 이사장은 담합 소식이 알려지기 하루 전인 지난 24일 박 전 원내대표와 회동했다. 담합 역풍이 거세지자 문 이사장은 27일 트위터에 "친노·비노 프레임을 깨려는 현실적인 의미가 있다"면서 "두 분의 합의는 이상적이진 않지만 더 나은 선택이 필요하다고 생각하는 분은 그렇게 노력할 일"이라고 밝혔다. 전날 부산에선 "담합이라고 공격하는 건 바람직하지 않다"고 엄호했다. 이번 담합은 궁극적으로 대선을 겨냥한 세력연대 성격이 짙다. 친노와 비노, 영남과 호남의 이해관계가 맞물렸다. 한 중진 의원은 "대선에 직접 뛸 선수가 게임의 룰을 정하는 자리에 개입한 것만으로도 불신을 초래했다"고 말했다. 담합의 한 축으로 몰리면서 문 이사장이 강조해온 새롭고 개혁적인 이미지는 비판대에 섰다. 특히 '노무현의 적자'로 불렸던 문 이사장의 담합 관여는 친노 정신과도 상충된다. 친노 관계자는 "손해를 보더라도 정공법을 택하는 것이 친노 정신 아닌가"라며 고개를 저었다.[62]

다시 김종인을 대선 멘토로 모신 박근혜

새누리당의 관점에서 보자면 승인勝因으로 '경제민주화'를 빼놓을 순 없었다. 새누리당 비대위원으로 새누리당의 승리에 큰 기여를 한 김종인은 "불과 3개월 전만 하여도 100석을 얻느냐 마느냐 하던 선거에서 거의 기적과 가까운 결과를 만들어낸 것이다. 박근혜는 다시 '선거의 여왕'으로 떠올랐다"며 다음과 같이 말했다.

"3개월 전만 해도 이런 결과를 예상했던 사람은 아무도 없었다. 새누리당이 이길 것이라는 생각은 하고 있었지만 선거 결과에 나도 조금은 놀랐다. 그렇게까지 크게 이길 것이라고는 예상치 못했다. 박근혜라는 개인의 정치적 상품 가치와 함께 경제민주화라는 시대정신이 맞물리면서 이긴 셈이다."[63]

총선에 승리하고 비대위가 해체된 후 독일을 여행하고 있던 김종인에게 새벽에 몇 번이나 전화가 왔다. 자신의 일정을 알고 있는 사람이라면 그 시간에 전화를 할 리 없다고 생각해 계속 끊어버렸다고 한다. 그랬더니 박근혜가 연락을 시도했는데 전화를 받지 않는다며 행방을 묻고 있다는 제3자의 문자 메시지가 왔다. 결국 통화가 이루어졌다.

김종인이 "갑자기 왜 저를 찾으십니까?"라고 물으니 "선생님이 저를 대통령으로 만들어주신다고 하지 않았습니까?"라는 말이 박근혜의 첫마디였다. 귀국 후에 만나서 이야기하기로 하고, 보름 후 서울 어느 호텔에서 만남이 이루어졌다. 대통령 후보 경선위원장을 맡아 본선까지 자신을 계속 도와달라는 요청이었다.

김종인이 "지난번 총선이 그렇게 끝났고, 판세를 보건대 당신이 대통령 후보가 되고 당선이 되는 것에도 큰 문제는 없을 것 같다. 그런데 왜 굳이 나를 찾느냐"고 물었더니, 박근혜는 "총선이 끝나고 결과를 분석해보니 '경제민주화'가 젊은 유권자들에게 큰 영향을 미친 것으로 나타났다"고 답했다. "우리는 박근혜도 싫고 새누리당도 싫지만 경제민주화를 한다고 하니까 한 번 믿어보기로 하고 찍어준 것"이라고 말한 청년이 많았다는 이야기였다. 결국 김종인은 박근혜의 간곡한 요청에 정책과 공약 파트를 자신이 책임져서 방향을 바로잡겠다는 다짐을 받고 선거 캠프에 참여하기로 했다.[64]

제4장

재벌, 고위공직자,
각종 비리

'순대 재벌'과 '물티슈 재벌'의 등장

2012년 총선과 대선의 해를 맞이해 1월부터 '재벌개혁'이 여야 정당들의 핵심 정책 가운데 하나로 떠올랐다. 이명박 정부가 취임 초부터 이른바 '비즈니스 프렌들리'를 강조하며 출자총액제한제도 폐지, 지주회사 규제 완화, 법인세 인하 등 친재벌 정책을 잇따라 추진한 가운데 재벌의 문제가 불거졌기 때문이다. 경제개혁연구소 연구위원 위평량이 분석한 자료를 보면, 2011년 30대 재벌그룹의 전체 자산은 1,460조 5,000억 원에 이르렀다. 국내총생산GDP 1,172조 원보다 300조 원 가까이 많았으며, 연간 매출은 1,134조 원으로, 국내총생산의 96.7%에 이르고 있었다.[65]

1월 19일 이명박은 서울 중구 남대문로 대한상공회의소에서 재계 순위 5~15위 그룹 총수들을 만나 "나는 어떻게 하든 간에 기업이 흔들리지 않게 지켜주는 역할을 맡아서 할 것이고, 그런 면에서 경제단체나 기업이 스스로 해나가야 한다"면서 "일자리를 만들고 세금을 내는 것이 애국이라고 생각한다"고 말했다. 그는 "국민들이 볼 때에도 기업이 자율적으로 하는 것이 좋다"면서 "기업 환경을 스스로 지혜롭게 만들어나가야 한다"고 역설했다.[66]

하지만 이명박 정부의 '비즈니스 프렌들리'는 부작용이 만만치 않았다. 이를 잘 보여준 게 바로 '대기업·중소기업 간 자율 합의'를 강조하며 민간기구로 탄생한 동반성장위원회의 유명무실화였다. 이명박 정부는 2009년 출자총액제한제도를 폐지할 때도 '기업 인식이 많이 바뀌어 자율 규율이 가능하다'는 이유를 들었지만 재벌들은 동반성장위원회 활동에 공공연하게 반기를 들었다.[67] 그 결과 어떤 일이 발생했던가?

이명박 정부 출범 뒤 4년 동안 30대 재벌 계열사 수는 359개가 늘어 1,150개에 이르렀으며, 연평균 증가율은 13.8%로 경제성장률의 4배를 기록했다. 특히 2009년 3월 출자총액제한제도 폐지 뒤 계열사 증가 속도가 더욱 빨라졌으며, 새 계열사를 통해 뛰어드는 사업은 한계를 두지 않았다. 주로 문화·레저·유통 등 서비스업 진출 비중이 높았는데, 빵집이나 제과점, 커피전문점까지 건드리고 있었으며 골목상권에서도 재벌의 독과점이 심화하고 있었다.[68] 그래서 이른바 '순대 재벌', '물티슈 재벌'이라는 말까지 등장할 정도였다. 0.1%에 불과한 재벌이 사실상 99%에 달하는 서민들의 삶을 포위하고 있는 형국이었다.

『경향신문』은 1월 17일자 사설「"대기업, 스스로 개혁 대상 전락했다"」에서 "대기업들은 그동안 동반성장 구호가 무색하게 기업형슈퍼마켓SSM을 앞세워 골목상권을 초토화한 데 이어 최근에는 커피점·라면·

1월 19일 이명박은 대한상공회의소에서 대기업 대표들을 만나 자신이 "기업이 흔들리지 않게 지켜주는 역할을 맡아서 할 것"이라며 '비즈니스 프렌들리'를 강조했다.

순대·떡볶이 장사에까지 손을 대면서 자영업자와 영세 중소기업의 밥그릇을 빼앗고 있다"면서 다음과 같이 말했다.

"동네 빵집이 최근 8년 사이 78%(1만 4,000곳)가 감소한 배경에도 자본력을 앞세운 대기업의 탐욕이 자리 잡고 있다. 재벌가 2·3세 딸들의 커피점·베이커리 사업 진출은 하나의 유행이 된 듯하다. 납품단가 후려치기 등 중소기업에 대한 횡포, 계열사 일감 몰아주기, 부의 편법상속·증여, 사내 하청을 비롯한 저임금 일자리 확산 등 사회 발전을 가로막는 불공정 관행과 양극화 확대에 대한 대기업의 책임의식은 찾아보기 어렵다. 사회적 책임이나 기업가 정신은커녕 최소한의 상도의조차 실종된 모습이다."[69]

2월 23일 국회예산정책처가 밝힌 통합진보당 의원 이정희의 의뢰로 조사·분석한 「세제개편의 세수 효과, 2008~2012년 금융위기 극복을 위한 세제지원」 보고서를 보면, 이명박 정부 5년 동안 성장 촉진을 명분으로 실시한 감세 규모는 모두 82조 2,693억 원(기준연도 대비 방식)에 이르렀다. 이는 세율을 낮추거나 각종 공제를 확대한 영향에 따른 것으로, 가장 감세폭이 큰 부분은 법인세로 5년 동안 35조 원에 이르렀다. 같은 기간 소득세 감세 규모도 25조 원이 넘었다.[70]

"고위공직자의 재산 증가와 팍팍한 서민의 삶"

2012년 3월 23일 국회·대법원·헌법재판소·선거관리위원회·정부공직자윤리위원회가 공개한 2011년 고위공직자 재산변동 신고 내역에 따르면, 공개 대상자 2,329명 중 1,427명(61.3%)의 재산이 증가했다. 국무총리를 비롯한 국무위원 17명의 평균 재산은 16억 2,600만 원으로 집계되었는데, 이는 전체 고위공직자 평균 재산보다 4억 원 이상 많은 규모였다. 국회의원은 절반 정도가 재산이 늘었으며, 평균 재산은 25억 8,100만 원이었다.[71]

신고 대상 고위공직자 가운데 재산이 불어난 이들은 2008년 59.4%, 2009년 56.6%, 2010년 67.7%로, 지난해까지 4년째 고위직 10명 가운데 6명은 재산을 전년보다 불린 것으로 집계되었다. 공직자윤리위원회는 이번 재산 공개 때 고위직들의 재산이 증가한 요인으로 부동산 공시가격 상승, 급여저축 증가 등을 꼽았다.[72]

이명박의 재산은 지난 1년 동안 3억 306만 원 늘어나 이명박과 부인 김윤옥의 총 재산은 57억 9,966만 원에 이르렀다. 청와대 참모진 53명(비서관 이상)의 재산 내역은 평균 15억 1,311만 원을 기록했다. 윤영범 국방비서관이 63억 1,648만 원으로 1위, 김태효 대외전략기획관이 51억 8,000만 원으로 2위에 올랐다. 정진영 민정수석(42억 6,329만 원), 박범훈 교육문화수석(42억 3,973만 원), 문화체육관광부 제2차관으로 이동한 김용환 전 국정과제비서관(41억 383만 원), 강한승 법무비서관(39억 5,884만 원) 순이었다. 10억 원 이상 자산가는 26명이었다.[73] 청와대 참모진의 재산은 2010년보다 1억 2,104만 원 줄은 것으로 나타났는데, 이는 주로 서울 강남 등 부동산값 하락 때문인 것으로 밝혀졌다.[74]

『경향신문』은 3월 24일자 「공직자 땅 보유, 투기 의혹 여전히 많아」라는 기사에서 "정부공직자윤리위가 23일 공개한 공직자 재산 공개 내역을 보면 여러 곳에 땅을 보유해 투기 의혹을 살 만한 공직자가 여전히 많다. 또 경제정보를 취득할 수 있는 위치에 있는 공직자의 배우자나 자녀들이 주식투자를 하는 경우도 있고 예산을 배정할 위치에 있는 사람이 특정 기업에 출자한 사실도 드러났다. 자녀에게 재산을 증여하고도 공개를 거부하는 고지거부제도를 '악용'하는 공직자가 더욱 늘어나는 추세다"고 했다.[75]

『아시아투데이』는 3월 30일자 사설 「고위공직자의 재산 증가와 팍팍한 서민의 삶」에서 "고위공직자들의 재산이 늘었다고 해서 이를 탓할 수는 없다. 오히려 이는 자연스럽고 권장할 만한 일이다. 문제는 불경기로 인해 서민들은 장사가 안돼서, 또 근로자들은 적은 월급으로 빚조차 갚을 수 없어 허덕이는 판에 권세 있는 사람들만 재산이 늘고 있다는 것이다. 고위공직자들이 보유 부동산과 주식 등 유가증권 평가액이 올라 그랬다고 해명하고 있으나 이를 믿는 서민이 얼마나 될까"라면서 다음과 같이 말했다.

"우리나라 총근로소득자의 지난해 1인 평균 연봉은 3,040만 원이었다. 그것도 3,000만 원 미만 소득자가 63.4%나 된다. 또 지난해 말 현재 국민들의 가계부채는 총 1,089조 원이다. 금융사 대출 및 카드 신용판매액만 그렇다. 전월세 보증금 등 개인 간 빚은 제외됐는데도 그렇다. 가처분소득의 138%나 된다. 급여 전액을 빚 갚는 데 써도 모자라 또 빚을 내야 할 판이다. 서민들의 삶이 이렇다. 그러니 고위공직자들의 재산 증가에 눈총이 가지 않을 수 없는 것이다."[76]

빚 갚는 데 소득 40%를 쓰는 가계

고위공직자들의 재산은 증가한 반면 서민들은 빚에 치이고 있었다. 2011년 말 통계청, 금융감독원, 한국은행이 공동으로 발표한 '2011년 가계금융조사'를 바탕으로 4월 2일 한국은행이 분석한 「통화신용정책보고서」를 보면, 우리나라 전체 가구의 56.2%가 금융부채 위에 올라 있는 것으로 나타났다. 이는 1년 전 53.7%보다 늘어난 수치로, 1분위(소득 하위 20% 이하) 소득계층에서 상대적으로 증가 폭이 크게 나타났다.

이 보고서에 따르면, 국내 과다 채무 가구는 전체 가구의 9.9%를 차지했다. 과다 채무 가구란 소득의 40% 이상을 빌린 돈의 원리금을 갚는 데 쓰는 가구를 의미한다. 소득계층별로는 최상위(5분위) 계층은 같은 기간 0.2%포인트 줄었지만 나머지 계층에서는 2~3.5%포인트씩 증가했다. 저소득계층을 중심으로 과다 채무 가구가 늘어나고 있다는 의미다.

공공부문 부채 역시 빠르게 증가해 사상 처음으로 800조 원을 돌파했다. 한국은행과 기획재정부에 따르면, 정부와 공기업 등 공공부문의 부채 잔액은 지난해 말 802조 6,629억 원을 기록해 지난 1년 사이 무려 85조 2,637억 원이 늘어났다. 2007년 465조 8,775억 원에 비해서는 거의 2배에 가깝게 증가한 것이다.[77]

4월 10일 기획재정부가 발표한 '2011 회계연도 국가결산'을 보면, 2011년 우리나라의 국가채무는 전년도보다 28조 5,000억 원 증가한 420조 7,000억 원으로 나타나 사상 처음으로 400조 원을 돌파했다. 지방정부의 채무(잠정치)는 소폭 감소했으나 중앙정부의 채무가 크게 증가한 데 따른 것이다. 국가채무의 적정성을 가늠해볼 수 있는 국내총생산 대비 국가채무 비율도 33.4%에서 34%로 높아져 1997년 외환위기 이후 최고치를 기록했다.

국가채무 증가의 원인으로 2008년 금융위기와 4대강 등 대형 국책 사업이 꼽혔다. 이재은 경기대학교 교수(경제학)는 "금융위기를 극복하면서 대규모 재정지출을 한 것은 어쩔 수 없다고 치더라도, 동시에 대대적인 감세로 세입 기반을 약화시킨 것은 재정 운용상의 문제였다"며 "4대강 사업도 꼭 필요한 사업이었는지 의문"이라고 지적했다. 국가채무에는 4대강 예산 가운데 8조 원을 떠안은 수자원공사 등 공기업 부채는 포함되지 않았다.[78]

『한겨레』는 4월 11일자 사설 「가계부채에 이어 공공부채도 1000조 원이라니」에서 "부자 감세로 거둬야 할 세금을 걷지 않고 엉뚱한 데 돈을 펑펑 쓴 결과 나랏빚이 급증한 것이다. 그래 놓고 기획재정부는 재정 건전성을 위해 정치권의 복지 공약을 점검한다고 호들갑을 떨었다. 소가 웃을 일이다"면서 "가계부채에 이어 공공부채까지 네 자리 숫자로 빚더미에 오르게 된 게 경제만큼은 살리겠다고 한 정권의 성적표다. 더 늦기

전에 세입 기반을 늘려 재정 여력을 확보하고 씀씀이를 구조조정해야
한다"고 주장했다.[79]

파이시티 인허가 비리, 최시중·박영준 구속

2012년 4월 30일 대검찰청 중앙수사부(부장 최재경 검사장)는 서울
양재동 복합유통센터 파이시티 인허가 비리 의혹과 관련해 7억여 원의
금품을 받은 혐의(특정범죄가중처벌법상 알선수재)로 최시중 전 방송통신
위원장을 구속했다. 서울중앙지방법원 박병삼 영장전담 판사는 "금품
공여자의 일관된 진술 등 범죄 혐의가 소명되고 수사 진행 경과에 비춰
볼 때 증거인멸의 우려가 있다"며 영장을 발부했다. 최시중은 대검 청사
밖으로 나와 "내가 많이 잘못됐다고 생각하고 있다. 나에게 큰 시련이 왔
다고 생각하고 시련을 잘 극복할 수 있도록 자중자애하겠다"면서 돈 받
은 문제에 대해서는 "유구무언"이라고 밝혔다.[80]

또 검찰은 이명박 정부에서 '실세 중의 실세'로 불린 전 지식경제부
차관 박영준이 파이시티 인허가 청탁과 관련해 EA디자인 사장 이동율
이 준 돈을 제이엔테크 회장 이동조를 통해 건네받았다는 정황을 파악
하고 수사 중이라고 밝혔다. 결국 박영준은 5월 7일 구속수감되었다. 박
영준의 구속 전 피의자 심문(영장실질심사)을 진행한 서울중앙지법 영장
전담 부장판사 이정석은 "범죄 혐의에 대한 소명이 충분하고 도망 및 증
거인멸의 우려가 있다"고 영장 발부 사유를 밝혔다.[81]

5월 8일 과거 박영준을 향해 '권력을 사유화하고 있다'고 비판했던
새누리당 의원 정두언은 CBS 라디오에서 "4년 전부터 일종의 112 신

고를 했고 여러 차례 경고를 하며 언질을 줬는데 전혀 작동하지 않았다"고 말했다. 그는 "이런 일이 (현 정권 내에) 더 있을 것으로 보느냐"는 질문에 "어떻게 보면 지금이 시작이라고 본다"며 "어떤 사람이 나올까가 아니라, 지금 사건이 하나 터져 얼버무렸는데 사건 하나만 문제가 되는 게 아니라 여러 가지로 문제가 될 것이라는 말"이라고 답변했다.[82]

5월 11일 박영준이 포스코 회장 정준양의 선임 과정에 개입한 정황이 드러났다. 박영준이 2008년 11~12월 서울의 호텔 등으로 당시 윤석만 포스코 사장, 정준양 포스코건설 사장을 불러 회장 후보 '인터뷰'를 했으며, 두 달 후 박영준이 이구택 당시 포스코 회장에게 "청와대 의중"이라며 정 사장이 낙점되었음을 통보했다는 것이다. 『조선일보』는 「세계 3위 철강사 포스코가 정권의 전리품이었나」는 사설에서 다음과 같이 개탄했다.

"포스코는 정부 지분이 한 주株도 없는 순수 민간기업이다. 외국인 지분이 50.54%나 되고 철강 생산량은 세계 3위다. 글로벌 민간회사에 정권의 개입이 이 정도였다면 다른 공기업의 사장 선임 과정은 어떠했을까 짐작할 만하다. 포항 중소업자와 의혹에 가득 찬 거래로 얽히며 정권의 전리품으로 취급받은 포스코가 2020년 글로벌 100대 기업이 되겠다고 나설 자격이나 있는 것일까."[83]

5월 13일 국무총리실 공직윤리지원관실의 민간인 사찰과 증거인멸 사건을 재수사 중인 검찰이 최근 지원관실 문건에서 전 포스코 사장 윤석만의 이름을 발견한 사실이 확인되었다. 윤석만은 2009년 포스코 회장 후보로 거론되었으나 박영준의 반대로 뜻을 이루지 못한 것으로 알려졌다. 이에 따라 박영준이 지원관실을 움직여 윤석만을 사찰하는 방식으로 포스코 회장 인사에 개입한 것 아니냐는 의혹이 불거졌다. 윤석만은 2009년 1월 29일 열린 포스코 이사후보추천위원회에서 "박영준씨가 '이명박 대통령의 뜻'이라며 회장 후보를 포기하라고 했다. 천신일회장도 전화를 걸어와 같은 뜻을 밝혔다. 정부 쪽에서 정당한 절차 없이 정준양을 밀고 있다"고 폭로했다.[84]

"최시중은 감옥에서도 여전히 '방통대군'인가"

2012년 5월 18일 대검찰청 중앙수사부는 전 파이시티 대표 이정배에게서 인허가 청탁과 함께 각각 8억 원과 1억 6,400여만 원을 받은 혐의(특정범죄가중처벌법 알선수재)로 최시중과 박영준을 기소했다. 박영준에 대해서는 건설 시행사 파이시티 외에 코스닥 상장사인 다른 기업에서도 1억 원을 받은 혐의를 추가했다.

제이엔테크 회장 이동조가 박영준의 자금 관리인이었다는 사실도 확인되었다. 검찰은 전 서울시 정무조정실장 강철원도 같은 혐의로 불구속기소했다. 검찰은 파이시티 사건과 관련해 모두 5명을 형사처벌했다는 내용의 중간수사 결과를 발표하고 사실상 수사를 일단락지었다. 검찰은 이명박이 서울시장 재임 중 인허가 과정에 개입했는지에는 "무관하다"고 밝혔으며, 권재진 법무부 장관이 2010년 경찰청의 이정배 전 파이시티 대표 수사와 관련해 청탁 전화를 받았는지에 대해서는 "확인하기 어렵다"고 말했다.[85]

5월 23일 파이시티에서 8억 원을 받아 구치소에 수감 중인 최시중이 병원에서 심장 수술을 받았다. 이 과정에서 최시중이 법원의 구속정지 결정이 아닌 구치소장 직권으로 풀려나 외부 병원에 입원했다는 사실이 알려져 논란이 되었다. 최시중은 구치소에서 풀려난 21일에야 변호인을 통해 '수술을 받아야 하니 잠시 풀어달라'는 구속집행 정지 신청을 서울중앙지법에 냈고, 법원은 22일 최시중에게 법정 출석 통보를 했다가 그가 이미 입원한 사실을 알고 23일 전문심리위원만을 불러 그의 구속정지 여부를 심리했다는 것이다. 재판부는 "황당하다. 구속집행 정지 결정이 나오기 전에 병원에 가는 건 이례적"이라고 했으며, 검사는 "저희도 나중에 알았다. 송구스럽다"며 고개를 숙였다.[86]

『한겨레』는 5월 25일자 사설 「최시중 씨는 감옥에서도 여전히 '방통대군'인가」에서 "구속 직전에 심장혈관 질환 수술을 예약해놓는 잔꾀를 부리더니 또 다른 해괴한 꼼수로 법질서를 농락했다. 이런 사실을 판사는 물론 검사도 까맣게 몰랐다고 하니 그는 감옥에 가서도 여전히 '권력 실세'의 위용을 뽐내고 있는 셈이다"면서 다음과 같이 말했다.

"이번 조처가 말 그대로 서울구치소장의 재량으로 이뤄졌는지도 의문이다. 최 전 위원장 '석방'이 몰고올 후폭풍이 얼마나 클지는 구치소장이 너무나 잘 알 것이다. 그런데도 그런 대담한 결정을 내린 것은 '윗선'의 강력한 지시 내지는 책임지겠다는 약속이 없고선 불가능한 일이다. 교정 당국의 최고감독권자인 권재진 법무부 장관을 '최시중 감옥 빼내기' 작전의 총연출자로 지목할 수밖에 없는 이유다. 그가 장관직을 떠나야 할 이유에 법 집행의 공정성·평등성 파괴와 국민의 법 허무주의 조장이라는 항목이 또 하나 추가됐다."[87]

『조선일보』는 5월 25일자 사설 「법무부, 보통 시민도 최시중 씨 같은 혜택 누리게 할 건가」에서 다음과 같이 말했다. "법무부는 최씨의 질병 '복부 대동맥류'는 혈관이 터지면 생명이 위험할 수 있어 긴급 수술이 필요하다고 했다. 하지만 최씨가 수술 날짜를 23일로 미리 통보한 것을 보면 그전에 법원에 구속정지 결정을 서둘러 달라고 신청할 시간이 있었지만, 최씨는 그러지 않았다. 또 최씨가 21일 돌연 응급조치를 해야 할 상황에 빠진 것도 아니었다. 그런데도 법무부가 구치소장 직권이라는 편법으로 풀어주었으니 뒷말이 나오지 않을 수 없다. 법무부가 앞으로 이런 조치를 일반 시민들에게도 적용할 것인지 궁금하다."[88]

"건설사 담합 4대강 혈세 1조 넘게 샜다"

2012년 6월 5일 민간 환경연구소 기후변화행동연구소는 서울 태평로 한국언론회관에서 '저탄소 녹색성장 4년-평가와 대안'을 주제로 열린 세미나에서 이명박 대통령이 2008년 광복절 경축사에서 국가 비전으로 제시한 이후 핵심 국정 과제로 추진해온 '녹색성장'의 지난 4년간 성과가 낙제점에도 못 미치는 수준이라는 평가 결과를 내놓았다.

기후변화행동연구소 안병옥 소장은 "경제협력개발기구OECD와 통계청이 내놓은 지표 가운데 녹색성장 평가에 적합하고 대표성이 있다고 판단된 10개 지표를 선택해 정부가 녹색성장 비전을 제시하기 이전과 이후의 변화를 살펴봤더니, 저탄소 녹색성장의 핵심 지표인 온실가스 배출량과 에너지 수입 의존도, 신재생 에너지 보급률 등 7개 지표에서 부정적인 평가를 내릴 수밖에 없었다"고 밝혔다.

이날 정부 쪽에서 세미나에 참석한 유복환 대통령 직속 녹색성장위원회 녹색성장기획단장은 "녹색성장은 향후 60년을 내다본 비전이어서

이명박 정부의 4대강 사업은 대기업들의 담합으로 국민 혈세가 1조 원 넘게 낭비되었는데, 이는 불법·비리·부실의 종합판이라고 할 수 있었다. 야당들은 4대강 담합업체에 대한 특별세무조사를 촉구했다.

하루아침에 성과가 나오기 힘든데, 이제 3년이 좀더 지난 시점에서 성과를 평가하는 것은 이르다"며 논쟁을 피해갔다. 염형철 환경운동연합 사무총장은 "이명박 정부의 녹색성장이 전형적인 '그린워시'(녹색세탁)라는 점이 확인됐다"며 "정부의 녹색성장에는 녹색은 사라지고, 녹색으로 돈벌이를 하겠다는 생각만 남아 있다"고 말했다. 안병옥 소장은 "이명박 정부의 녹색성장은 '지속가능 발전'과 달리 민주주의와 사회적 형평성을 고려하지 않았다는 점에서 치명적인 한계가 있다"며 "녹색성장의 한계와 문제점을 극복할 수 있는 방안을 찾아야 한다"고 말했다.[89]

6월 5일 공정위는 전원회의를 열어 4대강 1차 턴키공사(설계·시공 일괄 방식) 입찰 담합을 주도한 혐의로 현대·SK·GS·대림·삼성물산·

대우·현대산업·포스코 등 8개 건설사에 1,115억 원의 과징금을 부과했다. 또 쌍용·금호산업·한화 등 8개사에 시정명령을, 롯데·두산·동부 등 3개사에 경고조치했다. 과징금은 대림이 225억 원으로 가장 많고, 현대건설 220억 원, GS 198억 원, SK 178억 원의 순이었다.

공정위 조사결과 건설사들은 2009년 4월 서울 프레지던트호텔과 프라자호텔에서 만나 협의체를 구성하고 1차 공사 15개 공구 가운데 13개 등 총 14개 공구별로 낙찰업체를 사전 결정했다. 이때 이들은 4대 강 1차 사업의 평균 낙찰가로 예정가의 93%를 설정했는데, 통상 일반 경쟁 입찰의 낙찰가가 예정가의 65% 수준임을 고려하면 담합으로 인해 1조 2,000억 원의 국민 혈세가 낭비된 셈이었다. 이에 이명박 정부의 최대 국책사업인 4대강 사업은 그동안 공사 과정에서 드러난 각종 수뢰사건, 부실공사, 인명사고, 환경파괴에 이어 건설사 담합으로 1조 원이 넘는 국민 혈세의 손실까지 확인되면서 불법·비리·부실의 종합판이라는 지적을 면하기 어렵게 되었다.[90]

"뻥튀긴 공사비 국민에 덤터기"

공정위의 결정은 늑장 제재라는 비판을 받았다. 4대강 참여 건설 업체에 대해 처음 의혹이 제기된 것은 2009년 10월 국정감사 때로, 공정위의 제재는 2009년 10월 민주당 이석현 의원이 처음 담합 의혹을 제기한 지 2년 8개월 만에 이루어졌다. 당시 이석현 민주당 의원이 "4대강 사업의 턴키공사 15개 공구의 시공업체 선정 결과 낙찰률이 93.4%나 되고 도급 순위 상위 11개 건설사가 독차지했다"며 입찰 담합 의혹을 제기했다. 의혹이 이어지자 공정위는 입찰 담합 조사에 착수했다. 당시 정호열 공정위원장은 수차례 "우리도 그렇게(담합 위험성이 크다) 보고 있다", "대체로 보면 담합과 관련되는 듯한 정황이 포착되고 있다"고 말했지만 공정위의 4대강 담합 조사는 별다른 진척을 보이지 않았다.[91]

2009년 11월 11일 정호열 공정위원장은 국회 답변에서 "현장 조사를 통해 담합 관련 정황을 포착했다"고 결정적 발언을 했지만 이는 하루 만에 뒤집혔다. 이 과정에서 청와대 개입설이 튀어나왔다. 박재완 당시 국정기획수석이 국회에서 "정 위원장 발언은 와전된 것"이라고 제동을 걸고 나서자 공정위가 말을 바꾼 것이다. 후임 김동수 공정위원장은 2011년 3월 국회에서 "담합 여부를 검토 중"이라고 말했으며 9월에는 "조사를 가급적 빨리 결론내겠다"며 조사가 마무리 단계임을 내비쳤지만 최종 제재까지는 무려 9개월이나 걸렸다.

이와 관련해 이석현 의원은 "조사가 지지부진했던 것은 공정위가 청와대의 말에 왔다갔다하면서 전략적으로 시간을 끌어온 탓"이라고 주장했다. 4대강 사업을 예정 시간 안에 마치기 위해 정권 차원에서 공정위 조사를 늦춘 혐의가 짙다는 것이다. 경제정의실천시민연합 최승섭 간사도 "이제 공사가 다 끝났고, 대통령의 임기가 얼마 안 남았으니 '임기 내에 털고 가자'는 속셈"이라고 분석했다.[92]

공정위가 솜방망이 처벌을 내렸다는 비판도 쏟아졌다. 공정위는 과징금 규정에 따라 건설사들이 거둬들인 부당 수입의 10%를 과징금으로 물렸다고 밝혔는데, 이는 건설사가 챙긴 부당 이득에 턱없이 못 미치는 금액이었기 때문이다. '천문학적인 부당 이익을 얻은 뒤 일부만 과징금으로 내면 그만이냐'는 비판이 이어졌다. 게다가 공정위는 담합을 주도

한 현대·SK 등 6개 업체를 검찰에 고발하기로 했던 애초 방침은 철회하기까지 했다.[93]

6월 12일 환경운동연합은 논평을 발표, "지류지천 사업은 실패한 4대강 사업과 붕어빵"이라며 "그간 환경운동연합은 본류가 아닌 지류부터 정비해야 함을 강조해왔다. 하지만 첫 단추부터 잘못된 4대강 사업으로 인해 막대한 혈세가 줄줄 새게 생겼다"고 말했다. 이어 "실패한 4대강 사업 때문에 15조 원이 또 들어가야 한다는 것은 어처구니없다"며 "22조 원이라는 천문학적 혈세가 투입되고도 평가조차 없다. 4대강 사업 방식이 공과를 분석해 이를 바탕으로 추가 사업 여부를 결정해야 하는데, 이 정권은 이를 또다시 무시하려 하고 있다"고 주장했다.

4대강범국민대책위원회도 이날 논평을 내 "4대강 사업과 흡사해 4대강 사업 추가 공사에 예산만 더 들어가는 꼴"이라면서 "지금 당장 급한 것은 4대강 부실에 따른 재난 대비"라며 "전국적으로 10년 만의 가뭄으로 어려움을 겪고 있으나, 가뭄·홍수 대비가 목적이라는 4대강 사업은 이 문제 해결 모습을 보이지 않고 있다"고 말했다. 그러면서 "4대강 사업은 실패한 사업이다. 실패한 사업에 대한 명확한 책임을 져야 할 것"이라며 "4대강 사업 실패를 은폐하기 위한 지류지천 사업은 당장 취소해야 한다"고 주장했다.[94]

몸싸움을 방지하기 위한 국회선진화법

　2012년 5월 2일 국회는 제18대 마지막 본회의를 열어 국회선진화법안(일명 몸싸움 방지법)과 약사법 개정안 등 63건의 법안을 통과시켰다. 본회의에 참석한 여야 의원 192명은 새누리당 황우여 원내대표와 민주통합당 김진표 원내대표가 합의한 국회선진화법 수정동의안을 표결에 부쳐 찬성 127명, 반대 48명, 기권 17명으로 가결시켰다.

　이는 6개월 전인 2011년 11월 22일 한미 FTA 비준안과 관련해 민노당 의원 김선동이 국회의장석 아래에서 '날치기'에 항의해 최루탄을 터뜨린 사건이 계기가 되어 만들어진 것이었다. 김선동은 '총포·도검·화약류 등의 안전관리에 관한 법률' 위반으로 기소되어 의원직을 잃었지만, 의원 개인의 일탈로 치부될 문제는 아니라고 생각한 황우여·김진표의 강한 문제의식이 추진 동력이 되었다.

　개정 국회선진화법은 법제사법위원회에서 120일 이상 계류 중인 안건에 대해 소관 상임위원장과 여야 간사 협의 또는 재적 5분의 3 이상의 상임위 위원 찬성으로 국회의장에게 본회의 회부를 요구할 수 있도록 했다. 또 논란이 되었던 신속처리(패스트트랙) 대상 안건 지정 요건을 '재적의원 5분의 3 이상 서면 동의'에서 '재적의원 과반수 요구에 이은 무기명 투표 실시'로 완화했다.

필리버스터(합법적 의사진행 방해)도 도입되어 재적의원 3분의 1 이상이 요구하면 본회의에서 무제한 토론을 시작할 수 있도록 했고, 재적의원 5분의 3 이상이 찬성하면 토론을 종료할 수 있도록 정했다. 직권상정은 천재지변이 있거나 전시·사변 또는 이에 준하는 국가비상사태가 발생한 경우, 국회의장이 각 교섭단체 대표와 합의한 경우로 제한했다.[95]

국회의장의 직권상정은 거대·다수 여당의 밀어붙이기식 법안 처리를 제도적으로 뒷받침해온 것으로 1973년 만들어졌다. 제16대 국회에서 여섯 차례에 불과했던 직권상정은 제17대 29차례를 거쳐 제18대에서는 97차례로 늘었다. 직권상정이 이루어질 때마다 국회에서는 강행 처리하려는 여당과 이를 저지하려는 야당 간에 몸싸움과 폭력이 발생했고 이는 해외 언론에 토픽으로 소개되기도 했다.[96]

『경향신문』은 「'몸싸움 방지법', 새로운 정치문화의 밑거름돼야」라는 사설에서 "이로써 '날치기'와 '해머 국회' 등으로 상징돼온 국회의 폭력 사태를 법으로나마 제어할 수 있는 단초를 마련했다"며 "몸싸움 방지법은 국회 선진화의 원년을 만들어가는 밑거름이 돼야 한다"고 했다.[97] 그러나 10년 후 윤석열 정권이 들어서면서 국회를 장악한 민주당이 꼼수를 씀으로써 국회선진화법이 무력화되었다는 비판이 제기되었다.

2022년 7월 민주당에서 '미스터 쓴소리'로 불린 5선 의원 이상민은 "검수완박(검찰의 수사권 완전박탈)을 강행하는 과정에서 민형배 의원이 위장 탈당하면서 국회선진화법과 숙의민주주의의 핵심인 안건조정 제도가 무력화됐다"며 "아주 치사한 꼼수로 국회법과 민주주의를 유린한 것"이라고 비판했다.[98]

여야가 격한 대립을 반복해온 제21대 국회가 2024년 5월 28일 마지막 본회의까지 파행을 빚자 국회의장 김진표는 언론 인터뷰에서 다음과 같이 말했다. "국회선진화법은 동물국회에 종지부를 찍자는 취지에서 만들었다. 여야가 대화와 타협을 통해 문제를 풀어나가자는 취지였다. 그런데 극단적인 여소야대 상황에서 국회선진화법이 다수당이 독주하는 도구로 활용됐다는 지적에 책임감을 느낀다."[99]

독립운동하는 심정으로 쓴 판결문

일제강점기 강제징용 피해자들은 일본의 미쓰비시 중공업과 신일
철주금(신일본제철)을 상대로 2000년과 2005년 각각 손해배상 청구 소
송을 제기했으나, 1·2심에서 패소했다. 그러나 2012년 5월 24일 대법
원은 1·2심 판결을 뒤집고 일본 기업에 손해배상 책임을 인정하는 취지
의 파기 환송 판결을 내렸다. 주심인 대법관 김능환은 판결문에 "일제강
점기 일본의 한반도 지배는 규범적인 관점에서 불법적인 강점에 지나지
않는다"며 그 논거로 대한민국 헌법에 나와 있는 "유구한 역사와 전통에
빛나는 우리 대한국민은 3·1운동으로 건립된 대한민국 임시정부의 법
통과 불의에 항거한 4·19 민주 이념을 계승하고"를 들었다.

1965년 한일기본조약에서 식민 시기 보상 문제는 마무리가 되었다
고 볼 여지도 있었지만, 그는 한일기본조약의 효력과 상관없이 개인의
손해배상청구권은 협정 대상에 포함되지 않는다고 판단했다. 1965년

한일수교 과정에서 체결된 한일기본조약의 부속협정인 '대한민국과 일본국 간의 재산 및 청구권에 관한 문제의 해결과 경제협력에 관한 협정'은 정부 차원의 정치외교적 협정일 뿐, 강제징용 피해자들의 일본 군수기업에 대한 개인적인 손해배상청구권을 제약하는 근거가 될 수 없다는 것이었다.

이 판결은 2013년 2월에 출범한 박근혜 정권에서 '뜨거운 감자' 취급을 받았다. 이 판결을 확정할 경우 외교적 후폭풍이 예견되었으므로, 이 사건의 확정 판결을 연기하는 것과 관련해 대법원장 양승태와 수많은 법원행정처 엘리트 판사들은 청와대, 외교부, 김앤장 법률사무소와 은밀히 협의를 진행했다. 그러나 이는 2017년 5월 문재인 정권이 출범하면서 '사법농단'으로 비판을 받았고, 양승태는 구속되었으며(2019년 1월), 수많은 판사가 경징계를 당했다. 2018년 10월 30일, 대법원장 김명수를 포함한 13명의 대법원 전원합의체는 김능환의 판결을 따라 "신일철주금이 피해자들에게 각각 1억 원을 배상하라"는 확정 판결을 내리고, 이는 2019년 7월 1일 일본의 경제 보복으로 이어지면서 한일관계가 극도로 악화된다.[100]

김능환은 당시 "독립운동하는 심정으로 판결문을 썼다"는 말을 남겼는데, 『중앙일보』 논설위원 전영기는 2012년 판결은 물론 2018년 판결에 대해서도 '민족적 감성을 앞세운 주관주의적인 오류'의 문제를 제기했다. "두 판결문을 읽어보면 세계 일반의 상식과 법의식에 부합하는 논리의 자연스러운 전개는 찾기 어렵다. 대신 현재 이 시점에서 한국인의 민족적 정의를 내세우는 감성적 호소가 많다. 세계사적 보편성보다 한국적 특수성이 지나치게 강조되고 있다."

전영기는 2012년 판결문에 대해 "국제법에서 국가의 법적 효력은 운동이나 선포로 확립되지 않는다. 영토·국민·주권의 3대 요소가 실체적으로 존재해 이를 국제사회가 승인함으로써 국가가 탄생하는 것이다. 여기서 주권은 헌법과 입법·사법·행정 3부가 실제로 작동하고 독립적인 군사력과 외교력을 갖춘 권력이다"며 다음과 같이 말했다.

"이에 따라 2012년 판결문의 취지 '1919년 한국이 건립되었으니 1919~1945년까지 일본의 한반도 지배는 그 자체로 불법이다'는 국제법적으로는 전제 불성립의 오류로서 국제사회에 보편타당하게 받아들여지지 않을 것이다. 왜냐하면 한국의 헌법은 한국인에겐 절대적이지만 분쟁 상대국이나 국제사회에서는 상대적인 것이기 때문이다."[101]

"커피 나오셨습니다"

　　한국이라는 나라는 갑과 을만으로 구성되고 모든 삶의 목표도 갑이 되기 위한 것으로 수렴되는 '갑과 을의 나라'인 것 같았다. 갑이 되기 위해 잠시 을 노릇을 하는 정도의 투자는 해야 한다는 식이었다. 이름 없는 을들도 을로서의 굴종을 갑이 되기 위한 '와신상담臥薪嘗膽' 전략으로 여길 뿐, 갑을관계의 주종主從 관행 자체를 없앨 생각은 엄두도 내기 어려운 게 현실이었다. 이런 양극화 문법은 우리의 일상적 삶 도처에 만연해 있었는데, 이를 드라마틱하게 보여준 것이 이른바 '감정노동emotion work'의 극단화와 이에 따른 '언어 왜곡 서비스'였다.

　　"주문하신 커피 나오셨습니다. 뜨거우시니 조심하세요." "7500원이시구요. 호출기 울리시면 건너편으로 오세요." "문의하신 상품은 품절이십니다." "고객분께서 말씀하신 대로…" "부하 직원분이 왔었는데…" "부인분은 이해하시나요?" 커피숍이나 백화점 같은 각종 서비스 업소에서 자주 들을 수 있는 말이다. 물론 틀린 말이었다.

이에 대해 『조선일보』 기자 김덕한은 2012년 6월 16일 「'시' '분' 전성시대」라는 칼럼에서 "이 정도는 보통이다. 더 터무니없고 섬뜩하기까지 한 '시'의 오용誤用 사례는 넘쳐난다. 최근까지 케이블TV에서 여러 차례 반복 방송된 한 보험회사 광고는 '벌금이 나오셨다구요?'라는 말로 시작된다. 운전자가 과태료를 부과받게 되면 그 과태료를 보험료로 물어주겠다는 걸 광고하기 위한 것이지만 벌금 부과를 받으'신' 고객이 아닌 벌금 자체에까지 무조건 존대를 하고 본다"며 다음과 같이 말했다.

"그래야 마음이 편한 모양이다. '시'는 행위하는 사람을 존대하는 '주체 존대'에 쓰는 것이기 때문에 돈이나 음료, 심지어 벌금을 높여 표현하는 데 써서는 안 된다는 문법 강의를 하려는 게 아니다. 헷갈릴 수도 있다. 그러나 정도가 좀 심하다. 왜 그렇게 심하게, 사회 전체가 헷갈리고 있을까. '시'에 못지않게 '분'도 전성시대다.……굳이 문법적으로 따지자면 의존명사인 '분'도 '어떤 분' '그분'처럼 꾸미는 말 다음에 쓰는 것이지 명사 다음에 갖다 붙여 쓰는 게 아니다. 이렇게 마구 '분'을 갖다 붙이고, 아무 데나 '시'를 붙여 존대하는 사회가 상대방을 진짜로 존중하는 사회일 수 없다."[102]

'시'와 '분'만 오남용되는 게 아니었다. '실게요'라는 말도 전성시대였다. 건강검진을 받으러 간 임철순은 남녀 가릴 것 없이 안내하는 직원마다 "이리 오실게요", "슬리퍼 벗고 올라서실게요", "웃옷 걷어 올리실게요", "좀더 내려 누우실게요"라고 말하는 것에 짜증이 나 도저히 더 참지 못하고 "도대체 말을 왜 그렇게 하느냐?" "그게 어느 나라 말이냐?"고 따졌다고 한다. 그랬더니 눈이 동그래진 여직원이 그게 잘못된 말이냐고 묻기에 "그냥 '이리 오세요' '슬리퍼 벗고 올라서세요'라고 하면 된다"고 알려주었다는 것이다.[103]

왜 '시', '분', '실게요' 등이 전성시대를 누린 걸까? 갑을관계의 실행이 일상적 삶의 기본 문법이 되었기 때문이다. 언어 왜곡을 수반하는 이런 과잉 서비스는 이미 조직 내에서 을인 노동자에게 고객을 대상으로 또 다른 을의 실천을 강요하는 것이지만, 그 이면엔 을의 신분으로 세상을 살아가는 절대다수의 대중에게 소비자일 때만큼은 갑의 지위를 누림으로써 소비를 통해 스트레스를 해소해보라는 마케팅 전략이 자리 잡고 있었다. 따라서 세상살이가 어렵고 팍팍할수록 소비 서비스의 과공過恭은 극단을 치닫는 기현상이 발생한 것이다.

제5장

이상득·이명박
형제의 비리

저축은행 비리, 이명박의 형 이상득 구속

2012년 7월 3일 저축은행에서 거액의 금품을 받았다는 의혹이 제기된 전 새누리당 의원이자 이명박의 형인 이상득이 검찰에 출석했다. 이날 이상득은 "정말 가슴이 아프다. 검찰 조사에 성실히 임하겠다"고 말했다.[104] 7월 6일 검찰은 대선 직전인 2007년 솔로몬저축은행 회장 임석 등에게서 불법 자금을 받은 혐의로 이상득에 대해 사전구속영장을 청구했다. 이상득에게 사전구속영장이 청구되면서 대선 자금이 관심의 대상으로 떠올랐다.

이상득에게 임석을 소개한 새누리당 의원 정두언은 "대선후보 경선이 끝나고 임 회장이 찾아와 '돈을 좀 어떻게 하겠다'고 해 이 전 의원에게 보냈다"고 말했으며, 임석에게서 돈을 받은 혐의로 검찰에 출두한 정두언이 "이 전 의원이 받은 돈이 대선 자금과 관련된 것이냐"는 취재진의 질문에 고개를 끄덕였기 때문이다. 하지만 검찰은 대선 자금 수사에 부정적인 반응을 보였다. 합동수사단 관계자는 "대선 자금 수사라는 것은 정치적으로 해석하려는 분들의 뜻 아니냐"고 말했다.[105]

7월 10일 이상득은 불법 정치자금 7억여 원을 받은 혐의로 구속수감되었다. 서울중앙지법 영장전담 판사 박병삼은 이날 "거액의 불법 정치자금을 받았다는 주요 범죄 혐의에 관한 소명이 있고, 지금까지의 수사 진행 상황과 피의자의 지위 및 정치적 영향력에 비춰볼 때 증거인멸의 염려가 있다"며 이상득의 구속영장을 발부했다.

이상득은 2007년 대선 전 임석 솔로몬저축은행 회장(구속기소)과 김찬경 미래저축은행 회장(구속기소)에게서 청탁과 함께 6억여 원을 받은 혐의(정치자금법 위반과 특정범죄가중처벌법상 알선수재)를 받았다. 이 전 의원이 3억 원을 받은 것은 2007년 대선 직전으로 조사되었다. 이상득은 자신이 사장으로 일했던 코오롱에서 불법 정치자금 1억 5,000만 원을 받은 혐의도 있었다.[106]

이날 이상득은 구속 전 피의자 심문(영장실질심사)에 출석하다 저축은행 피해자들에게 넥타이를 잡히고 계란 세례를 받는 등 험한 꼴을 당해야 했다. 저축은행 피해자 20여 명은 이날 오전 10시 30분으로 예정된 이 전 의원의 영장실질심사 10분 전부터 법정으로 올라가는 청사 서관 2층 검색대 입구에 몰려들었다. 일부 피해자들은 바닥에 드러누워 "이상득을 구속하라", "대선 자금 수사하라"고 구호를 외쳐댔다. 이상득이 오전 10시 28분께 변호인 2명과 함께 청사 현관으로 들어서자 저축은행 피해자들의 고함은 한층 커졌다.[107]

이날 전국저축은행 비상대책위원장 김옥주는 이상득의 넥타이를

2007년 대선 전 임석 솔로몬저축은행 회장과 김찬경 미래저축은행 회장에게서 6억여 원을 받은 이상득은 영장실질심사에 출석하다 피해자들에게 넥타이를 잡히고 계란 세례를 받았다.

잡아채고 "내 돈 내놔라", "이상득이 도둑놈"이라며 고성을 질렀다. 이날 한 피해자는 바늘자국이 선명한 배를 드러내 보이며 "돈이 없어서 수술을 못한다"고 울부짖었다. 전국저축은행 비대위 관계자는 "우리나라가 법이 있는 나라냐?"며 "비리에 연루된 정치인들과 이를 사전에 막지 못한 금융 당국 관계자들을 모조리 구속하라"고 목소리를 높였다.[108]

"MB 대선 자금 전면 수사" 요구

2012년 7월 17일 파이시티 인허가 청탁과 함께 8억 원을 받은 혐의(특정범죄가중처벌법 알선수재)로 구속기소된 최시중이 2007년 대통령 선거를 앞두고 이명박 후보의 당내 경선에 사용하려고 돈을 받았다고 밝혔다. 이날 서울중앙지법 형사23부(재판장 정선재) 심리로 열린 재판에서 최시중의 변호인은 "2006~2007년 6억 원을 받은 것은 인정하지만, 2008년 2월에 2억 원은 받지 않았다"며 "대선 경선을 위한 자금을 순수하게 받은 것"이라고 주장했다. 지난 4월 의혹이 처음 제기되었을 때 최시중은 "대선 여론조사 비용으로 썼다"고 했다가 파장이 일자 "개인 용도로 사용했다"고 말을 바꾸었다. 그런데 공개된 법정에서 '대선 자금'이라고 다시 번복한 것이다.

최시중에게 돈을 건넨 파이시티 쪽 브로커 이동율(구속기소)도 이날 증인으로 나와 "2006년 4월 최 전 위원장이 서울 하얏트호텔로 이정배 파이시티 대표와 나를 불러 '경선을 하려면 언론포럼을 해야 하는데 참여할 의향이 있느냐'고 물었다"며 "내용은 잘 몰랐지만 최 전 위원장 요청에 따르겠다고 말했다"고 밝혔다. 이동율은 또 "최 전 위원장이 (이명박 후보) 경선 때까지 1년만 지원해줬으면 좋겠다고 했다"며 "이후 경선이 예정보다 두 달 연기되자 (자금 지원을) 더 해달라고 부탁했지만 돈이 부족해 추가로 해주지는 못했다"고 말했다. 이상득이 대선 전 저축은행에서 5억 원을 받은 혐의로 구속된 데 이어 최시중도 '경선 자금으로 받았다'고 밝히면서 이명박 측근들이 2007년 대선을 앞두고 여러 곳에서 대선 자금을 끌어다 썼을 가능성이 커졌다.[109]

최시중이 대선 자금을 받았다고 털어놓자 야당은 물론 시민사회단체와 법조계에서는 "이명박 대통령의 대선 자금 수사가 불가피해졌다"면서 검찰의 전면 수사를 촉구했다. 민주통합당은 "검찰이 불법 대선 자금이라는 거악을 앞에 두고 권력이란 미풍에 납작 엎드려 있지만 계속 대선 자금 진술이 나오고 있으니 이제 일어나야 할 때"라고 밝혔다. 또 "임석 솔로몬저축은행 회장과 정두언 의원의 진술에 이어 최 전 위원장의 법정 진술까지 덧붙여졌으니 검찰이 발을 뺄 곳은 사라졌다"고 덧붙였다.

참여연대 시민감시팀 간사 명광복은 "검찰은 이 같은 (대선 자금 관련) 진술이 명백히 나온 만큼 국민이 납득할 수준으로 수사를 확대해야 한다"며 "대통령이 지금까지 나온 대선 자금 의혹들에 대해 스스로 이야기하고 국민의 이해와 판단을 구해야 하는 시점이 아닌가 싶다"고 말했다. 민주사회를위한변호사모임 변호사 박주민은 "법정에서 이 같은 진술이 나왔다는 것은 결국 검찰이 제대로 사실을 밝히지 못한 부실 수사를 했음이 드러난 것이고 당연히 재수사를 해야 한다"며 "이 대통령이 최 전 위원장의 수뢰 사실을 알고 있었는지도 재수사 범위에 포함돼야 하는 것은 당연지사"라고 말했다.[110]

『경향신문』은 7월 19일자 사설 「검찰, 불법 대선 자금 공소시효 끝나기만 기다리나」에서 "최 전 위원장은 이명박 대통령의 '정치적 멘토'로 불린 최측근 인사다. 그런 인물이 불법 대선 자금을 '자백'했는데도 검찰은 수사를 회피할 것인가. 최 전 위원장 측 진술 말고도 이 대통령의 측근들이 2007년 대선을 전후해 기업체로부터 불법 자금을 받은 정황은 넘쳐난다"며 다음과 같이 말했다.

"검찰은 즉각 불법 대선 자금에 대한 전면 수사에 착수해야 한다. 2007년 12월 정치자금법이 개정되면서 불법 정치자금의 공소시효가 5년에서 7년으로 늘어났지만, 법 개정 전 받은 자금은 공소시효 5년이 적용된다. 올해가 지나가면 17대 대선 자금은 수사할 수 없다는 이야기다. 검찰이 공소시효 만료만 기다리며 버틴다면 올해 말 대선에서도 똑같은,

아니 더 심한 불법이 횡행할 수 있다. 이 대통령도 대선 자금에 대해 알고 있는 사실을 모두 털어놓을 때가 됐다. 돈의 출처를 알았든 몰랐든 대선 자금이란 궁극적으로 '이명박 후보'의 당선을 위해 모아진 것이기 때문이다."[111]

"이명박·박근혜 찰떡 공조로 중단시킨 특검 수사"

2012년 9월 3일 국회는 제19대 첫 정기국회 본회의에서 민주통합당이 추천하는 특별검사가 수사를 진두지휘하는 내용의 '이명박 대통령 내곡동 사저 부지 매입 의혹' 진상규명을 위한 특별검사법을 통과시켰다. 특검법은 238명이 표결에 참여해 찬성 146표, 반대 64표, 기권 28표로 가결되었다. 이재오, 이병석, 심재철, 이군현, 조해진 의원 등 새누리당 친이계 의원들 다수는 반대표를 던졌으며, 박근혜 새누리당 대통령 후보는 특검 법안의 찬반 토론이 시작되자 퇴장해 표결에 불참했다.[112]

본회의를 통과한 특검법은 수사 대상을 이명박 정부의 내곡동 사저 부지 매입과 관련된 배임, 부동산 실권리자 명의등기법 위반 의혹, 수사 과정에서 의혹과 관련되어 인지된 사항 등으로 명시했다. 막판까지 논란이 드셌던 특별검사 추천권은 민주당이 10년 이상 판사·검사·변호사 직에 있던 변호사 중 2명의 후보자를 대통령에게 서면으로 추천하고, 대통령이 이 중 1명을 임명하도록 했다. 역대 아홉 차례 특검 중 야당이 추천권을 가진 것은 이번이 처음이다. 역대 아홉 차례 특검은 대법원장이 4번, 대한변호사협회장이 5번 특검 추천권을 행사했다.[113]

9월 21일 이명박은 청와대에서 임시 국무회의를 열고 '내곡동 사

7. 이명박 정부의 내곡동 사저부지 매입의혹사건 진상규명을 위한 특별검사의 임명

재적: 300 인	재석: 238 인	찬성: 146 인	반대: 64 인	기권: 28 인

강기정 ●강창일 ●권성동 김경협 ●김관영 ●김광진 ●김기선 ●김기식 ●김기준 ●김도읍 ●김동철 ●김명연 ●김민기 ●김상희 김성곤 ●김성주 ●金承南 ●김영록 김영주 ●김영환 ●김용익 ●김우남 ●김윤덕 ●김재윤 ●김진표 ●김춘진 ●김태년 김한길 ●김 현 ●김현미 ●김희정 ●나성린 ●남인순 ●노영민 ●노웅래 ●도종환 ●문병호 문재인 ●문희상 ●민병두 ●민홍철 ●박기춘 ●박남춘 ●박민수 ●박범계 ●박병석 ●박상은 ●박수현 ●박영선 ●박완주 ●박지원 ●박혜자 ●박홍근 ●배기운 ●배재정 ●백군기 ●백재현 ●변재일 ●부좌현 서병수 ●서영교 ●서용교 ●설 훈 손인춘 ●송호창 ●신경민 ●신계륜 ●신기남 ●신의진 ●신장용 ●신학용 ●심재권 ●안규백 ●안민석 ●안호대 ●양승조 여상규 ●오영식 ●오제세 ●우상호 ●우원식 ●우윤근 ●원유철 원혜영 ●유기홍 ●유대운 ●유성엽 ●유승희 ●유은혜 ●유인태 ●윤관석 ●윤호중 윤후덕 ●은수미 ●이낙연 ●이노근 ●이목희 ●이미경 ●이상민 ●이상직 ●이석현 ●이언주 ●이용섭 ●이원욱 ●이윤석 ●이이재 ●이인영 ●이장우 ●이재오 이종걸 李燦烈 ●이철우 ●이춘석 ●이학영 ●이해찬 ●인재근 ●임내현 ●임수경 ●장병완 ●장하나 ●전병헌 ●전순옥 ●전정희 ●전해철 정몽준 ●정문헌 ●정성호 정세균 ●정청래 ●정호준 조경태 ●조정식 ●조해진 ●조현룡 ●주승용 ●진선미 ●진성준 ●진 영 ●최규성 ●최동익 ●최민희 ●최원식 ●최재성 ●최재천 추미애 ●한명숙 ●한정애 ●함진규 ●홍영표 ●홍의락 홍익표 ●홍종학 홍지만 황주홍 ●의 장

©연합뉴스

'이명박 대통령 내곡동 사저 부지 매입 의혹' 진상규명을 위한 특별검사법이 제19대 첫 정기국회 본회의에서 통과되었다. 역대 아홉 차례 특검 중 야당이 추천권을 가진 것은 이번이 처음이었다.

저 부지 매입 의혹 특검법' 공포안을 채택했다. 10월 9일 오전 이명박은 청와대에서 내곡동 사저 부지 매입 의혹 사건을 수사할 이광범 특별검사에게 임명장을 주었다. 11월 2일 특검팀은 청와대 경호처와 총무기획관실의 컴퓨터 하드디스크를 넘겨달라고 공식 요청했다. 특검팀은 또 이명박의 아들 이시형이 큰아버지인 다스 회장 이상은에게 6억 원을 빌리며 작성했다는 차용증의 원본 파일도 요청했다.[114]

하지만 특검팀의 요청에 청와대는 비협조로 일관했다. 청와대 경호처에 내곡동 사저 터 매입 관련 자료 제출을 수차례 요구했으나 경호처는 제출하지 않았으며, 이시형의 차용증 원본 파일에 대해서도 '원본 파

일이 없다'며 이를 거부했다. 청와대는 이시형이 검찰 수사 때 낸 서면 진술서를 대필한 청와대 행정관이 누구인지도 특검팀에 확인해주지 않았다.[115]

11월 12일 오후 이광범 특별검사팀은 청와대 경호처에 대한 압수수색을 시도했다. 1차 수사 기간이 종료되는 11월 14일을 이틀 앞두고서였다. 하지만 이는 청와대의 거부로 무산되었다. 청와대가 진실을 은폐하려 한다는 비판이 나올 수 있음에도 거부한 것이다. 특검팀은 이날 오후 2시께부터 서울 통의동 금융감독원 연수원에서 청와대 경호처에서 '임의제출' 형식으로 사저 터 매입 관련 자료 등을 일부 넘겨받았다.[116]

청와대는 이날 특검팀의 수사 기간 연장 요구도 거부했다. 『한겨레』는 11월 13일자 사설 「이명박·박근혜 찰떡 공조로 중단시킨 특검 수사」에서 "이명박 대통령이 결국 내곡동 사저 터 의혹 사건 특별검사의 수사 기간 연장 신청을 거부했다"면서 "의혹의 핵심 당사자인 이 대통령이 자기 손으로 자신에 대한 수사를 중단시킨 꼴이니 황당하기 이를 데 없다. 법을 빙자한 법 유린 행위라고 할 만하다. 그동안 출국과 출석 거부 등으로 수사를 지연시키고, 진술 번복과 자료 제출 거부 등 수단 방법을 가리지 않고 수사를 방해하더니 결국 이런 식으로 후안무치한 본색을 드러낸 셈이다"고 말했다.[117]

"대통령 가족의 윤리의식 언제쯤 바뀔 건가"

2012년 11월 14일 특검팀은 이시형이 사저 부지를 매입한 돈은 어머니와 큰아버지에게 '편법 증여'받은 것이라는 결론을 발표했다. 특검팀은 이시형이 어머니 김윤옥 여사 명의의 땅을 담보로 6억 원을 대출받고, 이상은에게 6억 원을 빌려 마련한 땅값 12억 원을 모두 증여라고 보았다. 재력이 있는 부모가 아들을 위해 집 매입 자금을 대주었고, 그 과정에서 세금 탈루가 있었다는 것이다. 검찰은 매입 자금의 실질 주인을 이시형으로 인정했지만 특검팀은 사실상 부모 돈이었다고 결론을 내린 것이다.

특검팀은 12억 원에 대해 증여세 부과 등 처분을 내리도록 서울 강남세무서에 과세자료를 통보했다. 다만 이시형의 부동산실명제법 위반과 배임 혐의는 무혐의 처분했으며, 이명박은 공소권이 없어 혐의 유무를 판단하지 않았다고 밝혔다. 또 용지 매입에 관여한 전 경호처장 김인종 등 청와대 직원 3명은 불구속기소했다.[118]

특검팀이 '편법 증여'라는 결론을 내린 배경에는 김윤옥의 증언이 결정적인 역할을 한 것으로 보였다. 김윤옥은 특검 수사 만료 전날인 13일 특검에 보내온 서면 진술서에서 '아들의 장래를 생각해 사저 부지를 아들 명의로 구입하려고 했다'고 실토했다. 경호처 관계자들은 특검 조사에서 자신들이 "사저 부지 명의를 이시형으로 하자"고 건의했다고 진술했지만 이 발언을 정면으로 뒤집은 것이다.

김윤옥은 또 서면 진술서에서 자신의 서울 논현동 자택 부지를 담보로 이시형이 대출받은 6억 원에 대해 "아들이 이를 변제하지 못하면 논현동 자택 부지를 매각하는 방법으로 변제할 생각이었다"고 밝혔다. 사실상 6억 원을 증여할 의도가 있었음을 자인한 것이다. 특검은 "평소 시형 씨가 김 여사로부터 차량 구입비, 용돈, 생활비 등을 지원받아온 점 등에 비춰, 시형 씨는 김 여사로부터 매입 자금을 증여받아 내곡동 사저 부지의 소유권을 취득했다고 봄이 상당하다"고 결론내렸다. 내곡동 땅을 사면서 아들의 명의를 동원한 행위가 부동산실명법을 위반한 것이 되자, 이에 대해 해명을 하려다 결국 증여의 의도가 있었음을 인정하게 된 것이다.[119]

『경향신문』은 11월 15일자 사설 「이 대통령, 내곡동 사저 부지 불법 증여 사과해야」에서 "현직 대통령 내외가 퇴임 후 살 집을 짓는 과정에서 아들에게 변칙 증여를 하고, 청와대는 국가예산을 끌어다 썼으며, 이를 은폐하기 위해 사후에 증거물까지 조작했다는 게 특검팀의 결론이다. 사건 전개 과정이 처음부터 끝까지 부정과 위법으로 점철된 것이다. 참으로 어처구니가 없다"면서 다음과 같이 말했다.

"국민들은 참담하다. 청와대가 특검의 압수수색을 거부하고 수사기간 연장을 불허하는 등 줄곧 수사를 방해해온 이유가 백일하에 드러났기 때문이다. 가장 절망적인 것은 특검 수사 결과가 나왔음에도 이치에 닿지 않는 반박을 늘어놓는 행태이다. '경호처가 부지 가격을 20억원 이상 깎는 등 국가예산 절감을 위해 노력했다'거나 '보고서 변조 혐의는 문서관리 시스템에 대한 오해에서 비롯된 것'이라는 주장에 이르면 할 말을 잃을 지경이다. 이 대통령은 더이상 참모들의 궤변 뒤에 숨어선 안 된다. 불법 증여 등 특검 수사 결과에 대해 직접 입장을 밝히고 국민 앞에 사과해야 한다. 특검이 끝났다고 사법적 심판이 모두 끝난 것은 아니다. 이 대통령은 내년 2월 퇴임 후 재수사 대상이 될 수 있음을 직시하기 바란다."[120]

『조선일보』는 11월 15일자 사설 「한국 대통령 가족의 윤리의식 언제쯤 바뀔 건가」에서 "이번 특검 수사에서 김윤옥 여사가 시형 씨 장래를 위해 시형 씨 명의로 사게 했고 매입 자금도 대준 사실이 드러났다"
면서 다음과 같이 말했다.

"대통령 가족의 법의식은 일반 국민보다 몇 배 투철해야 한다. 가장
家長이 최고 권력자이기에 그 가족은 스스로에게 더 엄한 기준을 적용하
며 처신해야 한다. 대통령 가족의 법과 윤리의식이 흐트러지면 국민의
법·윤리 의식은 더 빨리 그걸 뒤쫓는다. 가장이 대통령이 되기 전의 법
의식·윤리의식이 어쨌건 가장이 대통령이 되는 순간 혁명적으로 바뀌
어야 한다. 그러지 못하면 불행이 따른다. 이 대통령 가족도 결국 한국
대통령의 이 불행한 대열에 끼고 말았다."[121]

"한국의 진보를 비판한다"

2011년에 있었던 한진중공업 노조의 파업, 민주노총 부산본부 지도위원 김진숙의 고공 농성, 희망버스 행사에 대해 진보 진영은 뜨거운 지지를 보냈다. 이에 대해 진보 진영에서 그 어떤 이의를 제기한다는 건 상상하기조차 어려웠다. 그런 상황에서 진보적 경제학자인 김기원은 '창비주간논평'(2011년 8월 3일)에 「한진중공업 사태의 올바른 해법은」이라는 글을 기고해 비판적 자세를 취함으로써 큰 파문을 불러일으켰다.

김기원은 2012년 7월에 출간한 『한국의 진보를 비판한다: 노무현 정권과 개혁진보 진영에 대한 성찰』이라는 책에서 그 파문을 자세히 소개했다. 한진중공업 정리해고 철회 요구의 문제점을 지적한 김기원의 글엔 지지도 있었지만 진보 진영에선 몰매라고 해도 좋을 정도의 비난이 쏟아졌다. 김진숙이 불쌍하지도 않느냐는 질책도 있었다고 한다. 이런 질책은 희망버스 열풍을 알아야 제대로 이해할 수 있을 게다.

희망버스는 한진중공업 부산 영도조선소 85호 크레인 위에서 정리해고 철회를 외치며 고공 시위를 벌였던 김진숙과 조합원들을 응원하기 위해 2011년 6월 11일 출범해 파업이 끝날 때까지 다섯 차례에 걸쳐 운행된 버스를 말한다. 희망버스를 통해 한진중공업 사태가 전국적 이슈로 떠오르게 된 데에는 김진숙의 크레인 고공 농성이 결정적 역할을 했다.

6월 11일 출발한 1차 희망버스는 문정현 신부, 백기완 통일문제연구소장를 비롯해 금속노조원을 중심으로 한 700여 명이 참여했으며, 7월 9일 운행된 2차 희망버스는 대학생과 일반인들이 동참하면서 무려 9,000여 명에 달했다. 2차 희망버스 때 시민 일부가 한진중공업 진입을 시도하면서 회사 측 용역 직원, 경찰과 충돌이 빚어지기도 했다. 그리고 7월 30일 다시 희망버스 참가자 5,000명이 한진중공업을 방문했다가 31일 자진 해산하기도 했다. 이 희망버스에 대해선 시민들의 자발적 연대, 새로운 사회운동의 등장이라는 해석과 노사 갈등만 부추기는 3자의 개입이라는 주장이 맞서기도 했다.[122]

김기원은 자신에게 쏟아진 질책에 대해 다음과 같이 말했다. "따뜻한 마음의 소유자로서 희망버스 운동에 공감한 사람들의 전형적 반응이 아닌가 싶다. 하지만 내가 김진숙 지도위원을 나쁜 사람이라고 쓰지 않은 것은 말할 것도 없고, 처지가 딱한 사람이 요구하는 것이라고 해서 옳지 않은 주장을 무조건 따라야 하는 것은 아니기 때문에 답답함을 금할 수 없었다.……영국의 경제학자 마셜도 '냉철한 두뇌와 따뜻한 가슴'을 강조한 바 있다. 한진중공업 사태에는 바로 이런 경우가 적용되어야 한다."[123]

김기원은 "거대기업 노조는 사회적 약자라기보다는 노동귀족의 성격을 띠어가면서 오히려 개혁의 걸림돌이 되기도 한다"며 "재벌체제에 대한 개혁을 재벌 손에만 맡겨둘 수 없듯이 노동시장 개혁도 거대기업 노조의 자율에 맡겨두기 힘들어졌다"고 했다.[124] 진보주의자들은 '노동귀족'이라는 말에 펄펄 뛰는 경향이 있는데, 진보 진영에서 '노동귀족'을 강하게 문제 삼은 이는 김기원이 거의 유일했다. 그는 진보 진영의 '경직성'과 '도그마'를 경계하면서 쓴소리를 마다하지 않았다.[125]

2014년에 타계한 그는 다음해에 출간된 유고집『개혁적 진보의 메아리』에서 모든 노동문제에 대해 '신자유주의' 타령을 전가의 보도처럼 쓰는 진보파의 무능과 무책임에도 일침을 가한 경제학자였다. 그는 "대기업 노조는 노동을 대변하는 진보파인 것 같으면서 동시에 부당한 특권을 유지하려는 수구파로 변질해가고 있습니다"고 말했다.[126]

대통령 이명박의 독도 방문

역사 산책 7

2012년 8월 10일 대통령 이명박이 헬기를 타고 독도를 방문했다. 이는 전·현직 대통령을 통틀어 최초의 독도 방문이었기에 그만큼 큰 화제가 되었다. 이명박은 회고록『대통령의 시간 2008-2013』(2015)에서 방문 전 관계자 회의시 "우리나라 땅인데 역대 대통령이 한 번도 못 갔다는 것은 말이 안 돼요. 그래서 내가 다녀오겠다고 하는 거예요"라고 말했다는 걸 밝히면서 이런 이유를 내세웠다. "나는 독도에 관한 조용한 외교는 더이상 의미가 없다고 생각했다. 오히려 대통령이 직접 방문하여 우리 영토라는 사실을 국제사회에 각인시키는 행위가 필요한 시점이었다."[127]

이명박과 동행한 각료는 문화체육관광부 장관 최광식, 환경부 장관 유영숙 등이었으며 민간인으로는 소설가 김주영, 이문열 등이 동행했다. 청와대는 대통령의 독도 방문은 단순히 독도의 자연경관과 문화적 가치 등을 목적으로 방문한 것이기 때문에 외교, 행정, 국방 장관 대신 문화체

102

육과 환경 장관을 동행한 것이라고 해명했다.

독도 방문 뒤 일본 정부는 거세게 항의했고, 양국 관계는 급랭했다. 8월 17일 일본 정부는 각료회의에서 정식으로 국제사법재판소에 제소 방침을 확정하고 이를 대한민국 정부에 통보했다. 이는 1954년과 1962년 이후 50년 만의 제소 시도였지만, 한국 정부는 "대응할 가치가 없으며, 국제사법재판소 행에 응하지 않겠다"는 이전의 입장을 고수했다.[128]

한국 내 여론은 비교적 긍정적이었다. 방문 당일 JTBC가 여론조사 업체인 리얼미터에 의뢰해 조사해보니 긍정 평가가 66.8%로 부정평가(18.4%)를 압도했다. 이명박의 지지율도 8월 2주차 때보다 6%포인트 오른 26%를 기록했고, 이후 2주간 지속 상승했다. 이런 여론에 고무된 탓인지 그는 8월 14일 충북 청원군 한국교원대학교를 방문한 자리에서 독도 방문의 소회를 묻자 "내가 모든 나라에 국빈 방문을 했지만 일본은 안 가고 있다"면서 "일왕이 독립투사들 앞에서 고객 숙여 사죄한다면 방한도 가능할 것"이라고 대답했다. 그야말로 대책 없는 허세였다.

일시적으로나마 지지율이 오르는 맛, 바로 그런 이유 때문에 온갖 논란을 무릅쓰고 독도를 방문한 것이었겠지만, 언론과 전문가들의 반응은 대체적으로 부정적이었다. 『한겨레』 기자 이제훈은 "이명박 대통령의 전격적인 독도 방문은 양국의 양식 있는 이들을 당혹하게 한 전형적인 포퓰리즘적 정치 행위였다"며 "이를 계기로 일본 사회에서 양심적인 시민사회의 입지가 급격히 축소됐고, 반한 여론이 증폭됐다"고 평가했다.[129]

그간 반일反日은 진보파의 '정치적 상품'이었다는 점에서 이명박의 독도 방문은 역할이 뒤바뀐 느낌을 주었다. 대통령 노무현이 "일본이 침략과 지배의 역사를 정당화한다"고 각을 세우자 보수 야당 원내대표 강재섭은 "야당이 강하게 하고, 대통령은 최후 조정자여야 하는데, 대통령이 강하게 한다"고 비판했다.

그런데 이번엔 야당인 민주당이 반발하는 정반대 상황이 전개되었다. "앞으로 어떻게 한·일 관계를 이끌어갈지 대책이 없다"(추미애), "이게 무슨 외교냐. '똥볼' 차기지"(정청래), "깜짝 쇼이자 정말 나쁜 통치 행위"(이해찬 대표) 등과 같은 비판이 쏟아졌다. 이명박의 측근 의원인 이재오는 대통령의 독도 방문을 비판하는 야당을 압박하기 위해 "신친일 매국파가 안 되기를 바란다"고 했다.[130]

삼성전자·애플
특허 충돌 사건

    2012년 8월 24일 미국 캘리포니아 북부 연방지방법원 배심원단은 삼성전자와 애플 간 특허 본안소송에 대한 평의를 마치고 삼성전자가 애플 아이폰과 아이패드 특허, 디자인 7건 중 6건을 침해했다고 평결했다. 이 소송을 통해 널리 알려진 개념인 트레이드 드레스trade dress는 상품 외장, 제품의 독특한 이미지를 형성하는 빛깔·크기·모양 등을 말하는데, 미국을 중심으로 보호 강화 추세에 있는 새로운 지적재산권 분야였다.

    애플은 자사의 아이폰이 가지고 있는 고유한 이미지와 관련, 모서리가 둥근 직사각형 형태, 직사각형 모양을 둘러싼 테두리bezel, 앞면에 직사각형 모양의 화면, 화면 윗부분에 좌우로 긴 스피커 구멍 등에 대해 권리를 주장했다. 애플은 아이폰의 이러한 특징을 삼성의 갤럭시폰이 모방했고, 그로 인해 소비자들이 아이폰과 갤럭시폰을 혼동할 수 있다고 주

장했는데, 이러한 주장이 바로 트레이드 드레스의 주요 내용이었다.[131]

연방지방법원 배심원단이 애플에 대한 삼성의 배상금으로 처음 산정한 액수는 약 10억 5,000만 달러(약 1조 2,000억 원)였지만 이후 9억 3,000만 달러로 감소했고, 그중 트레이드 드레스 관련 부분은 약 3억 8,000만 달러로 추산되었다. 한국 법원은 같은 달 1심 판결에서 애플이 삼성의 통신기술 특허를 침해했다며 삼성전자의 손을 들어줘 국가 간 대결 구도의 양상을 띠기도 했다. 이후 삼성전자와 애플은 미국과 한국을 비롯해 일본, 호주, 이탈리아, 독일, 네덜란드 등 세계 10여 개국에서 30여 건에 걸친 전방위 소송전을 전개했다.[132]

2015년 5월 18일 미국 연방순회항소법원은 "삼성 제품의 트레이드 드레스 희석과 관련해 (1심) 배심원단이 판단한 내용을 무효로 한다"고 결정했다. 애플 아이폰 외관은 '기능성functionality'이 있어 트레이드 드레스 권리는 무효라는 취지로, 애플이 주장한 아이폰 사각 형태와 평평한 디스플레이, 손에 잡기 편한 크기 등은 누구나 사용할 수 있는 요소로 트레이드 드레스에 포함할 수 없다는 뜻이다.[133] 그러나 연방순회항소법원은 스마트폰의 전면부 디자인과 테두리, 그래픽사용자인터페이스 GUI, 화면을 2번 터치해 표시 내용을 확대하는 기능 등에 대해서는 삼성이 애플의 특허를 베꼈다고 결정했다.[134]

이후에도 한동안 소송전을 전개하던 양측은 2018년 6월 28일부로 배상에 대한 합의를 함으로써 7년 분쟁에 종지부를 찍었는데, 구체적인 합의 내용은 비밀에 붙였다.[135]

제6장

"안철수는 언론이 키운
아바타"인가?

안철수, '젊은이들이 가장 닮고 싶은 사람'

2012년 봄 서울대학교 융합과학기술대학원장 안철수는 젊은이들
이 가장 닮고 싶은 사람, 가장 창조적인 한국인, 함께 커피를 마시며 대화
하고 싶은 지식인, 우리 시대의 신뢰받는 리더로 부상했다.[136] 그는 1년
에 3,000회 정도의 강연 요청을 받을 정도로 전 사회적인 멘토로 자리매
김되면서 나긋나긋한 목소리로 권위와는 거리가 먼 설법을 전파했다.

"맘껏 도전해보세요. 그게 청춘이에요!" "처음부터 큰 성공을 욕심
내지 마세요. 한 발 한 발 나아가는 것입니다." "머리가 아니라 가슴이 따
라가는 대로 도전하세요. 실패의 경험조차 자신의 인생을 지탱하고 만들
어주는 경험의 일부입니다." "젊은 시절에 완전한 실패란 있을 수 없습
니다. 넘어질 수 있는 기회를 맘껏 가지세요. 그리고 스스로를 토닥여주
세요. 다시 일어나면 됩니다." "실패를 두려워하지 마세요. 어찌 보면 실

패는 당연한 과정입니다. 강물이 얼마나 빨리 흐르는지 아는 방법은 뛰어드는 수밖에 없어요." "지금 내 모습이 초라하다고 해서 기죽지 마세요. 처음보다는 마지막이 중요합니다. 지금 모습이 보잘것없다고 하더라도 아름다운 마지막을 만들어가는 게 더 큰 성공이에요."[137] "중요한 결정을 할 때면 과거는 잊어버리고 주위 사람의 평가에 연연하지 말고 앞으로 다가올 결과에 대해서도 욕심내지 말아야 합니다."[138]

안철수가 '국민 멘토'를 넘어서 유력 대통령 후보로까지 부상한 것에 대해 당혹해하는 사람도 많았다. 소설가 이문열은 2012년 4월 19일 JTBC와 가진 인터뷰에서 "나는 도대체가 의문이 많다. '안철수 현상' 이런 것에 대해. 특히 '언론이 (힘을) 합쳐서 아바타 키우기를 하고 있나' 하는 생각이 들 정도로, 왜들 저러는지 모르겠다"고 말했다. 그는 "(현 상황을) 우리말로 바꾸면 '홧김에 서방질한다'는 건데, 이 사람(기존 정치인)이 나쁘다고 해서 저게(새 인물이) 깡패인지 모르는 이상한 인물이 와도 박수 치고 따라가야 하나"고 물음을 던졌다.[139]

이문열의 의심대로 "안철수는 언론이 키운 아바타"라면 '안철수 현상'에 대해 차라리 속이나 편하겠지만, 그런 것 같지는 않았으니 속 편해지긴 틀린 일이었다. 그간 수많은 분석과 해석이 쏟아져 나왔지만, 각자의 시각에서 본 다양성만 두드러질 뿐 '총정리'는 없었다. 시사평론가 김종배가 『월간 인물과사상』 2012년 3월호에서 다음과 같이 말한 것이 비교적 대표적인 종합 분석에 속한다고 볼 수 있었다.

"안철수 원장이 갖고 있는 몇 가지 코드가 있어요. 첫 번째는 성공 코드예요. 분명 시장에서 성공한 사람이죠. 두 번째로는 양심 코드가 있어요. 안철수연구소를 만들어서 사원들에게 주식을 배분하기도 했잖아요? 무엇보다 중요한 것은 공생 코드가 있어요. 대기업과 중소기업의 관계를 동물원에 비유하면서 '이것만은 바로잡아야 한다'고 계속해서 주창해왔죠. 왜냐면 그게 양극화에서 가장 핵심적인 문제니까. 이런 코드들이 대중의 희망과 전면적으로 맞아떨어지면서 안철수 현상이 발생한 거거든요. 바로 그런 점에서 안철수 원장은 단순한 새로운 인물이 아니죠."[140]

안철수의 엔터테인먼트 코드

서울대학교 교수 강원택은 "안철수 현상을 키운 것의 8할은 MB 정부다. 정부의 소통 부재에 허덕이는 젊은 층에게 그들의 이야기를 들어주려는 사람이 나타난 것이다. 어떻게 보면 MB가 우리 사회를 진보 쪽으로 몰고 간 측면도 있다"고 했다.[141] 8할은 좀 과한 것 같으나, MB 정부의 소통 부재가 안철수 현상을 키우는 데에 일조한 건 분명했다. 그러나 야당과 진보세력이라고 해서 소통에 능한 건 아니었다. 정치권 전체가 소통 불능 상태에 빠져 있었다고 보는 게 옳았다.

사실 진실을 말하자면, 소통은 무미건조하거나 지루한 게임이다. 젊은이들에게 소통에 대한 갈증과 굶주림이 있었다는 건 과장된 주장이었다. 당시 대학에선 사회적 소통 좀 하자고 통사정해도 일반적인 강연회를 개최하는 게 거의 불가능한 실정이었다. 학생들이 도무지 참석하질 않았기 때문이다. 젊은이들에게 소통에 대한 갈증과 굶주림이 있었다면, 그건 즐길 수 있는 소통에 대한 갈증과 굶주림이었다. 대중문화의 화려한 조명을 받거나 그 조명으로 인해 부각된 유명인사와의 소통을 원했던 것이다. 안철수에겐 그런 욕구를 충족시킬 만한 '상품성'이 있었지만,

안철수는 '콘서트'라는 형식을 통해 적극적인 엔터테인먼트 코드를 도입해서 젊은 층의 소통에 대한 갈증과 굶주림을 해소해주었다.

안철수는 그 수준에 머무르지 않고 적극적인 엔터테인먼트 코드를 도입했다. 소통 형식의 제목 자체가 '콘서트'였던 것이다.

"저는 종종 안철수 교수를 〈무릎팍 도사〉가 점지해준 대선후보라고 농담을 합니다. 그런데 이게 과장이 아니에요. 실제로 그렇습니다. 안철수 교수가 2009년 6월 17일 〈무릎팍 도사〉에 나오지 않았더라면, '청춘 콘서트'가 가능했을까요? 지금처럼 대선후보로 주목받는 게 가능했을까요? 불가능했습니다."[142]

『프레시안』기자 강양구가 2012년에 출간한『정치의 몰락: 보수 시대의 종언과 새로운 권력의 탄생』에서 한 말이다. 안철수는 〈무릎팍 도사〉 이전에도 유명한 인물이었는데, 그게 말이 되냐고 항변할 사람들도 있겠지만, 〈무릎팍 도사〉 특유의 엔터테인먼트 코드로 증폭된 안철수에 대한 감동의 폭발성을 감안할 필요가 있었다. 안철수는 시청자들이 느낀 감동의 폭발력을 동력 삼아 그로부터 4개월 후인 2009년 10월부터 이화여자대학교를 출발지로 해서 2년여 동안 전국 각지의 대학을 순회하는 '청춘 콘서트'의 대장 멘토로 활약했다. 그 기간에 정치권이 미친 듯이 벌이고 있던 이전투구泥田鬪狗에 대한 염증이 강해질수록 안철수의 인기는 높아지고 젊은이들의 열광의 농도는 짙어졌다.

안철수는 엔터테인먼트 코드를 이해하고 활용할 줄 아는 신세대였다. 안철수연구소의 광고 때부터 이미 선진적인 엔터테인먼트 코드를 선보인 안철수는 2012년 4월 9일 유튜브에 올린 4·11 총선 투표 촉구 동영상 '안철수의 투표 약속'의 키워드에서도 그런 감각을 유감없이 드러내 보였다. 2분 39초 분량의 이 동영상은 "화나셨어요? 그럼 투표하세요!!Angry? Just Vote!!"라는 자막으로 끝나는데, 안철수는 "투표율 70%가 넘으면 어떻게 할 것이냐"는 질문에 "노래를 하겠다"고 했다. 그러자 질문자는 "(투표율이 70% 넘으면) 안 원장이 미니스커트 입고 율동에 노래하시는 걸로 공약을 정한다"고 일방적으로 선언했다.[143]

2012년 4월 3일 안철수의 전남대학교 강연에서 약 1,000석 규모의 강연장은 통로까지 꽉 찼고, 2,000명이 넘는 전남대생들이 몰렸을 때, 여학생들은 안철수가 "귀엽다"고 하면서 그의 손짓 하나에도 비명을 질러댔다. "마치 아이돌 스타 같다"는 말도 나왔는데,[144] 사실상 그는 '아이돌 스타'이기도 했다. 엔터테인먼트 소통 코드를 이해하고 활용할 줄 안다는 점에서 안철수는 다른 대선후보들의 추종을 불허하다고 말할 수 있었다. 물론 나중에 그가 정치에 뛰어든 후엔 그는 '재미'와는 거리가 면 인물이 되지만 말이다.

"나는 보수도 진보도 아니다"

말을 제대로 옮긴 것인지는 알 수 없지만, 새누리당 의원 정몽준은 『중앙일보』(2012년 4월 28일) 인터뷰에서 안철수에 대해 이렇게 말했다. "안 원장이 지난해 국회에서 강연을 했다. 끝날 때쯤 미국 실리콘밸리 얘기를 하다 우리 벤처업계엔 사기꾼이 많다고 하더라. 그러면서 사기꾼들은 다 사형시켜야 한다고 했다. 안철수 교수 하면 좋은 사람이 아닌가. 컴퓨터 백신도 만들고 정의로운 사람인데, 또 굉장히 분노와 증오가 많은 것 같았다."[145]

대중의 기존 정치 혐오 심리에서 출발한 '안철수 바람'은 안철수가 중도 노선을 택하면서 점점 다른 양상을 보이기 시작했다. 아니 좀더 정확히 말하자면, 그의 이념은 중도주의라기보다는 자신의 기준에 따라 진보와 보수를 자유롭게 넘나드는 '바이컨셉추얼리즘biconceptualism'이었다. 미국에서 '보수주의의 대부Mr. Conservative'로 불렸던 배리 골드워터 Barry Goldwater, 1909~1998가 인디언 권리 보호, 종교의 자유, 군에서의 게이 포용, 공개적이고 정직한 정부 운영 등 진보적인 면을 많이 보인 것이

좋은 사례다.[146]

　그런데 '바이컨셉추얼리스트'가 따로 있는 건 아니다. 진보적인 사람일지라도 강한 보수적 메시지를 담고 있는 '람보 영화'에 공감하고 박수를 칠 수 있으며, 그건 이상할 게 전혀 없는 일이다.[147] 그런데 우리가 정치 영역에서 특정 이념이나 노선을 택하면서 가급적 일관된 성향을 보이고자 하는 건 학습의 결과다. 이론으로건 실천으로건 정치를 너무 많이 알기 때문에 이념의 포로가 되기 쉽다는 것이다. 반면 안철수는 정치 이론과 실천에서 '무식'한 편이다. 다른 일들에 너무 몰두해왔기 때문이다. 그래서 그가 특정 이념이나 노선에서 자유로운 신축성을 갖게 되는 역설이 일어난 것이다.

　안철수는 "제가 안보는 보수, 경제는 진보"라면서 자신은 "보수도 진보도 아니다"고 말했다. 보수·진보를 따지는 것에 대해 다소 신경질적인 반응까지 보이기도 했다. "대북문제에 대해서 보수적인 입장을 갖고 있고, 교육문제에 대해서 진보적인 시각을 갖고 있으면 진보인가 보수인가? 그것은 나눌 수가 없다. 그것을 나누고 분열함으로써 이득을 보는 사람들이 이런 짓을 한다." 이에 대해 고려대학교 교수 임혁백은 『대선 2012 어떤 리더십이 선택될 것인가?』(2012)에서 "안철수는 유연하게 이데올로기적 경계를 넘나드는 이념적 유목민"이라는 평가를 내렸다.[148]

　안철수는 '이념적 유목민'의 정치적 가치를 파악한 건 물론 그걸 활용하겠다는 의지를 강하게 드러냈다. 그는 2012년 3월 4일엔 보수층이 주도하는 탈북자 북송 반대 시위 현장을 찾았고, 3월 12일엔 방송 3사 노조의 연대 파업 지지 성명을 내는 등 양 진영을 넘나드는 모습을 보였다. 지인들과 만난 자리에선 야권이 한때 '자유무역협정FTA 폐기'를 주장한 것과 관련, "여론조사에서 FTA 찬성 응답도 상당하고, 반대하더라도 재협상하자는 쪽이 월등히 많은데 왜 폐기를 하자는 건지 이해할 수 없다"는 반응을 보였다. 그리고 이를 설명하겠다는 듯, 3월 27일 서울대학교 강연에선 이른바 '진영 논리'의 타파를 선언했다.

"중립은 곧 악의 편"이라는 유시민

안철수는 그 서울대학교 강연에서 "우리나라 정치는 보수·진보가 너무 심하게 싸운다. 사회문제를 풀라고 국민이 권한을 줬는데 그게 자기들 것인 양 싸우면 말이 안 되는 것"이라고 했다. 소속 정당을 밝히진 않았지만 최근 정치권 관계자와 만난 적이 있다는 사실도 공개했다. 그는 "얼마 전 어떤 분을 만났는데 그쪽 분(정치인)인 줄 몰랐다. 이렇게 저렇게 하면 정권을 잡을 수 있다는 그분의 설명을 듣고 난 뒤 암담했다"며 "그래서 보수든 진보든 문제를 풀 사람이 정권을 잡아야 한다고, 승리에 집착하는 건 바람직하지 않다고 대답해줬다"고 전했다.

강연에 이어 학생들과의 문답에서 "대선에 출마할 의향이 있느냐"는 질문이 나왔다. 안철수는 "내가 만약 긍정적인 발전의 도구로만 쓰일 수 있으면 설령 정치라도 감당할 수 있다"며 "지금 있는 분들이 잘해주시면 나설 이유가 없다. (그러나 기존 정치인이 잘못해서) 내가 만약 참여하게 된다면 이거 하나는 확실하다. 어떤 특정한 진영 논리에 기대지 않겠다"고 했다. 또 "공동체 가치를 최우선적으로 삼는 쪽으로 하지 진영 논리에 휩싸여 공동체 정치의 가치관을 저버리는 판단은 지금까지의 생각, 행보와 맞지 않는다"고 강조했다.[149]

안철수는 2012년 4월 3일 '광주의 미래, 청년의 미래'를 주제로 한 전남대학교 강연에서 "다수의 뜻을 반영하려면 선거에 적극적으로 참여하는 것 말곤 방법이 없다"고 말했다.

안철수는 2012년 4월 3일 전남대학교 강연에선 "(총선에서) 정당·정파보다는 사람을 보고 뽑아야 한다"고 했다. 이 말은 한 학생이 "정치 세대교체의 필요성과 대립 구도로 자리 잡은 구태 정당정치에 대해 어떻게 생각하느냐"는 물음에 답하는 과정에서 나왔다. 그는 "(공동체) 규모가 커질수록 조직화된 소수집단의 의사가 반영되기 더 쉬워진다. 다수의 뜻을 반영하려면 선거에 적극적으로 참여하는 것 말곤 방법이 없다"며 '몇 가지 가이드라인'을 제시했다.

"첫째, 진영 논리에 빠져서 정파적 이익에 급급한 분들이 아니라 국익을 생각하신 분들이 있다면 그분을 뽑는 게 맞는 것 같다. 둘째, 자꾸 과거에 대해 이야기하기보다 미래에 대해 이야기하는 사람이 적임자다. 셋째, 증오·대립·분노 이런 얘기만 하시는 분보다, 온건하고 따뜻하고 그런 분들이 있다. 말이라는 게 인격이다. 말을 들어보면 인격을 알 수 있다. 인격이 훨씬 성숙하신 분을 뽑으면 좋겠다. 넷째, 정당이나 정파보다는 오히려 개인을 보는 게 맞다고 본다. 미래 가치에 부합하는 사람인가 아닌가가 가장 중요하다. 선거에 대한 변화도 거기서 생기는 것이다. 영남, 호남, 충청, 강남 이런 데는 어느 당이 될지 다 정해져 있는데, 시민의 선택으로 얼마든지 (권력이) 교체될 수 있다는 것을 보여주는 게 미래 가치를 현실화하는 방법이다."[150]

안철수의 이 발언에 대해 유시민은 4월 5일 "도덕이 위기에 봉착한 시기엔 양비론이 설 자리가 없다"고 반박했다. 그는 이전에도 "지옥의 가장 뜨거운 자리는 도덕적 위기의 시대에 중립을 지킨 사람을 위해 예약돼 있다"거나 "중립은 곧 악의 편"이라며 안철수의 선택을 압박해왔다.[151] 어찌 유시민뿐이랴. 당시 많은 이가 선악善惡 대결 구도가 불가피했던 1980년대를 살아가는 식으로 정치를 바라보고 실천하는 게 현실이었다. 그러나 안철수의 메시지는 단호했다. "청년 일자리 창출하는 데 진보가 답을 내놨나 보수가 답을 내놨나. 일자리 창출은 이념을 초월하는 가치인데 이쪽에서 어떤 의견 내면 다른 쪽은 반대 의견을 자동으로 내고……. 그런 이념은 차라리 필요 없다."[152]

안철수의 '정치에 대한 오해'

2012년 4월 초순에 날아든 외신은 세상을 깜짝 놀라게 만들었다. 세계 최대 SNS 페이스북이 직원 13명의 사진 공유 앱 회사 인스타그램을 10억 달러(약 1조 1,400억 원)에 인수한다고 발표한 사건이다. 인스타그램의 창업자인 28세의 케빈 시스트롬Kevin Systrom은 창업 2년 만에 10억 달러 중 4억 달러를 혼자 챙기게 되었다고 하니,[153] 그저 기가 막힐 따름이었다. "아니 그 어린 나이에 그 많은 돈을 언제 다 쓰지?" 하는 부러움과 더불어 "아니 세상이 미쳐 돌아가는 것 아냐?" 하는 놀라움이 교차했다.

바로 그런 대격변의 와중에 안철수가 등장한 것이다. 안철수의 주요 지지자들이 2040세대라는 건 우연이 아니었다. 여론조사 전문기관 리얼미터의 2012년 4월 셋째주 주간 정례조사 대선 양자구도 지지율에서, 박근혜가 안철수를 계속 앞서기는 했으나, 2040세대에서 여전히 안철수에 크게 열세인 것으로 나타났다. 박근혜의 지지율은 49.2%로, 45.0%를 기록한 안철수를 4.2%포인트 앞서는 것으로 나타났으나, 20대에서 30.2%에 그쳐 62.6%를 기록한 안철수에게 2배 이상 뒤졌다. 30대에서도 박근혜는 34.4%로 59.9%인 안철수에 2배 가까이 열세를 보였으며, 40대 역시 44.6% 대 51.0%로 나타나 2040세대의 지지율 열세가 박근혜의 대세론을 위협하는 가장 큰 변수가 되고 있는 것으로 나타났다.[154]

정치컨설턴트 박성민은 2012년 2월에 출간한 『정치의 몰락: 보수시대의 종언과 새로운 권력의 탄생』에서 "안철수는 안보와 성장의 두 축으로 대한민국을 이끌어온 '박정희 패러다임'이 더이상 지속될 수 없다는 선언의 상징"이라고 해석했다.[155] 그는 "안철수 현상의 이면에는 문명사적인 변화가 있어요"라면서 다음과 같이 말했다.

"근대 이전 지식의 위계질서는 이제 물구나무를 섰어요. 맨 밑바닥에 신학이 있고, 그 위에 철학, 그 위에 과학, 그리고 맨 위에는 놀랍게도 기술이 있습니다. 스티브 잡스, 빌 게이츠, 그리고 안철수 같은 기술자들이 부와 명예, 그리고 세상에 영향력을 미치는 힘을 갖고 있어요. 신학의 경우, 지배력은 고사하고 자기 영역을 방어하기도 힘겹습니다. 이 시대에는 더이상 오랜 세월 동안 축적한 경험이 예전만큼 힘을 발휘하지 못합니다. 세계화와 정보화로 환경 자체가 바뀌었는데, 어떻게 과거의 환경에 기반을 둔 경험이 문제 해결의 기준이 될 수 있겠어요? 당장 집에서 새로 나온 가전제품의 조작 방법을 습득하는 순서는 정확히 나이 순과 반대잖아요."[156]

그렇다. 탁월한 안목이다. 디지털 기술의 단절성은 본질적으로 아날로그형인 경험과 경륜을 조롱하고 있었다. 그러잖아도 특유의 '빨리빨리 문화'로 세계에서 가장 빠른 속도를 숭배하고 구현해온 한국 사회에서 '늙음'은 사회 진보에 역행하는 악덕으로 여겨지고 있었다. 제19대 총선도 그런 '늙음 조롱'의 잔치판이었다. 그러나 정치가 하루아침에 바뀔 수 있는 건 아니었다. 정치를 무시하지 말고 어렵게 생각해야 할 이유가 바로 여기에 있었다. 박성민은 안철수에게 다음과 같은 고언을 했다.

"안철수 교수가 '정치'는 비효율적인 것이고 '행정'은 해볼 만한 가치가 있는 것으로 여기는 한 이명박 대통령의 전철을 밟을 가능성이 큽니다. 아니나 다를까, 벌써부터 안 교수를 '착한 이명박'이 되지는 않을지 걱정하는 목소리가 나오잖아요. 안철수 교수의 서울시장 출마 가능성 이야기가 나왔을 때, 안 교수가 '서울시장 자리는 정치하는 자리가 아니고 행정하는 자리여서 해볼 만하다'라고 말했다는 보도가 있더군요. 그런 인식으로는 지도자로서 성공할 수 없어요."[157]

제18대
대통령 선거

민주당 대선후보 경선

총선에서 패배한 민주통합당은 2012년 6월 9일 전당대회를 통해 이해찬 지도부를 뽑았다. 모바일 당원들의 힘이었다. 30% 비중의 대의원 투표에서는 210표 차이로 김한길이 이겼지만, 70% 비중의 당원·시민 선거인단 투표에서 이해찬이 2,479표 차이로 역전에 성공했다. 불과 0.5% 차이로 당권을 거머쥔 이해찬은 여세를 몰아 '문재인 대통령 만들기'에 뛰어들었다.[158]

문재인, 손학규, 정세균, 김두관 4파전으로 치러진 민주당 경선 과정에서 최대 쟁점은 '노무현 정신'이었다. 특히 9월 8일 부산 경선에서 후보들은 고故 노무현 전 대통령의 정치적 고향인 부산 표심을 파고들기 위해 한목소리로 '노무현 정신'을 강조했다. 경선 불공정 논란, 계파정치 비판 등 당내 갈등 요인들을 놓고 후보들은 "누가 진짜 '노무현 정신'의

계승자인가?"라고 물으며 서로 대립각을 세웠다.

첫 연설자로 나선 손학규는 "노무현 정신은 지역주의, 기득권, 패권주의를 타파하기 위한 자기 헌신이었다"며 문재인을 겨냥했다. 그는 "입으로는 노무현 가치를 계승한다면서 헌신과 희생을 외면하고 신지역주의에 스스로를 가두고 '바보 노무현'을 추모하는 마음을 인질 삼아 기득권 구축에 여념이 없는 사람들과 온몸으로 민주당을 지키고 지역주의, 기득권과 싸우는 사람들 중 누가 진짜 노무현 정신을 이어받고 있는가"라고 목소리를 높였다.

문재인은 "친노가 '노무현 정신'이라는 가치를 넘어 계파가 되는 일은 결코 없을 것"이라며 "결코 계파를 만들지 않겠다"고 다짐했다. 그는 "친노, 비노 없이 오로지 민주당만 있을 뿐이며, 우리에게는 정권교체의 대의만 있을 뿐"이라고 강조했다. 그럼에도 부산 경선에서도 경선 룰 등에 대한 당원과 지지자들의 불만은 여전히 표출되었다.

임채정 중앙당 선관위원장과 이해찬 대표가 무대에 올라 인사말을 할 때 손학규·김두관 후보 지지자들은 "당비 내놔라", "물러나라"며 고성과 야유를 쏟아냈다. '불공정 모바일 경선을 즉각 중단하고 60년 전통 민주당원 권리를 회복하라'는 내용의 현수막이 등장하는가 하면 '불공정 경선 중단', 이해찬 대표 사퇴 등을 요구하는 '당원 권리 회복을 위한 성명서'가 행사장에 뿌려졌다. 반면 문재인 후보 지지자들은 '민주당은 하나다'는 플래카드로 눈길을 끌었다.[159]

당원과 국민 모두에게 1인 1표를 주는 완전국민경선제로 치러진 경선에선 아무래도 여권에 대한 증오·원한·응징의 바람몰이가 우세할 수밖에 없었다. 9월 16일 대선후보 순회 경선 최종 집계 결과 문재인이

56.5%라는 압도적인 득표율로 승리했다. 손학규는 22.2%에 그쳤고, 경선에 올인하기 위해 경남지사 자리까지 내던진 김두관은 14.3%에 머물렀다.[160]

문재인과 안철수의 후보 단일화

3일 후인 9월 19일 안철수가 "증오의 정치를 넘어서자"며 대선 출마를 선언했다. 이날 발표된 갤럽 여론조사에서 대선후보 지지율은 한 달 전인 8월 20일 새누리당 대선후보로 선출된 박근혜가 39%로 1위를 차지했고, 문재인과 안철수는 24%로 동률을 기록했다. 이제 남은 문제는 야권의 후보 단일화, 즉 민주당 후보 문재인과 무소속 후보 안철수의 단일화였다. 9월 말부터 이 이슈가 언론에 집중적으로 보도되기 시작했다.

초기에는 두 후보가 영입 인사 경쟁으로 온건한 수위의 신경전을 벌였지만, 10월 9일 민주당 지도부는 '무소속 대통령 불가론'이라는 강경책으로 치고 나갔다. 민주당 대표 이해찬은 KBS 라디오 교섭단체 대표 연설에서 "전 세계 민주국가에서 무소속으로 대통령에 당선돼 국가를 경영한 사례는 단 한 나라도 없다"며 "무소속 대통령이 300명의 국회의원을 일일이 만나고 설득해 국정을 운영한다는 건 성립될 수 없는 주장"이라고 말했다.

같은 당 원내대표 박지원도 이날 케이블 채널 '뉴스와이'와의 인터뷰에서 "국회나 정치 쇄신을 위해서도 정당이 필요하다"고 말했다. 그는 "대통령 후보들이 대선을 70여 일 앞둔 이때 정치권을 어떻게 쇄신하겠다고 하는 건 좀 성급하다"며 "쇄신안을 국민 앞에 밝히면 국민이 이를 보고 지지하게 될 것이고 당선되면 쇄신을 위해 노력하는 게 필요하다"
고 강조했다.

그러나 안철수는 이날 세계지식포럼 기조연설을 마친 뒤 '이해찬
대표가 무소속 대통령은 국정 운영이 불가능하다고 말했는데 어떻게 생
각하느냐'는 기자들의 질문에, "할 수 있습니다"고 짧게 답했다. 대변인
유민영도 무소속 대통령론에 대해 "할 수 있다. 정치개혁과 정권교체, 새
로운 정치, 새로운 변화에 뜻이 있는 분들이 기존 정치권에도 계신 것으
로 안다"며 "뜻을 모으면 할 수 있다"고 말했다.[161]

11월 12일 문재인과 안철수의 단일화 협상이 시작되었지만, 진전
은 없었다. 그러다가 11월 21일 밤 10시 백범기념관에서 열린 단일화
TV토론에서 문재인은 남북관계 개선 방안을 놓고 안철수의 정책을 이
명박 정부 입장과 다를 바 없다고 세게 몰아붙였다. 토론에 약한 안철수
는 제대로 반론을 펴지도 못한 채, 그렇다고 화를 표출하지도 못한 채,
"그렇지, 그렇지 않습니다만……(발언 시간 종료)"으로 끝맺고 말았다. 당
시 안철수 캠프 핵심 관계자는 다음과 같이 말했다.

"토론 전에 우리가 안 후보에게 문 후보를 공격할 자료를 굉장이 많
이 건네줬다. 민주당이 조직 동원과 이해찬 등 친노 세력의 패권적인 행
태를 지적하는 내용이었다. 토론장에 들어갈 때만 해도 안철수가 문재인
에 대한 신뢰가 꽤 깊었던 것 같더라. 그런데 믿었던 문재인이 막 공격해
오니 안철수가 손을 부들부들 떨더라."[162]

다음 날 오전 10시 30분 두 사람은 그랜드힐튼 호텔에서 단둘이 만
났지만 아무런 소득 없이 끝났다. 문재인은 그날 오후 『연합뉴스』 인터
뷰에서 "하다 하다 안 되면 국민에게 표로써 저로 단일화해 달라고 할

것"이라며 협상 중단을 시사했다. 안철수는 실장급 이상 캠프 참모들을 모두 부른 가운데 "선거라는 게 사람을 많이 변화시킨다고 하던데 저조차도 많이 변했겠지만, 문재인도 제가 알던 문 후보가 아니었다"며 후보 사퇴 기자회견을 하겠다는 뜻을 밝혔다.[163] 11월 23일 밤 8시 20분 결국 안철수는 '피눈물 나는 결단'을 내려 대선후보직을 사퇴하고 지지자들에게 문재인을 지지할 것을 호소하면서 대선은 문재인과 박근혜의 대결로 압축되었다.[164]

"노무현 정부는 총체적 성공"

문재인의 선거 전략은 어떠했던가? 민주당 경선에서 문재인은 "노무현 정부는 총체적 성공"이라는 자평을 내렸고, 그런 자신감 때문이었는지 민주당은 새누리당이 제시한 '박정희 대 노무현'의 프레임을 따라갔다.[165] '독재자의 딸' 하나 못해보겠느냐는 자신감 과잉과 "노무현 정부는 총체적 성공"이라는 나르시시즘 때문이었는지도 모르겠다.

문재인은 노무현 정부에 대한 민심의 복잡성을 제대로 이해하고 있었던 걸까? 시사평론가 이철희는 "우리나라 사람들은 노무현에 대해 이중적이고 양가적인 정서를 가지고 있다. 그를 인간적으로 좋아하는 마음을 가지고 있으면서도 한편으로는 노무현 시대가 그렇게 성공적이었다고는 보지 않는다"며 다음과 같이 말했다. "이 부분을 새누리당은 예리하게 파고들었다. 대선 당시, 노무현 정부의 실정에 대해 거론하며 문재인 책임론을 들고나온 것이다. 노무현이 못다 이룬 세상을 만들어보겠다고 말하는 문재인에게는 피할 수 없는 늪이었다."

"노무현 정부는 총체적 성공"이라는 주장이 과연 좋은 전략이었을까? 이철희는 "새누리당이 노무현 정부의 실정을 들고나오면서 친노 책임론을 제기했을 때 그 정도는 기꺼이 자신이 감수했어야 했다"고 말했다. "'친노가 잘해서 권력을 잡겠다는 게 아니라, 친노를 싫어하는 사람에게 자신을 지지해달라'고 말하고 싶었다면 그들에게 동기부여를 해줬어야 했다. 그런데 그것도 하지 못했다. 본인이 친노 세력의 리더가 되겠다면서도 리더로서 세력을 끌고 가는 힘을 보여주지 못했다. 문재인은 친노의 대표선수일 뿐 리더 같진 않았다."[166]

문재인의 고집도 문제였다. 선거 중반 선거대책본부에서는 상임본부장 정세균 주재로 여러 전략을 논의한 끝에 문재인의 국회의원직 사퇴를 건의해 모든 것을 건다는 비장함을 보여주어야 한다고 결정했다. 공보단장 우상호와 문재인 사이에 오고 간 대화, 아니 논쟁을 감상해보자.

우 선대본에서 후보님의 국회의원직 사퇴를 건의하기로 했습니다. 좀더 절실한 모습을 국민들에게 보여야 한다는 취지입니다.

문 어… 저는 그럴 생각이 없는데요? 그리고 그 부분은 지난번 국회의원 선거 때 부산 시민들이 제가 대통령 후보가 되면 국회의원을 사퇴할 사람이라고 해서 쟁점이 되었기 때문에 공개적으로 그렇게 하지 않겠다고 약속했던 사안입니다.

우 대통령이 되시면 당연히 국회의원직을 사퇴하셔야 하니, 후보가 되신 지금은 부산 시민들도 양해해주실 겁니다. 대통령 선거에서 낙선했을 때를 대비해서 국회의원직을 사퇴하지 않는다고 사람들이 의식하게 되면 캠페인에도 도움이 안 될 것 같습니다.

문 부산 시민들과의 약속을 지키는 것이 더 도움이 되지 않을까요?[167]

대화가 논쟁이 되어가자 수행실장 김경수가 우상호를 말리고 나섰다. "하지 않으시겠다고 하니 후보의 입장을 받아주시죠?" 문재인이 없는 자리에선 모두 다 찬성했던 사람들이 문재인 앞에선 약속이나 한 듯이 입을 꾹 다물었으니, 결국 문재인이 2대 1로 이긴 꼴이 되고 말았다. 우상호는 『민주당 1999-2024』라는 책에서 "나는 다른 본부장들에게 서운했다. 선대본 차원에서 전략을 결정했으면 후보를 설득하기 위해 노력하는 것이 당연하다"며 다음과 같이 말했다.

"후보와 생각이 다르다면 후보의 입장을 존중할 필요는 당연히 있

대선 당시 선거대책본부에서 문재인에게 국회의원직 사퇴를 건의했지만, 문재인은 부산 시민들과의 약속을 어길 수 없다며 사퇴를 거부했다.

지만, 전략적으로 도움이 된다고 판단한 사안이라면 후보를 설득하는 것이 캠프의 역할이다. 대통령 후보라는 위치는 상당히 강력하다. 특히 승리할 수 있는 후보의 위상은 더 강하다. 그래도 캠프는 전략적으로 판단한 사안에 대해 후보를 설득할 수 있어야 한다. 이 한 가지 사례를 패배의 원인이라고 할 수는 없겠지만, 당시 캠프의 정황을 있는 그대로 보여주는 사례라 설명해보았다."[168]

박근혜의 '아버지를 위하여'

"왜곡을 바로잡기 위해 기념사업을 시작하기 이전의 세월, 나의 생의 목표는 오로지 아버지에 대한 것이었다. 그 왜곡을 바로잡아야 한다는 일념 때문에 나 개인의 모든 꿈이 없어져 버린 상태였다. 자나 깨나 꿈과 희망이 있다면 오직 그것을 바로잡아 역사 속에서 바른 평가를 받으시게 하는 것, 오매불망 그것만이 하고 싶은 일이었고 또 해야 할 일이었다."[169]

박근혜가 1991년 1월 6일에 쓴 일기의 한 대목이다. 그로부터 21년이 지난 2012년 박근혜는 오매불망 그리던 '아버지를 위하여'라는 꿈을 이룰 수 있는 절호의 기회를 맞게 되었다. 비록 5년 전 시도는 실패했지만, 이제 대통령이 될 수 있는 가능성이 훨씬 높아진 것이다.

제18대 대통령 선거전이 한창이던 2012년 9월 23일 저녁, 새누리당 박근혜 후보 선대위의 대변인에 임명된 김재원은 기분이 좋아 기자들을 한 식당으로 불렀다. 이런저런 이야기를 하다가 김재원은 "박근혜 후보가 정치하는 이유는 아버지의 명예회복을 위한 것이다"는 취지의

박근혜는 손석희의 〈MBC 시선집중〉에 출연해 인혁당 문제와 관련해 "2개의 판결이 존재한다"고 말하는 실수를 저질렀다. 1974년에 일어난 인혁당 사건은 박정희 정권의 최악의 인권유린 사건이었다. 1974년 인혁당 재건위 사건 관련자들이 재판정에 서 있는 모습.

말을 했다. 얼마 안 지나 김재원은 어딘가에서 '아버지 명예회복' 발언을 질책하는 전화를 받았다. 전화를 마친 김재원은 기자들에게 "네가 보고했어?"라고 물으면서 "이런 병신××들" 등의 막말을 쏟아냈다. 그는 막말에 책임진다며 다음 날 대변인을 그만두었지만, 실은 '아버지 발언' 때문이라는 게 정설이었다.[170]

박근혜는 '아버지를 위하여'가 사적 문제가 아닌 공적 문제임을 분명히 하고자 했다. 그는 9월 24일 "5·16과 유신은 헌법 가치 훼손"이라며 과거사 사과 발언을 했다. 그는 "인혁당 사건 등은 헌법적 가치가 훼손되고 대한민국의 정치발전을 지연시킨 결과를 가져왔다"며 "이로 인해 상처와 피해를 입은 분들과 그 가족들에게 진심으로 사과드린다"고

했다. 이는 2주 전인 9월 10일 손석희의 〈MBC 시선집중〉에 출연, 인혁당(인민혁명당) 문제와 관련해 "2개의 판결이 존재한다"고 말하는 실수를 저지른 것에 대한 사과였다.[171]

1974년에 일어난 인혁당 사건으로 254명이 구속되었고, 이듬해 4월 8일에 대법원에서 38명에게 실형을 선고했는데 이 가운데 8명이 사형선고를 받았다. 어이없게도 바로 다음 날 모두 사형이 집행되었다. 모두 조작된 사건이었으며, 재심 끝에 2007년에 사건 관계자들에 대해 무죄가 선고된, 최악의 인권유린 사건이었다.

그럼에도 서로 다른 2개의 판결이 있으니 역사에 맡기자는 게 말이 되는가? 결국, 박근혜는 분노한 민심에 굴복해 사과를 하게 된 것이었다. 손석희의 공세적 인터뷰 끝에 저지른 실수였기에 손석희 주변에선 "박근혜가 당선되면 손석희는 끝이다"는 이야기들이 들려오기 시작했다는데, 손석희는 그냥 "그게 내 팔자다"고 대꾸했다고 한다.[172]

"내 아버지의 꿈은 복지국가"

인혁당 사건과 관련된 큰 실수가 있긴 했지만, 박근혜가 늘 '아버지를 위하여'에만 머무른 건 아니었다. 수년 전부터 대선을 염두에 두면서 분명한 변화가 시작되고 있었다. 예컨대, 박정희의 기일이었던 2009년 10월 26일 박근혜는 "내 아버지의 꿈은 복지국가였다"는 취지의 추념사를 했다. 최병천은 이 추념사의 의미에 대해 다음과 같이 말했다.

"2012년 총선과 대선까지를 내다본, 중도 확장을 위한 사전 포석이었다. 박근혜 대선 준비팀의 선견지명이 빛나는 장면이다. 이후 박근혜는 2012년 4월 총선과 12월 대선 과정에서 파격적인 복지 공약을 제시한다. 무상보육과 기초연금 20만 원 지급이 대표적이다. 바야흐로 '복지정치의 주류화'가 이뤄진 셈이다."[173]

이는 경제민주화의 연장선상에서 이루어진 것이었지만, 경제민주화가 새누리당에서까지 지지를 얻은 건 아니었다. 2012년 7월부터 본격적인 갈등이 불거지기 시작했다. 7월 3일 경제학자로 대우그룹의 대우경제연구소장 출신인 원내대표 이한구는 KBS 라디오에 출연, '전날 전 비상대책위원 김종인이 자신을 향해 재벌 이해를 대변하고 있다고 비판한 것에 대해 어떻게 생각하느냐'고 사회자가 묻자 "저는 그렇게 생각하지 않는데 무엇을 가지고 그렇게 판단했는지 거기다 물어보라"고 말했다.

또 '이 원내대표가 경제민주화를 잘 모르는 것 같다'고 말한 것에 대해선 "김 전 위원이 말하는 경제민주화의 내용이 무엇인지는 아는 사람이 없는 것 같다"고 되받았다. '자신이 생각하는 경제민주화 개념은 무엇이냐'는 사회자 물음에는 "저는 경제민주화라는 개념을 잘 얘기하지 않는다. 학술적으로 문제가 있는 용어니까"라며 "그러나 지금 새누리당에서 총선 때 경제민주화라는 이름으로 공약한 내용은 확실하게 실천할 것"이라고 말했다. 무엇인지 모르지만, 공약은 실천하겠다는 모순된 답변인 셈이었다.

원내지도부도 이한구를 지원했다. 정책위 부의장 조해진은 원내대책회의에서 "경제민주화 논의는 경제적 약자에게 도움을 준다는 방향은 맞지만, 포퓰리즘으로 흐르지 않을까 한다"고 했다. 정책위 부의장 권성동도 "어제 모 인사가 경제민주화와 관련해서 우리 당 지도부를 공격하고 비난한 것은 적절치 않았다"고 했다.

이에 김종인도 물러서지 않았다. 그는 『경향신문』과의 통화에서 "경제민주화가 뭔지 모른다는데 그럼 공부를 해야 한다"며 "내가 말하는 경제민주화는 재벌 해체가 아닌데 자꾸 엉뚱한 소리를 하고 있다"고 했다. 그는 '10명 중 8명이 경제민주화가 필요하다'고 응답한 여론조사를 거론하면서 "앞으로 어떤 방향으로 가야 할지 뻔히 보이는 것 아니냐. 분위기를 자꾸 잡아서 엉뚱한 방향으로 가고 싶은 것 아니냐. 상대를 하고 싶지 않다"고 응수했다.[174]

하지만 김종인의 메시지는 분명했다. "경제민주화가 그렇게 싫으면 새누리당 정강 정책을 만들 때 의원총회에서 반대를 했어야지 그때는 만장일치로 통과시켜놓고 왜 이제 와서 딴소리냐. 그리고 어떻게 원내대표라는 사람이 당의 정강 정책에 반대할 수 있느냐." 김종인이 이렇게 목소리를 높이자 입장이 난처해진 사람은 박근혜였다. 김종인은 회고록에 이렇게 썼다. "애써 나를 데려왔는데 첫걸음부터 삐걱거리니 불안했을 것이다. 나, 원내대표, 박근혜, 이렇게 세 명이 만난 자리에서 박근혜가 원내대표에게 주의를 줬다. 앞으로는 경제민주화에 반대하는 발언을 하지 말라고 말이다. 그때는 그랬다."[175]

'경제민주화'를 둘러싼 박근혜·김종인의 갈등

그럼에도 경제민주화에 대한 당내 반대 목소리는 계속 흘러나왔다. 이대론 안 되겠다고 생각한 김종인은 박근혜에게 "의원총회에서 경제민주화를 다시 의결하라"고 권했다. 그러나 박근혜는 계속 미적거리더니 김종인을 찾아가 이렇게 말했다. "이미 의결된 경제민주화를 재의결한다는 것이 모양새가 그리 좋아 보이지 않고, 경제민주화를 분명히 하겠다는 것은 제가 다시 약속합니다." 명색이 대통령 후보자인데 너무 기를 꺾듯 몰아세우는 것도 좋지 않은 일인 것 같다는 생각에 김종인이 한 발 물러서면서 박근혜를 믿어보기로 했다.

갈등은 약속대로 공약을 만들어 박근혜 쪽으로 넘겨준 10월 30일에 터졌다. "공약을 만들었으니 후보자를 만나서 공약 내용을 구체적으로 설명하겠다"고 말했더니, 박근혜의 반응은 '서면'으로 설명하라는 것이었다. 게다가 며칠 후 박근혜는 김종인과는 한마디 의논조차 없이 경제민주화 핵심 정책 가운데 하나를 "하지 않겠다"고 선언해버렸다. 그건 바로 재벌의 순환출자에 대한 부분이었다.

김종인은 기존 순환출자까지 모두 해소해야 한다고 주장한 반면, 박근혜는 기존 순환출자는 인정하되 신규 순환출자는 금지하는 방안이 적절하다고 판단했다. 이에 대해 김종인은 회고록에 이렇게 썼다. "이미 재벌이 구조화된 상황에서 신규 출자만 금지하는 것이 대체 무슨 소용이 있는가. 정책의 핵심을 거세해버린 것이다. 그런데 내가 박근혜에게 그 공약에 대해 설명한 적이 없는데 박근혜가 어떻게 그것을 자기 버전으로 수정해서 발표한 것일까? 옆에서 누군가 어떤 이야기를 하지 않고서는 발생할 수 없는 일이다. 정책과 공약을 총책임지는 공식적인 사람 말고 또 다른 '비선'을 별도로 두고 있었다는 증거다."[176]

김종인은 11월 9일 채널A와 인터뷰를 하다가 기자가 그런 것에 대해 묻길래 "박근혜 후보가 어디선가 로비를 받은 모양"이라고 말했다. 11일 박근혜는 김종인에게 전화를 걸어 어느 호텔의 회의실에서 좀 보자고 했다. 김종인은 '박 후보와 단둘이 얘기할 마지막 자리일 수도 있다'고 생각했다. 약속 장소에 도착한 김종인은 당황했다. 박근혜는 황우여 대표, 진영 정책위의장, 서병수 사무총장, 김무성 총괄선거대책본부장, 권영세 종합상황실장, 이정현 공보단장, 이학재 비서실장, 안종범·강석훈 의원 등 측근 9명을 대동했기 때문이다.[177]

김종인은 회고록에 "선거를 앞두고 그토록 바쁜 시기에 핵심 보직에 있는 모든 참모를 끌어모아 그렇게 데리고 오는 것만으로도 황당한 사건이었다"고 썼다. 9명의 측근 중 1명이 말했다. "우리 후보가 로비를 받았다고 말했는데, 그 증거를 대라." 모두가 다 이해할 수 있게끔 김종인이 열변을 토했다. 이후 어떤 일이 벌어졌는가?

"그 뒤로 박근혜가 10분쯤 이야기를 했는데 그가 그렇게 흥분하여 말하는 모습은 그때 처음 보았다. 뭐라고 중얼거리면서 혼잣말처럼 계속 이야기하는데 무슨 말인지 하나도 알아들을 수 없었다. 마지막에 일어나 문을 확 열고 나가면서 '사람을 잘못 봤다면서요!' 하고 소리를 크게 질렀다. TV 방송에서 앵커가 박근혜에 대해 묻기에 '내가 사람을 잘못 본 것 같다'고 말한 적이 있다. 그게 기분이 나빴던 것이다. 그렇게 해서 박근혜랑 다시는 만나지 않을 것처럼 헤어졌다. 나는 더이상 새누리당에 나갈 일이 없어졌다."[178]

박근혜의 말도 들어보자. 그는 회고록에서 2012년 11월 경제민주화 공약을 발표했을 때 재벌의 순환출자에 대한 자신의 입장을 밝히자 "김종인 전 의원은 언론 인터뷰에서 내가 마치 재계의 로비를 받고 입장을 바꾼 것처럼 비난했다. 어처구니없는 얘기였다"며 다음과 같이 말했다.

"나는 경제민주화가 중요한 가치라고 생각하지만 그렇다고 기업을 지나치게 규제 일변도로 묶는 건 위험하다는 생각을 처음부터 확고하게 하고 있었다. 경제민주화는 어디까지나 자유시장경제 질서를 촉진하는 차원에서 의미가 있는 것이지, 경제민주화가 자유시장경제의 질곡이 돼선 곤란한 것이다. 김 전 의원이 당시 주장했던 대기업집단법(지분조정 명령제, 계열사 편입심사제 등) 재정도 그런 차원에서 수용하기가 곤란했다."[179]

김종인이 박근혜와 사이가 틀어진 걸로 알려지자 어느 날 민주당 후보 문재인이 김종인의 집을 찾아왔다. 박근혜와 완전히 결별하고 자신을 도와주는 것이 어떻겠느냐는 제안을 하기 위해서였다. 이에 김종인은 "나는 그 말을 듣고 약간의 모욕감마저 느꼈다. 정치 도의상 있을 수 없는 일이다. 사람이 살다 보면 서로 의견이 달라질 수도 있지만, 그렇다고 다른 시기도 아니고 한창 선거운동을 하는 기간에, 다른 곳도 아니고 상대 후보 진영으로 돌아선다는 것이 말이 되는가. 인간적으로 그럴 수는 없는 일이다"며 다음과 같이 썼다.

"게다가 나는 상황이 어떻든 박근혜 후보가 최종적으로 이길 것이라는 확신을 갖고 있었다. 문재인 후보가 박근혜보다 나아 보이지도 않았다. 그동안 내가 지켜본 바에 의하면 문재인 후보는 주변이 좀 복잡한 사람이었다. 그를 에워싸고 있는 그룹이 어떤 사람들인지는 삼척동자도 아는 사실이다. 문재인이 대통령이 되면 결국 그 사람들이 실질적으로 권력을 휘두르면서 심각한 문제를 일으킬 것이 뻔했다. 문재인은 뚜렷한 정치적 비전이나 소신이 없어 보이고, 여러모로 나라를 이끌 만한 준비가 되어 있지 않은 사람으로 보였다. 그의 제안은 당연히 거절했다."[180]

국가정보원 여론조작 사건

12월 4일 대선후보 1차 TV토론에서 통합진보당 후보 이정희는 박근혜를 향해 "(출마 이유는) 박근혜 후보를 떨어뜨리기 위한 겁니다. 저는 박근혜 후보를 반드시 떨어뜨릴 겁니다"고 말했다. 누군가를 떨어뜨리기 위해 출마하다니, 그게 말이 되는가?

이 발언에 대해 사회디자인연구소 소장 김대호는 "옳은 말도 싸가지 없이 하면 크게 마이너스인데, 이정희는 해서는 안 될 말을 너무 많이 했다. '○○년' 하는 노골적인 욕설과 머리끄덩이만 잡지 않았을 뿐 할 수 있는 무례는 다했다고 보아야 한다"며 다음과 같이 말했다.

"분명한 것은 이정희는 박근혜에 대한 분노, 증오심으로 이를 가는 사람들에게 카타르시스를 주었고, 역사 지식이 거의 제로인 20대 일부에게 과거사 공부를 좀 시켰을지 모르지만, 기본적으로 민주진보에 대한 공포와 혐오감을 불러일으키는 데 혁혁한 공(?)을 세운 것은 분명하다. 이정희의 품격은커녕, 최소한의 예의도 없는 망동으로 인해, 문재인 후보는 선뜻 야권연대의 손을 내밀지 못하고, 보수 지지층은 이정희를 보면서 '저런 놈들이 설치는 것을 막기 위해서 아무리 박근혜가 미워도 무슨 일이 있더라도 보수 후보를 당선시켜야겠다'는 마음을 굳히는 데 혁혁한 공을 세웠다는 얘기다."[181]

12월 11일 이른바 '국가정보원 여론조작 사건'이 인터넷에 생중계되는 형식으로 세상에 그 모습을 드러냈다. 이날 민주통합당과 경찰은 서울 강남구 역삼동 스타우스 오피스텔 607호로 출동했다. 왜 그랬을까? 민주통합당이 한 전직 국가정보원 공무원에게서 국가정보원의 여론

12월 11일 서울 강남구 역삼동의 한 오피스텔에서 민주통합당 관계자, 중앙선관위와 수서경찰서 직원들이 오피스텔 거주자에게 사실 확인을 위해 문을 열어줄 것을 요구하고 있다.

조작 활동에 대한 제보를 받았기 때문이다. 이 제보에 따르면 국가정보원은 2011년 11월부터 국가정보원 3차장 산하의 심리전 담당 부서를 심리정보국으로 격상시키고 3개의 팀에 총 70여 명을 두어 매일 정치 현안에 댓글을 달도록 지시했다.

심리정보국 요원들은 오전에 잠시 국가정보원에 출근해 전날의 작업 내용을 보고한 뒤, 다시 외부로 나가 작업을 벌였다. 이런 제보를 받은 민주통합당은 작업이 이루어지는 오피스텔을 찾아 거주자인 국가정보원 직원 김하영이 오전 늦게 출근하고 한낮에 귀가해 근무 시간이 3시간에 불과한 것을 확인하고 이를 중앙선거관리위원회와 경찰에 신고하고 현장에 출동한 것이었다. 그러나 김하영은 40여 시간 동안 문을 잠근

채 경찰의 오피스텔 진입을 저지했다. 당시 상황은 인터넷으로 생중계되면서 큰 화제가 되었다.

12월 15일 박근혜를 떨어뜨리려고 나왔다던 이정희가 후보직을 사퇴하면서 12월 16일 대통령 후보 마지막 TV토론은 박근혜·문재인 양자 토론으로 열리게 되었다. 박근혜는 민주당의 국정원 여직원 감금(또는 '셀프 감금') 논란과 관련해 인권 침해라며 비판의 날을 세웠다. 그는 "문 후보는 인권변호사 출신인데 국정원 여직원 감금 논란에 대해선 한마디도 하고 있지 않다"며 "2박 3일 동안 여직원을 사실상 감금했는데 아무런 문제가 없느냐"고 따져 물었다. 그는 "증거주의, 영장주의, 무죄추정의 원칙 같은 기본적 원칙이 실종된 것"이라며 "(민주당 측이) 주소를 알아내기 위해 고의로 차를 들이받고, 부모도 못 만나게 했는데 인권 침해가 아니냐"고 비판했다. 이에 문재인은 수사 중인 사건에 대한 개입이라며 반박했다. 그는 "분명한 것은 국정원 여직원이 피의자고, 악성 댓글을 올렸는지를 현재 수사 중에 있다는 것"이라며 "수사 중 사건인데 (박 후보가) 사실관계를 마음대로 바꾸면 안 된다"고 받아쳤다.

TV토론은 밤 10시에 끝났는데, 1시간 뒤인 12월 16일 밤 11시에 서울지방경찰청은 '국가정보원 직원 김모 씨가 다수의 아이디를 사용한 증거는 나왔지만 게시글이나 댓글을 단 흔적이 없다'는 중간 수사 발표를 했다. 이는 경찰이 앞서 "김씨 컴퓨터를 분석하는 데 1주일 정도 걸릴 것"이라고 예고한 것과 달리 김하영의 컴퓨터 하드디스크만을 검사하고 IP와 포털사이트 로그인 기록은 분석하지 않은 채 3일 만에 수사 결과를 발표한 것이었다.

이에 경찰대학교 교수 표창원은 "할 필요도 없었고, 특별한 내용도 없는 수사 결과 발표였다"면서 "분명한 정치적 의도가 있지 않으면 이 시점에 발표를 할 수가 없다"고 말했다. 그의 말이 맞았다. 나중에 경찰 발표는 허위로 드러났으며, 실제로는 국정원 직원이 여론조작 활동을 했던 사실이 드러났다. 훗날 본격적인 수사와 법적 처벌이 이루어지지만, 선거일은 이틀 후인 12월 19일이었다.[182]

제18대 대선: 박근혜 51.56%, 문재인 48.02%

2012년 12월 19일 실시된 대선의 총 선거인 수는 4,050만 7,842명으로 대선 사상 처음으로 4,000만 명을 넘어섰다. 대선 투표율은 75.8%를 기록해 김대중이 대통령으로 당선되었던 1997년 제15대 투표율(80.7%) 이후 줄곧 하락세를 보였던 투표율에서 반등을 이루었다. 2002년 제17대 대선 투표율은 70.8%, 2007년 제18대 대선 투표율은 63.0%였다.

박근혜는 1,577만 3,128표(51.56%)를 얻었으며 문재인이 얻은 표는 1,469만 2,632표(48.02%)였다. 제18대 대선은 세대 대결 구도가 이전 대선들보다 심화된 선거였다. 10년 전 2002년 대선에 비해 20~30대의 노무현 후보와 문재인 후보에 대한 지지도는 각각 59.0%, 59.3%에서 65.8%, 66.5%로 상승했고, 50~60대 이상의 이회창 후보와 박근혜 후보의 지지도는 57.9%, 63.5%에서 62.5%, 72.3%로 상승해 각 세대의 진보와 보수 쏠림 현상이 심화되었다. 한편, 40대에서는 55.6% 대 44.1%로 문재인이 승리하긴 했지만 지지율 차가 적어 40대의 진보화가 진행되었지만 아직까지는 캐스팅보트의 역할이 40대에 있음을 보여주었다. 가장 주목받은 건 50대의 표심이었다. 이들이 40대였던 10년 전에는 48.1%(노무현) 대 47.9%(이회창)의 팽팽한 지지율을 보이던 세대였으나, 2012년 대선에서는 62.5% 대 37.4%로 박근혜에게 몰표를 주었으며, 특히 투표율이 가장 높았다는 점에서도 적극적으로 박근혜 지지에 나섰다는 사실을 알 수 있었다.[183]

박근혜는 호남과 서울을 제외한 전 지역에서 문재인을 앞섰다. 박근혜는 지역별로 대구(80.1%), 강원(62.0%), 부산(59.8%), 경남(63.1%), 충북(56.2%), 충남(56.4%), 인천(51.6%), 경기(50.4%), 서울(48.2%), 호남(10.5%) 등의 득표율을 기록했다.

영·호남 지역 구도가 과거에 비해 완화되긴 했지만, 2012년 대선에서도 지역 구도의 벽은 여전히 두터웠다. 박근혜는 호남에서 10.5%로 간신히 두 자릿수 득표율을 넘었으며, 문재인은 부산·경남PK에서 목표로 했던 40%에 미치지 못한 39.9%를 기록했다. 박근혜의 대통령 당선은 헌정 사상 최초의 여성 대통령과 부녀父女 대통령, 1987년 직선제 개헌 이후 최초의 과반 득표 대통령이라는 기록을 남겼다.

대선 패배 후 민주당 진영 일각에선 대선 당일에 미국으로 출국하는 등 선거운동에 최선을 다하지 않았다는 이유로 안철수에 대한 원망이 터져 나왔다. 이에 안철수는 3개월 후 인터뷰에서 자신이 미국으로 출국한 것에 대해 "오해가 많은 것 같다"며 "만약 제가 한국에 남아 있고 문재인 후보가 당선됐으면 제가 일등 공신이 될 것이라고 기사도 나오고 그럴 텐데, 부담감을 느꼈을 것"이라고 출국 이유를 설명했다. 이어 "민주당도 (제가) 충분히 많이 도와줬다고 말했고, 유세 기간에 매일 엄청 많이 (지원 유세를) 했는데 그걸로 충분하다고 다들 그러셨다. 이겼다는 분위기 속에서 제가 선거 날 떠난다고 하니 고맙다고 그러시더라"며 "결과가 이렇게 나오니까 너무 허탈한 나머지 오해하는 분들이 있는 것 같다"고 말했다.[184]

그러나 적어도 문재인은 고마워하지 않은 것 같았다. 그는 훗날 (2017년 1월) 출간한 대담집 『대한민국이 묻는다: 완전히 새로운 나라, 문재인이 답하다』에서 "왜 붙잡지 못했습니까? 함께하자고. 그렇게 단일화를 해놓고 미국으로 가버리는 사람이 어디 있느냐고"라는, 안철수를 원망하는 듯한 질문에 이렇게 답했으니 말이다. "제가 안철수 의원이 아니니까 그 이유는 알 수 없죠. 그건 그분의 몫 아니겠습니까."[185]

오히려 민주당이 성찰할 점은 없었을까? 시사평론가 이철희는 "2012년의 단일화는 삐걱거리기만 했다. 문재인은 정당이란 무기를 가지고도 단기필마로 나온 무소속 안철수 후보를 압박하는 모양새를 보여줬다. 단일화 협상 초기에는 자신이 민주당에서 자유로운 사람이라고 했다가 정작 단일 후보가 되니까 민주당 소속임을 내세웠다"며 다음과 같이 말했다.

"명백한 자기모순이었다. 논리적으로 맞지 않는 엇박자 단일화가 연출됐다. 그것은 감동적인 드라마가 아니라 패권적인 방식으로밖에 보이지 않았다. 안철수의 지지자를 100% 끌어모으지 못하는 게 당연했다. 물론 2002년에도 국민통합21의 정몽준 후보 지지 세력 100%가 노무현 쪽으로 옮겨가진 않았을 것이다. 그러나 그때와 비교하더라도 민심의 이동은 상당히 적었다. 오히려 안철수 지지자의 상당수가 박근혜 후보로 돌아섰다."[186]

다시, '싸가지 없는 진보'

문재인의 의원직 사퇴는 우상호만 요구한 게 아니었다. 미디어 전문가 유승찬은 『프레시안』에 기고한 글에서 문재인 캠프에 '기득권 내려놓기' 차원에서 3가지 행동을 즉각 취할 것을 주문했다. 문재인의 의원직 사퇴, 참여정부 출신 인사들의 임명직 포기 선언, 민주당 국회의원들은 지역구에 내려가 정권교체-새 정치 48시간 삼보일배 유세 지원 등이었다. 유승찬은 "나뿐만 아니라 많은 사람들이 이 같은 요구를 전달했지만, 어느 것 하나도 수용되지 않았다"며 '기득권 내려놓기'를 거부한 이면엔 '근거 없는 낙관론'이 있었다고 말했다.

"민주당과 문재인 캠프는 뚜렷한 데이터도 없이 이른바 '추세와 감'으로 역전에 성공했다고 자신했으며 선거 당일 높은 투표율에 고무된 캠프 관계자들은 5% 이상 낙승한다는 예상치를 문자로 돌렸다. 이 같은 낙관적 예측은 방송 3사 출구조사 발표 이후에도, 심지어 개표 방송에서 '박근혜 후보 당선 유력'이라는 활자가 붙기 10분 전까지도 '이길 수 있다'는 메시지를 보내온 것에서 정점을 찍었다.……좋게 보면 '순진함'일 터이고 냉정하게 보면 계파적 기득권자들이 퇴행적인 '감의 정치'로 판단력을 흐려놓았기 때문일 것이다."[187]

어쩌면 그건 박근혜와 박정희를 깔보고 얕잡아본 싸가지의 문제일 수도 있었다. 큰 선거를 앞두고 정치인들은 국립현충원을 찾기 마련인데, 여기에서도 싸가지의 문제가 나타났다. 박근혜는 이승만, 박정희, 김대중 묘소를 차례로 참배한 반면, 문재인은 당 지휘부와 국회의원의 수행 없이 거의 단신으로 김대중 묘소만 참배하고 이승만·박정희 묘소 참

배는 거부했다.[188]

싸가지의 문제는 선거 후 박근혜에게 더 많은 표를 던진 5060 이상 세대를 비난하고 모욕하는 것에서도 잘 나타났다. 일부 청년층은 "노인의 지하철 무임승차를 없애고 노인에게 자리를 양보하지 말자"고 SNS에서 선동했다. 1962년생으로 50세인 역사학자 전우용은 트위터에 "사람은 나이 들수록 자기중심적이고 사회 정의감이 약해진다"고 했다. 그는 '경제학자의 예측'이라며 "2030년대엔 노인 암살단이 생길지 모른다. 노인이야말로 사회적 비용만 늘리는 잉여인간이 아닌가"라고 말했다.[189]

자신을 향해 한 말인지 남들에게만 한 말인지는 알 수 없지만, 문재인은 2012년 대선 결과를 성찰한 회고록 『1219 끝이 시작이다』(2013)에서 다음과 같이 말했다. "혹시 우리가 민주화에 대한 헌신과 진보적 가치들에 대한 자부심으로, 생각이 다른 사람들과 선을 그어 편을 가르거나 우월감을 갖지는 않았는지 되돌아볼 필요가 있습니다. 우리가 이른바 '싸가지 없는 진보'를 자초한 것이 아닌지 겸허한 반성이 필요한 때입니다."[190]

'박정희 신화'는 건재했다

2012년 대선의 가장 큰 특징은 세대별 투표 성향이 확연하게 나타났다는 점이다. 특히 50대 유권자의 투표 성향이 대선의 승패를 가른 것으로 나타났다. 유권자 수 비중으로 19.2%였던 50대는 무려 89.9%가 투표를 했는데, 이 가운데 62.5%가 박근혜를 선택해 박근혜의 대통령 당선에 결정적인 역할을 했다.

박근혜의 승리는 이미지의 승리였다. 유권자들은 후보의 정책이나

박근혜의 대통령 당선에 가장 큰 역할을 한 것은 '박정희 신화'였다. 즉, 박근혜와 박정희를 분리시켜 생각할 수 없다. 박근혜가 대선 마지막 날인 12월 18일 오후 부산역 광장 유세에서 시민들에게 인사하고 있다.

콘텐츠보다는 인간적인 이미지에 영향을 받아 표를 던지는 경향이 있다. 그래서 후보들은 정책이나 콘텐츠 제시와 더불어 이미지 메이킹에 전력을 기울이며, 이에 관한 많은 학술적 연구가 이루어져왔다. 사실 따지고 보면, 정권교체를 원했던 국민 중 15%가량이 박근혜의 당선을 정권교체라고 인식했다는 여론조사 결과야말로 이미지의 힘을 말해준 것이었다.[191]

그런데 박근혜의 이미지 정치는 기존 연구에서 이루어진 이미지 정치와는 다른 면이 있었다. 박근혜의 이미지 정치는 그 유례를 찾기 어려울 정도로 극단적인 형태의 것이었다. 박근혜 지지자들은 그의 정책, 이슈, 콘텐츠 등에 대한 평가를 통해 박근혜에게 표를 던진 건 아니었다. 박근혜는 정치에 입문하기 전 이미 37년간 박정희 대통령의 딸로서 모든 유권자의 뇌리에 각인된 저명인사였기에, 그의 정치 스타일은 이미지에 의해 좌우되는 이른바 '셀리브리티 정치celebrity politics'와 자신을 브랜드화하는 이른바 '브랜드 정치branding politics'의 요소를 다분히 갖고 있었다.

박근혜의 대통령 당선에 가장 큰 역할을 한 것은 '박정희 신화'였다. 2012년 대선에서 박근혜 투표자의 75.4%가 박정희를 가장 긍정적으로 평가했고, 역으로 박정희를 가장 긍정적으로 평가한 사람의 74.7%가 박근혜에게 투표했다는 것은 박근혜와 박정희를 분리시켜 생각할 수 없다는 것을 잘 말해준다.[192] 이와 관련, 전여옥은 다음과 같이 말했다.

"'박정희의 딸'이라는 유산은 어마어마했다. 특히 영남에서는 '부모 잃은 박근혜'를 자신의 딸로 입양했다. 나이 든 세대에게 박근혜는 눈에 넣어도 아프지 않은 영원한 손녀였다. 그들은 요절한 맏아들이 남긴 딸처럼 박근혜를 아린 마음으로 바라봤다. 철철 넘치는 외사랑이었다."[193]

제18대 대선은 '종편과 나꼼수'의 싸움

종편은 2012년 12월 대선 정국에서 맹활약을 했는데, 종편에 붙여진 딱지는 '한국판 폭스뉴스'라는 것이었다. 미국의 폭스뉴스는 노골적으로 공화당의 선전 기구를 자임한 24시간 뉴스 채널이었는데, "폭스뉴스는 한국 보수신문사들의 참고서"라는 말까지 나왔다.[194] 『미디어오늘』에 실린 세 기사의 일부를 감상해보자.

① "미국의 여론 시장을 왜곡하고 보수적 목소리를 퍼뜨리는 폭스뉴스처럼 될 것이라는 불행한 예상이 현실로 나타났다. 폭스뉴스의 시장

전략은 편향적이고 선동적이며 자극적인 보도다. 종편은 대선을 앞두고 편향적 여론몰이에 앞장서고 있다."[195]

② "지난해 12월 종합편성채널이 출범하면서 한국판 '폭스뉴스'가 출현할지 모른다는 우려가 컸는데 현실이 됐다. 종편들이 드라마와 예능 프로그램 제작을 줄이고 대안으로 내세운 프로그램이 '뉴스쇼'였다."[196]

③ 종편들은 대선 국면에 돈이 적게 드는 정치인 좌담 등 시사 프로그램에 집중하며 여권 편향의 여론몰이를 이끌었다. 지상파 방송들이 선거 의제를 축소 보도하는 틈을 타 보수 성향 유권자들을 끌어들였다. 추혜선 언론개혁시민연대 사무총장은 '종편은 미국 '폭스뉴스'처럼 뉴스를 오락성 강한 쇼처럼 만들어 정권 재창출에 기여했다. 앞으로 자신들의 먹을거리를 위해 재벌 옹호 등 보수 목소리를 대변하는 정책에 개입할 것'이라고 내다봤다."[197]

박근혜의 승리로 끝난 2012년 대선 직후 박성민은 "이번 대선은 어떤 의미에선 '종편과 나꼼수'의 싸움이었다"며 이렇게 말했다. "나꼼수는 서울시장 선거를 정점으로 계속 내려가고 있다면, 종편은 이번에 대선 관련 프로그램을 계속 쏟아냈다. 거기서 제가 보기엔 어떻게 저런 말을 할까 싶을 정도로 노골적인 말들을 쏟아냈다. 나꼼수는 욕도 하지만, 종편은 욕만 안 하는 수준이었다. 조갑제 씨는 점잖은 수준이더라. 이걸 50~60대가 열심히 보시더라. 지지자들에게 카타르시스를 준다는 측면에서 종편이 노년층 나꼼수였다."[198]

박근혜 정권하에서 공영방송의 운명은 어찌될까? 미리 말하자면, '공영방송 정상화'는 박근혜 정부가 애초 약속했다가 180도 뒤집은 대표 정책으로 꼽히게 된다. 박근혜는 대선후보 시절 공영방송 지배구조를 개선하고 방송의 공공성을 강화하겠다고 약속했다. 취임 8일째에 한 첫 대국민 담화에서는 "일부에서 주장하는 방송 장악은 그것을 할 의도도 없고 법적으로도 불가능하다"고 못박았다.[199] 대선에서 승리하면 누구나 다 이런 말을 하지만, 보수와 진보를 막론하고 약속을 지킨 대통령은 단 한 명도 없었다.

나꼼수의 큰 비중 때문이었는지는 몰라도 문재인 캠프는 당을 제대로 활용하지 못했는데, 이에 대해 전 민주당 의원 김영춘은 이렇게 말했다. "문재인 캠프는 여러모로 서툴렀다. 당을 선거캠프의 중핵으로 삼지 않았다. 선거에 임하는 여러 조직 중 하나, 즉 원오브뎀One of them으로 당을 간주했던 것인데, 그러다 보니 당 조직이 총동원되지 못하는 문제가 생겼다. 그게 실패의 한 요소였을 것이다."[200]

저소득층 표, 박근혜 52.7% 문재인 36.0%

제18대 대선에서 저소득층과 비정규직은 문재인보다는 박근혜에게 훨씬 더 많은 표를 준 것으로 나타났다. 박근혜가 얻은 저소득층 표는 52.7%, 비정규직 표는 54.0%인 반면, 문재인이 얻은 표는 각각 36.0%, 40.4%에 지나지 않았다.[201] 왜 이런 일이 벌어진 걸까? 110여 년 전 미국 경제학자 소스타인 베블런Thorstein Veblen, 1857~1929은 『유한계급의 이론The Theory of the Leisure Class』(1899)에서 가난한 사람에겐 생각할 여유가 없다는 이유를 제시했다.

"처절한 가난과, 자신의 에너지를 하루하루의 생존 투쟁에 모조리 쏟아붓는 사람들은 누구나 보수적일 수밖에 없는데, 이것은 그들이 내일

이후를 생각하는 데 드는 노력의 여유조차도 없기 때문인 것이며, 이것은 가장 부유한 사람들이 현재의 상황에 만족스럽지 못한 경우가 거의 없기 때문에 보수적일 수밖에 없다는 것과 동일한 맥락인 것이다."[202]

이후 '이익'보다는 '가치'를 중시하는 유권자가 많다는, 좀더 나은 설명이 제시되었다. 토머스 프랭크Thomas Frank가 2004년에 출간한『왜 가난한 사람들은 부자를 위해 투표하는가: 캔자스에서 도대체 무슨 일이 있었나』를 비롯하여 그런 논지를 펴는 많은 책과 논문이 발표되었다.[203] 2012년 대선을 분석한 강원택도 저소득층 유권자들은 개인의 경제적 이해관계보다 사회문화적 가치를 중시한다는, 비슷한 결론을 내렸다.[204]

역대 선거에서 20대 투표율은 늘 최저였으며, 20대 65%, 30대 72%, 40대 78%, 50대 90%, 60대 이상 79%를 기록한 2012년 대선 때는 19세 투표율보다 낮았다. 어떤 이들은 20대의 정치적 무관심을 겨냥해 '20대 개새끼론'을 주장하기도 했지만, 그들이 국가권력의 쟁취를 신앙으로 삼은 동시에 20대 때에 누렸던 '취업 호사'를 당연하게 생각하는 발상에서 나온 실언이거나 망언이었음은 두말할 나위가 없다. 20대의 정치적 효능감은 바닥을 드러내고 있었으니, 어찌 투표장에 나갈 마음이 있었겠는가?[205]

박근혜의 승리가 이미지의 승리였다는 진단에는 한 가지 전제가 필요했다. 그건 야권이 박근혜 쪽에 비해 더 못났거나 모자랐다는 사실이다. 4년 후 희대의 국정농단 사태가 빚어지면서 박근혜 비판과 비난이 하늘을 찌르는 가운데 그런 박근혜에게 패배한 야권의 책임을 묻거나 자성하는 목소리가 거의 들리지 않는 건 참으로 기이한 일이었다. 스스로 잘하는 일은 없고 반드시 상대편이 스스로 무너지는 것의 반사이익만을 누리는 한국 정치의 오랜 전통 때문이라고 하지만, 이건 해도 너무 하는 게 아닌가?

"대통합과 정반대로 간 '윤창중 기용'"

대선 다음 날인 12월 20일 박근혜는 당선인 당선 인사에서 "저에 대한 찬반을 떠나 국민 여러분의 다양한 의견을 수렴해 나가겠습니다. 과거 반세기 동안 극한 분열과 갈등을 빚어왔던 역사의 고리를 화해와 대탕평책으로 끊도록 노력하겠습니다"고 했다. 말은 그야말로 번지르르했다. 그래서인지 박근혜의 '탁월한 리더십'을 긍정 평가하는 논문이 나오기도 했지만,[206] 극한 분열과 갈등은 박근혜 임기 내내 지속되었다.

12월 24일 박근혜는 대통령 당선 이후 첫 인선을 단행했다. 유일호 의원을 비서실장에, 윤창중 칼럼세상 대표를 수석대변인, 당선인 대변인으로는 박선규 전 중앙선대위 대변인과 조윤선 새누리당 대변인을 임명했다. 수석대변인으로 임명한 윤창중을 두고 논란이 발생했다. 윤창중은 어떤 사람이었던가?

『한겨레』는 12월 25일자 「'정치 창녀' 막말 저주 윤창중, 박근혜 '입' 됐다」에서 "박근혜 대통령 당선인이 24일 임명한 윤창중(56) 수석대변인은 자극적인 어휘로 야권을 맹비난하는 등 극렬 보수층의 정서에 부합하는 격문을 많이 써온 보수 논객이다. 그는 각종 칼럼과 방송에서 야권을 향해 '막말' 수준의 폭언을 퍼부으면서, 아무런 근거도 없이 무차별적으로 '종북' 딱지를 붙여왔다."[207] 『경향신문』은 12월 25일자 「박근혜의 첫 인선, 대통합과 정반대로 간 '윤창중 기용'」에서 다음과 같이 말했다.

윤창중은 박근혜가 말한 '100% 대한민국'과는 어울리지 않는 인물이었다. 윤창중은 2013년 5월 박근혜의 미국 방문길에 함께 올랐지만, 여자 인턴에게 성추행을 저질러 공직에서 물러났다.

"그는 야권 지지 인사들을 '정치적 창녀'라고 비난하는 등 거친 언사로 상대 진영을 공격해왔다. 당선인의 첫 인사부터 '100% 대한민국 통합'과는 거리가 멀다는 평가가 나오고 있다. '보수'를 넘어 '극우' 코드인사 논란으로 번질 조짐이 보인다. 논란의 도화선은 그가 칼럼을 통해 여과없이 드러낸 색깔이다. 단순한 보수 논객이 아니라, 진보·야권 등 상대를 극우적 논리와 극언으로 증오·비하해왔기 때문이다."[208]

무엇보다도 윤창중은 박근혜 당선인이 12월 21일 당선 인사에서 밝힌 '100% 대한민국'과는 어울리지 않는 인물이었다. 박근혜 당선인은 당선 인사를 "갈등과 분열의 정치, 제가 단번에 끝낼 수 없더라도 조금이라도 완화하며 오늘보다 나은 내일을 만들어가겠다. 저를 지지하지 않으신 분들의 뜻도 겸허히 받들고 야당을 진정 국정의 파트너로 함께 하겠다"고 약속했다.

하지만 윤창중이 대선 하루 뒤인 20일에 쓴 칼럼은 이와는 정반대였다. 윤창중은 칼럼에서 "대한민국의 국가 정체성과 역사적 정통성을 지켜내려는 '대한민국 세력'과 이를 깨부수려는 '반反대한민국 세력'과의 일대 회전에서 마침내 승리했다"면서 "대통령 당선자 박근혜, 자신을 반대하는 세력에 대해 섣부른 감상주의, 낭만에 빠져서는 절대 안 된다. 전통적 지지 세력부터 더욱 강고히 만드는 작업을 소홀히 말라"며 대통합론을 비판했다.[209]

"불통과 독선으로 출발한 '박근혜 인사'"

『한겨레』는 12월 26일자 사설 「불통과 독선으로 출발한 '박근혜 인사'」에서 "박근혜 대통령 당선인의 사람 고르는 안목이 이 정도인 줄 몰랐다. 그토록 소리 높이 외친 대통합과 탕평책의 실제 내용이 이처럼 공허한 것인 줄도 몰랐다. 인사 절차와 검증 과정이 그렇게 허술하고 폐쇄적인지도 몰랐다. 박 당선인이 자신의 수석대변인에 윤창중 전『문화일보』논설실장을 임명했다는 소식은 참으로 놀랍고 충격적이다"면서 다음과 같이 말했다.

"윤 대변인이 그동안 해온 말들을 보면 '극우 논객'이라는 말이 오히려 과분할 정도다. '정치적 창녀' '지식의 탈을 쓴 더러운 강아지' '매국노' 등 입에 담기조차 힘든 모욕적 언사들이 수북이 쌓여 있다. 그뿐이 아니다. '문재인이 당선되면 종북시대의 거대한 서막을 전 세계에 고하게 될 것' 등 '색깔 칠하기'가 대선 기간 매일의 일과였다. 탕평이니 통합이니 하는 것은 고사하고 야권을 종북세력으로 매도할 정도로 비상식적이고 비이성적인 인물을 어떻게 수석대변인에 기용할 수 있는지 참으로 납득이 되지 않는다."[210]

『경향신문』은 12월 26일자 사설 「박 당선인, 대통합 외치며 극우 인사 중용하나」에서 "윤 수석대변인은 칼럼과 종편 방송에서 자극적인 언어와 색깔론으로 야권·진보 진영을 공격해온 극우 인사다. 문재인 민주통합당 대선후보를 지지한 정운찬·윤여준·김덕룡·김현철 씨 등을 '정치적 창녀'에 비유하고 안철수 전 후보를 겨냥해 '더러운 안철수'라고 막말을 했다"며 다음과 같이 말했다.

> 대선 직후에는 "대한민국의 국가 정체성을 지켜내려는 '대한민국 세력'과 이를 깨부수려는 '반대한민국 세력'의 일대 회전에서 승리했다"고 썼다. 박 당선인을 지지하지 않은 48%를 '반대한민국 세력'으로 깎아내린 것이나 마찬가지다. 박 당선인은 대선이 끝난 뒤 화해와 대탕평을 강조하며 '100% 대한민국'을 만들겠다고 다짐해왔다. 윤 수석대변인의 발탁은 이 같은 다짐에 정면으로 역행하는 인사다. 국민의 48%를 사실상의 반국가세력으로 매도하는 이에게 중책을 맡기면서 대통합을 외치는 것은 어불성설이다.[211]

박근혜의 이른바 '깜깜이 인사'도 논란이 되었다. 당선인 신분으로 처음 행한 인사가 모두 철통 보안 속에서 이루어진 '비밀·밀실 인사'였기 때문이다. 박근혜는 비서실장·대변인 인선에 대한 질문을 받고 "전문성이 중요하고 그 외 여러 가지를 생각해서 인선을 했다"고 말했지만 선임과 관련된 모든 과정이 베일에 쌓여 있었다. 새누리당에서도 윤창중은 물론이고 유일호 비서실장과 대변인단도 언론 발표 직전에야 임명 사실을 통보받은 것으로 알려졌다.

새누리당 박선규 대변인은 "기자들이 속보를 보기 10분 전에 연락받았다. 전화로 '박근혜입니다'라고 하길래, 아직도 선거 광고가 나오나 했다"고 말했다. 박근혜의 핵심 측근들조차 "나는 아무것도 모른다. 모든 의사결정은 박 당선인 혼자서 한다"고 말했다. 윤창중도 "박 당선인과 저는 개인적인 인연이 전혀 없다. (자리를 맡아달라는 연락도) 너무너무 전광석화처럼 말해 저도 너무 당혹했다"고 말했다.[212]

『경향신문』은 12월 25일자 「박의 비선 통한 '깜깜이 인사'…YS 인사 스타일과 닮은꼴」은 "정치권에선 박 당선인의 인사 스타일이 김영삼 정부와 닮은 것이 많다는 이야기가 나온다"면서 이렇게 말했다. "'철통 보안'식 깜깜이 인사나 외부 영입 인사 발탁 시 '깜짝 인사', 외부 교수 등 전문가들에게 후한 점수를 주는 게 그렇다고 한다. 차이가 있다면 박 당선인은 인사 선택도 내치는 것도 신중을 거듭하며 느린 반면 김 전 대통령은 결단엔 빨랐다는 점 정도다. 가장 닮은 점은 소위 '철통 보안'이다. 인사권만은 철저히 대통령이나 1인자의 권한이라고 보는 듯한 부분이다."[213]

"흑백필름 시대로 되돌아간 박근혜 스타일"

2012년 12월 27일 박근혜는 제18대 대통령직인수위원회 1차 인선을 발표했다. 위원장은 대선 기간에 박근혜의 공동선거대책위원장을 맡았던 김용준 전 헌법재판소장, 부위원장은 진영 새누리당 정책위의장이었다. 인수위 내의 국민대통합위원장에는 한광옥 전 선대위 국민대통합위 수석부위원장, 국민대통합위 수석부위원장에는 김경재 전 민주당의원 등이 발탁되었다.

이날 오후 2시 서울 여의도 새누리당 당사 4층에 들어선 윤창중은 A4 용지 크기의 노란 서류봉투를 들고 카메라 앞에 선 후 테이프로 밀봉된 봉투를 뜯어 열고, 인선 내용이 담긴 종이 3장을 꺼냈다. 그리고 내용을 잠깐 훑어본 뒤 인선 결과를 발표했다. 발표가 끝난 뒤 기자들이 '명단을 언제 받았느냐'고 질문하자 윤창중은 명단이 든 봉투를 들어 보이며 "밀봉을 해왔기 때문에 저도 이 자리에서 (뜯어보고) 발표를 드렸다"고 했다. '명단을 지금 받았느냐'는 질문에 그는 "인사에 있어서 보안이 중요하다 생각하기 때문에 저도 지금 여러분 앞에서 공개했다"며 웃었다. 윤창중은 또 추후 인수위원 발표 시기도 "(박 당선인이) 밀봉해서 주시면 발표하겠다"고 했다.[214]

'밀봉 인사'가 이루어졌으니 사고가 나지 않을 수 없었다. 윤창중 파동에 이어 청년특위 위원인 하지원 에코맘코리아 대표의 '돈봉투' 기소 전력, 윤상규 위원이 대표인 네오위즈게임즈의 '하도급 대금 지연 지급' 사실 등이 밝혀져 새누리당 내에서도 "깜깜이 인사 검증의 한계"라는 비판이 제기되었다. 새누리당 내부에서는 인수위 인사 과정에서 인사추천안이 여러 경로를 통해 박 당선인에게 전달되었지만, 측근 참모인 이재만 보좌관과 정호성 비서관 정도만이 검증 실무를 담당하면서 인사 검증에 실패했다는 비판이 강하게 나왔다.[215]

12월 30일 민주통합당 박기춘 원내대표는 박근혜 대통령 당선인,

대통령직인수위원회의 윤창중 수석대변인, 김경재 국민대통합위원회 수석부위원장, 윤상규·하지원 청년특별위원 등 4인을 '밀봉 4인방'으로 규정하며 교체를 요구했다. 박기춘은 이날 원내대표단 회의에서 "보복과 분열의 나팔수인 윤 수석대변인, 돈봉투를 받은 하 청년특별위원, 하청업자에게 하도급 대금도 제때 안 주면서 이자를 떼어먹은 사람, 대선 때 호남민을 역적으로 매도하고 대선 후 언론을 협박했던 김 부위원장에 대한 인사가 온당한가"라고 비판했다. 그는 "소통은 사라지고 봉투만 남았다는 말도 있다. 수첩 스타일, 밀봉 스타일을 버리라는 것"이라며 "박 당선인은 진정한 국민통합과 법치, 경제민주화를 바란다면 밀봉 4인방을 즉시 교체해달라"고 촉구했다.[216]

『조선일보』는 12월 31일자 사설 「조각組閣도 '밀봉 인사' 할 건가」에서 "대선 후 당선인 주변을 보면 흑백필름 시대로 되돌아간 느낌이다. 대변인단은 '추가 인사 내용도 밀봉해주시면 발표할 것'(윤창중)이라며 자신들의 역할을 참모가 아니라 그저 '단순 낭독자'로 낮추고 있다. 자신들은 인사 같은 주요 현안에 대해선 당선인과 협의는커녕 제대로 물어보지도 못하는 처지라고 실토한 셈이다"면서 다음과 같이 말했다.

"당선인은 2인자가 발호해 권력을 사유화私有化할 위험을 차단하려면 본인이 인사권을 확실하게 움켜쥐고 갈 수밖에 없다는 판단인 것 같다. 그렇다고 모든 인사를 혼자 다 챙길 순 없는 노릇이다. 유능한 인재를 널리 구하는 작업이나 이들을 검증하는 작업 모두 제도화해서 시스템으로 굴러가야지 당선인의 나 홀로 판단에만 의존해선 한계가 있다. 당장 27일 발표된 청년특위 위원 중 2명이 '돈봉투'와 '하도급 대금 늦장 지급'과 관련해 잡음을 일으켰던 인물로 밝혀졌다. '철벽 보안'의 장점만 보고 지금 같은 밀봉 인사를 계속 밀고 갈 경우 새 정부 첫 내각 인선에서 무슨 일이 터질지 알 수 없다."[217]

그러나 박근혜가 승리의 기쁨을 누릴 시간은 아직 많이 남아 있었으며, 민주당은 패배의 충격에서 벗어나지 못한 채 지리멸렬支離滅裂하고 있었다.

'나꼼수 비키니-코피 사건'과 'MBC의 6·25전쟁'

제8장

"민주당은 싸가지가 없다"

"나도 81학번(1981년 대학 입학)이어서 50대인데…(웃음). 과거 학생운동을 한 친구들조차 '민주당은 싸가지가 없다'고 한다. 정당은 국가 정책을 결정하는 단위인데, 신뢰를 주지 못했다. 경제민주화만 해도 우리가 먼저 외쳤지만 새누리당이 더 잘할 것 같으니까 국민이 그쪽으로 간 거다."[218]

2013년 1월 22일 시민사회 활동가 출신의 민주통합당 초선 의원인 최원식이 『동아일보』 인터뷰에서 "지난해 총선, 대선에서 '나는 꼼수다' 등이 전면에 나서면서 50~60대가 등을 돌렸다는 얘기가 많은데…"라는 질문에 대해 내놓은 답이었다. '민주당은 싸가지가 없다'는 이미지 또는 실체는 두고두고 민주당을 괴롭히게 된다.

2012년 1월 말 이른바 '나꼼수 비키니-코피 사건'이 일어났다. 〈나는 꼼수다〉는 김어준(전 『딴지일보』 총수), 정봉주(제17대 국회의원, 민주당 교육연수위원장), 주진우(『시사IN』 사회팀장), 김용민(시사평론가)이 진행하는 팟캐스트 방송으로 2011년 4월 29일 개국해 이 사건이 일어난 시점에선 "강력한 대중적 영향력을 떨치며 정치적 저항의 아이콘으로서의 위상을 확고히 한" 상태였다.[219]

'나꼼수 비키니-코피 사건'의 발단은 BBK 주가 조작 사건에 대한 의혹 제기에 대해 공직선거법 위반과 허위사실 유포 혐의로 기소된 상태에 있던 정봉주가 2011년 12월 22일 대법원에서 징역 1년의 실형이 확정되어 12월 26일 수감되면서부터였다. 정봉주 수감 이후 결성된 '나와라 정봉주 국민운동본부'(국민본부)는 회원들에게 홈페이지에 정봉주의 석방을 주장하는 1인 시위 인증샷을 올려 달라고 독려했다. 정봉주 팬카페인 '정봉주와 미래권력들(미권스)' 회원들이 국민본부의 회원으로 활동했고, 미권스에는 삼국카페의 20~30대 여성들이 활동하기도 했다.

나꼼수를 공격적으로 옹호했던 동아대학교 교수 정희준은 자신의 옹호 논거 중의 하나로 "그들은 우리 사회 비주류들이다. 그들 표현대로 나꼼수는 '떨거지', '잡놈'들의 놀이터이다"고 주장했다.[220] 이런 이미지는 나꼼수의 우두머리인 김어준에게 면책의 기회를 제공하는 보호막이 되었다.

김어준은 심각하고 진지한 정치평론가들을 압도적으로 능가할 정도로 정치에 큰 영향을 미치면서도 문제가 있는 발언으로 논란이 되면 '잡놈' 이미지로 빠져나가기도 했다. 그는 엉터리 주장을 했다는 게 밝혀진 후에도 끝까지 사과나 해명을 하지 않는 걸로 악명이 높았는데, 그래도 이게 큰 문제가 되진 않았다. 잡놈이니까! 그런데 또 묘한 건 이게 또 김어준이 지지자들에게서는 무오류를 주장하는 '교주'의 지위를 누릴 수 있는 강점이 되었다.

동의하건 동의하지 않건, 나꼼수를 잘 아는 사람들에겐 나꼼수의 독특한 '잡놈들의 웃음 코드'가 자연스럽게 받아들여졌다. 하지만 이걸 이해하지 못하는 절대 다수의 사람들에겐 나꼼수가 논란이 될 때마다 사실상 진보의 이미지를 전달하거나 각인시키는 매개체가 되었고, 이는 "민주당은 싸가지가 없다"는 없다는 속설을 확인시켜주는 역할을 했다.

"우리는 진보의 치어리더가 아니다"

2012년 1월 20일 한 여성이 비키니 수영복을 입고 가슴 부위에 응원 메시지, "가슴이 터지도록 나와라 정봉주!!"를 쓴 모습을 찍은 인증샷을 국민본부 사이트에 올렸다. 1월 21일 김용민은 나꼼수 방송에서 정봉주의 근황을 이렇게 전했다. "정 전 의원께서는 독수공방을 이기지 못하시고 부끄럽게도 성욕감퇴제를 복용하고 계십니다. 마음 놓고 수영복 사진을 보내시기 바랍니다."

1월 27일 주진우는 홍성교도소에서 정봉주 접견 신청서에 적은 내용인 "가슴 응원 사진 대박이다. 코피를 조심하라!"를 찍은 사진을 트위터에 공개했다. 그러자 다음 날인 1월 28일 작가 공지영은 트위터에서 "남자의 70%가 성매매 경험이 있는 나라에서 여자의 몸에 대한 시각은 당연히 정치적이며, 수구와 마초들이 좋아하는 방식으로 여성의 성징을 드러내는 석방 운동을 개인적으로 반대한다. 그것에 대해 대수롭게 여기지 않는 나꼼수 팀과 의견을 달리한다"며 나꼼수에게 사과를 요구했다.[221]

한 여성이 비키니 수영복을 입고 "가슴이 터지도록 나와라 정봉주!!"라고 응원 메시지를 가슴 부위에 쓴 인증샷이 논란이 되었다.

바로 직후 미권스 회원인 '똥을품은배'는 "우리는 진보의 치어리더가 아니다"는 글을 게재하면서 비키니 시위 사진에 달린 댓글에 실린 남성들(로 추정되는 사람들)의 성적 소비를 비판했다. 이후 몇 달 동안 인터넷을 뜨겁게 달군 논란의 핵심이 된 이 글은 2008년 당시 광우병 소고기 수입 반대 촛불집회에서 전경들의 군홧발에 글쓴이의 플랫슈즈가 밟힐 때 자신이 느꼈던 공포를 서술하는 것으로 시작하면서 "인터넷에서 남성들이 '논객 노릇'에 빠져 있을 때, '감정적인' 여성들이 조직적으로 거리로 나와 현장에 뛰어들었다"고 역설했다.

그러나 그렇게 수많은 여성이 적극적으로 정치를 만들어내고, 거리와 온라인, 생활의 현장에서 생생한 활약을 했지만 나꼼수가 등장하자 나꼼수에 의해 여성들이 '새롭게' 정치화되고 있는 양 대상화되고 있는 현실에 '똥을품은배'는 분노를 표했다. "위대하고 거창하고 숭고한 정치적 대업은 모두 언제나 어디까지나 전통적인 남자님들 영역이고, 여자들이 발버둥치며 주도해온 것들은 새로운 취미이자 조금 색다른 소꿉놀이고, 언제까지나 그저 신기한 현상이기만 한가.”

이어 ‘똥을품은배’는 한 걸음 더 나아가 좀더 민감한 문제를 건드렸다. 촛불집회 당시 예비군들에게 관심을 받던 여성 시위대의 모습과 “다른 거 해드릴 건 없고 안아드리겠다”던 한 여성의 행동을 일례로 들어 여성들조차 이와 같은 상황에 기여하는 행동을 하고 있다고 비판한 것이다. 그는 “그녀들이 시위에서 남성들에 대한 상납의 형태로 여성성을 팔았다”고 지적하면서, 그간 여성들이 실천해온 숱한 ‘정치’의 실천에도 결국 여성들의 역할은 ‘진보의 치어리더’에 머물고 있는 것은 아닌지 개탄했다.[222]

“권력의 불평등 관계가 없으면 성희롱이 아니다”?

1월 30일 진중권은 트위터에서 “비키니 사진을 올린 것은 한 개인의 자유에 속하는 행위라고 보지만 그 사진을 소비하는 마초적 방식은 경계해야 한다”고 밝혔고, 1월 31일 『경향신문』은 「주류가 된 나꼼수, 시험대 오르다」는 기사에서 이택광, 권혁범 등의 남성 평론가와 지식인들의 인터뷰 내용을 인용해 이번 사건을 통해 나꼼수의 “강한 마초이즘”이 폭로되었다고 하면서 “‘진보’라고 불리는 사람들이 젠더(성)와 섹슈얼리티에 대해선 성찰을 게을리했다는 증거”라고 성찰을 요구했다. 2월 1일 한국여성단체협의회는 성명서를 통해 비키니 시위와 이에 대한 나꼼수 멤버의 트위터 발언이 “표현의 자유와 단순한 유머 코드를 넘어선 명백한 성희롱적 발언"이라고 비판했다.

하지만 2월 3일 MBC 기자 이보경은 "가슴이 쪼그라들도록 나와라 정봉주"라는 구호를 가슴에 쓴 비키니 인증샷을 자신의 트위터에 올렸고, 이어 처음에 비키니 시위 사진을 올렸던 '불법 미인'이 "나꼼수 듣고 비키니 시위한 거 아니다! 나꼼수가 사과하는 건 나의 뜨거운 가슴으로부터의 진실된 외침을 모욕하는 것!"이라는 글을 찍은 사진을 미권스 카페에 올려 변함없는 지지 입장을 표명했다.[223]

2월 4일 오후 김어준은 서울 마포아트센터에서 시사주간지 『시사 IN』 주최로 열린 '시사인 토크 콘서트'에서 '비키니 1인 시위 인증샷' 논란에 대해 "성희롱할 의도가 없었다"며 "성희롱이 아니다"고 주장했다. 그는 "성희롱에는 권력의 불평등 관계가 전제돼야 한다"며 "사진을 올린 여성이 우리 때문에 성적 수치심을 느꼈다고 말했다가는 우리한테서 불이익을 당할 것 같다는 관계가 우리와 그녀 사이에 존재해야 한다는 것"이라고 강조했다.

그는 "우리에게 (성희롱할) 의도가 없었지만 그녀도 그렇게 받아들이지 않았다"며 "우리에게는 그녀가 싫다는데도 수영복을 올리라고 말할 권리가 없고 거꾸로 그녀가 성적 수치심을 느끼는데 그 말을 못하게 할 권력도 없다. 따라서 성희롱이 성립하지 않는다"고 주장했다. 그는 다만 "여성이 오랜 세월 성적 약자였기 때문에 이런 이슈에 예민할 수 있고 그럴 권리가 있는 것을 인정한다. 그건 약자의 권리"라고 말했다.

하지만 김어준은 "동시에 자신의 몸을 이용해 정치적 표현을 할 자유가 있고 그 권리도 인정돼야 한다"며 "자신이 불쾌하다고 이 권리를 제약해서는 안 된다"고 덧붙였다. 그는 "(논란이 불거진) 다음 날에라도 설명했으면 금방 끝났을 일이지만 내가 못하게 했다"며 "모든 논란에는 기승전결이 있다. 나올 수 있는 얘기가 다 나오는 게 좋고 그다음에 정리하면 되니 억울해도 참으라고 한 것"이라고 말했다.[224]

이에 대해 사회비평가 박권일은 훗날 이렇게 평했다. "김어준 씨 발언은 그의 젠더 문해력gender literacy이 얼마나 처참한 수준인지를 다시금 폭로할 뿐이다. 김씨 주장대로라면 권력 관계상 중학교 남학생이 여성 교사를 성희롱하는 일은 성립될 수 없다. 하지만 그런 성희롱 사건은 실제로 빈번히 벌어졌고 여전히 벌어지고 있다. 어떻게 그럴 수 있을까? 남성 중심-여성 혐오 사회에서 생물학적 남성이라는 사실은 그 자체로 권력이며 때로 감독하고 평가하는 교사 권력마저 넘어서기 때문이다."[225]

'우리 편'이면 무슨 짓을 해도 괜찮은가?

2월 9일 정봉주가 삼국카페 측에 보낸 사과편지가 공개되었다. 여기서 정봉주는 "대한민국에서 진보의 가치를 지향하면서도 양성평등적 교육을 제대로 받지 못했을 뿐 아니라, 성적 약자의 위치에 있는 '여성 문제'에 대해서도 다른 어떠한 진보적 가치보다, 진지하게 고민해본 적이 거의 없습니다"고 고백했다.

2월 10일 김어준은 나꼼수 방송을 통해 "비키니 시위 사진을 올린 여성의 생물학적 완성도에 탄성을 지른 것은 사실이지만 그보다는 시위의 발랄함, 통쾌함에 감탄했다"면서 "이 두 가지가 양립할 수 있다는 것을 인정하지 않으면 '섹시한 동지'는 존재할 수 없다"고 목소리를 높였다.

김어준은 이 사건을 성희롱 사건이 아니라고 규정하고, 문제의 발언을 마초 문화의 소산으로 보는 인식을 비판했다. "여성이 약자이기 때문에 예민할 필요가 있다"면서도 한국 여성운동이 '피해자 프레임'을 벗어날 시점이 왔다는 것이다. 그리고 그는 자신이 일부러 일체의 발언을 하지 않음으로써 논의의 현주소를 드러내게 만들려 했고, 현재로서 논의가 미진한 면이 있지만, 주진우에 대한 탄압 국면에 대응하기 위해 이 국면을 일단락 짓겠다고 말했다.[226]

2월 11일 권김현영은 『오마이뉴스』 인터뷰에서 "이 여성이 올린 사진이 갖고 있는 폭발력이 있었다. 말 그대로 '뉴클리어 밤(핵폭탄)'이었다. 이 명백하게 폭발력을 가지고 있는 사진을 받았을 때 저는 주진우가 '누님들 왜 이러세요. 너무 부끄럽잖아요'라고 이야기했어야 한다고 생각한다"며 다음과 같이 말했다.

"사진의 성적인 의미를 무시하지도 않고, 시위 방식의 발랄함을 인정하는 방식. 그들의 지금까지의 워딩에서는 그렇게 이야기가 됐어야 한다. 정봉주는 '저는 부인도 있는 몸입니다. 이러지 마십시오' 이렇게 이야기했어야 한다. 그걸 가지고 갑자기 '대박', '코피 조심'이라느니, '생물학적 완성도'가 어쩌네 하면서 이 여성의 정치적 발랄성을 다른 방식으로 수신했기 때문에 이 농담은 실패했다. 이 실패한 농담은 결국 여성들에게 '진보 진영에서 우리는 누구였나'라는 반복된 의문까지 불러일으켰다."[227]

2월 12일 최태섭은 「나꼼수 '실패한 농담'이 남긴 뒷맛」이라는 글에서 "이 사태가 농담을 다큐로 받아친 사태인 것은 맞다. 그런데 문제는 그 농담이 재미없었고, 심지어는 어떤 이들의 분노를 살 만한 것이었다는 점이다"며 다음과 같이 말했다.

"이 사태에 대한 나꼼수의 방관과 뒤늦은 해명들은 미권스가 삼국카페를 '살생부'에 올린 것이나 일부 지지자들이 '꼼수 멤버들 지치고 힘든데 몸보시를 해도 모자랄 판에 수영복이 대수냐 가슴이 아니라 ××에다가도 정봉주 나와라 해도 아무 문제없다' 따위의 댓글로 성폭력적 언행을 휘두른 것을 참지 못한다면, 또 비키니 사진을 보고 생물학적 완성도에 감탄하지 못한다면 혹은 그런 시선에 불쾌함을 느낀다면 '우리 편'이 아닌 것인가라는 의문을 자아낸다."[228]

MBC의 '170일 파업' 사건

그렇다. 문제의 핵심은 편가르기라는 진영 논리였다. 보수정권하에서 진보세력은 "우리는 단지 방어만 했을 뿐인데, 그게 왜 편가르기이며 진영 싸움이란 말인가?"라고 항변할 수 있겠지만, 싸움이라는 게 원래 그렇듯이 서로 뒤엉켜 싸우다 보면 원인은 실종되고 다 똑같은 수준의 사람들이 되어버리고 마는 속성이 있었다. 이를 잘 보여준 게 MBC의 '170일 파업' 사건이었다. '170일 파업'은 한국 방송사의 빼놓을 수 없는 사건으로, MBC에서 2012년 1월 30일부터 7월 17일까지 이루어진 파업을 말한다.

앞서 보았듯이, 2010년 2월 MBC 대주주인 방송문화진흥회는 MBC 사장 엄기영을 사퇴시키고, 대통령 이명박과 오래전부터 친분이 두터웠던 김재철을 신임 사장으로 선출했다. 당시 MBC 기자였고 나중에 문재인 정권에서 MBC 사장을 지낸 박성제의 증언을 들어보자. 그는 "MBC 장악 임무를 부여받은 김재철 사장은 '족보대로' 착착 실행해나갔다"며 다음과 같이 말했다.

"'종북좌파 성향'으로 분류된 본·계열사 임원 10여 명이 해임됐고, 보도국, 시사교양국 간부들이 대부분 교체됐다. 손석희, 김미화 등 '좌파 진행자'들 역시 마이크를 내려놔야 했다.……2012년, 참다못한 기자회와 노동조합이 들고일어나 공정방송과 사장 퇴진을 내걸고 파업에 돌입하자, 김재철 사장은 노조 집행부와 박성호 기자회장, 최승호 PD와 나까지 6명을 해고하고 2백여 명의 기자, PD, 아나운서, 엔지니어들을 일터에서 쫓아내버렸다. 이동관 홍보수석 시절, 청와대와 국정원이 계획했던 MBC 장악 작업이 완성된 것이다."[229]

당시 MBC 기자회장 박성호는 "170일 파업의 근원은 이명박 정권에서 김재철을 사장으로 보낸 거다. 낙하산 사장이라고 해서 그때 이미 사장 저지 파업을 했다. 본인이 스스로 이명박 대통령과 고려대 등 친분이 있다고 공공연하게 밝히고 다녔다"며 다음과 같이 말했다.

"임기가 있는 엄기영 사장을 사실상 나가게 하고 그 자리에 대통령과 친분이 있는 김재철 사장이 왔기 때문에 그때부터 MBC가 권력의 품에 들어갈 수 있겠다는 걱정을 했다. 김우룡 전 방문진 이사장이 김재철 사장 임명 뒤 『신동아』 인터뷰에서 폭로한 적이 있었다. 김재철 사장이 청와대 가서 조인트 까이고 와서 인사안을 만들었다는 내용이었다. 이미 모든 주파수를 청와대에 맞춰놓고 있었다. 그런 사람이 PD들의 제작 자율성을 침해하고 급기야 보도 영역에서 뉴스를 점점 더 농단하는 일들이 벌어지게 되니까 폭발했다."[230]

7월 17일 파업이 종료되었을 때, 당시 MBC 기자였던 임명현은 "실패한 파업의 후폭풍은 컸다"며 5년 후 이렇게 회고했다. "파업 지도부

MBC에서 2012년 1월 30일부터 7월 17일까지 진행된 '170일 파업'은 한국 방송사의 빼놓을 수 없는 사건이었다. 김도인은 이 파업을 'MBC의 6·25전쟁'에 비유했다.

대부분이 해직됐다. 조합원들도 모래알처럼 흩어졌다. 조합원들은 '우리는 왜 졌을까' 자주 생각한다. 전원이 실려 나갈 때까지 단식을 했더라면 어땠을까. 전국 곳곳 송전탑마다 올라갔다면 결과가 달랐을까. 그런 부질없는 생각을 한다. 약속을 잡을 때면 홍대입구역 9번 출구나 강남역 10번 출구 쪽은 일부러 피한다. 동료들과 함께 시민들에게 서명을 받고 길거리 선전전을 했던 곳이다. 어쩔 수 없이 지날 때면 그날 그 거리, 무수한 사람들의 응원과 그만큼의 냉소, 그리고 무더위의 기억이 한데 엉켜 우울로 덮쳐온다."[231]

'MBC의 6·25전쟁' 후유증

김도인은 "극심한 이념 대립의 결과라는 점도 그렇고, 수많은 사상자를 내고 깊은 상흔을 남긴 내전이라는 점도 비슷했다"며 170일 파업을 'MBC의 6·25전쟁'에 비유했다. 그는 다음과 같이 말했다. "170일 파업은 MBC 사람들에게 큰 상처를 주었다. 많은 사람들이 파업 후유증으로 신경정신과 진료를 받아야 했다. 파업에 참가한 사람들도 그랬겠지만, 파업 때 내려가지 않았던 사람들도 마찬가지였다. 얼마 전까지 동료로 지내던 사람과 불구대천의 원수처럼 서로 싸워댔으니 그럴 수밖에 없었으리라. 170일 파업 때 어느 편이었느냐에 따라 양쪽 진영에는 건널 수 없는 골이 파였다."[232]

김도인은 누구인가? 훗날(2019년 12월) 출간된 『적폐몰이, 공영방송을 무너뜨리다: 언론노조의 MBC 장악 기록』이라는 책의 저자다. 1986년 MBC에 라디오 PD로 입사해 2017년 2월 편성제작본부장이 되었지만, 언론노조가 '언론 부역자', '언론 적폐'라는 낙인을 찍어 탄압해대는 바람에 1년을 채 못 버티고 2018년 1월 MBC를 퇴직해 그해 8월부터 MBC 대주주인 방송문화진흥회의 이사로 일하고 있던 방송인이다.

진보는 보수 쪽의 책을 읽지 않고, 보수는 진보 쪽의 책을 읽지 않는다. 상대편을 이해해보려는 자세가 없이 상대편의 주장은 무조건 배척하고 보는 게 습관이 되었다는 뜻이다. 우리는 'MBC의 6·25전쟁'에 대해 어느 한쪽 편을 들어야 하는가? 아니면 양쪽 모두를 비판하면서 다른 길을 찾아야 하는가? 이 질문에 답하기 위해 'MBC의 6·25전쟁'이 어떤 결과를 가져왔는지, 2년 후인 2014년에 벌어진 한 풍경을 감상해보

자. 非민주노총 계열의 MBC 소수노조인 제3노조 비대위원장 오정환은 훗날(2022년 10월 5일) 『중앙일보』에 기고한 글에서 다음과 같이 말했다.

"MBC 보도국에서 한 남성 기자가 친구와 전화로 잡담하고 있었다. 그때 한 여성 기자가 지나갔다. 남성 기자는 일부러 들으라는 듯 큰 소리로 말했다. '야, 전화 끊어. 재수 없는 × 지나간다.' 길거리 불량배가 했어도 비난받을 행동이다. 그러나 2014년 무렵 MBC에서는 나서서 나무라는 사람이 없었다. 이런 모욕을 당한 당사자 역시 아무 대응도 할 수 없었다. 남성 기자는 기세등등한 '민주노총 산하 언론노조 MBC본부' 소속 MBC 공채 기자였고, 여성 기자는 노조의 파업 기간 회사가 채용한 경력 기자로 언론노조 소속이 아니었다. 나중에 문재인 정권이 들어서고 언론노조 측이 MBC 경영권을 장악한 뒤 이 남성 기자는 강한 정치색을 드러내며 승승장구했다."[233]

'기존 기자'와 '시용 기자·경력 기자' 간의 갈등

'MBC의 6·25전쟁'의 비극은 그것이 상당 부분 '힘 없는 을乙 사이의 전쟁'이기도 했다는 점이었다. '170일 파업' 당시 MBC 경영진은 보도 부문에서 대체 인력을 충원하기 위해 세 차례에 걸쳐 30명 안팎의 이른바 '시용 기자'를 선발했다. 1년간 시험적으로 고용한 뒤 정규직으로 전환하겠다는 조건이었다. 이에 보도국 점거 농성 등을 벌이며 강력히 반발했던 MBC 기자협회는 성명을 내고 "생계마저 포기하고 100일 넘게 공정보도를 외치고 있는데, 동료의 등에 칼을 꽂고 사측의 꼭두각시

역할을 자처하는 대체 인력을 동료로서 인정할 수 없다"고 했다.[234]

　파업 이후 입사한 '경력 기자'들도 있었는데, '기존 기자'(기존 파업 기자들)와 시용 기자·경력 기자 간의 갈등은 두고두고 MBC의 아픈 상처로 남게 된다. 여기엔 "MBC만의 강력한 순혈주의"라고 하는 조직문화도 작용했다. 그 갈등은 수년간 지속되었고, 2017년 5월 27일 『오마이뉴스』에 실린 「"회식 따로, 야식도 고민"…MBC의 찢어진 '속살'」이라는 기사에 따르면, "MBC는 2012년 파업 이후 5년째 '공채와 경력·시용', '파업 참가자와 불참자', '1노조와 반노조' 등 내부 구성원 간 분열로 내홍을 겪어왔다".[235]

　2013년 2월에 경력 기자로 MBC에 입사한 이기주가 2015년 어느 일요일에 당한 봉변을 살펴보자. 뉴스데스크가 끝났을 즈음, MBC에 입사한 뒤 2년 동안 한 번도 교류가 없던 한 선배 기자가 잠깐 보자며 전화를 걸어왔다. 텅 빈 사무실에 혼자 있던 그는 주변에 아무도 없다는 것을 확인한 뒤에 이기주에게 MBC에서 생활하는 법에 대해 다음과 같은 일장 연설을 늘어놓았다고 한다.

　"공채 기자들이 너를 왜 싫어한다고 생각하냐? 너는 김재철이 데려온 첩의 자식이야. 비유하자면 그래. 내 말 맞잖아."

　"첩의 자식이라고요?"

　"네가 만약 본처의 자식이라면 김재철이라는 아버지가 첩의 자식을 집에 들였을 때 기분이 좋겠냐. 첩의 자식답게 행동해. 너를 마음에 안 들어 하는 사람이 많으니까."

　평소 "공채 기자들의 상처를 비집고 들어온 경력 기자로서 미안한 마음"이 있었던 이기주는 그냥 한쪽 귀로 듣고 한쪽 귀로 흘리기로 했다고 한다. 그런데 그게 끝이 아니었다. 그 선배 기자는 며칠 뒤 자정 무렵, 밤늦은 술자리에 이기주를 불러 술을 한 잔 받으라더니 술은 따르지 않고 갑자기 주먹을 휘두르기 시작했다나. 그래도 분이 안 풀렸는지 그는 씩씩거리며 "김재철이 데려온 첩의 자식!"이라고 소리쳤고, 술자리에 같이 있던 MBC의 '기존 기자'는 그의 주먹질을 말리지 않았다고 한다.

이기주는 『기자유감』(2023)에서 "그 선배 기자는 아직도 나에게 사과를 하지 않았고, 나는 그가 왜 주먹까지 휘둘렀는지 정확한 이유를 알지 못한다"며 이렇게 말했다. "'첩의 자식' 사건 이후 언제부터인가 MBC 뉴스에서 직장 갑질이나 태움을 비판하는 보도가 나갈 때면 속쓰림을 느끼기 시작했다. 겉으로는 괜찮은 척했지만 일종의 트라우마가 생긴 것이 분명하다."[236] 그가 던지고자 한 메시지는 무엇이었을까? 왜 피해자인 을들끼리 서로 증오하고 혐오하면서 권력의 음모와 장단에 맞춰 놀아나느냐는 항변이 아니었을까?

"멀쩡히 일하던 기자가 정권교체 5년마다 회사 밖이나 창고로 발령이 나고 기존 업무에서 배제되는 일이 빈번히 일어나는 곳이 MBC다. 자신이 밀려났을 때는 불법이라며 길길이 날뛰던 기자들은 정권이 교체돼 반대쪽 사람들이 밀려날 때는 그 불법을 모른 척하고 외면한다. 그러니 모두가 나만 억울하고 나만 피해자다. 피해자는 가득한데, 자신이 가해자라고 고해성사하는 사람을 찾아볼 수 없는 곳도 MBC다. 처음에는 피해자였지만 다시 누군가에게 가해자가 되고, 가해자였다가 또 누군가에게 피해를 당하는 악순환도 끊이지 않았다."[237]

'NLL 대화록' 파동

북한의 절대 권력자 김정일의 사망 후 그의 셋째 아들 김정은의 권력 승계는 빠르게 진행되었다. 2011년 12월 30일 불과 20대의 나이로 인민군 최고사령관에 올라 군권을 장악한 김정은은 2012년 4월 11일 제4차 노동당 대표자회에서 당 제1비서가 되었고 이틀 뒤 최고인민회의 제12기 5차 회의에서 국방위원회 제1위원장으로 추대되었다. 김정은은 2012년 4월 11일 주로 당에서 활동하던 최룡해를 군 총정치국장에 기용하고 석 달 뒤인 7월 15일 군부 실세인 군 총참모장 리영호를 해임하는 등 군 길들이기 작업도 이어갔다.

반면 한국은 대선을 앞두고 내부 정쟁에 몰두했고, 남북문제마저도 그 정쟁의 소용돌이에 휘말려 들고 있었다. 2012년 10월 8일 새누리당 의원 정문헌이 통일부 국정감사에서 "노무현이 (2007년) 남북정상회담 당시 김정일에게 'NLL은 미국이 땅따먹기하려고 제멋대로 그은 선이니까 공동어로共同漁撈 활동을 하면 NLL 문제는 자연스럽게 사라질 것이다'라고 말했다"고 폭로했다. 노무현 발언의 진위에 대한 논란이 생기자 정문헌은 사흘 후인 10월 11일 "수도권에서 주한미군을 다 내보내겠다는 노무현 발언이 대화록에 들어 있다"고 추가 폭로를 했다.

NLL은 'Nothern Limit Line', 즉 북방한계선北方限界線으로 남북 간의 민감한 문제였기에, 이는 대선 이슈로 부각되었다. 정문헌이 주장한 노무현 발언은 국가안보를 위협하는 것이었기에 문재인은 10월 12일 "정문헌 발언이 사실이라면 내가 책임지겠다", "사실이 아니라면 정 의원과 새누리당 박근혜 후보가 책임져야 한다"며 강하게 반박하고 나섰다. 그는 "대통령이 되면 서해 NLL을 확고하게 지키면서, 동시에 긴장 완화를 위한 조치들을 확실히 추진해 나가겠다"고 했다.[238]

10월 18일 대통령 이명박이 연평도를 방문해 "요즘 이런저런 이야기가 있지만 군은 통일될 때까지 목숨 걸고 NLL을 지켜야 한다"고 말했다. 이 메시지는 북한과 NLL 긴장 완화를 위한 협상의 여지가 있는 문재인을 비토하는 뉘앙스의 발언으로 해석되었다. 이에 민주통합당 대변인 박용진은 "이명박 정부가 여당이 만들어놓은 색깔론 정쟁의 한복판에 개입해 대선 국면에 영향을 미치겠다는 의도로 연평도를 방문했다면 국민의 심판을 면치 못할 것"이라고 비판했다.[239]

북한은 12월 12일 장거리 로켓의 발사에 성공함으로써 김정은의 지도력을 부각하기도 했지만, 한국은 여전히 정쟁에 몰두하고 있었다. 대선을 닷새 앞둔 12월 14일 박근혜 캠프 총괄선대본부장 김무성은 부산 유세에서 "제가 그 내용을 그대로 가지고 있다"며 대화록 일부를 낭독했다. 당일 연설에는 대화록 원문에만 있는 '저항감' 등의 문구가 들어 있었다.

　이런 일련의 공세와 관련, 『오마이뉴스』 기자 손병관은 『노무현 트라우마: 보복을 넘어 공존의 정치로』(2022)에서 다음과 같이 말했다. "새누리당이 띄우고 이명박이 받아주며 키운 NLL 대화록 논란은 박근혜에게 호재가 됐다. 두 후보의 경기도 평균 득표율은 박근혜 50.4%, 문재인 49.2%로 엇비슷했지만, 휴전선과 가까운 접경 지역으로 갈수록 두 사람의 격차가 벌어졌다."[240] 'NLL 대화록' 파동은 2013년에 제2라운드가 벌어진다.

싸이의 〈강남스타일〉, 문화 수출국으로 전환

현실적 영광을 위한 '가상 국가' 체제의 삶

프랑스 일간지인 『르몽드』와 『르피가로』가 2012년 6월 9~10일자 지면에 한류와 관련한 비중 있는 기사를 각각 게재해 눈길을 끌었다. 이 두 신문의 기사 한 대목씩을 차례대로 인용해 감상해보기로 하자.

"170여 명의 직원을 거느리고 60여 개의 그룹과 가수들을 보유하고 있는 SM엔터테인먼트는 적절한 전략을 추구하고 있다. '우리는 그룹의 콘셉트를 생각할 때 세계 여러 나라의 젊은이들을 먼저 염두에 둔다'고 SM엔터테인먼트의 김영민 대표이사는 설명하고 있다. 한 그룹을 만들어내는 과정은 매년 1만여 명의 지원자들이 몰려드는 오디션을 통한 인정사정없는 선정을 거치는 등 아주 세밀하게 짜여 있다. 일단 오디션을 통과하면 SM아카데미에서 노래 연습, 댄스, 연극 심지어는 외국어 교육 등 3~5년간의 집중 교육을 받게 된다."

"이번 공연에서 소녀시대는 다른 보이스 밴드들인 샤이니, TVXQ!, 슈퍼주니어와 함께 무대에 설 예정이다. 유니섹스한 복장의 이들 남성 그룹들은 프랑스 소녀 팬들 사이에서 큰 인기를 얻고 있다. 종종 초등학교부터 발굴된 이 아이돌 스타들은 스파르타식 훈련을 거치면서 노래, 춤, 드라마 연기나 광고 출연(광고 출연은 한국 쇼 비즈니스에서 중요한 수입원 중의 하나이다) 등 모든 것을 배우게 된다."[241]

이 두 신문이 그렇듯, 외국 언론은 K-팝 열풍에 대해 보도할 때 '스파르타식 훈련'을 빠트리지 않았다. 그걸 부럽다는 듯 배우려는 나라들도 있었지만, 나이 어린 가수 지망생들의 인권 문제를 들어 좋지 않게 보는 시각도 있었다. 어떻게 보건 한국 아이돌 스타들의 경쟁력이 스파르타식 훈련에서 나온다는 건 분명한 사실이었다.

일본 인기 그룹 AKB48 프로듀서 아키모토 야스시秋元康는 "한국 아이돌 그룹은 모든 면에서 뛰어납니다. 딱 봐도 연습량이 많았다는 걸 금세 알 수 있죠"라고 했고, 태국 최대 음반사 GMM그래미 부사장 수라차이 센스리Surachai Sensry는 "본사도 한국의 시스템을 벤치마킹한 상태입니다. 한창 공부하고 있습니다"고 했다.[242]

아이돌 가수들의 사생활 관리도 엄격했다. 기획사와 아이돌 가수들 사이에는 '특별한 약속'들이 있었다. 계약서에 명시하지는 않더라도 '성형 금지', '연애 금지', '개인 휴대전화 사용 금지', '음주와 흡연 금지' 등 가수들과 구두로 약속한 각종 '금지령'들이었다.[243] 강제 단체생활을 해야 했고, 허락받지 않은 외출을 금지하기 위해 숙소 현관에 CCTV를 달아놓기도 했다. 이 모든 게 가상 국가 속의 삶이었지만, 그건 현실 국가 속에서 영광과 승리를 위해 거쳐야 할 과정이었다.

한 일본 아이돌 그룹의 멤버는 "한국 아이돌들이 한 숙소에서 생활하는 게 신기하다"고 했다지만, 일본 아이돌이 '코리안 드림'을 알 리 없었다. 2013년에 데뷔하는 방탄소년단은 연습생 때부터 휴대전화도 개인 소지하고 연애 금지령도 없는 파격을 선보였는데, 방탄소년단 기획사는 "금지하지 않아도 꿈을 이루려고 스스로 잘 관리하더라"고 했다.[244] 이런 자율 방식의 '코리안 드림' 실천법이 얼마나 확산될지는 두고 볼 일이었다.

SNS와 유튜브가 만든 '엔터테인먼트 국가'

2012년 3월 15일 한미 FTA가 협상 개시 6년 만에 발효되었다(방송 관련 부문은 3년 유예 항목에 포함되어 2015년 3월 15일에 발효되었다). 협상이 시작된 2006년 한미FTA저지범국민운동본부 문화예술공동대책위원회는 "한미 FTA는 문화제국주의적 이데올로기 침탈은 물론이고, 우리의 감정과 욕망, 공동체 문화, 정체성, 생태적 조건 등 전체적인 '삶의 방식'을 크게 바꿔놓을 것이 분명해지고 있다.……이는 노란 얼굴을 한 미국인을 양산하는 길이다"고 반대 의사를 분명히 했지만,[245] 그간 한류의 활약에 흐뭇해하고 있던 여론의 지지는 받지 못한 것으로 보였다.

2012년 6월 29일 이수만은 충남 태안 안면도에서 열린 '에너지와 문화 콘텐츠 융합을 통한 지역 발전 전략 대토론회' 기조연설에서 "한국은 5,000만 명이 아닌 수십억 명의 인구를 가진 거대한 나라일 수 있다"며 SM이 중심이 된 '가상 국가' 건설을 선언했다. 이수만이 말하는 가상국가는 물리적 영토를 초월해 SM 소속 가수들의 음악을 즐기는 각국 팬들을 국민으로 삼는 문화적인 개념의 국가를 의미하는 것으로 SM타운 국민으로서 시민권을 받을 자격이 있는 이들은 유튜브와 페이스북 등을 통해 SM 콘텐츠를 접하는 세계 각지 팬들이었다.

"미래에는 누구나 두 개의 시민권을 갖고 태어납니다. 하나는 아날로그적 출생국의 시민권이며 다른 하나는 '버추얼네이션virtual nation'이란 가상 국가의 시민권입니다. 버추얼네이션 중 가장 먼저 떠오르는 게 SM타운입니다. 지난해 파리에서 한 공연도 그곳에 사는 'SM타운 국민'들을 위로하기 위한 것이었습니다. 아프리카, 남미, 아랍에도 SM타운 국민이 살고 있습니다. 한국은 5,000만 명이 아니라 수십억 명의 인구를 가진 대국일 수 있습니다."[246]

2012년 8월 19일 서울 잠실스타디움에서 열린 '한류 팬의 전당대회'에서 가수 보아와 강타는 "SM의 음악과 퍼포먼스로 모두가 하나가 되는 뮤직네이션 SM타운의 국가 탄생을 선포합니다"고 했다. 전 세계 30여 개 나라에서 이날 공연에 참석한 팬들이 박수를 치는 가운데 가상 국가 국기가 게양되었고, 참석자들에게는 SM타운이 만든 분홍색 '여권'이 주어졌다. 『동아일보』는 "올 것은 왔다. 소셜네트워크서비스SNS와 유튜브로 다국적 팬까지 결집한 케이팝K-pop(한국 대중가요)은 이제 국경을 넘고, 지우고, 다시 긋고 있다. '엔터테인먼트 국가의 탄생'이다"면서 SM타운 건설 선포식을 다음과 같이 묘사했다.

"'서울올림픽이 열린 이곳에서 케이팝으로 하나 된 세계인들이 모여드는 장면을 보게 되네요.' 슈퍼주니어 멤버들의 현장 중계방송이 장내에 울려 퍼졌다. '미국!' '말레이시아!' '이스라엘!' 국가 이름이 호명될 때마다 국기가 그려진 피켓을 든 기수가 그 나라에서 온 팬들과 함께

2012년 8월 18일 서울 잠실종합운동장 올림픽 주경기장에서 열린 'SM타운 라이브 월드 투어 III 인 서울' 공연. 다음 날 SM은 전 세계 30여 개 나라에서 참석한 팬들 앞에서 가상 국가 SM타운의 탄생을 선포했다.

입장해 주경기장 트랙을 돌았다. 올림픽 개막식과 똑같은 형식. 30여 개 국 팬들의 입장이 끝났다. 스타디움 특설 무대 주변에는 샤이니, 에프엑스, 엑소케이 등 가수 52명의 전신 사진이 걸렸다. 소녀시대 등 SM엔터테인먼트 소속 가수들이 커다란 SM기를 펼쳐 들고 트랙을 돌았다. 이어 SM기 게양식. 하얀 옷을 차려 입은 가수 강타와 보아가 무대 한가운데로 나왔다. '여기 모인 우리는 언어와 민족은 다르지만 SM의 음악과 퍼포먼스로 하나 되는 뮤직네이션Music Nation, SM타운의 국가 탄생을 선포합니다!' 불꽃이 터지면서 대형 스크린에 잡히는 'SM기', 그리고 불끈 쥔 손을 흔들며 환하게 웃는 이수만 SM엔터테인먼트 회장의 모습. 가수들의 SM타운 주제곡 〈디어 마이 패밀리〉 합창. 국가의 탄생이었다."[247]

물론 SM이 추구하는 '엔터테인먼트 국가'에 대해 불편해하는 시선은 늘 존재했으며, 2012년 10월엔 미국의 권위 있는 문화 잡지 『뉴요커』가 그런 시선을 드러냈다. 대중음악 저널리스트 존 시브룩John Seabrook은 「공장 소녀들Factory Girls」이라는 9쪽짜리 장문 기사를 통해 성형수술로 만들어진 육체의 아름다움에 집착하는 K-팝 스타 중에는 악기 연주가 가능한 뮤지션도 거의 없으며 이들은 공장과 같은 시스템에 의해 생산되고 있다고 지적했다.

그러나 시브룩은 균형 감각은 잃지 않았다. 그는 미국 팬과 음악 관계자들을 매료시킨 소녀시대 뮤직비디오를 반복해서 보는 사이 자신도 그녀들을 사랑하게 되었음을 깨달았으며, 그것은 J-팝과는 완전히 다른 것이라고 주장하면서 이렇게 말했다. "절정을 맞았을 땐 관객들로부터 원초적인 팝의 감성, 즉 순수한 사랑의 감정을 이끌어내고 있었다. 그건 비치 보이스나 초기 비틀스, 필 스펙터가 프로듀싱한 걸그룹 같이 소수의 위대한 팝아티스트들에게만 가능한 것이었다."[248]

이후에도 미국 언론엔 K-팝이 '표준화되고 기계적인 공산품'이라는 시각이 등장했다. 심지어 아이돌 그룹의 춤 동작을 북한 군인들의 걸음걸이와 비교하기도 했고, 『뉴욕타임스』(2013년 8월 9일)엔 '공장 시스템처럼 규격화된 산업으로서 K-팝'이라는 측면을 부각시키는 기사가 실리기도 했다.[249]

1조 원을 넘어선 SM의 시가총액

이수만이 꿈꾼 '가상 국가'는 국제정치와 외교에서 자유로울 수 있는 국가는 결코 아니었다. 2012년 8월 한국 대통령 이명박의 독도 방문과 일왕에 대한 사과 요구 등으로 한일 관계가 냉각되면서 일본에서 한류는 큰 타격을 입었다. '한류 방송국'으로 불린 후지TV는 바로 이때에 〈사랑비〉를 끝으로 한류 드라마를 편성하지 않았으며, 2014년엔 TBS와 NHK도 한류 드라마 편성을 전면 중단한다.[250]

그럼에도 이제 한류는 일본 시장에 목숨을 거는 수준은 아니었기에 "세계는 넓고 할 일은 많다"는 자세로 임할 수 있었다. 연예기획사들의 규모도 이전과는 차원을 달리할 정도로 커졌다. SM은 이미 2007년 음반 도매, 이벤트, 방송 프로그램·애니메이션 제작, 연예 대행, 인터넷, 영상 노래방, 출판 인쇄, 캐릭터, 라이선스 사업에 이르기까지 40여 업종에 손을 뻗었으며, 'SM 픽처스'를 설립해 영화 사업에도 진출했다. 해를 넘길수록 사업 영역은 더욱 확장되었고, 2012년 기준 외식('SM F&B', 'SM 크라제'), 여행('SM타운 트래블'), 드라마·영상 제작('SM C&C'), 노래방('SM 어뮤즈먼트'), 패션(이랜드와 설립한 조인트 벤처 아렐)까지 진출했다. SM C&C의 팀장 이의영은 SM타운의 의미에 대해 "SM 콘텐츠로 만들어진 하나의 'Life Style' 구축"이라고 말했다.[251]

2012년 11월 20일 종가 기준으로 주식 시가총액은 SM 엔터테인먼트 8,784억 원, YG 엔터테인먼트 5,883억 원, 로엔엔터테인먼트 3,541억 원, JYP 엔터테인먼트 1,141억 원, 키이스트 730억 원에 이르렀다.[252] 주가가 최고조에 올랐을 때인 2012년 8월 24일 종가 기준으론 SM의 시가총액은 1조 원을 넘어 1조 1,255억 원을 기록했으며, SM의 지분 21.5%를 보유한 이수만의 주식 가치는 2,420억 원, YG 양현석의 보유 주가는 2,231억 원에 이르기도 했다.[253]

가요계의 '빅3'로 불리는 SM·YG·JYP를 이끄는 사람들은 이수만, 양현석, 박진영으로 모두 가수 출신이며, '빅3'는 이들의 스타일을 그대로 반영했다. SM은 잘 짜인 인공미, YG는 재기 넘치고 자유로운 자연미, JYP는 대중성을 중시하는 특성을 갖고 있었다.[254]

이정혁·백지은은 "소녀시대, 동방신기, 샤이니 등 SM 가수들이 'SMP'라 불리는 칼로 잰 듯 완벽한 군무를 통해 시선을 사로잡는 반면, 빅뱅, 2NE1 등 YG 가수들은 자유롭게 뛰어노는 무대를 선호한다. 2PM, 원더걸스 등 JYP 가수들의 노래는 한국인의 정서에 가장 어필할 수 있는 사랑과 이별에 관한 것들이 대부분이며 가장 대중적인 성격을 보인다"며 다음과 같이 말한다.

"무대 밖에서의 모습에서도 분명한 차이가 있다. 소녀시대 서현이나 동방신기 최강창민을 보면 알 수 있듯 SM 가수들은 '모범 답안'과 같은 모습이다. 바르고 단정한 이미지를 갖고 있으며 어떤 질문에도 정리된 대답을 내놓는다. 반면 JYP 가수들은 '인간미'를 물씬 풍긴다. '깝권' 2AM 조권이나 아이돌 가수 최초로 열애 사실을 자발적으로 인정한 원더걸스 선예가 대표적인 예. 이들은 20대 또래 친구들과 조금도 다름없는 모습으로 팬들에게 친근감을 선사한다. YG 가수들은 '반항아'적 이미지가 강하다. 예뻐 보이는 것 대신 거리낌 없는 자유분방한 사고방식을 보여주는 케이스다."[255]

싸이의 〈강남스타일〉 열풍

한국인들에겐 '한류 가상 국가'의 중심에 SM이 있든, YG가 있든, JYP가 있든 그건 그다지 중요한 일은 아니었다. 2012년 7월 15일 YG 소속 가수인 싸이의 〈강남스타일〉이 공개되었다. 〈강남스타일〉은 발매되자마자 국내 주요 음원 서비스 사이트 정상을 휩쓸었고 일찌감치 빌보드 K-팝 차트 1위에 올랐다. 해외 팬이 많은 한류 스타도 아니었지만, 싸이의 〈강남스타일〉은 빠른 속도로 전 세계에서 인기를 얻어나갔다.

8월 1일 미국의 온라인 매체 『허핑턴포스트』는 「중독성 강한 바이러스 같은 K-팝 스타의 귀환」이라는 기사를 내놓았다. 이 매체는 "〈강남스타일〉 뮤직비디오가 유튜브 조회수 1,000만 건을 돌파했고, 빌보드 K-팝 차트에서 1위에 올랐다"고 소개하면서 "중독성 강한 비트와 후렴구로 인기를 끌고 있다. 매료당할 수밖에 없다"고 평했다.

8월 2일에는 미국의 뉴스 채널 CNN이 〈강남스타일〉 신드롬에 합류했다. CNN은 "(〈강남스타일〉이) 아시아를 넘어 미국 내에서도 반응이 대단하다"면서 "티페인T-Pain, 로비 윌리엄스Robbie Williams 등 유명 연예인들도 자신의 SNS에서 〈강남스타일〉을 칭찬하고 있다"고 소개했다.

8월 3일 싸이의 6집 앨범 《싸이6甲(갑) 파트1》 타이틀곡 〈강남스타일〉 뮤직비디오의 유튜브 조회수가 1,158만 건을 넘어섰다. 백인 여성 2명이 이 뮤직비디오를 보며 파안대소하는 모습을 담은 〈강남스타일〉 리액션 영상도 24만 8,000회 이상 재생되었다.[256]

8월 11일 저녁 서울 잠실 올림픽종합운동장 보조 경기장에서 열린 싸이의 공연 '썸머스탠드-훨씬 더The 흠뻑쑈'에는 3만여 관객이 참여해

싸이가 2012년 8월 11일 잠실 종합운동장 보조 경기장에서 열린 콘서트 '썸머스탠드 훨씬 더 흠뻑 쑈'에서 열창하고 있다. 이날 3만여 관객은 한목소리로 "오빠 강남스타일~"이라고 외쳤다.

한목소리로 "오빠 강남스타일~"이라고 외쳤다. 〈강남스타일〉의 돌풍 탓에 객석 3만 석은 일찌감치 매진되었으며, 국내 50여 명의 취재진뿐 아니라 미국 CNN, ABC, 『월스트리트저널』, 프랑스 OTV, 영국 『로이터』 등 외국 취재진도 몰렸다.[257]

성균관대학교 신문방송학과 교수 정성은은 "확산에 결정적인 역할을 한 것은 소셜미디어인 트위터"라며 이렇게 말했다. "초기에 싸이가 소속된 YG 소속 가수들의 팬을 중심으로 확산의 기초 세력이 형성되고 '올케이팝' 등 트위터리언이 중심이 된 한류 팬들의 글로벌 네트워크가 작동하면서 〈강남스타일〉의 확산이 가속화된 것으로 보인다. 여기에 미국과 영국 뮤지션들이 트위터를 통해 소개하면서 미국과 영국에서 급속히 확산되기 시작하였다."[258]

국제적인 〈강남스타일〉 열풍은 급기야 국내 주식시장까지 흔들었다. 싸이의 소속사인 YG엔터테인먼트 주가는 외국인들의 러브콜을 받으면서 코스닥 시장에서 폭발적인 상승세를 탔다. YG엔터테인먼트 주가는 〈강남스타일〉 뮤직비디오가 CNN에 소개된 직후인 8월 2일(4만 9,800원) 이후 14일(5만 5,100원)까지 10.64%(5,300원)나 올랐다. 〈강남스타일〉이 알려지기 전인 7월 2일에는 외국인 지분율이 5.37%(53만 5,273주)였지만, 8월 15일 6.91%(71만 2,685주)까지 높아졌다. 코스닥 시장의 연예기획사 관련주인 SM엔터테인먼트도 같은 기간 외국인 지분율이 17.65%(360만 4,848주)에서 18.17%(371만 2,373주)로 덩달아 상승했다.[259]

'국적·국경의 물리적 장벽을 허문 인터넷의 힘'

2012년 8월 14일 미국 ABC 방송은 싸이의 〈강남스타일〉이 유튜브에서 폭발적인 조회수를 기록하면서 수많은 패러디를 양산하고 있는 중독적 음악이라고 보도했다. 싸이는 ABC와의 인터뷰에서 "강남은 한국의 비벌리힐스와 같은 상류층 동네"라면서 "하지만 나는 비벌리힐스에 살게 생기지 않았고, 춤과 뮤직비디오 상황도 비벌리힐스와 어울리지 않는다"고 말했다. 이어 "그럼에도 비벌리힐스 스타일이라고 우기는 것이 현실을 비트는 포인트"라고 자신의 노래를 소개했다.

8월 15일 시사주간지 『타임』은 인터넷판에 「최고의 투명 말 타기 랩 비디오 〈강남스타일〉을 시청하세요」라는 기사를 통해 "한국의 래퍼이자 리얼리티 쇼 심사위원인 싸이가 중독적인 노래와 뮤직비디오로 큰 인기를 끌고 있다"고 보도했다. 이 기사는 〈강남스타일〉 뮤직비디오의 후속편으로 15일 공개된 〈오빠 딱 내 스타일〉도 함께 소개했다. 외신들은 오빠를 'Oppa'로 표기하고 'older brother', 'big brother'라는 설명을 곁들였다.

8월 20일 『타임』은 오프라인 잡지에서 주간 주요 뉴스를 소개하는 '브리핑'의 월드뉴스 1면에 「"뮤지션이 되지 않았더라면 십중팔구 루저가 됐을 것"」이라는 제목으로 〈강남스타일〉과 싸이를 소개했다. 『타임』은 싸이를 히트송 〈강남스타일〉 뮤직비디오로 유튜브에서 3,000만 건의 조회수를 기록하고 있는 한국의 팝스타라고 소개했다.[260]

8월 21일 〈강남스타일〉 뮤직비디오가 미국 아이튠스의 실시간 뮤직비디오 차트에서 한국 가수로는 처음으로 1위에 올랐다. 〈강남스타일〉 뮤직비디오는 공개된 지 40일 만에 8월 24일 유튜브 조회수 5,000만 건을 돌파했다. 싸이 소속사 YG엔터테인먼트는 이날 "〈강남스타일〉은 지금까지 제작된 국내 가수 뮤직비디오 중 가장 짧은 기간에 5,000만 조회수를 돌파해 이날 현재 5,020만여 건을 기록했다"고 밝혔다.

대륙별로는 아시아가 2,286만여 건, 북미가 1,140만여 건, 유럽이 829만여 건 등이라고 유튜브코리아 쪽은 밝혔다. 싸이가 지난 15일 공개한 후속편 〈오빠 딱 내 스타일〉 뮤직비디오 역시 현재 1,550만 건이 넘는 조회수를 기록하고 있었다. AP통신은 23일 "〈강남스타일〉의 인기는 국적·국경 같은 물리적인 장벽을 허무는 인터넷의 힘에 기반한 것"이라고 분석했다. 미국의 『월스트리트저널』도 이날 인터넷판에서 "〈강남스타일〉 패러디 뮤직비디오가 끊임없이 나오고 있다"며 '오빠 딱 내 스타일'과 '포니Pony 강남스타일', '평양스타일', '홍대스타일', '영어판 강남스타일'을 '패러디 5선'으로 꼽기도 했다. 심지어 근엄한 MIT 교수 놈 촘스키Noam Chomsky마저 '오빠 촘스키 스타일'로 등장했다.[261]

9월 4일 오후 7시 가수 싸이의 〈강남스타일〉 뮤직비디오가 유튜브 조회수 1억 건을 돌파했다. 국내 가수가 유튜브에서 단일 영상물로 조회수 1억 건을 돌파한 것은 이번이 처음으로, 뮤직비디오를 올린 지 52일 만이었다. YG엔터테인먼트는 유튜브 계정을 분석한 뒤 "북미, 남미, 유럽, 아시아 등 각 지역을 막론하고 전 세계 각국에서 고른 분포가 나왔다"며 "1위가 미국으로 1,844만 건, 2위가 한국으로 1,679만 건을 기록 중이며 이후 태국, 대만, 캐나다, 네덜란드, 호주 등 다양한 대륙의 국가에서 수백만 건이 조회됐다"고 소개했다. 남녀 성비로 보면 남성이 63.1%, 여성이 36.9%로 남성 팬이 많았다.[262]

〈강남스타일〉의 숨 가쁜 '신기록 행진'

2012년 9월 20일 기네스 월드 레코드는 홈페이지를 통해 싸이의 〈강남스타일〉이 유튜브 사상 가장 많은 사용자가 추천(좋아요like)한 비디오로 선정되었다고 밝혔다. 기네스가 공개한 이날 기록에서 싸이의 뮤직비디오 추천수는 214만 1,758건이었다. 이는 종전 기록인 미국의 일

렉트로닉 듀오 LMFAO의 〈파티 록 앤섬〉(157만 건), 저스틴 비버Justin Bieber의 〈베이비〉(132만 건), 아델Adele의 〈롤링 인 더 딥〉(124만 건) 등을 뛰어넘는 것이었다. 23일 현재 〈강남스타일〉의 유튜브 추천수는 245만 건을 넘었다.

기네스는 싸이를 "가수, 송라이터, 래퍼인 한국의 팝 슈퍼스타"로 소개하면서, 〈강남스타일〉을 싸이의 최고 히트곡이자 유튜브에서 가장 많은 조회수를 기록한 K-팝 뮤직비디오라고 설명했다. 또 한국 가수 중 최초로 아이튠스 차트에서 정상을 차지했다고 덧붙였다. 기네스 담당자인 댄 배럿Dan Barrett은 "〈강남스타일〉은 지난 두 달 동안 최고의 화제를 모은 동영상이다. 몇 년 전만 해도 한 동영상이 1억 건이 넘는 조회수를 기록한다는 것은 상상하기 어려웠지만 〈강남스타일〉은 석 달 만에 그 두 배가 넘는 조회수를 기록했다. 이런 동영상에 상을 줄 수 있다는 것이 영광스럽다"고 평가했다.[263]

『매일경제』 뉴욕 특파원 박봉권이 11월 초부터 일주일간에 걸쳐 미국인 146명으로 대상으로 실시한 설문조사에 따르면, 싸이를 모르거나 〈강남스타일〉 노래를 들어본 적이 없다는 답변은 단 3명에 그쳤다. '인기의 이유'를 묻는 질문에 가장 빈도수가 높은 답변은 '춤 동작이 코믹하고 재미있다', '리듬이 중독성 있다', '(한국어라 무슨 의미인지 모르지만) 춤과 노래를 따라 하기 쉽다' 같은 것들이었다.[264]

11월 24일 싸이의 〈강남스타일〉 뮤직비디오가 유튜브의 동영상 사이트 역대 최다 조회수 기록을 갈아치웠다. 조회수 8억 369만 건을 기록하며 이전까지 1위였던 미국 팝스타 저스틴 비버의 〈베이비〉를 제친 것으로, 2010년 2월 공개된 〈베이비〉가 2년 9개월 만에 이룬 성과를 〈강

PSY - GANGNAM STYLE(강남스타일) M/V

〈강남스타일〉의 세계적인 성공은 싸이의 승리인 동시에 유튜브의 승리였다. 〈강남스타일〉 뮤직비디오는 유튜브의 역대 최다 조회수 기록을 갈아치웠다. 2024년 10월 현재 싸이의 〈강남스타일〉 뮤직비디오는 좋아요 2,929만 건, 조회수는 5조 건을 넘었다.

남스타일〉은 불과 4개월여 만에 넘어선 셈이었다.[265]

종합해보자면, 〈강남스타일〉의 세계적 성공은 싸이의 승리인 동시에 유튜브의 승리이기도 했다. 2011년 대중음악평론가 강헌은 "워크맨 시대에는 가사와 멜로디가 위주인 J팝이 떴지만 음악을 비주얼로 즐기는 유튜브 시대에는 K팝이 대세"라고 했는데,[266] 그 말이 맞아떨어졌다. 싸이는 데뷔 12년간 한 번도 미국에서 홍보 활동을 하지 않았지만, 오로지 동영상 하나만으로 미국은 물론 전 세계 구석구석까지 파고들었으니 말이다.

〈강남스타일〉 뮤직비디오는 2012년 7월 15일에 첫 공개된 후 5,000만 건을 찍는 데 41일이 걸렸지만 1억 건까지는 11일, 1억 5,000

만 건까지는 8일, 2억 건까지는 6일이 걸리는 등 가파른 속도로 조회수가 올라갔으며, 공개 73일 만에 3억 건, 2013년 4월 6일 15억 건을 달성하는 기록을 세웠다. 총 220개가 넘는 국가에서 〈강남스타일〉 뮤직비디오를 보기 위해 유튜브에 접속했다고 하니, 이야말로 유튜브의 놀라운 승리가 아니고 무엇이랴.[267]

그럼에도 국내 언론 보도엔 지나친 점이 있었다. 한국예술종합학교 교수 이동연은 "〈강남스타일〉이란 노래는 싸이의 특유의 애국주의 마케팅과 미디어의 국민주의 저널리즘 광풍이 서로 합체되어 누구도 대적할 수 없는 괴물이 되었다"면서 "싸이의 기사들은 21세기 문화적 국민주의의 프로파간다인 셈"이라고 비판했다.[268]

문화 수입국에서 수출국으로

김환표는 2012년에 출간한 『드라마, 한국을 말하다』에서 "한국인의 드라마 사랑을 키운 건 팔 할이 수난과 고통으로 점철된 암울한 근현대사였다"며 이렇게 말했다. "그런 험난한 세월은 끝났는가? 아니다. 아직도 현재진행형이다.……한국인의 드라마에 대한 뜨거운 사랑과 몰입은 강력한 카타르시스를 요구하는 한국인의 고강도 스트레스와 밀접한 연관을 맺고 있다. 그런 의미에서 '드라마 공화국'은 '스트레스 공화국'의 다른 얼굴이다!"[269]

시청자들은 드라마를 보면서 스트레스를 푸는 만큼 제작자들의 스트레스는 올라갔다. 2012년 방송사들 간 시청률 경쟁이 너무 치열해 '피 튀기는 시청률 전쟁'이란 말이 나올 정도였다.[270] 시청률에 따라 프로그램의 수명과 PD의 능력 정도가 결정되는데, 어찌 그러지 않을 수 있었겠는가. 다매체·다채널 시대가 본격화된 가운데 두 자릿수 시청률을 기록하는 게 어렵게 되면서, 방송사들은 시청률 1%가 오르고 내리는 것에 더욱 민감하게 되었다.

포화 상태에 이른 각종 연예 매체들은 '시청률 전쟁'을 더욱 부추겼다. 시청률이 일주일 전과 비교해 겨우 1% 내에서 미미한 차이를 보이기만 해도 '하락세', '약세가 두드러진다'고 써댔고, 2% 안팎으로 떨어지면 바로 '급락', '추락', '곤두박질', '속수무책' 같은 단어를 써대면서 호들갑을 떨어댔으니 시청률에 대한 심리적 압박은 더욱 커지기 마련이었다. 제작진이 시청자들을 향해 시청률이 오를 수 있게끔 주말 재방송, 케이블, DMB, VOD 서비스, 인터넷 TV, P2P 등으로 시청하지 말고 '본방 사수'를 해달라고 호소를 하는 것도 바로 그런 이유 때문이었다.[271]

대중음악 분야의 경쟁은 더욱 치열했다. 2012년 8월에 시작된 〈슈퍼스타K 시즌4〉 오디션엔 2년 전의 '시즌2'에 134만 명이 몰렸던 기록을 비웃기라도 한 듯 208만 명이 참가했다. 같은 해에 미국의 비슷한 오디션 프로그램인 〈아메리칸 아이돌〉의 참가자가 8만 명인 것에 비추어 인구 대비로 따지자면 한국의 경쟁률이 미국의 150배가 넘었다.[272]

2012년 한 해에 데뷔한 아이돌 가수만 최소 30여 팀이어서 시장이 '아이돌 포화 상태'일 수밖에 없었다. 그룹 이름도 갈수록 복잡하고 이상해져 이름을 알기조차 어려웠다. 그러니 더욱 예능을 통해 이름을 알려야 할 필요성이 높아졌다. 그 밖에 '유닛(팀 내 소그룹)' 활동을 하거나 연기를 겸업하는 '연기돌'로 나가는 등 다른 생존 방식들도 도입되었다.[273] 2013년 10월 기준으로 지상파 3사 저녁과 밤 시간대 드라마 38개 중

23개에 아이돌이 출연했다(3개는 아이돌이 주인공).[274] 2010년대 중반에 이르면 아이돌이 되기 위해 연습생 생활을 하는 청소년들이 100만 명에 이르는 그야말로 살인적인 경쟁이 벌어진다.[275]

한류는 대중문화 종사자들의 그런 살인적인 경쟁과 그로 인한 스트레스 축적에서 탄생한 것임을 어찌 부인할 수 있으랴. 2012년 말 한류미래전략연구포럼은 한류의 경제 효과가 5조 6,170억 원(2011년), 한류의 자산 가치가 94조 7,900억 원(2012년 6월)에 달했다고 발표했다. 그대로 다 믿을 건 아니었지만, 약 95조 원인 한류의 자산 가치는 국내 대표 기업 삼성전자의 자산 가치인 177조 원의 절반이 넘고, 현대자동차(51조 원)와 포스코(32조 원)를 합친 것보다 11조 원 이상 높았다.[276]

2012년 한 해 동안 한국은 국제수지 가운데 서비스 수지의 한 부분인 개인·문화·오락 서비스 수지에서 8,550만 달러(약 933억 2,000만 원)의 흑자를 냈다. 12억 5,260만 달러(1조 3,670억 원)의 수입을 올렸고, 11억 6,710만 달러(1조 2,730억 원)를 지급했다. 영화·TV 프로그램·애니메이션·음악 등 한류 산업을 포함한 이 분야에서 수입이 지급을 초과한 것은 1980년 관련 통계가 시작된 이후 처음이었다.[277] 바야흐로 문화 수지 흑자 시대가 열린 것이다. 문화 수입국에서 수출국으로 대전환이었다.

중국 시진핑 시대 개막

　　2012년 11월 15일 중국공산당 제18차 당대회에서 시진핑習近平이 중국공산당 총서기에 선출됨으로써 지난 10년간 중국을 이끌어온 후진 타오胡錦濤 국가주석 등 제4세대 지도부가 물러나고 시진핑 차기 주석 등 제5세대 지도부의 시대가 개막했다. 중국공산당은 이미 지난 2010년 시진핑을 차기 지도자로 선정하는 등 지도부 교체를 겉으로는 예정대로 안정적으로 매끄럽게 진행했지만, 내부적으로는 차기 권력의 지분을 놓고 양대 세력인 태자당·상하이방 연합과 공청단이 치열하게 경쟁을 벌였다.

　　후진타오 주석 휘하의 공청단은 태자당의 떠오르는 '스타'인 보시라이薄熙來 전 중국 충칭重慶 당서기의 비리를 들춰내 그를 실각시키면서 기선을 잡았다. 그러나 여전히 최고 원로로 군림하는 장쩌민江澤民 전 국가주석을 배경으로 태자당·상하이방 연합이 맹렬히 반격, 최고 지도부인 정치국 상무위원 7인 중 리커창李克强 총리 1인을 제외한 나머지를 전원 자파 관련 인사로 채워넣는 데 성공했다.

반면 공청단은 왕양汪洋 광둥廣東성 서기 등 차기 유력 인사들을 상무위원에 진입시키는 데 실패했고, 후진타오도 당초 예상과 달리 중앙군사위원회 주석직을 시진핑에게 곧바로 넘겨 공청단의 약세가 뚜렷했다. 다만 후진타오가 자신의 완전 은퇴라는 카드를 내세워 그간 중국 정계에 막강한 영향력을 행사해온 장쩌민 등 원로들의 정치 개입 차단을 밀어붙인 것으로 알려져 중국공산당의 '원로 정치' 관행이 사라질지가 관심사로 떠올랐다.

시진핑 등 제5세대 지도부는 앞으로 안으로는 경제성장이 둔화하고 빈부격차가 커지는 가운데 사회 안정을 위해 사회안전망 확충과 분배 개선 등 민생 개혁에 주력할 것으로 예상되었으며, 밖으로는 세계 제2의 경제력을 기반으로 이른바 'G2'로서 미국과 대등한 위치에서 때로는 협력, 때로는 경쟁하면서 남중국해 영유권 분쟁 등에서는 강하게 자국 이익 수호에 나설 것으로 전망되었다.[278]

시진핑은 자아비판과 군중 노선, 개인 숭배 강조 등을 통해 마오주의 정치문화를 부활시키는 방향으로 나아갔다.[279] 또한 시진핑은 "중화민족의 위대한 부흥"(중국몽)을 내세웠는데, 이는 중국이 공업 생산량에서 2000년 독일(4,863억 달러)을 제치고, 2005년 일본(1조 1,568억 달러)을 제친 데 이어 2011년 미국(3조 201억 달러)을 제침으로써 명실상부한 세계 최대의 공업국가 또는 '세계의 공장'으로 도약한 것이 배경이 되었다. 2001년 세계무역기구WTO에 가입하고 딱 10년 만에 이룬 도약이었다. 중국의 제조업 생산 규모는 2015년 미국의 1.3배, 일본의 4.2배, 독일의 4.8배 규모였으며, 2017년엔 세계 제조업 생산량의 약 35%를 차지하는 기록을 세우게 된다.[280]

시진핑은 2013년 6월 방미 중 버락 오바마 대통령에게 "태평양은 두 대국을 수용할 만큼 넓다"며 '신형 대국 관계'를 제시했다. 중국이 2015년부터 남중국해 암초 섬에 대한 군사기지화에 나서자 오바마는 '아시아 재균형' 정책으로 견제의 시작을 알렸다.[281] 미중 간의 갈등이 심화되면서 한국은 고래 싸움에 새우등 터지는 난감한 처지에 내몰리게 된다. 중국의 오만과 횡포에 시달리게 되면서 국내에선 반중反中 감정이 고조되는 가운데, 중국을 보는 시각과 대하는 자세에서 진영 간 차이로 인해 한국 내부의 갈등도 심화된다.

2013 『연합뉴스』 10대 국내 뉴스 ▼

1 국정원 대선 개입 의혹과 검찰총장 낙마
2 북한 장성택 숙청…김정은 유일 지배체제 공고화
3 '내란음모' 통합진보당 이석기 의원 구속
4 남북정상회담 회의록 폐기·유출 의혹 사건과 여야 공방
5 경제민주화와 갑의 횡포 논란
6 박인비 LPGA 메이저대회 3연승…한국인 첫 '올해의 선수'
7 북한 3차 핵실험
8 대규모 원전 비리와 전력 위기
9 전두환·노태우 전 대통령 미납 추징금 환수
10 기초연금 도입 정책 갈등

2013 『연합뉴스』 10대 국제 뉴스 ▼

1 스노든, 미 NSA 도청 등 정보 수집 폭로
2 동북아 방공 식별구역 설정 갈등
3 시리아 화학무기 참사에서 폐기까지
4 일본 아베노믹스와 우경화 가속
5 미국 연방정부 셧다운
6 베네딕토 16세 교황 퇴위와 프란치스코 교황 즉위
7 이집트군 무르시 축출과 유혈 사태
8 시진핑-리커창 체제 출범
9 넬슨 만델라 전 남아공 대통령 타계
10 초강력 태풍 하이엔 필리핀 강타

제1장

박근혜 대통령
취임

"대변인도 총리 지명 30초 전 알았다"

이탈리아의 정치철학자 노르베르토 보비오Norberto Bobbio, 1909~2004
는 민주주의인지 독재인지를 판가름하는 가장 간단한 지표를 제시했는
데, 그것은 바로 '보이는 권력visible power'과 '보이지 않는 권력invisible
power'의 구분이다. 즉, 민주주의란 모든 사람에게 권력을 보이게 하려는
하나의 시도이며, "이 기준에서 본다면, 박근혜 정부 시기의 정치체계는
완벽하게 독재정치의 범주에 속한다".[1]

고려대학교 명예교수 최장집이 『양손잡이 민주주의: 한 손에는 촛
불, 다른 손에는 정치를 들다』(2017)에서 한 말이다. 사실 모든 걸 감추
려는 박근혜의 비밀주의는 집권 이전 단계에서부터 극단적인 형태로 드
러나기 시작했다. 2013년 1월 15일 대통령직인수위원회가 정부조직
개편을 단행했을 때 박근혜의 밀봉 스타일이 화제가 되었다. 『경향신문』

은 "18대 대통령직인수위원회의 첫 결과물인 정부조직 개편안 발표는 철저한 보안 속에 속전속결로 진행됐다"면서 다음과 같이 말했다.

"개편안은 박근혜 당선인에게 보고된 지 3일 만인 15일 전격 발표됐다. 이 바람에 인수위 관계자와 정부 관계자들도 대부분 이날 발표 사실을 몰랐다. 정부 부처의 업무 보고가 마무리되지도 않았는데 조직 개편안부터 발표됐다. 이 때문에 '깜깜이 발표'란 지적이 나온다. 정부조직 개편안 완성에서 발표까지 걸린 시간은 단 3일이었다."[2]

『한겨레』의 1월 18일자 「박근혜의 '자택 정치' 한 달…인수위 회의 딱 1번 참석」이라는 기사에 따르면, 박근혜가 가장 오래 시간을 보내는 곳은 서울 삼성동 자택으로, 이와 관련해 핵심 측근들은 "모든 업무를 집에서 한다. 과거 대표 시절에도 그랬듯, 집에서 필요한 전화를 하고 자료를 살펴본다"고 말했다. 또 박근혜는 집에 사람도 잘 들이지 않으며, 박근혜에게 직접 전화를 걸 수 있는 측근도 한정되어 있다. 박근혜와 대선 때 호흡을 맞추었던 핵심 참모들조차 "인선 작업을 어디서 하는지 정말 모르겠다. 혼자 할 것이다"고 말할 정도였다.[3] 이런 이유 때문에 일각에선 '따로 운영되는 비선팀이 있을 것'이라는 분석을 내놓기도 했는데, 이는 훗날 사실로 드러났다.

박근혜의 비밀주의는 인사 참사로 이어졌다. 박근혜가 1월 3일 이명박 정부와 상의해 헌재 소장에 임명한 이동흡 사퇴 논란은 이를 잘 보여주었다. 1월 18일 애국국민운동대연합 등 13개 보수단체가 기자회견을 열어 "국민에게 마지막 신문고인 헌재 소장 후보자가 편협한 사고방식, 국민 정서를 거스른 친일적 결정, 각종 부조리로 점철돼 있다면 앞으로 누가 헌재 판결을 믿겠는가. 후보 자리에서 명예롭게 퇴진하라"고 요

구할 정도였다.[4]

『한겨레』에 실린 「역시 박근혜…대변인도 총리 지명 30초 전 알았다」는 기사에 따르면, 김용준 총리 후보자 지명도 철저하게 밀실 속에서 진행되었다. 당선인의 두 대변인이었던 조윤선과 박선규도 국무총리 후보자 발표 직전까지 누가 지명되는지 몰랐다고 말했다. '김용준 인수위원장이 총리로 지명되신 걸 언제 아셨나?'는 기자들의 물음에 조윤선은 머쓱한 표정으로 "나도 여러분들보다 30초 전에……"라고 말했으며, 박선규도 기자회견 전 미리 회견장에 도착한 김용준과 한참 이야기를 나누었지만 잠시 뒤 김용준이 총리로 지명된다는 사실은 몰랐다고 했다.

이 인사도 앞선 인수위원 발표 때처럼 박근혜가 누구와 상의했는지 전혀 알려지지 않았다. 박 당선인의 측근들도 하나같이 '인사를 어디서 하는지 정말 모르겠다'고 혀를 내둘렀다. 인수위의 한 핵심인사는 "사실 나한테도 인사 청탁하려고 만나자는 사람도 있는데, 안 만난다. 아무것도 모르니 부탁을 받아도 전달할 통로가 없다"고 털어놓았다.[5] 새누리당한 핵심 당직자는 "황우여 대표가 지난 24일 총리 지명 발표 소문이 돌자 '누가 총리가 되느냐'고 묻고 다녔다. 그런데 이날 오후 2시에 박 당선인이 김용준 인수위원장을 후보로 내정하자 황 대표도 입을 다물지 못하더라. 당대표도 몰랐던 게 틀림없다"고 이야기했다.[6]

"불통·불안·불만, 3불의 박근혜"

2013년 1월 29일 김용준이 국무총리 후보자직을 전격 사퇴했다. 두 아들의 병역면제와 부동산 투기 의혹 때문이었다. 후보 지명 닷새 만으로, 새로 들어서는 정부의 첫 총리 후보자가 자진 사퇴한 것은 처음 있는 일이었다. 1월 30일 박근혜는 삼청동 청와대 안가에서 새누리당 소속 강원 지역 의원 8명과 함께한 오찬 자리에서 김용준 낙마에 대해 "인재를 뽑아 써야 하는데 인사청문회 과정이 털기 식으로 간다면 누가 나서겠냐"고 말했다.

박근혜는 또 "후보자에 대한 '아니면 말고' 식의 의혹이 제기되고 사적인 부분까지 공격하며 가족까지 검증하는데, 이러면 좋은 인재들이 인사청문회가 두려워 공직을 맡지 않을까 걱정"이라고 말했다. 아울러 "우리 인사청문 제도가 죄인 신문하듯 몰아붙이기 식으로 가는 것은 좀 문제가 있다. 그런 방식으로 청문회를 하면 의원들이 국민들에게 어떻게 비춰지겠느냐"고 덧붙였다. 각종 비리 의혹으로 낙마한 지명자에 대해 국민에게 사과하지는 못할망정 제도 탓으로 돌리자 '무책임한 발언'이라는 비판이 쏟아졌다.[7]

『한국일보』는 1월 31일자 「일반인도 알 수 있는 자료 박근혜 당선인 혼자만 몰랐다」에서 박근혜의 인선과 관련해 "삼성동팀이라 불리는 비선이 따로 인선 작업을 하고 있다"는 확인되지 않은 소문이 떠돌고 있다면서 다음과 같이 말했다.

"박 당선인의 인사 스타일은 철저한 '나 홀로'이다. '수첩'으로 상징되는 자신의 인적 네트워크에 기반해 사람을 고르고 전적으로 자신의 판단에 따라 인사를 결정해왔다. 당대표, 비상대책위원장 시절의 인선이 그랬다. 이 과정에서 검증은 이재만 전 보좌관 등이 인사 대상자의 기본적인 이력을 살펴보는 것으로 갈음했다. 청와대나 사정기관에 검증 관련 자료를 요청한 흔적은 보이지 않는다. 이런 방식을 썼기에 인선은 밀봉

김용준 국무총리 후보자는 두 아들의 병역면제와 부동산 투기 의혹으로 자진 사퇴했다. 이것은 박근혜의 비밀주의와 '깜깜이 인사' 때문에 벌어진 일이었다.

密封이라 불릴 정도로 철저한 보안이 가능했다."[8]

박근혜는 2월 8일 1차 인선을 단행하고 새 정부 첫 총리로 검사 출신의 전 대한법률구조공단 이사장 정홍원, 장관급인 청와대 국가안보실장과 경호실장에 전 국방부 장관 김장수와 전 육군참모총장 박흥렬을 각각 내정했다.『내일신문』2월 8일자는「불통·불안·불만, 3불의 박근혜」라는 기사에서 "박근혜 대통령 당선인이 '3불不의 늪'에 빠졌다. 불통과 불안, 불만이 그것이다"면서 "불통은 소통 부재와 밀봉 인사 이미지, 불안은 정상적인 정권교체가 가능할지에 대한 국민적 우려, 불만은 선거 때 고생한 친박계의 소외감을 의미한다. 박 당선인에 대한 기대와 지지가 역대 대통령 당선인에 비해 매우 낮은 배경에는 '3불'이 자리 잡

고 있다"고 했다.[9]

대통령직인수위원회는 2월 17일 남은 장관 후보자 11명의 인선 결과를 발표했지만 인선 배경은 물론이고 후보자의 기본적 인적 사항도 공개하지 않아 또다시 '깜깜이 인사'라는 논란에 휩싸였다. 『조선일보』는 「또 깜깜이 인사…인선 배경은 물론 인적 사항도 안 밝혀」라는 기사에서 "공직 경험이 없는 장관 후보자들은 나이, 가족 관계, 병역, 재산 등 기본적 사항부터 확인되지 않았다"며 놀라움을 표했다.[10]

"최악의 권력 사유화", 'MB 특별사면'

2013년 1월 29일 대통령 이명박은 임기 종료를 앞두고 특별사면을 실시했다. 특별사면 대상자 55명에는 전 방송통신위원장 최시중과 세중나모여행 회장 천신일을 비롯해 2008년 전당대회 돈봉투 사건으로 징역 8월에 집행유예 2년을 선고받은 전 국회의장 박희태와 당시 박희태의 캠프 상황실장을 맡아 징역 6월에 집행유예 1년을 받은 전 청와대 정무수석비서관 김효재도 포함되었다. 이명박은 특사와 관련해 청와대에서 열린 국무회의에서 "정부 출범 시 사면권을 남용하지 않을 것이고 재임 중 발생한 권력형 비리 사면은 하지 않겠다고 발표했다"며 "이번 사면도 그 원칙에 입각해서 실시했다"고 말했다. 또 "투명하고 법과 원칙에 맞는 사면을 위해 처음으로 민간 위원이 다수 포함된 사면심사위원회를 통하는 등 진일보한 절차를 거쳤다"고 강조했다.[11]

설 특사로 측근들을 대거 풀어주는 동시에 이날 이명박은 측근들에게 훈장도 남발했다. 5년 전 대통령직인수위원회 경제1분과 간사를 지내고 이명박 정부 첫 기획재정부 장관으로 활동하며 관치금융 논란을 불러온 산은금융그룹 회장 강만수에게는 국민훈장 무궁화장, 이명박 정부의 대표 브랜드나 다름없는 녹색성장 정책에 기여한 공로로 외교통상부 녹색환경협력대사 안경률에게도 국민훈장 무궁화장, 지상파 TV 방송의 디지털 전환과 방송 콘텐츠 산업 경쟁력 강화 등을 이유로 대선 기간 이명박 캠프에서 언론특보를 맡았던 전 KBS 사장 김인규에게 은탑산업훈장을 수여했다.[12]

『경향신문』은 1월 30일자 사설 「최악의 권력 사유화 사례로 기록될 'MB 특사'」에서 "특사 대상에는 예상대로 최시중 전 방송통신위원장과 천신일 세중나모 회장, 박희태 전 국회의장, 김효재 전 청와대 정무수석비서관 등이 포함됐다"며 이렇게 말했다. "이 대통령의 최측근이자 이른바 '창업공신'들이다. 이 대통령은 '정부 출범 시 사면권을 남용하지 않을 것이라고 했다. 이번 사면도 법과 원칙에 따라 실시했다'고 밝혔다 한다. 후안무치厚顔無恥라는 표현으로도 충분치 않을 뻔뻔함에 말문이 막힐 지경이다. 국민의 법, 국민의 원칙과 유리된 이번 특사는 역대 최악의 권력 사유화 사례로 기록될 것이다."[13]

이명박은 임기 일주일을 남긴 2월 18일, 라디오 연설에서 "5년간 행복하게 일했다"고 마지막 인사를 했다. 사저가 있는 서울 강남구 구청장 신연희는 "이 대통령은 5년이란 찰나의 순간에 경제대국, 수출대국, 문화대국, 체육대국, 관광대국이란 위업을 달성했다. 최고 반열의 평가를 받을 거라 확신한다"고 말을 보탰다.[14]

내내 행복하면서 '최고 반열의 평가'를 받을 수 있었다면 좋았겠지만, 현실은 전혀 그렇지 못했다. 미리 이야기하자면, 2015년 8월 한국갤럽이 광복 70주년에 맞춰 실시한 여론조사에 따르면 잘못한 일이 가장 많은 역대 대통령 분야에서 이명박은 1위를 기록했으니 말이다. 역대 대통령별로 '잘한 일'과 '잘 못한 일'에 대한 평가를 물은 결과, 이명박에 대해서는 응답자의 64%가 '잘 못한 일이 많다'고 답했다. 이명박에 이어 전두환(60%), 노태우(45%), 김영삼(42%) 순으로 잘 못한 일이 많다는 평가를 받았다.[15] 이런 비판적 평가는 이후에도 내내 지속된다.

"희망의 새 시대를 열겠습니다"

대통령 취임을 4일 앞둔 2월 21일 대통령직인수위원회는 박근혜 정부가 추진할 5개 국정 목표와 21개 국정 전략, 140개 세부 과제를 발표했다. 하지만 대선 당시 복지와 함께 박근혜의 대표 브랜드 역할을 했던 경제민주화라는 단어가 국정 목표·전략·과제 등에서 사라졌다.[16] 경제민주화는 선거용으로 급조된 게 아니냐는 의문을 불러일으켰다.

2월 25일 대통령 취임식에서 박근혜는 '희망의 새 시대를 열겠습니다'는 취임사의 제목대로 "부강하고, 국민 모두가 함께 행복한 대한민국을 만드는 데 저의 모든 것을 바치겠다"고 말했지만, 이 또한 믿기 어려운 말이었다. 우선 당장 장관 내정자들의 면면은 '희망의 새 시대'와는 거리가 멀어도 너무 멀었기 때문이다.

박근혜는 야당 시절에 노무현 정부의 인사를 혹독하게 비판한 바 있었다. 박근혜는 2006년엔 "정실 인사, 낙하산 인사는 정권 자신을 해친다"고 했으며, 2007년엔 "이 정부 들어서 이념적, 편향적으로 코드인사를 하고, 능력 있는 인재를 소외시켜 국력을 낭비했다"고 비판했다.[17] 박근혜는 2012년 대통령 당선 직후 "최근 공기업, 공공기관에 전문성 없는 인사들을 낙하산으로 보낸다는 얘기가 들린다. 국민들과 다음 정부에 부담이 되는 잘못된 일"이라고 말하는 등 여러 차례 낙하산·코드인사를 비판했다.[18]

『한겨레』는 3월 2일자 「MB 정부 기준이면 박근혜 내각 절반은 '낙마 대상'」에서 5년 전 이명박 정부는 초대 장관 후보자 15명과 청와대 참모진 내정자가 발표된 뒤 '강부자(강남 부자) 내각'이라고 불릴 정도로 부동산 투기 등 후보자들의 도덕성 문제가 불거져 정부 초대 내각에서 박은경(환경), 이춘호(여성), 남주홍(통일) 후보자 등 3명이 도덕성 문제로 하차한 것과는 대조적이다고 지적하면서 다음과 같이 말했다.

"이들의 낙마 기준을 적용할 경우, 박근혜 정부에선 '의혹 백화점' 수준인 김병관(국방) 장관 후보자를 비롯해 절반가량이 대상이 될 수 있다. 부동산 투기, 편법 증여, 위장전입, 공금 유용, 전관예우 등 다양한 의혹이 망라돼 있고, 자녀들에게 아파트나 금융자산 등을 물려주고 세금을 내지 않다가 장관 내정 이후에 허겁지겁 증여세를 낸 후보자들이 수두룩하고, 로펌에 근무하면서 억대의 연봉을 받거나, 중앙 부처 이사관으로 있으면서 자녀는 가계 곤란 장학금을 받도록 한 후보자들도 있다."[19]

이미 전 국무총리 후보자 김용준에 이어, 전 미래창조과학부 장관 후보자 김종훈이 국적 문제와 거액의 재산 축적 논란에 휩싸여 자진 사퇴했다. 이런 가운데 3월 18일 중소기업청장 내정자 황철주가 주식 매각과 백지 신탁 등 규정 위반 문제 때문에 자진 사퇴했다. 3월 22일 '의혹 백화점'이라는 불명예를 무릅쓰고 완강히 버티던 국방부 장관 후보자 김병관도 여론의 압박을 견디지 못하고 결국 사퇴했다. 이동흡, 김용준, 김종훈, 황철주, 김학의에 이어 고위공직자 후보의 6번째 낙마였다. 청와대 비서관까지 포함하면 모두 11명이 낙마함으로써 박근혜 정부의 '인사 시스템'에 대한 비판이 들끓었다.[20]

박근혜는 회고록에서 특히 김종훈에 대한 야당의 공격에 강한 아쉬움을 토로했다. 김종훈은 가난한 미국 이민자의 아들인 교포 1.5세로 벤처사업가로 성공해 '미국 400대 부호' 반열에 오른 입지전적인 인물로 당시 미국 알카텔-루슨트 최고전략책임자CSO 겸 벨 연구소Bell Labs 사장으로 일하고 있었다. 그는 장관 지명 사흘 전인 2월 14일 한국 국적을 회복해 조국을 위해 자신의 능력을 아낌없이 쓰겠다는 포부를 갖고 있었지만, 그에게 돌아온 건 뜬소문에 근거해 아내와 가족을 향해 퍼붓는 가혹하고 잔인한 공격이었다.

가족에 대한 공세를 견디지 못한 김종훈이 사퇴를 결심하자 박근혜는 3월 3일 그를 만나 만류했지만, 그는 "내가 고통받는 것은 상관없지만, 아내와 가족들이 매일같이 울고 힘들어하는 모습을 보면서 절망스러웠고, 더는 견디기가 힘들다"고 울먹였다. 그는 3월 4일 국회에서 기자회견을 열고 "조국을 위해 헌신하려 했던 마음을 접으려 한다. 조국의 미래를 위해 모든 것을 바치려 했던 저의 꿈은 산산조각이 났다"고 했다. 박근혜는 "김 후보자의 사퇴를 바라보면서 야당의 발목잡기에 분노에 가까운 심정을 느꼈다"고 썼다. 그 심정은 4일 청와대 춘추관에서 발표한 다음과 같은 대국민 담화로 표현되었다.

"김 후보자는 미래 성장 동력과 창조경제를 위해 삼고초려해온 분인데, 우리 정치 현실에 좌절을 느끼고 사의를 표해 정말 안타깝게 생각합니다. 해외에 나가 있는 우리 인재들도 국가발전에 기여할 수 있도록 등용해야 하고, 조국을 위해 헌신하려고 들어온 인재들을 더는 좌절시키지 말아야 합니다."[21]

"'나는 머슴이다' 생각하면 가장 편하다"

2013년 5월 5일 『동아일보』에 「[비밀해제 MB 5년] 〈9〉 무대와 공주」라는 재미있는 기사가 실렸다. 이 기사는 박근혜가 어떤 사람인지를 잘 보여주는 일화들을 소개했다. 몇 가지 중요한 에피소드를 소개하면 다음과 같다.

친박(친박근혜)인 전 의원 손범규는 언젠가 이런 이야기를 했다고 한다. "박근혜 대표를 대할 때 '나는 머슴이다'라고 생각하면 가장 편하다. '아씨와 머슴'이라고 생각하면 나도 마음이 편하고, 박 대표도 편하게 받아들인다. 김무성 의원이 박 대표와 안 된 것은 '아씨와 장수' '공주와 왕자'로 가려고 하니까 그런 거다."

정치 초년병인 손범규는 그렇게 박근혜를 대했다. 2005년 당시 한나라당 대표를 맡고 있던 박근혜가 '김대업 병풍兵風' 재판 과정에서 고생한 손범규에게 공로패를 주는 날. 손범규는 박근혜를 빤히 쳐다보며 "매번 공로패만 주시지 말고 공천장을 주시면 안 됩니까?"라고 떼를 썼다. 머슴이 아씨한테 애교를 부리는 것처럼……. 곁에 서 있던 당직자들이 모두 웃었다.

그러자 손범규를 한참이나 쳐다보던 박근혜는 당시 김무성 사무총장을 가까이 부른 뒤 "당에 공로하신 분을 인정해주셔야죠"라고 했다. 이 말이 영향을 미쳤는지는 알 수 없으나 1년 뒤 이성헌 사무부총장에게서 전화가 걸려왔다. "서울 은평갑이나 경기 고양 덕양 중 하나를 골라보라"고. 손범규가 아마 대가를 요구하거나 '거래'를 하려는 듯한 눈빛으로 그렇게 말했다면 박근혜는 싸늘하게 외면했을 것이다. 손범규는 훗날 대통령 탄핵 과정에서 그리고 탄핵 이후 박근혜의 변호인으로 맹활약하면서 보은報恩하게 된다.

박근혜가 주도하던 한나라당의 사무총장에 이어 2007년 경선 캠프 좌장까지 맡았던 김무성은 박근혜 때문에 자주 스트레스를 받아 소폭(소주폭탄주)을 벌컥벌컥 들이키기도 했다. 이런 식이었다. 2007년 경선 당시 경남 지역 언론사 편집국장·보도국장 초청 저녁 모임. 박근혜가 1시간쯤 늦었다. 김무성은 이미 술이 올랐고…….

김무성 　"대표님, 돈이 다 떨어졌습니다."

박근혜 　"……."

김무성 　"(박 대표의) 삼성동 집을 부동산에 알아보니까 한 20억 원쯤 간다고 합디다. 그거 팔고 아버지하고 살던 예전 신당동 집으로 들어가십시오. 일주일이면 집을 고칠 수 있다고 하니……. 신당동 들어가면 (박 대표의) 이미지에도 좋습니다. 당선되면 (집 문제는) 어떻게든 풀릴 겁니다. 떨어지면 내가 전셋돈 마련해주겠습니다."

박근혜 　"(점점 표정이 일그러지면서) 제가 언제 돈 쓰라고 했어요? 돈 쓰지 마세요!"

박근혜가 버럭 고함을 질렀다. 멀찌감치 앉아 술을 마시던 김학송 의원(경남 진해)이 깜짝 놀라 "무슨 일입니까?"라며 달려왔다. 이야기는

2012년 대선에서 총괄선대본부장을 맡았던 김무성은 박근혜 때문에 자주 스트레스를 받아 폭탄주를 들이켰다고 한다. 박근혜에게는 단지 '머슴'이 필요했기 때문이었을까?

끝난 것이나 다름없었다. 김무성도 "그래, 됐습니다. 고마 치아 삐리소!" 라며 자리를 털고 일어섰다.

'공주의 남자' 김무성은 박근혜보다 한 살 많았다. 김무성이 1951년 9월생이고, 박근혜가 1952년 2월생이니 실제로는 5개월 차이밖에 안 나지만 그래도 김무성은 '공주의 오라비' 같은 마음으로 박근혜를 대했다. 그럼에도 김무성은 박근혜의 '공주 의식'을 견딜 수 없었다고 한다. 김무성은 기자들과 술을 마시다가 이런 질문을 했다나.

김무성 "너거, 박근혜가 제일 잘 쓰는 말이 뭔지 아나?"
기자들 "원칙, 신뢰, 약속 아닌가요?"

김무성 "하극상이다, 하극상! 박근혜가 초선으로 당 부총재를 했는데 선수
選數도 많고 나이도 많은 의원들이 자기를 비판하니까 '하극상 아
니냐'고 화를 내더라. 그만큼 서열에 대한 의식이 강하다. 그다음으
로 잘 쓰는 말이 '색출하세요!'다, 색출……. 언론에 자기 얘기가 나
가면 누가 발설했는지 색출하라는 말이다. 그다음이 근절이고…….
하여간 영애令愛 의식에서 아직 벗어나지 못했다."[22]

서울시 공무원
간첩 조작 사건

2013년 1월, 국가정보원과 검찰은 "공무원으로 근무하던 유우성이 탈북자 정보를 북한에 넘겼다"며 유우성을 간첩 혐의로 기소했다. 북한에서 나고 자란 중국 국적의 화교 유우성은 탈북해 남한에 도착했고 조사 과정에서 자신이 화교임을 밝히지 않아 북한이탈주민 지위를 인정받는 데 성공했다. 유우성은 자신의 탈북자 신분을 내세워 2011년 서울시의 계약직 공무원으로 채용되었고, 북한이탈주민 관련 업무를 맡게 되었다.

그런데 국가정보원이 없는 증거를 거짓으로 꾸며내어 피고인 유우성에게 간첩 혐의를 뒤집어씌웠다는 사실이 재판 과정에서 드러났다. 국가정보원은 유우성의 여동생 유가려를 2012년 10월부터 중앙합동신문센터에서 법정 한도인 6개월간 감금 조사해 그가 화교라는 사실에 대한 증언을 받았으며, 또 정보를 주면 남한에서 살 수 있게 하겠다고 회유한 것으로 밝혀졌다.

1심 재판에서 법원은 유우성에 대해 여권법과 북한이탈주민의 보호 및 정착지원에 관한 법률을 위반한 혐의로 징역 1년 집행유예 2년을 선고했지만, 간첩 혐의에 대해서는 무죄를 선고했다. 2심에서는 1심과 같은 판결을 내렸으며, 유가려가 불법 구금 상태에서 모욕·강압적인 조사를 당했다고 결론내렸다. 중국 국적 화교라는 사실이 밝혀진 이상 북한이탈주민이 아니기 때문에 북한이탈주민법상 보호조치에 의한 조사를 할 수 없고 피의자로 조사를 해야 하지만 영장 청구를 하지 않고 170일간 불법 구금된 상태에서 조사를 했다고 결론냈다.

2015년 10월 29일 열린 유우성의 상고심 선고 공판에서 간첩 혐의에 대해 무죄가 선고되었다. 대법원은 유우성의 여권법·북한이탈주민보호법 위반, 사기 혐의만 유죄로 인정해 징역 1년에 집행유예 2년, 추징금 2,565만 원을 선고하는 데 그쳤다. 반면 조작된 증거를 법원에 제출한 국정원 직원은 모해증거위조죄로 대법원에서 징역 4년을 선고받았다. 2016년 10월 13일 이 사건을 위주로 그동안 취재한 여러 간첩조작 사건을 다룬 최승호 감독의 다큐멘터리 영화 〈자백〉이 개봉되어 큰 반향을 불러일으켰다.

이 사건 발생 9년여 만인 2023년 9월 21일 민주당은 이 사건과 관련해 부산지검 2차장 검사 안동완에 대한 탄핵 소추안을 본회의에서 찬성 180표, 반대 105표, 무효 2표로 통과시켰다. 이는 헌정 사상 첫 현직 검사에 대한 탄핵안이었다. 탄핵 사유는 안동완이 2014년 피해자 유우성을 대북 불법 송금 혐의(외국환거래법 위반) 등으로 기소한 것이 공소권 남용이고, 헌법과 법률을 위반했다는 것이다. 이 사건 수사에 관여했던 검사들이 징계를 받자 검찰이 과거 기소유예 처분했던 유우성의 대북 불법 송금 혐의를 다시 끄집어내 '보복성 기소'를 했다는 게 민주당 등의 주장이었다.

2024년 5월 30일 헌법재판소는 재판관 5(기각)대 4(인용) 의견으로 기각 결정을 내렸다. 안동완은 이날 헌재 결정으로 즉시 직무에 복귀했다. 안동완 탄핵 소추안에 대해 기각으로 판단한 재판관들의 의견도 갈렸다. 이영진·김형두·정형식 재판관은 안동완이 유우성을 기소하는 과정에서 법률을 위반하지 않았다고 보았다. 추가 단서가 밝혀져 재수사 필요성이 있다고 판단했을 뿐 '보복 수사'가 아니라는 것이다. 이종석 헌재 소장과 이은애 재판관은 안동완이 권한을 남용해 유우성을 기소했다고 판단, 검찰청법과 국가공무원법을 위반했다고 보았다. 하지만 안동완이 법질서에 역행하고자 적극적인 의도로 법률을 위반했다고 보기 어려워 파면을 할 정도는 아니라고 판단했다. 반면, 김기영·문형배·이미선·정정미 재판관은 "안 검사는 유씨에게 실질적인 불이익을 가할 의도에서 이 사건 공소제기를 한 것"이라고 했다. 그러면서 "더는 검사에 의한 헌법 위반이 되풀이되지 않도록 엄중히 경고할 필요가 있다"며 "파면함으로써 얻는 헌법 수호의 이익이 검사 파면에 따르는 국가적 손실을 압도할 정도로 크다"고 했다.[23]

기회만 있으면
'갑질' 하려는 사람들

2010년 미국의 에드 디너Ed Diener 연구팀이 130개 국가를 대상으로 한 조사에 따르면, "하나의 인간으로서 존중받고 있다"고 느끼는 사람의 비율이 미국과 유럽 국가들에선 90%대에 이른 반면 한국에선 절반밖에 안 되었다.[24] "절반이나 돼?"라고 놀라움을 표해야 하는 걸까? 이는 우리 대부분이 '갑질'의 가해자일 수도 있다는 걸 말해주는 게 아닐까?

한국 소비자의 대체적인 이미지는 '정의'나 '윤리'보다는 '갑질'이다. 시민들은 언론에 보도되는 갑질 사건에 대해 분노하지만, 갑질은 '평범'을 모욕하는 지독한 서열문화로 인해 대부분의 한국인이 내면화한 삶의 가치라고 해도 과언이 아니다. 학생들이 더 나은 대학 서열을 갖도록 하는 데에 집중하는 교육은 사실상 갑질을 가르치고 있으며, 갑을관계에서 갑이 되고자 하는 열망과 한恨이 한국 사회 발전의 동력으로 작용해온 점도 있기 때문에 교정도 쉽지 않다.[25]

그렇지 않다면, 주유소와 편의점을 찾는 사람들 중엔 을이 훨씬 더 많을 텐데도, 이들 중 종업원을 '야'라고 부르면서 반말을 하는 사람이 많은 건 어찌 이해해야 하겠는가? "야, 장사 안 해?" "야, 여기 계산 안 해 줄 거야?" "야, 요구르트가 다르잖아. 윌로 갖다주란 말이야! 윌로! 에이 씨발!" 이런 소리를 들으면서 주유소와 편의점에서 알바로 일했던 한승태는 2013년 1월에 출간한 『인간의 조건: 꽃게잡이 배에서 돼지농장까지, 대한민국 워킹푸어 잔혹사』(2013)에서 '갑질 공화국'의 이모저모를 실감나게 증언했다.

"이들이 단지 나이 때문에 반말을 하는 건 아니었다. 이런 사람들도 화장실 앞에서 (훨씬 어려 보이는) 다른 손님과 부딪치면 점잖은 목소리로 '죄송합니다' 하며 고개를 끄덕였다. 그러나 운전석에 앉기만 하면 주유원에게 육두문자를 날리는 쌍놈의 새끼로 변하는 것이었다. 이런 행태에 익숙해지면 직업엔 분명히 귀천이 존재하며 신분의 차이라는 것 역시 실재한다는 걸 깨닫게 된다."[26]

편의점도 다를 게 없었다. 한승태는 "매주 한 번씩 들르는 슈퍼바이저는 접객 관련 불만 신고가 줄지 않는다며 언제나 투덜거렸다. 그는 어떤 손님이 알바와 다툰 일을 회사 홈페이지에 올렸는데 회장님이 그걸 읽으시곤 해당 편의점이랑 계약을 해지하라며 노발대발했다는 이야기를 빼먹지 않고 들려줬다"며 다음과 같은 해법을 제시했다.

"모든 서비스업 종사자에게 '눈에는 눈, 이에는 이'라고 적힌 어깨띠와 녹슨 못을 박은 각목을 하나씩 지급한다면 손님과 종업원 사이의 싸움이 획기적으로 감소하리라 생각하지만, 서비스업계가 이런 혁신적인 제안을 받아들일 만한 안목을 갖추고 있는 것 같지는 않다."[27]

북한 3차 핵실험과 'NLL 대화록' 2차 파동

2013년 2월 12일 북한은 함경북도 길주군 풍계리의 지하 핵실험 장에서 국제사회의 반대에도 3차 핵실험을 감행했다. 북한은 길주군에 서 규모 4.9의 인공지진이 감지된 지 2시간 40여 분 만에 핵실험이 성공 적으로 진행되었다고 발표했다. 국방부는 북한 3차 핵실험의 파괴력을 핵폭탄으로 환산하면 6~7킬로톤kt이라고 추정했다. 이런 폭발 규모는 2006년 10월 1차 핵실험 때 1킬로톤, 2009년 5월 2차 핵실험 때 2~6킬 로톤보다 커진 것이었다.

북한이 2012년 12월 장거리 로켓 '은하 3호'를 발사한 데 이어 2개 월 만에 핵실험까지 함으로써 한반도 정세는 다시 격랑에 휩싸였다. 한 국 정부는 "북한의 핵실험이 안보리 결의를 위반했다"며 규탄했고 미국 과 중국, 일본, 러시아 등 한반도 주변국들도 핵실험을 비난하거나 반대 하는 입장을 발표했다. 유엔은 3월 7일 안전보장이사회 전체회의를 열

어 북한 핵실험에 대한 제재결의안 2094호를 채택했다.[28]

그럼에도 'NLL 대화록' 파동은 2013년 제2라운드를 맞게 되었다. 그 과정은 복잡했지만 『경향신문』 2013년 7월 30일자 기사와 『동아일보』 12월 2일자 칼럼으로 요약·정리할 수 있다. 『경향신문』 기사는 "'10대 0.' 지난달 검찰 수사결과 발표 이후 시작된 서해 북방한계선 정국과 29일 국가정보원 국정조사가 재개된 시점까지 새누리당과 민주당 간 부닥쳤던 정국 주도권 다툼의 결과다. 사실상 민주당의 완봉패라는 것이 정치권 평가다. 전략 부재, 무력한 지도부 리더십, 친노무현 세력의 강경론은 번번이 새누리당 역공에 꺾였다"면서 다음과 같이 말했다.

"NLL 논란 동안 문재인 의원의 남북정상회담 회의록 '원본 열람' 주장, 국정원의 회의록 공개 및 'NLL 포기 맞다' 성명 대응 실패, 새누리당의 회의록 사전 입수 의혹 이슈화 실패, '귀태' 막말 파문, 새누리당에 발목 잡힌 김현·진선미 의원 국조특위 사퇴, 회의록 실종, 뒤통수 맞은 회의록 실종 검찰 고발, 선점당한 NLL 종식 선언과 여야 대표회담 제안, 결국 비공개에 합의한 국정원 기관 보고 등이 민주당의 10전 10패로 꼽힌다. 번번이 주도권을 놓치거나 한 수 앞을 못 본 강경론으로 양보를 거듭한 사안들이다."[29]

민주당의 패배라고 하지만 사실상 문재인의 패배였다. 『동아일보』 논설위원 김순덕은 칼럼에서 "노무현 전 대통령의 서해 북방한계선 발언 논란에 '원본 공개하라' '국가기록원 찾아보자'는 공개 발언으로 일을 키운 사람이 바로 그다. 심지어 여야 대표가 NLL 논란 중단 선언까지 했는데도 문재인은 'NLL 포기 논란의 진실을 밝혀야 한다'(7월 26일)고 불을 질러 검찰 수사로까지 확대시켰다"며 다음과 같이 비판했다.

"'NLL에 관한 노 전 대통령의 입장이 북한과 같은 것으로 드러나면 제가 사과는 물론 정치를 그만두는 것으로 책임을 지겠다'(6월 30일)더니, 국민적 에너지를 1년 가까이 허비하게 만들고는 이제 와서 '대화록 미未이관은 참여정부의 불찰이고 송구스럽게 생각한다'고 가볍게 넘기는 건 무책임하다는 표현으로도 부족하다."[30]

시사평론가 이철희는 "문재인은 정상회담 대화록 원본을 공개하자고 했다. 정상회담록을 공개하는 것은 전 세계에 유례가 없는 일이다. 여당이 아무리 말이 안 되는 정치적 공세를 계속 펼친다고 해도 '이건 아니다. 모든 비판은 내가 받겠다. 내가 책임지겠다'고 했다면 멋있는 지도자가 됐을 것이다"며 이런 결론을 내렸다. "리더십에 치명적인 사건이었다.……문재인이 보인 리더십은 정파 수장으로서의 리더십이었다."[31]

12월 12일 북한은 국가안전보위부 특별군사재판을 열어 2인자로 통하던 장성택에게 '국가전복음모죄'로 사형을 선고하고 곧바로 처형했다. 장성택이 노동당 정치국 확대회의에서 '반당·반혁명행위자'로 낙인찍혀 끌려나간 지 불과 나흘 만이었다. 재판부는 판결문에서 장성택이 '이색분자'들을 규합해 북한을 위기에 빠뜨리고 권력을 탈취하고자 했다고 밝혔다. 당 정치국 확대회의에서는 장성택이 '종파'를 구축해 김정은 국방위원회 제1위원장에게 반기를 들었다는 비판도 나왔다. 김정은의 고모부이자 그의 '후견인'으로 알려진 장성택의 처형은 북한 권력 구도의 격변을 예고하는 사건이었다. 고모부를 잔인하게 처형한 김정은이 '공포정치'에 나서 대대적인 숙청을 벌일 것이라는 전망도 나왔다. 북한은 장성택 처형과 동시에 김정은 제1위원장을 '위대한 영도자'로 부르기 시작하며 김정은 1인 지배체제를 강화하기 시작했다.[32]

제2장

국정원의 대선 개입,
윤석열의 반란

검찰총장 채동욱, 특별수사팀장 윤석열

국가정보원 여론(댓글) 조작 사건은 점점 더 심각한 국면으로 진행되고 있었다. 국정원장 원세훈이 직원들에게 적극적으로 정치에 개입하라고 '심리전'을 지시한 문건이 나왔고, 서울경찰청장 김용판이 수서경찰서 수사과장 권은희에게 수사를 축소하도록 압력을 넣은 정황도 드러났기 때문이다. 관건은 검찰이었다. 제대로 수사할 것인가?

2013년 3월 15일 오후 1시 청와대 대변인 윤창중은 '채동욱 검찰총장 내정'을 발표하면서 "부친의 선산이 전북 군산시 옥구군 임실면에 있고, 그 지역 사람으로 알려졌다"는 점을 강조했다. 그간 정부 인사에서 불문율로 여겨져온 '지역 안배' 원칙을 지켰다는 걸 알리기 위해서였다. 채동욱을 추천한 사람은 채동욱의 사법시험 1년 후배인 청와대 민정수석 곽상도였다. 곽상도는 내정 직후 채동욱에게 "대통령 말씀을 워딩 그

대로 전달한다"며 "원세훈 사건을 원칙대로 처리해달라"고 했다.[33] 원세
훈은 3월 21일 전격 사임했다.

4월 2일, 검찰총장 인사청문회에서 민주통합당 의원 박범계는 "청
문회 보좌진들에게 (채동욱 후보자에 대해) 봐주지 말고 한 번 파보라고 했
더니 파면 팔수록 미담만 나온다"고 했다. 그래서 채동욱은 "파도 파도
미담만 나오더라"는 의미에서 '파도남' 또는 '파도미'라는 별명을 갖게
되었다.[34]

4월 4일 채동욱은 검찰총장에 취임하자마자 법무부 장관 황교안에
게 "(국정원 댓글 특별수사팀장에) 윤석열 서울중앙지검 특수1부장이 적합
하니 이의 없으시면 그를 서울에서 가까운 여주지청장으로 발령 내달라"
고 요청했고, 이는 그대로 실행되었다. 윤석열은 1년 전인 2012년 3월
11일 53세의 늦은 나이에 12세 연하인 김건희와 결혼식을 올린, 잘 나
가는 특수부 검사였다. 윤석열과 채동욱은 어떤 관계였던가? 두 사람은
오래된 인연을 갖고 있었는데, 작가 천준은 다음과 같이 말했다.

"(2006년) 현대차 비자금 사건 당시 대검 수사기획관과 수사팀 소속
검사로서 함께 일한 경험이 있던 사이였다. 채동욱은 부하의 칼끝이 얼
마나 예리한지 잘 알았다. 또 그가 막상 본진을 향해 돌격하면 절대 멈추
지 않을 것이라는 점도 알고 있었다. 게다가 채동욱은 검찰 안에서 강골
검사이면서도 인품 좋은 리더로 소문이 나 있었다. 뒤도 돌아보지 않는
성격인 윤석열과는 상당히 궁합이 잘 맞았던 편이었다."[35]

특별수사팀이 구성된 4월 18일 채동욱은 윤석열 이하 팀원들을 총
장실로 불러 "흑은 흑이고 백은 백이다. 우리한테는 그게 유일한 기준이
다"고 했다. 4월 29일 전 국정원장 원세훈을 소환 조사한 윤석열 수사팀

은 다음 날 국정원장 남재준의 거부를 무릅쓰고 내곡동 국정원을 압수수색했다. 청와대는 "국정원이 협조하도록 지시해달라"는 채동욱의 요청에도 움직이지 않음으로써 "원칙대로 처리하라"고 했다던 박근혜의 말은 그냥 듣기 좋으라고 한 말이었음이 분명해졌다.

그럼에도 윤석열 수사팀은 5월 20일 서울경찰청을 압수수색하는 등 원칙대로 밀어붙였다. 이 과정에서 사이버수사대 분석관들이 국정원 직원 컴퓨터의 키워드를 분석하는 과정에서 나눈 대화가 담긴 127시간의 CCTV 화면을 확보했다. CCTV에는 "(경찰이 찾은 게) 나갔다가는 국정원 큰일 난다"고 걱정하는 모습, 그리고 드러난 증거들을 무시하고 '무혐의' 골자의 분석 보고서를 만들기 위해 논의하는 모습들이 담겼다.

윤석열 수사팀은 원세훈을 선거법 위반으로 구속기소한다는 방침을 세웠지만, 재가를 해야 할 황교안은 "평생 공안 분야만 했고 선거법 전문가여서 자신이 잘 안다"며 "원세훈에 대한 선거법 위반 적용은 말이 안 되고 구속은 더더욱 안 된다"고 반대했다.[36]

조갑제, "검찰은 좌파의 주구"

윤석열 수사팀의 수사 자세가 불길하게 여겨졌던 걸까? 전 『월간조선』 대표 조갑제는 5월 30일 자신의 블로그에 올린 '검찰의 국정원 과잉수사는 박朴 대통령을 어렵게 만들 것이다!'는 글을 통해 "요사이 검사 출신 법조인들까지 '검찰이 도대체 뭘 하는지 모르겠다'는 말을 한다. 좌파와 민주당이 만족하는 결과가 나올 때까지 수사를 하는 것이 아닌가 하는 의구심이 들 정도이고, 중대한 범법 혐의가 뭔지 이해할 수가 없다는 것"이라고 했다. 그는 "국정원 직원들이 쓴 댓글이 문제의 초점인데, 광대한 인터넷 세상에서 몇 사람이 쓴 댓글이 여론과 선거를 좌지우지할 수 있다고 보는 건지? 이런 정도의 행위까지 수사 대상에 오른 것은 역설적으로 한국의 정보기관이 깨끗해졌다는 반증反證"이라며 국정원을 적극 감쌌다.

그는 이어 "요사이 법무부, 검찰, 경찰뿐 아니라 판사들도, 좌파와 관련된 범법행위는 부드럽게 처리하고 대한민국 수호 세력과 관련된 사건은 유달리 엄하게 다루는 경향이 있다. 국정원에 대한 집요한 수사와 반反대한민국적 교육의 본산인 전교조 및 종북 성향의 통합진보당 관련 사안에 대한 느슨한 처리가 대조적"이라며 사법부 전체에 대한 불만을 나타낸 뒤, "이는 한국 사회의 전반적인 좌경화와 무관하지 않을 것이다. 좌파의 속성은 진실을 무시하는 선동, 법을 무시하는 폭력성인데, 이들의 눈치를 보는 관료집단 위에 우파 대통령이 얹혀 있는 꼴"이라고 비난했다.

그는 더 나아가 "선거 기간 중 발생한 국정원 여직원 감금 사건에 대하여 박근혜 후보는 기자회견과 텔레비전 토론을 통하여 문재인 후보를 맹공하였다"며 "경찰 검찰 수사를 거치면서 '국정원 여직원 감금' 부분은 실종되고 국정원 댓글 사건으로 변질되었다. 검찰이 당시 국정원장까지 기소한다면 새누리당과 박근혜 대통령도 정치 공세의 표적이 될 것이다. 좌파를 의식한 검찰의 과잉수사는 결과적으로 박 대통령을 어렵게 만들 것"이라며 원세훈 전 원장을 기소할 경우 불똥이 박근혜 대통령에게 튈 것임을 강조했다.

그는 이어 "그럴 만한 범법행위라면 대통령이 어렵게 되든 말든 문제가 없지만, 무리한 법 해석에 의한 옭아매기라면 집권세력과 보수의 원한을 산 검찰도 편하지 못할 것"이라고 검찰을 압박하기도 했다. 그는 결론적으로 "검찰은 한때 '권력의 주구走狗'라는 비판을 들었다"며 "민주화된 이후 그런 비판은 약해졌지만 좌경화의 영향으로 이젠 '좌파의 주구'라는 말이 나올 지경"이라며 채동욱이 이끄는 검찰에 대해 원색적 색깔 공세를 폈다.[37]

원세훈·황교안 때린 윤석열의 폭탄 선언

그러나 조갑제가 놀라기엔 아직 이른 시점이었다. 윤석열은 6월 11일 『문화일보』 전화 인터뷰를 통해 '반란'이라고 해도 좋을 폭탄 선언을 했다. "원세훈 전 국정원장이 총선, 대선에 개입하라고 지시한 것은 명확한 데도 황교안 법무부 장관이 지금 수사지휘권을 행사하고 있다." 그는 "법무부와 검찰 일각에서 다른 뜻이 있는 사람들이 이상한 소리를 하고 있다"며 "원 전 원장은 '종북좌파가 여의도(국회)에 이렇게 많이 몰리면 되겠느냐. 종북좌파의 제도권 진입을 차단하라'고 지시했고 종북좌파에는 문재인 전 민주통합당 대선후보도 포함된다"고 말했다. 그는 "이는 명백한 총선, 대선 개입 지시"라며 "원 전 원장은 부서장 회의에서 얘기한 것을 인트라넷에 게시했고 선거 때 문 전 후보를 찍으면 다 종북좌파이고 종북좌파의 정권 획득을 저지하라고 지시한 게 공지의 사실"이라고 말했다.

윤석열은 이어 "이것을 지시하지 않았다고 하고 선거에 개입하지 않았다고 하는 것은 '코미디'"라며 "선거 개입이라는 말을 하지 않았다고 해서 종북 대응이라고 생각하고 중간 간부에 의해 실행됐다는 건 말이 안 되는 소리"라고 강조했다. 그는 "국정원 중간 간부들도 검찰 수사에서 이미 윗선의 지시에 의해서 한 것이라고 시인을 했고 그 지시와 관련된 녹취록도 제출했다"고 말했다. 그는 특히 "대검 공안부도 한 달 전에 공직선거법 위반 혐의를 적용하는 데 동의했다"고 말했다. 그는 "장관이 저렇게 틀어쥐고 있으면 방법이 없다"며 "이런 게 수사지휘권 행사가 아니면 뭐냐. 채동욱 검찰총장도 자리가 아까워서가 아니라 어떻게든 이 사건을 최소한 불구속기소라도 해서 공소유지를 해보려고 참고 있는 것"이라고 말했다.[38]

이 폭로에 대해 작가 천준은 "보수층 지지자들이 보면 피가 거꾸로 솟을 일이었다"며 이렇게 말했다. "그들에게 문재인은 엄연히 좌파의 우두머리였다. 윤석열의 메시지는 보수 정체성을 가진 박근혜 정부 입장에선 자신들을 근본적으로 부인하는 듯한 행위로 느껴지기에 충분했다.……윤석열의 눈치 없음은 범보수층의 비난 요소로까지 비화하고 있었다. '일개 검사가 정권 출범 명분까지 흔드는 것인가?'"[39]

일을 저질러놓고 보니 '항명 프레임'이 부담스러웠는지 윤석열은 『오마이뉴스』와의 통화를 통해 『문화일보』의 통화 내용에 오해가 좀 있었다며 일부 내용을 부인하기까지 했지만, 원세훈의 행각 자체에 대해선 부정하지 않았다.[40] 나중에 드러난 사실이지만, 바로 이날 국정원은 송아무개 요원을 시켜 서초구청에서 채동욱의 혼외자 의혹에 대한 정보를 빼내고 있었다. 채동욱 축출 작업이 은밀하게 진행되고 있었던 것이다.[41]

국정원 대선 개입에 분노한 촛불집회

2013년 6월 14일 윤석열 수사팀은 국정원 선거 개입 의혹 수사 결과를 발표하고 원세훈 전 국정원장에게 공직선거법 위반과 국정원법 위반 혐의를 적용해 불구속기소하고 심리전단 직원 6명은 기소유예했다. 검찰은 2012년 9월 19일부터 12월 14일까지 대선 기간 국정원 직원들이 원 전 원장의 지시를 받아 인터넷 사이트 수십 곳에서 수백 개의 아이디를 동원해 특정 후보를 지지·반대하는 댓글 1,760여 건과 댓글에 대한 찬반 표시를 올렸으며 이 가운데 67개의 댓글이 선거 개입과 관련한 것으로 판단했다. 문재인 당시 민주통합당 후보를 직접적으로 비판한 댓글은 3건이라고 밝혔다.

새누리당은 수사 결과에 대해 "국정원 직원이 작성한 글 가운데 검찰이 밝혀낸 선거 관련 댓글은 3.8%였다"며 의혹을 제기한 민주당을 겨냥해 "태산명동서일필泰山鳴動鼠一匹(태산이 떠나갈 듯 소란을 떨었으나 나온 것은 불과 쥐 한 마리)"이라고 논평했다.[42]

반면 민주당은 검찰의 국가정보원 정치·대선 개입 의혹 사건 수사 결과 발표에 대해 "용두사미식 면죄부 수사"라고 논평했다. 민주당은 기소하지 않은 국정원 직원들에 대해 재정신청을 하고, 국회에서 국정조사를 통해 진상을 철저히 밝히겠다고 주장했다. 또 검찰 수사에 개입한 의혹을 받는 황교안 법무부 장관과 곽상도 청와대 민정수석에 대해 즉각 사퇴를 요구했다. 이어 "여야는 검찰 수사가 종결되면 국정조사를 하기로 합의했다"며 "즉각 국정조사를 추진하겠다"고 말했다.[43]

국정원이 대선에 개입한 것으로 밝혀지면서 촛불집회가 열리기 시

윤석열 수사팀은 국정원 선거 개입 의혹 수사 결과를 발표하고 원세훈 전 국정원장에게 공직선거법 위반과 국정원법 위반 혐의를 적용해 불구속기소했다. 2013년 7월 서울광장에서 열린 '국정원 대선 개입 규탄' 범국민 촛불집회에서 참석자들이 구호를 외치고 있다.

작했다. 6월 15일 저녁 '제18대 대통령 선거무효소송인단'은 서울 덕수궁 대한문 앞 광장에서 촛불집회를 열고 "18대 대선은 총체적 부정선거"라고 주장하며 국정원의 인터넷을 이용한 선거 개입, '십알단' 등의 대선 여론조작 등을 비판했다.

　　대학가에선 '국정원 선거 개입 규탄' 시국선언이 급속도로 확산했다. 서울대학교 총학생회는 20일 오전 서울 서초동 대검찰청 앞에서 기자회견을 열고, "문제의 핵심은 정부 권력기관들이 국민의 주권이 행사되는 선거에 개입해 절차적 민주주의를 훼손했다는 것"이라며 "공권력을 이용해 대통령 선거에 개입한 국정원 인사들과 축소 수사와 허위 보

도로 국민을 속인 경찰 관계자들을 처벌해야 한다"고 밝혔다.[44]

6월 21일 천주교정의구현전국연합 등 천주교 단체들도 시국선언에 가세했다. 천주교 단체들은 "국정원의 선거 개입은 지난 대선 결과에 심각한 영향을 줄 수 있던 사안"이라며 "부당한 수사 간섭의 전모를 규명하고 이들에 대한 책임을 추궁해야 한다"고 주장했다. 서울 광화문광장에 다시 촛불이 켜졌다. 대학생, 직장인, 아이를 안고 나온 시민들이 국가정보원의 선거 개입을 규탄하기 위해 촛불을 들고 거리로 나섰다. 참석자들은 "정부가 해명하지 않고 덮기에만 급급할 경우 더 큰 국민의 저항에 직면하게 될 것"이라고 말했다.[45]

"박 대통령이 직무를 잘 수행하고 있다" 63%

2013년 6월 24일 박근혜는 국가정보원의 대선 개입 사건에 대해 "국정원에 그런 문제가 있었다면 국정원 관련 문제들에 대해 국민 앞에 의혹을 밝힐 필요가 있다고 생각한다"고 말했다. 이어 "절차에 대해서는 대통령이 나설 문제가 아니다. 그것은 국회가 논의해서 할 일"이라고 밝혔다. 박근혜는 또 "국정원 댓글 사건에 대해 왜 그런 일을 했는지 전혀 알지도 못한다"면서 "대선 때 국정원이 어떤 도움을 주지도, 국정원으로부터 어떤 도움을 받지도 않았다"고 말했다.

박근혜의 이날 언급에 대해 민주당 김관영 수석대변인은 "엄중한 국기문란 사건에 대한 대통령의 발언치고는 상당히 실망스럽다"며 "대한민국 국정 최고책임자로서 책임 있는 자세와는 상당한 거리가 있고, 국정원 국기문란 사건을 바라보고 있는 많은 국민들의 인식 수준과도 상당한 거리가 있다"고 밝혔다. 그는 이어 "문제의 본질은 대통령이 불법 대선 행위에 직접 관여했느냐 하지 않았느냐가 아니다"며 "선거 개입 사실이 확인된 경찰과 국정원을 어떻게 개혁할 것인가 책임 표명을 하고 또 국정조사를 실시하는 것"이라고 덧붙였다.[46]

6월 25일 여야는 국가정보원의 대선 개입 의혹에 대한 진상규명을 위해 국정조사를 실시하기로 합의하고 7월 2일 특위 활동을 시작했지만 특위 활동은 삐그덕거렸다. 7월 5일 한국갤럽이 공개한 여론조사 결과를 보면, 민주당 지지자 가운데 '민주당이 야당으로서의 할 일을 잘 못하고 있다'고 답한 응답자는 72%에 달했지만 '제대로 잘하고 있다'는 응답은 13%에 불과했다.

정당 지지도에선 새누리당을 지지한다는 응답은 전주보다 4%포인트 오른 41%, 민주당 지지도는 1%포인트 상승한 19%였다. '박근혜 대통령이 직무를 잘 수행하고 있다'는 응답은 전주에 견줘 9%포인트 상승한 63%를 기록했다. '잘 못하고 있다'고 답한 응답자는 5%포인트 떨어진 16%였다. 한국갤럽 조사를 기준으로 보면, 대통령 취임 뒤 긍정 평가는 최고치를, 부정 평가는 최저치를 기록했다.[47]

7월 10일 민주당 대표 김한길은 국회 본관 앞에서 열린 '현장 최고위원회 발대식'에서 "대한민국은 지금 정상적인 민주주의 국가가 아니다"며 "박근혜 대통령의 책임 회피가 민주주의의 위기를 심화시키고 있다"고 주장했다. 김한길은 특히 "나와는 상관없다는 식의 관찰자적 태도는 국민이 원하는 바가 아니다"고 박근혜를 직접 겨냥했다.

김한길은 또 "개혁 대상인 국정원에 스스로 개혁안을 마련하라고 한 것은 주홍글씨 대신 훈장을 달아주는 일"이라며 "국정원 개혁은 국회와 국민이 해야 한다"고 주장했다. 그는 "특히 (2007년 남북) 정상회담 대화록을 입수해 선거에 불법적으로 활용했는데도 박 대통령은 아무 말이 없다"면서 "대통령은 국민 앞에 직접 나서 진심으로 사과하고 성역 없는 수사와 책임자 처벌 의지를 밝혀야 한다"고 주장했다.[48]

"민주 원내 대변인의 저급한 '귀태' 발언 파문"

대정부 공세를 이어가던 민주당에 악재가 터졌다. 7월 11일 원내 대변인 홍익표가 이른바 '귀태' 발언을 내놓은 것이다. 홍익표는 박정희를 '태어나지 않아야 할 사람'이라는 뜻의 '귀태鬼胎'로, 박근혜를 '귀태의 후손'으로 비유했다. 이날 그는 당 고위정책회의 브리핑을 하면서 "지난해 출판된 『기시 노부스케와 박정희』라는 책에 '귀태鬼胎'라는 표현이 있다. 태어나지 않아야 할 사람들이 태어났다는 뜻이다. 일본제국주의가 세운 만주국의 귀태 박정희와 기시 노부스케가 있었는데, 아이러니하게도 귀태의 후손들이 한국과 일본의 정상으로 있다. 바로 박근혜 대통령과 아베 총리다"고 말했다.[49]

7월 12일 청와대 홍보수석 이정현은 청와대 춘추관에서 긴급 기자회견을 열고 홍익표의 발언에 대해 "국민이 선택한 대통령의 정통성을 부정하고 자유민주주의에 정면 도전한 것"이라며 국민과 대통령에게 사과할 것을 공식 요구했다. 이정현은 또 "어제 발언은 국회의원 개인의 자질을 의심하게 할 뿐만 아니라 국민을 대신하는 국회의원이 했다고는 볼 수 없을 정도의 폭언이고 망언이었다"면서 "우리 대통령에 대해 북한에서 막말을 하는 것도 부족해 이제 국회의원이 대통령에게 그런 식으로 막말을 하는 것은 대한민국의 자존심을 망치고 국민을 모독하는 일로 있을 수 없는 일"이라고 목소리를 높였다.[50]

7월 12일 저녁 홍익표는 원내 대변인을 사퇴했다. 『경향신문』은 7월 13일자 사설 「민주 원내 대변인의 저급한 '귀태' 발언 파문」에서 "공당의 원내 대변인이 저주에 가까운 표현을 써가며 국민의 선택으로 뽑힌 대통령을 비난한 것은 매우 부적절하다. 후손이라는 이유로 박근혜 대통령과 아베 신조 일본 총리를 대비시킨 것도 엉뚱한 연좌제이고 비약이다. 정치적 공방과 비판에서도 넘지 말아야 할 선이 있는데 홍 원내 대변인의 발언은 그 선을 넘은 것이다. '막말'이 계속되는 우리 정치의 후진성을 또 보여줬다"면서 다음과 같이 말했다.

"새누리당의 강경 대처가 '국정원 정국'을 반전하려는 셈법이 아니었다면, 민주당 대표가 유감을 표명하고 홍 원내 대변인이 사퇴한 만큼 즉각 국회를 정상화시켜야 한다. 사과의 진정성을 이유로 또다시 국회 일정을 중단시킨다면 '귀태' 발언 대응이 정략이었음을 고백하는 꼴이 된다. 새누리당이 이미 홍 전 원내 대변인을 국회 윤리위에 제소한 만큼 거기서 추가적 책임 여부는 따지면 될 일이다."[51]

하지만 민주당에선 막말이 계속해서 터져 나왔다. 7월 14일 상임고문 이해찬은 지역구인 세종특별자치시에서 열린 국정원 대선 개입 의혹 규탄 당원 보고대회에서 "옛 중앙정보부를 누가 만들었나. 박정희가 누구이고 누구한테 죽었나. 박씨 집안은 안기부 정보부와 그렇게 인연이 질긴가"라고 말했다. 그는 박근혜 대통령을 '당신'이라 지칭하며 "자꾸 비호하고 거짓말하면 갈수록 당선 무효 주장 세력이 늘어난다. 정통성을 유지하려면 악연을 끊어 달라"고도 했다.[52]

검찰총장 채동욱의 '혼외자 사건'

8월 5일 박근혜는 허태열 비서실장 후임에 김기춘(1939년생), 곽상도 민정수석 후임에 홍경식(1951년생)을 임명하며 청와대 진용을 개편했다. 검찰 출신의 두 사람은 나이로 보나 기수로 보나 채동욱(1959년생)의 까마득한 선배들이었다. 채동욱이 원칙대로 하는 걸 더는 용납하지 않겠다는 뜻이었다.[53] 국정원은 7월 초 박근혜에게 보고한 '(원세훈) 수사 대응 문건'에서 이렇게 말했다는 걸 염두에 둘 필요가 있겠다. "(채 총장의) 검찰 조직 운영에 문제가 제기되고 있다. (검찰) 자체의 자정 노력을 기대하기 어려운 상황에서 외부의 힘에 의한 특단의 조치가 필요한 상황이다."[54]

한 달 후인 9월 6일 『조선일보』 1면에 「채동욱 검찰총장 혼외婚外 아들 숨겼다」는 기사가 게재되었다. 채동욱이 10여 년간 한 여성과 혼외 관계를 유지하면서 이 여성과의 사이에서 아들을 얻은 사실을 숨겨왔다는 내용이다. 이에 채동욱은 "전혀 모르는 일"이라고 강하게 반박하면서 "검찰 수사에 불만을 가진 세력이 배후에서 검찰 흔들기에 나섰다"고 음모설을 제기했다. 법무부 장관 황교안은 이를 계기로 채동욱을 만나 "변호사는 돈벌이가 된다"며 자진 사퇴를 권했으나, 채동욱은 응하지 않았다.[55]

9월 13일 황교안은 "검찰에 대한 국민 신뢰에 중대한 영향을 주는 사안이라 논란을 방치할 수 없어 논란을 종식하기 위한 조치"라며 채동욱의 혼외자 의혹에 대한 진상조사를 검찰총장의 지휘를 받지 않는 독립 감찰관에게 맡기겠다고 발표했다. 채동욱은 이 감찰 지시가 발표된 지 약 50분 만에 사의를 표했다. 혼외자 의혹은 사실이었다.[56]

10여 년간 한 여성과 혼외 관계를 유지하면서 그 사이에서 아들을 얻은 사실을 숨겨왔다는 '혼외자 사건'으로 채동욱 검찰총장은 전격 사임했다.

든든한 보호막이 사라진 윤석열은 10월 15일 수사보고서를 들고 서울지검장 조영곤의 집을 찾아갔다. 국정원 직원 4명이 트위터를 이용해 여론공작을 한 혐의와 관련해 이들의 강제 수사 필요성을 보고하기 위해서였다. 조영곤은 윤석열이 친형처럼 존경했던 선배로 두 사람의 팀워크는 굉장히 좋았지만, 채동욱이 사라진 상황에서 조영곤이 윤석열의 막무가내 뚝심을 감당하긴 어려웠다.

조영곤은 "야당 도와줄 일 있느냐", "정 하려면 내가 사표 내면 해라. (검찰의) 순수성을 의심받는다"며 수사를 만류했다. 법원이 이들에 대한 체포 영장과 압수수색 영장을 발부했지만, 윤석열이 영장 신청과 집행 사실을 조영곤에게 보고하지 않고 전결 처리한 것이 문제가 되어

윤석열은 10월 17일 수사 업무에서 배제되었다.[57]

'국정원 댓글 사건'과 '대선 부정선거 의혹'

2013년 12월 6일 『한겨레』는 "검찰이 국가정보원 심리전단 직원들이 2011년부터 2012년 12월까지 2,270개의 트위터 계정에서 2,200만 건의 글을 조직적으로 올리거나 퍼나른 사실을 확인했으나, 수사 인력의 한계와 재판 일정 때문에 대선·정치 개입 혐의에 대해 제대로 분석도 하지 못한 것으로 밝혀졌다"며 다음과 같이 말했다. "검찰은 처음 찾은 383개 계정의 대선·정치 개입 원글 12만 건과 2,270개 계정에서 이 원글을 리트윗한 109만 건을 합쳐 121만 건만 대선·정치 개입 관련 글이라고 공소장에 적시했다. 2,270개 계정에서 올린 전체 2,200만 건의 글 가운데 109만 건을 제외한 나머지 2,091만 건은 분석도 못했기 때문이다."[58]

박근혜는 회고록에서 당시 널리 떠돌았던 박근혜 정권의 '채동욱 찍어내기' 의혹을 부인했다. 그는 채동욱 혼외자 논란에 대해 "정치권에서는 마치 국정원 댓글 사건 수사에 불만을 가진 청와대 측이 검찰총장을 공격하기 위해 논란을 만들어낸 것 아니냐는 뒷말도 나왔다"며 "검찰총장 임명 당시 그가 혼외자 문제에 얽히리라고는 상상도 못했던 내 입장에서는 참으로 황당한 일"이라고 해명했다.

박근혜는 "만약 내가 이 의혹을 사전에 확실히 알았다면 채 총장이 검찰총장 후보자로 오르는 일도 없었을 것이고, 올랐다고 해도 당연히 내정되지 않도록 조치했을 것"이라며 "채 총장의 사퇴를 전후로 불거진

'박 대통령이 국정원 댓글 사건을 막기 위해 채 전 총장의 혼외자 논란을 터뜨린 뒤 찍어내게 했다'는 식의 낭설은 황당하다는 말조차 아깝다"고 일축했다.[59]

『서울신문』 논설위원 문소영은 『기자협회보』(2014년 2월 12일)에 기고한 「프레임의 덫에 걸린 '국정원 댓글 사건'」이란 칼럼에서 "야당조차 '국정원 댓글 사건'으로 부르는 탓에 사건의 본질이 사라지고 있다. 야당은 '대선 결과 불복'의 프레임을 걱정하거나, 또는 감당할 수 없는 정치적 파장에 대한 우려 탓에 감히 사용하지 못하고 있는 것일까"라면서 다음과 같이 말했다.

"유일하게 민주당 비례대표 장하나 의원이 '부정선거' 운운했으나 청와대와 새누리당이 '의원제명'을 거론하며 격렬하게 항의하자, 유야무야됐다. 한심한 민주당이다. 시인 김춘수의 「꽃」을 거론하지 않아도, 제대로 된 이름을 불러줘야만 비로소 '꽃'이 된다. '일물일단어一物一單語'다. 민주주의 공화국의 헌정질서를 문란하게 하고 민주주의 법질서를 혼탁하게 한 18대 대선의 부정선거 의혹을 바로잡고 싶다면, 이름을 제대로 불러줘야 한다. 이렇게 '대선 부정선거 의혹'이라고!"[60]

"저는 사람에게 충성하지 않습니다"

윤석열이 수사 업무에서 배제된 때는 공교롭게도 국정감사 기간이었다. 그가 소속된 여주지청은 서울고검 산하기관이라 지청장급의 다른 간부들과 함께 '기관 증인'으로 채택되었다. 당시 윤석열은 국정감사 불출석 사유서를 냈으나 국회 법사위원장이었던 민주당 의원 박영선이 설득하는 바람에 출석한 것이었는데, 이게 인연이 되어 박영선과 윤석열 부부는 나중에 식사도 같이하는 등 친분 관계를 맺게 된다.[61]

2013년 10월 21일 국정감사에서 윤석열은 처음엔 야당 의원들의 추궁에 "말씀드리기 곤란하다"고 버텼지만, 추궁이 계속되자 국정원 댓글 사건 당시 특별수사팀에서 배제되는 등 수사 외압이 심각하다고 폭로했다. 이에 새누리당 법사위 위원들이 반발했지만, 윤석열은 이젠 거침이 없었다. 그는 국정원 댓글 수사에 관한 지휘·감독 위반을 추궁하는 여당 의원들에게 "위법한 지휘·감독은 따를 필요가 없다"고 맞섰다. 특히 새누리당 의원 정갑윤과 주고받은 다음과 같은 문답은 윤석열을 하루아침에 유명 인사로 만들어주었다.

정갑윤 지금 검찰은 조폭보다 못한 조직입니다. 이게 도대체 무슨 꼴입니까? 윤석열 지청장, 한번 일어나 보세요. 우리 증인은 혹시 조직을 사랑합니까?

윤석열 예, 대단히 사랑하고 있습니다.

정갑윤 혹시 사람(채동욱)에 충성하는 것 아니에요?

윤석열 저는 사람에게 충성하지 않기 때문에 오늘 이런 말씀 드리는 겁니다.[62]

이 발언 뒤 윤석열은 많은 사람의 존경을 받는 스타가 되었다. 당시 서울대학교 법학전문대학원 교수 조국은 트위터에서 "'나는 사람에게 충성하지 않는다!'는 윤석열 검사의 오늘 발언, 두고두고 내 마음속에 남을 것 같다"고 했다. 조국의 선배 교수인 한인섭은 트위터에서 윤석열을

2013년 10월 21일 국정감사에서 윤석열은 국정원 댓글 사건 당시 특별수사팀에서 배제되는 등 수사 외압이 심각하다고 폭로하며, 자신은 사람에게 충성하지 않는다고 말해 많은 사람의 존경을 받는 스타가 되었다.

독립운동가에 비유했다. "독립운동가들이 자신의 행동으로 독립이 올 것이라고 확신해서 목숨을 걸었을까요? 왜놈의 개가 되는 것 외에 선택지가 없었다고 강변할 친일파들에게, '다른 길'도 있음을 대비시키는 효과도 있었던 게지요." 민주당 의원 박범계는 11월 9일 트위터에서 "한 번도 검찰에 대한 대화를 해본 적 없는 윤석열 형(저와 동기이죠)···굴하지 않고 검찰을 지켜주세요. 사표 내면 안 됩니다"고 격려했다. 조국은 박범계의 글을 공유(리트윗)하며 "더럽고 치사해도 버텨주세요"라고 했다.[63]

이외에도 많은 민주당 인사가 윤석열에 대한 칭찬과 찬양을 아끼지 않았다. 11월 19일 추미애는 민주당 의원으로 나선 대정부 질문에서 "(정권이) 수사를 제대로 하고 있는 검사들을 다 내쫓았다. 한 사람(박근혜)만 쳐다 보니 이것을 제왕적 대통령제라고 한다"고 정부를 비판했다.[64]

11월 하순, 『한국일보』 법조팀 기자들이 출간한 『민간인 사찰과 그의 주인: 공직윤리지원관실 불법 사찰 전모 추적기』의 추천사에서 문재인은 윤석열을 이렇게 찬양했다. "역시 사람이 희망입니다. 캄캄한 어둠 속에서 진실을 비추는 불빛들이 있습니다. 검찰의 윤석열 같은 분들입니다."[65]

'사람에게 충성하는 나라'에서의 삶

윤석열은 여권에선 정반대의 평가를 받았다. 새누리당은 "소영웅주의에 사로잡힌 정치검사"라고 비판했고, 국정원 내에서는 '거론조차 금기시 되는 인물'이 되었다.[66] 이 사건으로 인해 윤석열은 정직 1개월이라는 징계를 받은 데 이어 2014년 1월 10일 대구고검으로 발령을 받았다. 국정원 사건 수사 당시 경찰 수뇌부의 외압을 폭로한 서울 송파경찰서 수사과장 권은희는 총경 승진 인사에서 탈락했다. 이에 『한겨레』는 「청와대의 비열한 윤석열·권은희 '보복 인사'」라는 사설에서 "부당한 징계에 이은 비열한 보복 인사가 아닐 수 없다"며 "'정권에 충성하면 살고 대들면 죽는다'는 메시지가 아니면 이해할 수 없는 인사다"고 비판했다.[67]

대구고검으로 유배를 간 윤석열은 점심도 혼자 먹어야 할 만큼 외톨이였으며, 행사 때에도 여느 간부들과도 멀찍이 떨어져서 사진을 찍어야만 했다. 어느 수사관은 대검찰청 직장인 익명 커뮤니티인 '블라인드'에 글을 올려 "당시 대구고검에서 행사 사진 올린 것을 보면 진짜 불쌍하다"고 했다.[68] 윤석열은 2년 뒤 정기인사에서는 다시 대전고검으로 발령이 난다. 이는 아예 검찰에서 "나가라"는 신호였지만, 그는 사법고시 9수를 할 때처럼 묵묵히 버티면서 사표를 쓰지 않았다.

사실 "사람에게 충성하지 않습니다"는 말의 원천을 따지자면, 정갑윤이 최초로 발언한 것이고, 윤석열은 이에 그대로 대답했을 뿐이다. 하지만 이 발언은 훗날 문재인 정권이 윤석열을 검찰의 요직인 서울중앙지검장과 검찰총장에 발탁하면서 재소환되었고, 조국 사태를 계기로 윤석열과 문재인 정권 사이에 큰 균열이 일어나면서 다시 큰 화제가 되었다. "사람에게 충성하지 않는다"는 발언은 윤석열의 캐치프레이즈가 되었고, 결과적으로 윤석열이 대통령이 되는 데에 큰 기여를 했다. 정갑윤의 말마따나 윤석열이 정갑윤에게 이 발언의 저작권료를 주어야 마땅하다고 하겠다.[69]

그러나 그렇게 굳세었던 윤석열은 훗날 대통령이 된 후 여당 정치인들과 고위공직자들에게 자신에 대한 충성을 강요하는 권위주의적 인물로 돌변한다. 아니 원래 그런 사람이었을 게다. 충성은 받되 하진 않겠다는 이중기준 또는 "지구는 나를 중심으로 돈다"는 자기중심적 사고방식을 사람들이 미처 몰랐던 것인지도 모르겠다. 비록 속았을망정 윤석열의 '충성' 발언이 많은 사람의 심금을 울렸던 건 한국이 징그러울 정도로 '사람에게 충성하는 나라'이기 때문이었을 게다.

사람들은 내심 그런 세상을 경멸하지만 개별적으론 저항하지 못한다. 일상으로 돌아가면 사람에게 충성을 요구하는 부족주의 관행에 찌든 직장과 각종 조직에서 살아가야 하기 때문이다. 사람에게 충성하지 않아도 되는 세상을 꿈꿔온 보통 사람들의 희망과 열망을 배신하고 모욕한 윤석열의 죄가 엄중하다 하겠다.

제3장

"대운하 재추진 꿈꾸며 벌인 4대강 사기극"?

대규모 원전 비리와 전력 위기

2013년 5월 말 원자력안전위원회가 신고리원전 1·2호기 등의 제어 케이블 시험 성적서가 위조되었다고 발표한 직후 검찰 수사가 시작되면서 고구마 줄기처럼 줄줄이 드러난 원전 비리의 규모는 국민을 경악시키기에 충분했다. 비리는 원전 배수구 바닥판부터 원전의 안전과 직결되는 중요 부품까지 광범위했고, 특히 시험 성적서를 위조한 불량 부품이 원전에 대거 설치된 것으로 드러나 '안전 불감증'을 실감하게 했다. 이 때문에 신고리 1·2호기 등 국내 원전 3기가 가동을 중단해 유난히 더웠던 2013년 여름 사상 최악의 전력 대란 위기에 직면했고, 경제적인 손실은 10조 원에 육박했다.[70]

박근혜는 6월 3일 청와대 수석비서관회의를 주재하면서 "원전 비리는 국민의 생명과 안위를 개인의 사욕과 바꾼 용서받지 못할 일"이라며 "이번 원전 시험서 위조 사건은 전력 수급에 지장을 주는 것은 물론 국민의 생명을 담보로 엄청난 부정부패를 저질렀다는 데 더 큰 심각성이 있다"고 질타했다. 또 박근혜는 "이번 위조 사건에 대해 철저하고 신속하게 조사를 해 그동안 원전 분야에 고착된 비리의 사슬 구조를 새 정부에서는 원천적으로 끊어버릴 수 있도록 근원적인 제도 개선책을 철저히 마련해야 한다"고 지적했다.[71]

1년 후 전국 7개 검찰청에서 다룬 원전 비리 사건까지 합치면 처벌 대상은 모두 200여 명이며, 구속자는 100명을 웃도는 것으로 집계되었다. 박영준 전 지식경제부 차관, 김종신 전 한수원 사장, 이종찬 전 한국전력 부사장, 이청구 한수원 부사장 등 거물급 인사들이 대거 포함되었다. 원전 부품 제조업체부터 시험업체, 검증기관인 한국전력기술, 한수원에 이르기까지 이른바 '원전 마피아'가 구축한 비리 구조는 방대했다. 원전 비리 수사단이 기소한 153명 가운데 전·현직 한수원, 한전기술, 한전KPS 임직원이 50명에 달할 정도였다.[72]

"4대강 사실은 대운하 건설"

2013년 7월 10일 감사원은 '4대강 살리기 사업 설계·시공 일괄입찰 등 주요계약 집행실태' 감사 결과 이명박 정부가 한반도 대운하 재추진을 포석에 깔고 4대강 사업을 설계했다고 발표했다. 감사 결과에 따르면, 4대강 사업은 대운하 건설 사업이었으며, 이 과정에서 이명박 대통령이 국민을 기만하고, 국토부는 진실을 은폐했으며, 공정위는 비리를 눈감는 등 행정기관이 총체적 '범죄행위'에 가담했다. 감사원 감사 결과는 다음과 같은 내용이었다.

이명박의 대운하 중단 선언(2008년 6월) 이후인 2009년 2월 청와대는 국토부에 "사회적 여건 변화에 따라 운하가 재추진될 수도 있으니 이에 대한 대비가 필요하다"는 극비 지시를 내렸으며, 대통령은 국민에게 대운하 포기를 발표하고, 한편으로 국토부에 운하 건설 지시를 내리는 이중 플레이를 했다. 이에 따라 국토부는 대운하를 염두에 둔 마스터플랜을 작성하고 현대건설, 대우건설, 삼성물산, GS건설, 대림산업으로 구성된 경부운하 컨소시엄이 그대로 4대강 사업에 참여토록 했다.

이 과정에서 국토부는 건설사들의 담합 정황에도 4조 1,000억 원 규모의 1차 턴키공사를 발주해 담합을 방조해 엄청난 예산을 낭비했으며, 대운하를 염두에 두고 규모를 3배 가까이 늘리는 과정에서 수심 유지를 위한 유지관리비 증가, 수질관리 곤란 등의 부작용도 발생했다. 결국 4대강 사업은 그 규모가 커져 준설량은 2.2억 세제곱미터에서 5.7억 세제곱미터로 2배 이상 늘어났고, 보도 소형 4개에서 중대형 16개로 확대되었다. 특히 낙동강은 4대강 사업안이 기존 대운하안과 차이가 거의 없이 사업 계획이 결정되었고, 일부 지역은 목표 수심은 2미터대에서 6미터대로 바뀌었다.

이 과정에서 공정위는 4대강 담합 사건 처리를 1년 이상 방치했으며, 12개 건설사에 1,561억 원의 과징금을 부과하고 6개사를 고발한다는 사무처 의견을 8개사에 1,115억 원의 과징금만 부과하는 것으로 축소했고, 이에 대한 회의록조차 기록하지 않았다. 청와대는 진상 파악과 대책 마련을 촉구하고 나섰다.[73]

청와대 홍보수석 이정현은 강도 높게 이명박 정부를 비판했다. 그는 감사원 결과가 나오자마자 "감사원 감사 결과가 사실이라면 국가에 엄청난 손해를 입힌 큰일이다"면서 "전모를 확실히 밝히고 진상을 정확히 알아야 할 것 같다. 그래서 국민들에게 잘못된 부분은 잘못된 대로 사실대로 알리고, 그래서 바로잡아야 할 것은 바로잡고 고쳐야 할 것은 고쳐야 할 것이다"고 했다.[74]

이명박 정부에 대한 청와대의 이른바 '선긋기'는 감사원 감사와 검찰 수사 등을 통해 4대강 사업의 문제점이 속속 드러났고 여론이 전반적으로 4대강 사업에 비판적이라는 이유가 작용한 것으로 해석되었다. 앞으로도 홍수나 녹조, 부실공사 등 문제가 계속 불거질 가능성이 크기 때문에 책임 소재를 확실하게 해두지 않으면 현 정부에 두고두고 부담이 될 수밖에 없다는 점이 반영되었다는 것이다.[75]

"배신감을 넘어 허탈감을 느낀다"

『한겨레』는 7월 11일자 사설 「대운하 고려한 4대강 사업, 이 전 대통령 책임 물어야」에서 "4대강 사업을 대운하를 염두에 두고 추진하는 일은 이명박 전 대통령의 지시 없이는 불가능하다. 청와대와 국토부의 관련자는 물론 이 전 대통령에게도 책임을 엄중히 물어야 한다"면서 다음과 같이 말했다.

"전 국토를 헤집는 사업을 두고 국민을 이렇게 기만했다니 분노하지 않을 수 없다. 대통령 말고 누가 이런 지시를 할 수 있겠는가. 감사원 관계자도 진술이나 문건을 통해 이 전 대통령의 직접 지시를 확보한 것은 없지만 대통령의 의중이 반영된 것 아니냐는 생각이 든다고 말했다.

여러분, 이거 다 거짓말인거 아시죠?

4대강사업이라 쓰고 대운하라 읽는다!! 생태지평연구소

대국민 범죄자 이명박 구속하라!! 생태지평연구소

4대강 사업 = 대운하 대국민 사기극

© 연합뉴스

감사원이 이명박 정부가 대운하 재추진을 포석에 깔고 4대강 사업을 설계했다고 발표하자, 시민사회단체는 이명박 전 대통령 사저 앞에서 이 전 대통령의 책임을 촉구하는 기자회견을 했다.

그렇다면 직권남용과 배임 등 법적 책임을 물어야 마땅하다. 감사원이 이 전 대통령에 대한 사법적 조처는 고려하지 않고 있다는 것은 감사 결과를 스스로 부정하는 꼴이다."[76]

『경향신문』은 7월 11일자 사설 「대운하 재추진 꿈꾸며 벌인 4대강 사기극」에서 "온 국민을 속이고 적반하장의 태도까지 보인 MB 정부에 배신감을 넘어 허탈감을 느끼지 않을 수 없다"면서 다음과 같이 말했다.

"4대강 사업 과정에서 국고를 축낸 각종 비리는 당연히 철저히 규명해 단죄해야 한다. 이와 더불어 그런 원인을 제공하고 국민을 기만하고 정부의 신뢰에 치명적인 손상을 가한 부분도 반드시 규명해 정치적 책임을 물어야 할 까닭이 명백해졌다. 박근혜 대통령도 4대강 진상규명을 공약했던 만큼 정부의 신뢰 회복을 위해서도 비리 문제와 별도로 정치적 책임 부분을 엄중하게 다뤄야 할 것이다. 정치적 책임을 함께 지겠다는 뜻이 아니라면 말이다."[77]

『조선일보』는 7월 11일자 사설 「'대운하 전前 단계로 4대강 팠다' 감사 결과 사실인가」에서 이명박 정부 시절 4대강 주무 장관들은 "4대강 사업은 대운하와 전혀 관련 없는 사업"이라고 여러 차례 말했다면서 다음과 같이 말했다.

"그래 놓고선 여차하면 4대강에서 화물선이 다니는 걸 전제로 사업을 진행했다면 국민을 기만한 행위이고, 운하로 개조改造를 염두에 두고 4대강 설계를 하는 바람에 사업비가 13조 9,000억 원에서 18조 3,000억 원까지 늘어났다면 그냥 묵과할 수 없는 일이다. 감사원이 2010년과 2012년 두 차례에 걸쳐 감사를 하고는 '특별한 문제 없다' '공사가 부실했다'는 식으로 발표해놓고 정권이 바뀌자 '대운하를 염두에 둔 사업'이라고 나선 것 역시 문제다. 이명박 정부 4대강 사업 책임자들의 정치적·법률적 책임과 함께 감사원의 존재 의의意義가 논란의 도마 위에 오를 수밖에 없게 됐다."[78]

"4대강은 이명박·박근혜, 두 정권 공동책임"

7월 12일, 전 대통령 이명박 측은 "대운하 전제로 4대강 안 했다"고 공식 반박했다. "감사원이 대운하 연관성의 근거로 지적한 수심 6m 구간은 전체 구간 중 일부이며 한강 등 대부분 구간은 3~4m로 시공됐다", "대운하를 전제로 했다면 세종보를 제외한 전체 보마다 다리를 설치할 이유가 없었다"는 내용의 반박이었다. 이에 대해 감사원은 "청와대가 대운하 전환 가능성에 대비해 수심과 준설량을 늘리라는 지침을 준 내용은 국토부에서 입수한 자료에 다 나와 있다. 문건도 하나가 아니라 여러개", "우리 입장은 감사 결과 보고서에 다 담겨 있고 하나하나 반박하지 않겠다"고 다시 반박했다.[79]

야당은 이명박 정권과 박근혜 정권을 싸잡아 비판했다. 민주당 대표 김한길은 7월 12일 최고위원회의에서 "대운하 사기극으로 밝혀진 4대강 사업은 명백한 전·현 새누리당 정권의 책임"이라고 규정했다. 그는 "청와대는 마치 남의 일인 것처럼 말하고 있지만, 박근혜 대통령은 2010년 이명박 대통령과 독대 후에 4대강 사업 자체가 큰 문제가 없다는 판단이 있어서 협조하겠다고 말하면서 국민을 믿게 했다"며 "여기에 새누리당은 국민과 야당의 강력한 반대에도 불구하고 3년이나 연속해서 4대강 사업 예산을 날치기했다"고 말했다.

진보정의당도 하루 전 논평을 내 "새누리당과 청와대가 당시에는 침묵 방조하고 4대강 예산을 날치기 통과시켜놓고서도 이제 와서 이정현 홍보수석 입을 통해 선긋기만 하면 끝이란 말인가"라며 "감사원과 새누리당, 청와대도 MB 정부의 4대강 사기극으로부터 자유로울 수 없다"고 지적했다.[80]

감사원에도 비판이 쏟아졌다. 이명박 정부 시절에 실시한 두 차례의 감사 내용과 판이하게 달랐기 때문이다. 감사원은 4대강 공사가 본격적으로 시작된 뒤에도 논란이 끊이지 않자 2009년 8월 처음 감사에 착수, 이듬해 6월 감사를 끝내고 4대강 사업에 별다른 문제점을 확인하지 못했다고 발표했다. 하지만 2013년 1월 발표한 2차 감사 결과에서는 4대

감사원은 2010년에 '특별한 문제 없다'고 발표해놓고 정권이 바뀐 2013년에 '총체적으로 부실한 사업'이라고 발표해 논란을 자초했다. 감사원 최재해 제1사무차장이 4대강 사업에 대한 감사 결과를 발표하고 있다.

강 사업으로 수질 악화가 우려되고 비효율적인 준설로 향후 유지 관리에 과도한 비용이 드는 등 총체적으로 부실한 사업이라고 했다. 그리고 이번 3차 감사 결과 발표에선 이명박 전 대통령의 대운하 건설 의지가 반영되었기 때문에 부실 사업이 버젓이 추진되었다고 말한 것이다.

『경향신문』은 7월 12일자 사설 「'감사원의 4대강 감사'를 감사하고 싶다」에서 "돌이켜보면 감사원이 그간 실시해온 4대강 사업 감사에는 아쉬움이 많다. 4대강 사업에 대한 평가가 처음에는 긍정적이다가 뒤에 부정적으로 바뀌었다는 점에서 그렇다. 감사 대상이 다른 데 따른 불가피한 결과라는 감사원의 해명은 설득력 있게 들리지 않는다. 오히려 4대강 사업 감사는 '정치 감사'라는 비판을 자초했다"면서 다음과 같이 말했다.

"4대강 사업을 처리해온 감사원의 자세에는 실망하지 않을 수 없다. 4대강 사업 감사 결과가 정권에 따라 극과 극을 오갔기 때문이다. 감사 결과 내용과 발표 시기를 보면 확인할 수 있다. 감사원은 대통령이 원장을 임명하는 대통령 직속기관이지만 헌법상 청와대 지시를 받지 않는 독립기관이다. 몇 차례 실시한 4대강 사업 감사 결과를 보면 감사원이 과연 정도正道를 걸었는지 의문을 제기하지 않을 수 없다."[81]

10월 15일, 국회 법제사법위원회가 실시한 감사원 국정감사에서 감사 결과를 놓고 여야 국회의원 간에 설전이 벌어졌다. 또한 임기가 1년 7개월 남은 감사원장 양건의 사퇴에 대해 민주당 의원들은 정치적 외압 의혹을 제기했으며, 새누리당 의원 이주영은 "감사원장의 무책임한 사퇴로 인한 감사원 업무 마비가 우려되고 있다"면서 "'외압'이 아니라 개인의 '눈치 보기'가 원인이라는 주장도 있다"고 말했다.[82]

이명박의 4대강 사업 자화자찬自畵自讚

이런 일련의 문제에도 이명박은 2015년 2월에 출간한 회고록 『대통령의 시간 2008-2013』에서 4대강 사업은 '세계의 부러움을 사는 대상'이 되었다고 주장했지만,[83] 결코 그렇게 볼 수 없는 문제들이 이후에도 계속 드러나기 시작했다. 이명박은 4대강 사업 반대운동이 거세게 일어나던 2010년 3월 23일 청와대에서 주재한 국무회의에서 "경부고속도로, 경부고속철도도 정치적으로 반대가 많았다. 청계천과 버스전용차로도 상대 당이 서울시장 사퇴하라고 공격했다"며 "하지만 결국 결과가 반대하던 사람들을 설득시켰다"고 말했다.[84] 자신의 그런 성공 경험이 오히려 독약이 된 건 아니었을까?

4대강 사업은 정쟁政爭 과잉인 한국 사회의 일면을 그대로 반영한 것처럼 보였다. 언론도 그런 정쟁에서 자유로울 수 없었다. 2015년 6월 4일 대한하천학회가 환경운동연합과 함께 2007년 8월부터 2014년 12월까지 7년 5개월 동안 12개 일간지(『조선일보』·『중앙일보』·『동아일보』·『한겨레』·『경향신문』·『문화일보』·『국민일보』·『세계일보』·『한국일보』·『서울신문』·『매일경제』·『한국경제』)의 사설과 칼럼 중 '한반도 대운하'와 4대강 사업과 직접 관련이 있는 1,747건을 선정해 이에 대한 찬반 평가와 프레임을 분석한 결과를 발표했다.

이 분석 결과 발표에 따르면 4대강 사업에 대해 『문화일보』 전체 93건 중 89건(95.7%)으로 가장 강한 찬성 입장을 폈던 것으로 나타났다. 대운하 사업에 대해 부정적 입장(11건 중 7건)이 오히려 우세했던 『동아일보』 4대강 사업에 대해선 논조가 돌변해 긍정 비율이 84.3%(128건 중 107건)나 되었다. 『문화일보』는 부정적 입장이 단 1건도 없었으며 『동아일보』는 7건(중립 13건)에 불과했다.

뒤를 이어 4대강 사업 찬성 비율은 『한국경제』 77.5%(71건 중 55건), 『중앙일보』 49.1%(59건 중 29건), 『매일경제』 42.9%(42건 중 18건), 『국민일보』 40.0%(100건 중 40건), 『서울신문』 35.7%(115건 중 41건), 『조선일보』 28.2%(85건 중 24건), 『한국일보』 24.7%(182건 중 45건), 『세계일보』 17.5%(63건 중 11건), 『한겨레』 1.7%(360건 중 6건), 『경향신문』 0.4%(236건 중 1건) 순으로 나타났다. 『한겨레』와 『경향신문』의 찬성 의견은 모두 외부 칼럼이었다.

홍미로운 점은 4대강 사업에 대해선 적극적으로 찬성 입장을 폈던 『동아일보』와 『중앙일보』·『국민일보』 등을 비롯한 대부분 신문이 한반도 대운하에 대해선 부정적 입장이 우세한 것으로 조사되었다는 점이다. 대한하천학회 연구위원 이철재는 "대운하 관련 프레임 분석을 보면 대운하를 속도전으로 밀어붙이는 것에 대한 비판이 담겨 있는 '권위주의 비판' 프레임은 『조선일보』를 비롯해 모든 언론사에 고르게 나타났다"며 "'대운하 효과'를 강조하는 '대운하 효과 옹호' 프레임보다 '대운하 효과 비판' 프레임이 대부분 언론사에서 높게 나타나고 있어, 전체적으로 대운하의 국민적 합의를 강조하는 프레임이 도드라졌다"고 설명했다.[85]

'과학 논리'를 삼켜버린 '진영 논리'

4대강 사업에 대한 평가 역시 정쟁으로 얼룩진 것과 관련, 훗날 (2015년 9월 12일) 『조선일보』 논설위원 한삼희는 칼럼을 통해 "전임 대통령이 4대강을 임기 내에 개조하겠다고 밀어붙인 것은 과욕過慾이었고 절차상 편법, 우격다짐이 많았다. 개인 업적보다 국가 장래를 길게 내다보고 급한 곳부터 단계적으로 추진했더라면 부작용은 훨씬 덜했을 것이다. 그런 점을 감안해도 4대강 사업에 대한 비판의 상당 부분은 공정하지 않은 경우가 많다. 비판할 것은 비판하더라도 효과를 본 부분은 그것대로 평가할 수 있어야 그 비판에 귀를 기울이는 사람이 많아진다"며 다음과 같이 말했다.

"우리 지식사회의 문제 중 하나는 '진영陣營 논리'가 '과학 논리'를 삼켜버린다는 점이다. 예를 들어 어떤 사람이 4대강에 대해 무슨 입장인지 알면 그가 원자력에 어떤 생각을 갖고 있는지, 광우병이나 케이블카에 대해서는 뭐라 말할지 거의 정확하게 짐작할 수 있다. '어느 쪽이 유리해지나'라는 이해利害를 따져 진영의 논리를 구성하기 때문이다. 그런 자판기식式 논리로는 현상 전체가 눈에 들어올 수 없고 자기가 보고 싶어하는 방향과 각도에서만 보는 '선택적 취사取捨'의 왜곡에 빠지게 된다. 나도 간혹 이런 오류에 빠지고 있진 않은지, 말하기 조심스러운 부분이긴 하다."[86]

사실 그런 문제가 심각했다. 이를 인정하는 관점에서 보자면, 4대강 사업에 대한 진보 진영의 원초적 반감과 이념적 접근에도 동의하기 어려운 점이 많았고, 전문가들조차 그런 이념과 정치적 성향에 따라 움직이는 경향이 있었다는 걸 지적해두는 게 공정할 것이다. 그래서 이 문제는 앞으로 새로운 분석과 해석이 등장하면서 계속 논쟁적 주제가 될 가능성이 높아졌다.

사실 2013년은 '진영 논리'가 본격적으로 사용되는 분기점이기도 했다. 2012년 대선 패배 이후 캠프 해단식에서 민주통합당 대선후보였던 문재인은 진영 논리에 갇혀 중간층의 지지를 더 받아내고 확장하는 데 부족함이 있었다고 평가했다. 민주통합당 상임고문 손학규는 2013년 1월 10일 "국민은 진보, 보수의 이념 틀 속에 갇히길 원하지 않았고, 편 가르는 진영 논리를 거부한 것"이라고 민주통합당의 패인敗因을 분석했다. 무소속 의원 안철수는 2013년 5월 18일 기존 정치권의 문제점을 진영 논리와 연관시켜 다음과 같이 비판했다,

"진영의 장막을 걷어야 합니다. 민주화 이후 한국 정치를 지배해온 이념 과잉과 배제의 정치는 진영 정치라는 낡은 정치 유물을 만들었습

니다. 칭찬과 격려가 없는 정치, 양보와 타협이 없는 정치가 계속되었습니다. 상대방은 인정되지 않았습니다. 옳은 것도 자기 진영의 논리가 아니면 배척되었습니다. 중도는 용납되지 않았습니다. 진영의 권력 쟁취만을 위한 정치가 계속되어왔습니다."[87]

정치학자 채진원의 분석에 따르면, "2013년 이후 진영 논리란 검색어는 폭발적으로 증가했다". 그는 "부정적 의미의 진영 논리의 특징은 일종의 '선악 게임' 양상을 드러내면서 진리 독점을 꾀하며, 상대방을 적과 동지의 관계로 파악하고 그것을 극복의 대상으로 삼는다는 점이다"고 평가했다.[88]

세종특별자치시와
'영충호 시대'

2012년 7월 1일 세종특별자치시가 출범했다. 세종시는 2002년 참여정부가 신행정수도 충청권 건설을 공약으로 내놓은 이후 10년 만에 출범한 것으로, 9월 국무총리실을 시작으로 2014년 말까지 9부 2처 2청을 포함한 총 36개 정부기관이 이전할 예정이었다. 대선이 다가오면서 세종특별자치시를 위해 누가 더 기여했느냐가 선거 쟁점이 되었다.

10월 17일 민주당 대선후보 문재인은 충북을 방문한 자리에서 새누리당 대선후보 박근혜를 겨냥해 "국가균형발전 정책이 폐기되고 있을 때 집권 여당의 대주주로서 어디서 무엇을 했는가. (민주당이) 간신히 막아 놓으니 숟가락 하나 올려놓고 자신이 세종시를 지킨 것처럼 말한다"고 비판했다. 그러자 박근혜는 10월 21일 충남 천안 독립기념관에서 열린 충남 선대위 출범식에서 인사말을 통해 "제가 그렇게 세종시를 지킬 동안 야당은 어디서 무얼 하고 있었냐"고 따졌다. 박근혜는 "저는 세종시를 지키기 위해 정치생명을 걸고 맞섰다"면서 "당시 '박근혜가 제1야당인 것 같다'고 했던 야당이 이제 와서 저한테 '숟가락만 얹었다'고 비난한다. 이것이야말로 국민을 기만하는 일"이라고 비난했다.[89]

2013년 4월 현재 세종청사에 입주한 부처는 국무총리실을 비롯해 기획재정부, 국토교통부, 해양수산부, 농림축산식품부, 환경부, 공정거래위원회 등이었다. 하지만 세종시로 이전한 부처의 장관 등 고위공직자들은 여전히 '서울 더부살이'를 계속하고 있었다. 임기 초 청와대나 국회 업무보고에다 최근에는 추가경정예산안 처리까지 겹쳐 세종청사에 있어야 할 장관들이 국회 인근이나 산하기관 등에 마련한 '제2집무실'로 출근하고 있었던 것이다. 이 때문에 국회 안팎에서는 '여의도가 사실상 제2행정수도가 된 것 같다'는 우스갯소리까지 나왔다.[90]

2013년 6월 27일 충북도는 5월 말 주민등록 기준으로 충청권 인구가 525만 136명으로 집계되었다고 밝혔다. 이는 호남권 인구 524만 9,728명보다 408명이 많은 수치였다. 충청권 인구가 건국 이후 처음으로 호남권 인구를 앞지른 것이다. 충청권 인구는 세종시 11만 6,842명을 비롯해 대전시 152만 9,085명, 충남도 203만 6,661명, 충북도 156만 7,548명 등이었지만, 호남권 인구는 광주시 147만 1,801명, 전남도 190만 6,335명, 전북도 187만 1,592명이었다.[91]

충청 인구가 호남을 앞지르면서 '영충호 시대'란 말이 회자되었다. 충청권에서는 유행어가 된 '영충호 시대'란 말은 충북 지사 이시종이 처음 꺼냈다. 그는 '이젠 영충호 시대'란 8월 12일 보도자료에서 "지난 5월 이후 충청권 인구가 호남권 인구를 추월해 과거 영호남 중심의 지방 구도가 이젠 영-충-호(영남·충청·호남)로 바뀌게 됐다"고 밝혔다.[92]

아파트가 아니라
'아파트 단지'가 문제다

2013년 한국의 독특한 아파트 문화와 관련해 중요한 책 2권이 출간되었다. 6월에 출간된 서울시립대학교 교수 박철수의 『아파트: 공적 냉소와 사적 정열이 지배하는 사회』, 7월에 출간된 명지대학교 교수 박인석의 『아파트 한국 사회: 단지 공화국에 갇힌 도시와 일상』이 바로 그것이다.

이들은 한국의 아파트가 '공동체 죽이기'의 방향으로 진화한 이유에 대해 문제는 '아파트'가 아니라 아파트 '단지'이며 한국 사회가 문제인 것은 '아파트 공화국'이라서가 아니라 '단지 공화국'이기 때문이라고 분석했다. 이들은 한국이 단지 공화국이 된 것은 정부의 '단지화 전략' 때문이라고 진단했다. 주택 부족, 공공시설 문제를 해결하려고 정부가 의도적으로 선택한 정책이라는 것이다. 역대 정부들은 매년 초 "올해는 몇만 채의 아파트를 공급하겠다"는 발표를 해왔는데, 이에 대해 박철수는 이런 질문을 던진다.

"그런데 정말 정부가 공급한 것인가요? 실제로는 주공이나 아파트 건설업체들이 아파트를 '분양'하는 것이었고, 정부는 마치 자신들이 공공주택을 공급하는 것처럼 표현했습니다. 건설업체에 아파트 안에 공원, 놀이터 등 부대 복리시설을 만들게 정해놓으면 복지 공간을 정부 돈을 들이지 않고 공급하는 셈이니 정부로선 손 안 대고 코 푸는 것이나 마찬가지였던 겁니다."[93]

이 모든 시설은 아파트 단지 입주자들의 부담이었다. 당연히 단지 주민들은 높은 담을 두르고 타인의 출입을 막았다. 그래서 한국의 아파트 단지는 철저하게 폐쇄적이 될 수밖에 없었다. 이에 대해 박인석은 "주민들을 탓할 수 있는가?"라는 질문을 던졌다.

"자연스러운 일 아닌가. 이것을 이기주의라고 탓해야 하는가. 손해를 좀 보더라도 담장을 헐고 살라고 해야 하는가. 탓해야 할 것은 오히려 녹지와 공원이 태부족 상태인 도시 환경 아닐까. 온 골목이 불법 주차장이 되도록 방치하고 그 상태에서도 아무 대책 없이 건축을 계속 허가하고 자가용 차량 판매를 지속하는 사회 체제를 탓해야 하는 것 아닌가."[94]

입주민들끼리는 잘 지내느냐 하면 그것도 아니다. 자기 집으로 가는 길은 외줄기여서 이웃과 만날 일이 없다. 낯선 손님은 즉시 경계 대상이 된다. 공공의식이나 공동체 의식도 없다. 마당, 복도 등 공공 공간, 곧 이웃과 공유하는 공간이 어떻게 되든 현관 안쪽의 사적 전용공간만 넓고 쾌적하면 그만이다. 즉, 아파트 단지화는 사적 전용공간의 중시 경향을 낳고, 그 결과 공동체 의식 저하를 초래한 것이다.

그에 따른 해법은 결국 '단지화의 중단과 해체'다. 박철수와 박인석은 어차피 단지식 개발이 끝물이라는 데 동의한다. 요즘은 지어도 잘 팔리지 않고, 주민들도 원치 않는다는 것이다. 서울시의 뉴타운 사업 포기가 변곡점이었던 셈인데, 문제는 기존의 단지를 어떻게 할 것인지다. 박인석은 다음과 같이 말한다.

"궁극의 지향점은 결국 시간의 켜가 쌓인 골목의 회복이지만 그 이전에 담장 허물기, 단지를 작은 단위로 쪼개기, 도로에 접한 저층부를 상점으로 만들기, 계단실과 계단실 연결하기, 동과 동 사이 연결다리 만들기 등이 해법이 될 수 있습니다. 이를 위해선 시민들 모두 약간의 불편을 마땅히 감수하는 태도가 필요하다는 인식을 공유해야 할 것입니다."[95]

제4장

"박근혜의 공약 먹튀 대국민 사기극"인가?

'기초연금 20만 원' 공약의 실종

2013년 7월 10일 박근혜는 언론사 논설·해설위원실장 오찬 간담회에서 "(경제민주화) 중점 법안이 7개 정도였는데 6개가 이번(6월 임시국회)에 통과됐다. 그래서 거의 끝에 오지 않았나 생각한다"며 "이제는 서로가 법을 지키려고 노력하면서 투자하고 경제를 발전시키기 위해 노력해 나가야 한다"고 말했다. 경제민주화 입법화가 일단락된 만큼 성장에 집중하겠다는 것이었다.

하지만 경제민주화 법안은 누더기가 되어 있는 상태였다. 특히 핵심 통과 법안은 내용상 당초 안보다 후퇴한 상태였다. 대기업의 일감 몰아주기 규제 대상이 대기업의 '모든 계열사'에서 '총수 일가가 일정 지분을 보유한 계열사'로 축소된 게 대표적이었다. 박근혜의 대선공약이었지만 국회 상임위 문턱을 넘지 못한 법안도 적지 않았다.

대기업의 신규 순환출자 금지 법안과 보험·증권 등 제2금융권으로 대주주 적격성 심사를 확대하는 법안은 6월 국회 처리가 목표였지만 정무위에 계류 중이었으며, 횡령·배임 등 재벌 총수의 중대 범죄에 대해 집행유예를 금지하는 특정경제범죄가중처벌법 개정안, 형 확정 이후 대통령 사면을 차단하는 사면법 개정안 등은 법사위에 머물러 있는 상태였다. 이런 상황에서 박근혜가 경제민주화 입법에 대해 사실상 '종결 선언'을 한 것이다.[96]

7월 17일 보건복지부 장관 자문기구인 국민행복연금위원회는 박근혜 대통령 대선공약에서 크게 후퇴한 내용의 기초연금 합의안을 발표했다. 합의안은 소득 하위 70% 노인에게 소득인정액(재산을 소득으로 환산한 금액과 정기 소득을 합친 금액)을 기준으로 최대 월 20만 원에서 차등 지급, 소득 하위 70% 노인에게 국민연금과 연계해 최대 월 20만 원까지 차등 지급, 소득 하위 80% 노인에게 월 20만 원 정액 지급 등 크게 3가지로 구성되었다.[97] '4대 중증질환 진료비 전액 국가 부담' 공약이 '4대 중증질환 보장성 강화'로 달라진 데 이어 '모든 65세 이상 노인에게 월 20만 원 기초연금 지급' 공약도 사실상 '공약空約'이 되면서 논란이 일었다.

『한겨레』는 7월 18일자 사설 「휴지 조각이 돼버린 '기초연금 20만 원' 공약」에서 "'모든 노인에게 20만 원씩'을 약속했던 박근혜 대통령의 장밋빛 대선공약은 휴지 조각이 돼버렸다"면서 다음과 같이 말했다.

"공약 후퇴는 재원을 확보할 길이 없기 때문이라고 한다. 국민행복연금위원회의 김상균 위원장은 '박근혜 대통령의 대선공약을 만든 6개월 전과 현재의 경제 상황이 상당히 차이가 난다'고 궁색한 변명을 늘어놓았다. 그렇다면 6개월 전이라면 이 약속을 지킬 수 있었다는 말인지

묻지 않을 수 없다. 그게 아니라면 박 대통령은 예산이 얼마나 드는지도 모르고 화려한 공약만 남발한 무책임한 대통령인 것이다."[98]

『경향신문』은 7월 19일자 사설 「사과 한마디 없이 뒤집히는 '박근혜 공약'」에서 "박근혜 대통령의 주요 대선공약들이 대부분 뒤집히고 있다"면서 "뒤집힌 공약들은 박근혜 대통령을 탄생시킨 소위 '대표 공약'들이다. 복지, 경제, 안보 영역에서 핵심적인 공약들이 집권 6개월 만에 대폭 수정되거나 후퇴되고 있는 것이다. 문제의 심각성은 여기에 있다. 박근혜 대통령 후보의 경제민주화와 복지 공약 등을 평가해 박 후보를 선택한 국민들에게는 명백한 기만이기 때문이다"고 말했다.[99]

이게 '증세 없는 복지'란 말인가?

2013년 8월 8일 박근혜 정부는 부총리 겸 기획재정부 장관 현오석 주재로 세제발전심의위원회를 열고 '2013년 세법개정안'과 '중장기 조세정책방향'을 확정했다. 세법개정안은 골격은 고소득자가 더 많이 세금 혜택을 보는 소득공제 방식을 저소득층이 상대적으로 이득을 보는 세액공제 방식으로 바꾼 것으로, 방향은 잘 잡았다는 평가를 들었지만 2가지 면에서 논란이 되었다.

하나는 세 부담 형평성이었다. 재벌들엔 기업의 법인세는 직접 손대지 않고 대기업의 비과세·감면 혜택을 줄이는 방식의 '간접 증세'를 도입한 반면 근로자들에겐 세 부담을 가중시켜 이른바 '유리지갑' 털기라는 비판에 직면했다. 소득공제가 세액공제 방식으로 바뀌면서 연간 근로소득이 3,450만 원을 초과하는 근로자 434만 명(전체의 28%)의 세금이

어르신에게 **기초연금 월 20만원**
중소기업살리는
경제민주화 공정사회를이루는길
새누리당
중증질환 100% 국가책임!
반값 등록금 완전실천!

2012년 대선에서 '기초연금 월 20만 원'을 약속했던 박근혜 대통령의 장밋빛 대선공약은 휴지 조각이 되어버렸다. 재산에 따라 차등 지급하는 방식으로 수정된 것이다.

평균 16만 원에서 865만 원 늘어나는 것으로 추정되었다. 이 때문에 정부가 '증세 없는 복지'를 위해 상대적으로 세원이 노출된 중산층 근로자의 세 부담을 늘렸다는 지적이 제기되었다.[100]

또 하나는 박근혜 정부의 국정 과제 추진에 필요한 재원 마련이었다. 정부는 '국정 과제 이행을 위한 재정지원 실천계획'(공약가계부)에서 향후 5년간 48조 원가량을 추가로 마련하겠다고 밝혔지만 새로 마련한 세법개정안에 따르면, 5년간 마련할 수 있는 세금은 약 2조 4,900억 원에 그치는 것으로 나타났기 때문이다.[101]

사회공공연구소 연구위원 송유나는 "박근혜 대통령의 '증세 없는 복지' 구호 탓에 소득 구조가 공개된 직장인들이 많은 부담을 짊어지게 됐다"며 "10%대 초중반에 머물고 있는 법인세 실효세율을 끌어올리고, 기업들의 사회보장금 비중을 높이지 않는다면, 아랫돌 빼 윗돌 괴는 현

상이 계속될 것"이라고 지적했다.[102]

8월 8일 경제정의실천시민연합(경실련)은 정부의 세법개정안에 대해 "박근혜 정부가 천명한 '증세 없는 복지 확대'가 결과적으로는 재벌에게는 또 다른 혜택을 주면서 서민층에게 그 부담을 전가하는 행태로 귀착됐다"고 주장했다. 경실련은 이날 논평을 통해 이같이 지적한 후 "세법개정이 비현실적인 국정 과제 지원에 우선되면서 조세 형평성 제고는 뒷전으로 밀렸고, 경제민주화에 역행하는 재벌 특혜 세제로 조세 형평성을 더욱 악화시키고 있다"고 말했다.

경실련은 또 "재벌에게는 특혜를 주면서 서민에게 부담을 전가하고 있다"며 "2012년 조세부담률 20.2%를 2017년에는 21%로 끌어올리겠다는 것은 결국 서민의 세금 부담을 높이는 것이며 신용카드 소득공제율을 현행 15%에서 10%로 낮추는 것은 역시 서민들의 세 부담을 늘리게 된다"고 설명했다. 경실련은 이어 "양도소득세 1세대 1주택에 대한 양도소득세 장기보유특별공제율 인하는 다주택자들이 아닌 실주택 소유자에 대한 혜택을 축소하는 것이어서 서민들의 세 부담을 늘리는 항목"이라며 "이는 중산층 이하 근로소득자의 혜택을 축소해 손쉽게 세금을 부과하려는 행태"라고 주장했다.[103]

재원을 근로자 주머니 털어 마련하는가?

직장인들도 "복지를 위해 증세하지는 않겠다"던 박근혜의 대선공약의 취지에 맞지 않는다며 불만을 토해냈다. 2012년 대선에서 박근혜는 "증세는 하지 않겠다"고 말했다. 민주당 문재인 후보가 "고소득자 중심으로 증세를 해 복지재원을 마련하자"고 주장하자 박근혜 후보는 "증세를 하지 않고도 복지재원을 마련할 수 있다"고 맞섰다.

박근혜 정부의 '증세 없는 복지 정책'으로 세수 확보에 왜곡이 생기고 복지 정책에 대한 거부감이 커지고 있었기 때문일까? 증세를 통해 필요한 세원을 확보하고 투명하게 예산을 집행하는 게 필요하다고 주장하는 사람들도 있었다.

내가만드는복지국가 공동운영위원장 오건호는 페이스북을 통해 "4,000만~7,000만 원 계층이 월 1만 원 더 내는 것을 세금 폭탄이라 말하기 어렵다. 이번 세제개편안으로 가장 부담이 커진 대상은 상위 계층"이라며 "핵심 문제는 대기업 과세가 빠졌다는 것으로 (이 부분을) 더 세게 집요하게 가야 한다"고 밝혔다.

강남대학교 교수 안창남도 "이번 세제개편안은 세금 폭탄은 아니지만 과세 대상폭을 너무 넓게 잡아 상대적 박탈감 때문에 저항이 심한 것"이라며 "복지재원을 줄인 만큼 복지도 축소될 수밖에 없어 박근혜 대통령은 '복지를 할 테니 세금을 더 내달라'고 솔직하게 얘기해야 한다"고 말했다.

홍익대학교 교수 전성인은 "증세가 아니라 세금감면 축소라고 하는 것은 말장난이다. 공약 이행을 위해 복지재원 조달이 필요하다는 상식을 인정하지 않으니 국민이 반발하는 것"이라며 "증세는 상대적으로 세 부담이 적은 곳(고소득층)에 먼저 하고, 그래도 부족하니 서민과 중산층도 더 걷자, 이런 쪽으로 가야 한다"고 말했다.[104]

『경향신문』은 8월 9일자 사설 「공약 이행 재원을 근로자 주머니 털어 마련하나」에서 "발표 내용에 대한 총평은 실망스럽다는 말로 표현할 수 있다. 세법개정안이나 중장기 정책 방향이 박 대통령의 공약인 '증세 없는 복지'를 위해 비과세·감면 제도 정비 등으로 접근하고 있기 때문이다"면서 다음과 같이 말했다.

"올해 세법개정안대로라면 고소득자와 대기업의 세 부담은 2조 9,700억 원 증가하는 반면, 서민·중산층과 중소기업은 6,200억 원 감소한다고 한다. 크게 보면 조세의 소득재분배 기능을 강화한다는 면에서 바람직하다. 그러나 세부적으로는 고소득자의 세 부담이 근로자에게 집중돼 형평성 문제가 제기된다. 소득공제가 세액공제 방식으로 바뀌면서 연간 근로소득이 3,450만 원을 초과하는 근로자 434만 명(전체의 28%)의 세금은 평균 16만~865만 원 늘어나지만 고소득 자영업자의 세 부담 증가는 없기 때문이다. 고소득 근로자 중에서도 소득이 적은 '중소득자'의 부담이 상대적으로 더 커지는 것도 문제다."[105]

"거위 깃털 살짝 뽑기" 역풍

세법개정안이 결국 '유리지갑'인 봉급생활자 세금 부담을 늘리며 "사실상 증세한 것"이라는 불만이 터져 나오자 8월 9일 청와대 경제수석 조원동은 예고 없이 춘추관을 찾아 정부 세법개정안에 대해 "(박 대통령이) 대선 토론 과정에서도 계속 이야기했지만 증세는 새로운 세목을 신설하거나 세율을 인상하는 게 명시적 의미"라며 "그런 점에서 (내년도 세법개정안) 분명히 증세가 아니다"고 주장했다. "(박 대통령은 대선 때 복지 공약 소요 재원) 135조 원을 어떻게 (충당)하려느냐는 물음에 '비과세 감면 축소, 지하경제 양성화를 통해서 하겠다'고 말씀하셨다. 이번 세제

조원동은 "거위가 고통을 느끼지 않도록 깃털을 살짝 빼내는 식으로 세금을 더 거두는 것"이라고 말해 월급쟁이들의 분노에 기름을 쏟아붓었다. 루이 14세 당시 재무장관이던 장 바티스트 콜베르.

개편도 비과세 감면 축소"라고도 했다.

이어 그는 세법개정안에 대한 월급쟁이·영세상인 등의 반발과 관련해 "올해 세법개정안의 정신은 거위가 고통을 느끼지 않도록 깃털을 살짝 빼내는 식으로 세금을 더 거두는 것"이라고 말했다. "짐이 국가"라고 외친 프랑스 루이 14세 시절 재무장관이던 장 바티스트 콜베르Jean-Baptiste Colbert, 1619~1683가 "세금 징수 기술은 거위가 비명을 덜 지르게 하면서 최대한 많은 깃털을 뽑는 것과 같다"고 한 말을 인용한 것이다. 하지만 이 말은 오히려 월급쟁이들의 분노에 기름을 쏟는 격이었다. 주말 동안 트위터 등 SNS상에서는 조원동의 '거위론'을 질타하는 글들이 쇄도했다.[106]

8월 12일 박근혜는 청와대 수석비서관회의에서 "서민경제가 가뜩이나 어려운 상황인데 서민과 중산층의 가벼운 지갑을 다시 얇게 하는 것은 정부가 추진하는 서민을 위한 경제정책 방향과 어긋나는 것"이라며 세제개편안을 원점에서 재검토하라고 지시했다. 이른바 '중산층 증세 논란'의 조기 진화에 나선 것이다. 기획재정부가 세제개편안을 발표한 지 나흘 만에, 조원동 청와대 경제수석이 '증세가 아니다'며 원안 고수 방침을 밝힌 지 사흘 만이었다.

박근혜는 또 정부의 세법개정안이 "저소득층 세금이 줄고 고소득층 세금 부담이 상당히 늘어나는 등 과세 형평성을 높이는 것"이라면서도 "개정안에 대한 오해가 있거나 국민들께 좀더 상세히 설명드릴 필요가 있는 사안에 대해서는 사실을 제대로 알리고, 보완할 부분이 있다면 적극 바로잡아야 할 것"이라고 말했다. 박근혜가 이처럼 짧은 기간에 정부와 청와대가 내놓은 정책을 재검토하라고 지시한 것은 매우 이례적인 일로, 그만큼 이 사안이 심각하다고 판단한 데 따른 것이다.[107]

『경향신문』은 8월 13일자 사설 「'증세 없는 복지'의 한계 보여준 세법개정 논란」에서 "국가 존립의 근간이라 할 조세 정책을 이토록 허술하게 추진했다니 믿기지 않는다"면서 다음과 같이 말했다.

"결국 이러한 논란과 혼선은 복지 공약의 이행을 위해 필요한 재원을 '증세 없이 마련하겠다'는 도그마에 집착하면서 벌어졌다고 볼 수 있다. 복지재원을 '증세 없이' 비과세·감면 제도 정비 등을 통해 달성하려는 접근에서 문제가 잉태된 것이다. 그래서 더욱 세법개정안의 재검토 작업에서 소득세제 부문만을 조정해 일부 근로소득자의 부담을 완화하는 방향은 궁극적 해법이 될 수 없다. 외려 세수는 줄어들고, 고소득층과 대기업에 대한 과세의 문제는 해결되지 않기 때문이다."[108]

"박근혜, '구경꾼 화법' 그만두라"

세법개정안 파동은 정부와 청와대 비서진의 실수와 무능으로 불거진 사안마다 자신과는 관계가 없다는 듯이 반응해온 박근혜의 이른바 '유체이탈' 화법이 드러난 사건이었다. 『한겨레』는 8월 14일자 사설 「박 대통령, '구경꾼 화법' 그만두라」에서 "'조변석개' 등의 비판이 뒤따르고 있긴 하지만 어쨌든 조기 진화 쪽으로 방향을 잡은 것은 그나마 다행이다. 하지만 이 과정에서 박 대통령은 도무지 이해할 수 없는 모습도 함께 보여줬다"면서 다음과 같이 말했다.

"무엇보다 어안이 벙벙한 것은 세법개정안 문제에 대해 자신은 아무런 관련도 없고 책임질 일도 없다는 투의 '구경꾼 화법'을 구사한 점이다. 세제 개편처럼 국민 부담과 직결되는 중차대한 정책 결정을 내리면서 청와대가 뒷짐을 지고 있었을 리는 만무하다. 게다가 박 대통령의 특기는 시시콜콜한 일에도 일일이 관여하는 이른바 '깨알 리더십' 아닌가. 그런데도 박 대통령은 어디 먼 곳에 있다가 돌아온 사람처럼 시치미를 뚝 떼고 모든 책임을 아랫사람들에게 미뤘다. 청와대는 '박 대통령은 세부 내용을 몰랐다'느니 '제대로 보고를 못 받은 것 같다'느니 하며 화살이 박 대통령에게 향하는 것을 막으려 안간힘을 쓰고 있으나 손바닥으로 하늘 가리기다. 백보를 양보해 이런 중대한 정책 결정 내용을 박 대통령이 몰랐다면 그것이야말로 대통령의 중대한 직무유기가 아닐 수 없다."

이어 이 사설은 "더욱 심각한 문제는 대통령의 말 한마디에 정부와 여당이 우왕좌왕하는 낙후된 '일인 통치' 문화다. 정상적인 나라라면 정책 수립 및 조율 단계에서 당-정-청이 긴밀히 협조하고 여론을 수렴하는 기능이 제대로 작동해야 옳다. 대통령의 지시 하나에 정책 결정이 춤을 추는 부실한 국가 운영의 궁극적 책임자는 바로 박 대통령인데도 본인은 성찰은커녕 그런 인식조차 없는 것 같다"면서 다음과 같이 말했다.

"박 대통령이 '민심'을 자신의 입맛과 정치적 이해관계에 따라 선택적으로 수용하는 것도 입맛을 씁쓸하게 한다. 시민들이 분노하는 것은 단지 세법개정 문제뿐이 아니다. 국가정보원의 불법 정치 개입과 국가기밀 누설 등 민주주의의 근간을 뒤흔든 범죄행위에 대한 분노의 목소리도 날이 갈수록 높아지고 있다. 보수적 분위기가 강한 대구 지역 천주교 사제들까지 시국선언에 동참하고 나선 것도 민심의 흐름을 잘 보여준다. 박 대통령이 더는 '모르쇠'로 일관할 일도, '구경꾼 화법'을 되풀이할 때도 아니다. 대통령이 민심에 귀 기울이고 해법을 모색하는 것은 '선택 사항'이 아니라 국정 전반에 걸쳐 적용돼야 할 '의무'다."[109]

점점 더 짙어지는 박근혜 정부의 보수 색채

2013년 9월 22일 복지부가 26일 기초연금 지급 대상을 소득 하위 70%로 한정하고 지급액도 소득과 국민연금 수령액에 따라 차등 지급하는 내용의 기초연금 도입 방안을 발표할 것으로 전해졌다. 정부안은 '65세 이상 모든 노인에게 월 20만 원씩 기초연금을 지급한다'던 대선공약 원안에서 대폭 축소된 것이다.

새누리당 원내수석부대표 윤상현은 이날 기자간담회에서 "공약 후퇴라고 비난하는 분도 있지만 국가재정 형편상 힘든 걸 가지고 무조건적으로 공약대로 이행하라, 이러는 것도 책임지는 모습은 아니라고 생각한다"며 공약 파기를 기정사실화했다. 앞서 대통령직인수위원회는 재원 문제를 이유로 이 공약의 수정 의사를 밝혔다가 거센 논란에 휩싸이기도 했다. 기초연금 도입은 '4대 중증질환 치료비 100% 보장'과 함께 박 대통령의 핵심 공약이었다.[110]

이런 가운데 보건복지부 장관 진영이 공약 후퇴 책임을 지고 취임 7개월을 넘기지 못한 채 사의를 표명한 것으로 알려져 파문이 확산되었다. 취임 7개월을 넘기지 못하고 진영의 사퇴가 거론된 것은 거듭된 기초연금 후퇴에 대한 비난 여론 때문이었다.

박근혜는 지난 대선 때 '모든 노인에게 기초연금 20만 원 지급'을 내세워 노인들의 표를 얻었다. 하지만 대통령직인수위원회에서 노인들의 국민연금 가입 기간에 따라 액수를 차등 지급하는 쪽으로 뒷걸음질했고, 정권 출범 뒤 구성된 국민행복연금위원회에서는 소득 하위 70~80%로 지급 대상을 축소하는 등 후퇴에 후퇴를 거듭했다. 진영의 측근은『한겨레』와의 통화에서 "본인이 새누리당 정책위의장을 했고 대통령직인수위원회 부위원장을 한데다 주무 장관인 복지부 장관으로서 책임에서 자유롭지 못하다고 보는 것"이라고 말했다.[111]

『서울신문』은 9월 25일자 「박근혜 정부 갈수록 '보수 본색'」에서 "출범 7개월을 넘어선 박근혜 정부의 보수 색채가 점차 짙어지고 있다. 지난 대선 과정에서 이명박MB 정권과의 차별화를 위해 경제민주화와 복지 어젠다 등 진보 진영 주장을 적극적으로 포용하면서 '건강한 보수'를 표방했지만 집권 이후 '우향우' 기조가 눈에 띄게 강화되는 양상이다. 보수 회귀의 대표적 사례는 박 대통령의 대선공약 핵심인 '한국형 복지'의 후퇴라는 지적이다"면서 다음과 같이 말했다.

보건복지부 장관직을 사임하면서

저는 오늘 보건복지부 장관으로서의
책임을 통감하기 때문에
사임하고자 합니다.

그동안 국민여러분께 심려를 드린 점에
대해서 송구하게 생각하며 국민의 건강과
박근혜 정부의 성공을 기원합니다.

2013. 9. 26.
진 영 드림

진영 보건복지부 장관은 27일 오전 보건복지부 출입 기자들에게 '보건복지부 장관직을 사임하면서'라는 제목의 메일을 보내 사퇴 의사를 밝혔다.

"4대 중증질환 치료비 100% 보장 공약은 지난 2월 대통령직인수위 단계에서 선택진료비·간병비·상급병실료를 급여 대상에서 제외하는 것으로 수정됐다. '반값 등록금'과 '고교 무상교육' 등 교육 분야 복지 공약도 재원 마련이 어려워 사실상 연기되는 분위기다. 지난 대선 승리의 일등 공신으로 꼽히는 핵심 복지 공약의 뼈대가 흔들리면서 '박근혜표 복지'는 사실상 유명무실해지고 있다는 지적이다. 보수 진영의 논리였던 선별적 복지로 돌아갔다는 질책도 나온다.……대기업 중심의 경제 질서를 바꾸기 위한 경제민주화 공약도 일자리 창출과 경제 활성화라는 명분을 앞세워 일찌감치 후퇴했다."[112]

"박근혜의 공약 먹튀 대국민 사기극"인가?

2013년 9월 25일 박근혜는 기초연금 공약에 이어 무상보육 공약마저 사실상 파기했다. 기획재정부, 안전행정부, 보건복지부가 합동으로 영유아 보육 국고 기준 보조율을 10%포인트 올리는 내용을 뼈대로 하는 '취득세수 감소 보전 및 지방재정 확충 방안'을 내놓았기 때문이다. 지방정부들은 '국가가 0~5세 무상보육을 책임지겠다는 약속을 어겼다'며 강력히 반발했다.

전국시도지사협의회(회장 김관용 경북지사)는 이날 공동성명을 내어 "어려운 지방재정 여건을 고려할 때 정부안은 도저히 수용할 수 없다"고 밝혔다. 한국지방세연구원은 "중앙정부의 지방재정 보전 규모가 연 7조 원은 돼야 지방재정의 지속가능성이 보장된다"고 분석한 바 있다. 서울시는 자료를 내어 "정부의 대책은 서울시를 비롯한 지방정부 모두에 실망을 넘어 절망을 느끼게 한다"고 비판했다.[113]

9월 25일 민주당은 '65세 이상 모든 노인에게 매달 20만 원씩 지급하겠다'던 공약이 국민연금 또는 소득과 연계한 차등 지급안으로 변질된 것과 관련해 "박근혜 대통령의 공약 먹튀 대국민 사기극"이라며 맹공에 나섰다.[114] 이날 복지국가소사이어티 등 20개 사회단체로 구성된 '국민연금바로세우기국민행동'(국민행동)은 서울 종로구 참여연대에서 기자회견을 열고 "기초연금을 소득 하위 70%에 대해서만 국민연금 가입 기간에 따라 차등 지급하겠다는 정부 방안은 국민과의 약속을 저버리고 공적연금에 대한 신뢰를 무너뜨리는 일"이라고 비판했다. 국민행동은 "박 대통령은 기초노령연금을 현재보다 2배 인상해 지급하겠다고

민주당은 기초연금 차등 지급안에 대해 "박근혜 대통령의 공약 먹튀 대국민 사기극"이라고 직격탄을 날렸으며, 시민사회단체로 구성된 국민행동은 기자회견에서 기초연금 공약 파기를 강력하게 규탄했다.

거듭 강조해 많은 국민들의 지지를 얻었다"며 "공약 후퇴는 국민의 염원을 저버리고 정치와 공익에 대한 국민들의 기대를 한순간에 저버린 처사"라고 밝혔다.[115]

9월 29일 진영은 "기초연금은 가장 중요한 공약 중 하나다. 기초연금과 국민연금 연계에 계속 반대 의견을 냈고 지금도 그런 생각이다. 반대해온 안에 대해 장관 자리에 돌아와 어떻게 국민을 설득하고 국회와 야당을 설득할 수 있겠나. 이건 장관 이전에 나 자신의 양심 문제다. 이제는 물러날 수 있게 허락해주셨으면 한다"면서 박근혜와 국무총리 정홍원의 사표 반려에도 사퇴하겠다는 뜻을 분명히 했다.[116]

이에 민주당은 "대통령은 진영 장관 같은 양심도 없느냐. 국민은 양심 없는 대통령을 원치 않는다"며 청와대를 향해 직격탄을 날렸다. 새누리당 원내수석부대표 윤상현은 기자간담회를 열어 진영의 거듭된 사의 표명에 대해 "납득하기 힘들다"며 강한 어조로 불만을 나타냈다. 그는 "오늘 진영 장관이 기초연금을 국민연금에 연계하는 것에 반대하는 것이 자신의 소신이라서 장관직을 사퇴한다고 했는데, 좀 이해가 안 된다. 국민연금에 연계한다는 대선 공약을 누가 만들었나. 자신의 소신·양심과 다르다니 참 납득하기 힘들다"고 했다.[117]

"친박 브레인 '연쇄 실종사건'"

2013년 10월 1일 무상의료운동본부·쌍용차 범국민대책위원회·공공부문 비정규직 연대회의·전국장애인차별철폐연대·경제민주화국민운동본부 등 19개 노동·시민단체는 서울 광화문광장에서 박근혜 정부의 대선공약 파기를 규탄하는 공동기자회견을 열었다. 이들 단체는 회견에서 "기초노령연금 2배 인상, 4대 중증질환 100% 국가 보장, 경제민주화·쌍용차 국정조사, 고교 무상교육, 0~5세 무상보육, 장애등급제 개선, 부양의무자 기준 완화, 공공부문 비정규직 정규직화 등 나열하기에도 숨가쁜 수많은 공약들을 정부에 사기당했다. 공약을 이행하지 않을 경우 범국민적인 저항에 직면할 것"이라며 목소리를 높였다.

국민행동 집행위원장 정용건은 "정부는 지난해 대선 기간 경로당을 찾아다니며 약속한 기초연금 20만 원 지급 공약을 이행할 돈이 없다고 하지만, 1년 새 경제가 그렇게 어려워졌나. 대통령이 공약에 관심이 없는 것 아닌가"라고 비판했다.[118]

진영의 항명 사퇴 파문을 계기로 박근혜의 용인술이 다시 입길에 올랐다. 진영뿐만 아니라 박근혜의 정책 브레인을 자임했던 인사 다수가 중간에 내쳐지거나 스스로 그만두는 현상이 계속해 발생했기 때문이다. 이와 관련해 『한국일보』 기자 강윤주는 10월 1일자 「친박 브레인 '연쇄 실종사건'」에서 "박 대통령은 사람을 쓰는 제1원칙으로 신뢰를 꼽아왔다. 한번 일하면서 신뢰가 쌓인 사람에 대해 '자퇴는 있어도 퇴출은 없다'는 것이다. 하지만 이 원칙은 박 대통령에게 쓴소리를 하는 인사들에게는 예외규정이라는 지적이 많다"면서 다음과 같이 말했다.

"박 대통령이 한나라당 대표 시절 비서실장을 맡으며 원조 친박으로 활약했던 경제통 유승민 의원의 경우 박 대통령의 리더십에 대해 쓴소리를 마다하지 않다 결국 박 대통령과 멀어졌다. 경제민주화의 원조라며 삼고초려 끝에 영입했던 김종인 전 국민행복추진위원장은 대선공약 전반을 총괄했지만 박근혜 정부 출범 이후 자취를 감췄다. 대선 과정에서 박 대통령의 경제민주화 의지 후퇴를 비판하는 등 반기를 든 것이 화근이었다. 박 대통령 주변에선 '참모가 소신을 내세우는 것 자체가 곧 배신'이란 말이 나오는 이유다."

강윤주는 '2인자를 키우지 않는다'는 박 대통령의 분산형 용인술도 정책통의 연속성을 단절시키는 요인 중 하나라고 지적했다. 그는 "박 대통령은 초대 내각 구성 당시 대선 이전부터 박 대통령과 공부 모임을 함께하며 공약 만들기에 참여했던 김광두 국가미래연구원장 등 오래된 정책통을 배제했다"며 "정책 입안과 집행을 각각 다른 사람에게 맡겨 실세를 두지 않겠다는 의도에서다. 이 때문에 장관의 역할도 현장 중심적이기보다는 청와대가 주문하는 정책을 집행하는 데 한정돼버렸다"고 말했다. 그가 인용한, 새누리당 비대위원을 지냈던 중앙대학교 명예교수 이상돈은 "청와대가 모든 정책을 틀어쥐고 좌지우지하는 상황에서 정작 정책을 책임질 장관은 형해화될 수밖에 없다"며 "자리만 원하는 사람이야 잠자코 앉아 시키는 대로 하겠지만 뜻을 가진 사람일수록 장관직에 회의를 느낄 수밖에 없다"고 말했다.[119]

"새누리당은 낙하산 공장인가?"

"김기춘의 복귀, 청와대 유신시대로 회귀"

2013년 8월 5일 박근혜는 청와대 비서진 개편 인사를 단행하면서 전 법무부 장관 김기춘을 청와대 비서실장으로 임명했다. 김기춘이 누구인가? 김기춘은 박정희 전 대통령 시절 청와대 비서관을 지내고 유신헌법 제정에 참여한 인물이었다. 대표적인 공안통이었던 그는 법무부 장관 신분으로 1992년 대선 당시 관권 선거 논란을 일으킨 이른바 '초원복집' 사건의 장본인이기도 했다. 당시 그는 부산 지역 기관장들을 모아놓고 민자당 대통령 후보 김영삼 지원을 위한 대책 회의를 하다 발각되었다.

김기춘은 박정희뿐만 아니라 박근혜와 인연도 깊었다. 두 사람의 관계는 2005년 7월부터 본격적으로 시작되었으며, 한나라당 대표였던 시절 박근혜는 김기춘을 여의도연구소장으로 발탁했다. 2007년에는 경선 캠프에서 법률지원단장으로 활약했으며, 2013년 7월 1일엔 박정희기념사업회의 초대 이사장을 맡았다. 김기춘은 박근혜를 도와온 원로모임 '7인회의'의 멤버이기도 했다. 그는 2010년 10월 26일 한나라당 상임 고문 자격으로 서울 동작구 국립서울현충원에서 열린 박정희 전 대통령 31주기 추도식에서 다음과 같은 추도사를 읽기도 했다.

"박근혜 전 대표는 암울했던 지난 10여 년간 국민과 함께 투쟁하고 인고하면서 지금의 자유민주정부 탄생에 결정적 역할을 했습니다. 각하 (박정희 전 대통령)와 영부인(육영수 여사)이 떠난 후 이 세상의 모든 힘겨운 무게를 외롭게 감당해야 했던 유자녀들을 따뜻하게 보살펴 주십시오. 각하가 못다 이룬 꿈들이 박 대표를 통해 꽃필 수 있도록 언제나 함께하고 가호加護해 주십시오."[120]

이날 민주당 등 야당은 박근혜의 청와대 비서진 교체에 대해 '시대 착오적 인사', '끔찍한 인사', '유신·반민주 인사'라고 일제히 성토했다. 민주당 원내 대변인 이언주는 "기가 막혀 말이 안 나올 지경의 시대착오적 인사"라고 규정한 뒤, "국민을 아연실색하게 한다"고 비판했다. 통합 진보당 대변인 홍성규는 "국정원 대선 개입 사건으로 정국이 얼어붙은 이 마당에 원조 정치 공작 책임자를 비서실장으로 앉힌 것은, 박 대통령이 희대의 국기 문란 사건인 국정원 대선 개입 사건을 짓뭉개고 가겠다고 작정한 것"이라며 "끔찍한 인사"라고 비난했다. 정의당 대변인 이정미도 "대통령이 철저한 유신, 반민주 인사로 불통을 고집스럽게 밀고 가겠다는 것"이라는 논평을 냈다.[121]

성공회대학교 교수 한홍구는 "김기춘 실장은 정수장학회, 유신, 간첩 조작, 지역감정 등 온갖 부정적인 요소의 화신으로 볼 수 있는 인물이다. 박 대통령이 역사를 거꾸로 되돌리겠다고 선언한 것이나 다름이 없

박근혜는 박정희 전 대통령 시절 유신헌법 제정에 참여하고, 1992년 대선 당시 관권 선거 논란을 일으킨 이른바 '초원복집' 사건의 장본인인 김기춘(맨 오른쪽)을 비서실장으로 임명해 유신시대로 회귀했다는 비판을 받았다.

다. 반역사적 인사다"고 평가했다. 박근혜와 김기춘을 다 잘 아는 한 인사는 이렇게 말했다. "아무래도 대통령의 의식이 1970년대 어린 시절에 머물고 있는 것 같다. 청와대 비서실장은 대통령 개인의 참모가 아니라 중요한 공직자다. 국민이 상식적으로 납득할 수 있어야 한다. 김 실장이 부패한 사람은 아니지만 국가 운영의 큰 줄기를 이끌어갈 수 있는 지혜나 식견은 부족하다. 무엇보다도 대통령이 잘못된 방향으로 갈 때 안 된다고 막아설 수 있는 정직성이 없다. '대통령 심기만 살피는 비서실장'과 '정치를 전혀 모르는 정무수석'을 앉힌 것을 보면 박근혜 청와대에 참모는 필요 없다는 것이다. 큰 걱정이다."[122]

박근혜의 '인사 참사 시즌2'인가?

2013년 10월 1일 박근혜는 친일파를 미화하고 전 대통령 이승만을 찬양하는 등 뉴라이트 역사관을 지닌 유영익을 국사편찬위원장에 임명했으며, 같은 날 제18대 국회의원 시절인 2011년 9월 국회 교육과학기술위원회 국정감사에서 "자유민주주의를 부정하는 대한민국 국회의원이 있다면 북한에 가서 국회의원 하십시오"라고 발언해 물의를 일으킨 박영아를 한국과학기술기획평가원장에 임명했다. 이에 앞서 9월 17일엔 2012년 새누리당 중앙선대위 출신으로 뉴라이트 교과서포럼 고문 등을 지낸 이배용이 한국학중앙연구원 원장에 취임했다. 야당과 시민사회는 과거 물의를 빚었던 문제 인물들을 중용하는 것과 관련해 반발했지만 박근혜는 이에 개의치 않는 듯 보였다.[123]

언론은 그런 일련의 인사에 대해 박근혜의 '인사 참사 시즌2'라는 이름을 붙였다. 서강대학교 교수 손호철은 "박 대통령은 여론과 관계없이 역사적 평가를 받겠다는 일종의 확신으로 가득찬 스타일"이라며 "대통령 1인에 의존하는 인사 시스템이 바뀌지 않고 절대적 태도에 변화가 없을 경우 인사 참사는 반복될 수밖에 없을 것"이라고 말했다.[124]

10월 4일 새누리당은 두 차례 비리 전력으로 형사처벌을 받았던 전 한나라당 대표 서청원을 "개인이 착복하지 않았다"며 10·30 보궐선거 경기 화성갑에 전략 공천했는데, 공천 배후에는 청와대의 뜻이 실려 있는 것으로 알려졌다. 그날 박근혜는 2009년 '용산 참사'를 지휘한 책임을 지고 물러났던 전 서울지방경찰청장 김석기를 한국공항공사 신임 사장으로 내정했다.

이에 민주당 대변인 김관영은 "전문성은 안중에도 없는 낙하산 인사"라며 "김 전 청장이 영남대를 졸업하고 영남대 객원교수로 재직 중이라는 점에서 영남대 전 이사장인 박근혜 대통령과의 연관이 있다는 생각을 떨칠 수 없다"고 밝혔다. 용산 참사 진상규명위원회도 긴급성명을 내고 "사법적으로도 책임을 져야 할 인물을 공기업 사장으로 임명한 것은 국민을 기만하는 것"이라고 주장했다.[125] 김석기는 경북 경주 출신의 TK에 박 대통령이 이사장을 지낸 영남대학교를 졸업했으며, 공사 임원추천위원회의 서류와 면접 평가에서 최하위 점수를 받은 것으로 알려졌다.[126]

부적절한 인사들이 부활하는 한편 요직을 차지하자 민주당은 정권 초반 인사 실패 전례를 들며 '인사 참사 시즌2'가 시작되었다고 비판했다. 『경향신문』은 10월 7일자 사설에서 "박근혜 정부는 집권 초기 잇단 '인사 참사'로 위기를 겪은 뒤 인사 시스템 개선 등을 약속했다. 그러나 달라진 것은 없다. 오히려 악화일로다"면서 다음과 같이 말했다.

"'초원복집' 사건의 김기춘 전 법무장관이 청와대 비서실장으로 화려하게 복귀하고, '차떼기' 사건의 서청원 전 의원은 새누리당 국회의원 보궐선거 후보로 공천됐다. 불법 정치자금 수수 혐의로 유죄를 선고받은 홍사덕 전 의원은 민족화해협력범국민협의회(민화협) 대표 상임의장에 내정되고, 편향된 역사관으로 논란이 된 유영익 한동대 석좌교수는 국사편찬위원장에 임명됐다. 인사권자인 박 대통령의 근본적 인식이 바뀌지 않았음을 드러내는 증좌들이다. 스스로의 실패에서 교훈을 얻지 못하는 정권의 미래가 우려스럽다."[127]

『한겨레』는 10월 7일자 사설 「용산 참사 책임자까지 중용하는 오만한 인사」에서 이렇게 말했다. "김 전 청장의 발탁은 퇴행적이고 오만하기까지 한 일련의 박 대통령 인사와 궤를 같이한다. 두 번씩이나 비리 혐의로 유죄를 받은 서청원 전 한나라당 대표의 경기 화성갑 보궐선거 후보자 공천, 정치자금 비리로 지난 대선 때 중도 하차한 홍사덕 전 의원의 민화협 상임의장 선임, 초원복집 사건으로 지역감정을 일으킨 장본인인 김기춘 청와대 비서실장 기용 등에서 보듯 국민은 안중에도 없는 인사로 일관하고 있다. 자기와 가까운 사람이면 어떤 큰 흠이 있더라도 요직에 앉히고 마는 '고집불통' 인사가 되어가고 있다."[128]

"새누리당은 낙하산 공장인가"

2013년 10월 11일 국회 국토교통위원회 박기춘 의원실에 따르면 박근혜 정부 출범 이후 새로 임명된 국토부 산하 5개 대형 공기업 기관장 인사가 모두 대선캠프 출신 보은 인사 혹은 국토부 출신 낙하산 인사로 이루어졌다. '낙하산 인사' 근절을 정치 공약으로 내세웠던 박근혜 대통령이 선거 때 자신을 도운 인사를 국토교통부 산하 주요 공기업 기관장으로 임명하는 등 보은 인사를 하고 있었던 것이다.

이 자료에 따르면, 국토부 산하 코레일 사장에는 2012년 국회의원 선거 때 새누리당 후보로 대전 서구을 지역에 출마했다 낙선하고 제18대 대통령 선거 당시 박 대통령 측 캠프의 선거대책위원을 맡았던 전 한국철도대학교 총장 최연혜가 선임되었다. 국토부 산하기관인 제주국제자유도시개발센터JDC에 역시 박근혜 캠프 출신인 전 제주 행정부지사 김한욱이 선임되었다. 한국토지주택공사LH 사장에는 전 국토해양부 주택토지실장을 역임한 이재영이 선임되었으며, 인천국제공항공사 사장에

는 전 국토부 차관 정창수가 선임되었다.[129]

박근혜의 측근 보은 인사에 대해선 새누리당 내에서도 그간 누적된 '대선 공신 홀대'에 따른 불만이 쏟아져 나왔다. 박근혜 정부 내각과 청와대 참모진 인사에서 공무원 출신에 대거 '물 먹은' 개국공신들이 대대적인 공공기관장 인사에서도 청와대에서 이렇다 할 '사인'을 받지 못하자 원성이 폭주하기 시작한 것이다.

여당의 한 재선 의원은 "현역 의원은 괜찮다. 하지만 대선 때 별로 영향력 없는 직함이나, 직함 없이 헌신한 이들이 느끼는 상대적 박탈감은 상상 이상"이라며 "공공기관 인사가 지지부진한 데다 그렇다고 새로 임명된 공공기관장이 그다지 전문성이 있어 보이지도 않는다"고 지적했다. 새누리당 최고위원 정우택은 10월 10일 열린 최고위원회의에서 "대선 승리를 위해 애쓴 동지를 위한 적극적인 배려가 당 차원에서 고려돼야 한다고 생각한다"고 말했다.[130]

『중앙일보』는 10월 12일자 사설 「새누리당은 낙하산 공장인가」에서 "새누리당이 조속한 공기업·공공기관 인사를 통해 박근혜 캠프에서 일했던 사람들을 배려해달라고 청와대에 요청했다 한다"면서 "이는 논공행상식 낙하산 인사를 노골적으로 청와대에 요청한 셈이나 다름없다. 물론 정권이 바뀌면 주요 포스트에 자기 사람을 쓰는 건 흔히 있는 일이다. '낙하산=사회악'으로 무조건 매도하는 것 역시 비현실적이다. 정권 입장에선 말이 통하고 미더운 이, 즉 국정 철학을 공유한 사람을 쓰는 게 효율적이다"고 했다.[131]

『조선일보』는 10월 12일자 사설 「정권마다 '선거 공신功臣 챙겨주기' 공기업만 멍든다」에서 박근혜 대통령은 당선자 시절 "낙하산 인사가 새 정부에선 없어져야 한다"고 말했지만 "지난 7일 한국공항공사 사장에 임명된 김석기 전 서울경찰청장의 경우 과연 공항 경영에 관련된 무슨 전문성을 갖고 있어서 그 자리에 앉게 됐는지 설명할 수 있는 사람은 별로 없다"면서 다음과 같이 말했다.

"그는 공항공사 임원추천위원회 평가에서도 세 후보 가운데 최하 점수를 받았다. 평생 경영을 해본 적이 없는 사람들에게 경영 규모가 수조~수십조 원에 이르는 핵심 공기업들 경영을 맡기는 것은 회사를 멍들게 하는 일이다. 정권마다 공기업을 자기편 사람들에게 한자리 챙겨주는 용도로나 쓰다 보니 10대 공기업의 부채가 373조 원에 이를 정도로 공공기관들이 골병들고 있는 것이다."[132]

"새 공공기관장 절반이 영남 출신"

2013년 10월 14일 국회 정무위원회 무소속 의원 송호창은 국무총리실 국정감사에서 "박근혜 정부 들어 임명된 24명의 공공기관장 중 12명이 영남 출신"이라며 "역대 어느 정권도 공공기관장 인사를 이처럼 지역적으로 편중되게 한 적은 없다"고 지적했다. 새로 임명된 공공기관장 24명을 지역별로 보면 대구·경북과 부산·울산·경남이 각각 33.3%와 16.7%를 차지했고, 서울·경기는 16.7%, 호남·강원·제주는 각각 8%, 충청권은 4%였다. 24명의 공공기관장 중 9명은 전문성이 없거나 지난 대선 등에서 박근혜를 도운 인사로 분류되었다.

송호창은 또 "용산 참사로 서울경찰청장직을 사퇴한 김석기 씨가 문외한인 공항공사 사장이 되었다는 것은 이해할 수 없는 인사"라며 "한국공항공사 사장 인사에 대해 국무조정실 차원의 재고가 있어야 할 것"
이라고 지적했다. 공공기관장 인사 공백이 길어지는 문제도 거론되었다.
송호창은 "기관장 인사가 늦어지는 것은 협소한 전문가 인재풀로 인해
적합한 인물을 찾기 어렵기 때문"이라며 "공백 해소를 위한 대처가 필요
하다"고 밝혔다.[133]

『경향신문』은 10월 15일자 사설 「공공기관장 인사, '대선 논공행
상' 흘러선 안 된다」에서 "새누리당은 연일 박근혜 캠프에서 일한 '대선
공신'들을 공공기관 인사에서 배려하라고 노골적인 압력을 넣고 있다.
공공기관의 요직에 앉힐 '공신록' 명단까지 청와대에 전달했다고 한다.
공공기관을 대놓고 대선 공신들에게 나눠줄 '봉토'쯤으로 여기는 발상
이다"며 다음과 같이 말했다.

"대선 공신들에 대한 무분별한 논공행상, 김석기류의 최소한의 상
식마저 저버린 인사가 공공기관장 인사에서 재연되어선 안 된다. 각종
여론조사 때마다 박근혜 정부에서 가장 잘못한 분야로 꼽히는 것이 '인
사'다. 공공기관 인사에서도 잘못을 반복할 경우, 국민의 인내심을 시험
하는 일이 될 것이다."[134]

11월 4일 국회 운영위 소속 민주당 의원 장하나가 295개 공공기관
인사를 전수조사한 결과에 따르면, 박근혜 정부가 새로 임명한 공공기관
장 가운데 45%가 이른바 '낙하산' 인사로 집계되었다. 장하나는 낙하산
인사를 대선 선대위나 인수위 참여 인사, 대선 당시 후보 지지 조직에 참
여한 인사, 지난해 총선 이후 여당의 낙천·낙선 인사, 대통령 측근 인사,
전문성 부족·도덕성 미달 등 기타 부적격 인사 등 5가지로 분류했다. 분
석 결과에선 박근혜 정부에선 대통령 측근 인사가 이명박 정부보다 2배

가량 늘었으며, 전문성 부족·도덕성 미달 부적격 인사도 2배 이상 증가했다. 신규 임명된 공공기관장 78명 가운데 6명(7.7%)이 대통령 측근 인사로 분류되었다. 이명박 정부에선 180명 가운데 7명(3.8%)만이 대통령 측근 인사로 조사되었다.

또 전문성 부족·도덕성 미달 등 부적격 인사도 박근혜 정부에선 11명(14.1%)이나 되었다. 용산 참사 강제 진압을 지휘한 김석기 한국공항공사 사장, '원전 마피아'로 알려진 김무환 한국원자력안전기술원장, 부산저축은행 특혜 인출 논란의 정창수 인천국제공항공사 사장 등이었다. 대선 선대위나 인수위 참여 인사는 11명(14.1%), 대선 당시 후보 지지 조직에 참여한 인사는 6명(7.7%), 총선 이후 여당의 낙천·낙선 인사는 5명(6.4%)으로 조사되었다.[135]

" '꽃보직 비상임이사' 1시간 회의하고 250만 원"

2013년 11월 14일 사회공공연구소와 『한겨레』가 해당 임원의 '대표 경력'을 중심으로 삼아 295개 공공기관의 임원을 분석한 결과에 따르면, 박근혜 대통령이 당선된 2013년 1월 이후 10월 말까지 선임된 기관장 77명 가운데 낙하산 인사가 44.2%인 34명에 이르는 것으로 나타났다. 거의 절반이 낙하산 인사인 셈이었다. 이는 박근혜가 당선인 시절 "열심히 일하는 사람들의 사기를 떨어뜨리는 낙하산 인사도 새 정부에선 없어져야 한다"고 한 자신의 발언과 배치되는 것으로, '형님 인사', '보은 인사'로 악명 높았던 이명박 정부 때보다도 오히려 높은 수치였다. 이명박 정부가 들어선 2008년 3월에서 10월 말까지 임명된 180명의 공공기관장 가운데 낙하산 인사는 43.3%인 78명이었다.

　박근혜 정부 들어선 코레일 사장 최연혜를 비롯해 대선캠프 출신의 낙하산이 15명으로 가장 많았다. 박근혜가 이사장을 지낸 영남대학교 출신도 한국공항공사 사장 김석기를 비롯해 5명에 이르렀다. 대선 때 박근혜의 두뇌 집단 노릇을 했던 국가미래연구원 출신들도 에너지경제연구원장 손양훈 등을 포함해 4명이나 되었다. 또 별 주목을 받지 못했던 이전 정부 때와 달리 대통령 자문기구인 국민경제자문회의에 참여했던 인사들도 낙하산 대열에 3명이나 합류했다.[136]

　『한겨레』는 11월 15일자 「'꽃보직 비상임이사' 1시간 회의하고 250만 원」에서 "공공기관의 사장·감사 자리보다는 못하지만 '쏠쏠한 자리'가 비상임이사다. 큰 공기업의 경우 7~8자리에 이르는 이 자리엔 정치권 인사, 전직 관료 등 친정부 성향 인사들이 포진해 매달 200만~300만 원씩 수당을 받고 있었다"고 말했다.

　이 기사에 따르면, 현재 공기업·준정부기관의 비상임이사는 공기업 187명, 준정부기관 674명 등 861명에 이르렀다. 기타 공공기관 (1,348명)까지 합치면 책임은 안 지고 수당을 타갈 수 있는 비상임이사 자리는 무려 2,494곳이었다. 이에 대해 민주당 의원 이윤석은 "비상임이사 제도가 책임 있는 경영 감시와 자문 역할 대신 청와대나 여당 출신을 포함한 친정부 인사들의 고정적인 수입원으로 이용되는 것은 아닌지 의문이다. 공기업의 막대한 부채 문제는 비상임이사들의 방관하에 일어난 일"이라고 지적했다.[137]

　『한겨레』는 11월 15일자 사설 「낙하산 인사 하면서 공공기관 다잡을 수 있나」에서 "박 대통령이 당선인 시절 '열심히 일하는 사람들의 사기를 떨어뜨리는 낙하산 인사가 새 정부에선 없어져야 한다'고 한 말이 무색할 지경이다"면서 다음과 같이 말했다.

"현 정부 들어 공공기관 임원 중에 군·경찰 출신 등이 득세하는 것도 문제다. 현직 기관장·감사·상임이사 중 군 출신은 8명, 대통령실 경호처 출신 8명, 경찰 출신은 6명에 이른다고 한다. 용산 참사 책임자인 김석기 전 경찰청장이 한국공항공사 사장에 임명된 것이 대표적이다. 공공기관의 비상임이사 자리에도 군이나 경찰, 국정원 출신들이 상당수라고 한다."[138]

낙하산 보은 인사가 논란이 되고 있었지만, 여권을 중심으로 대선 승리에 공이 있는 친박계 인사를 공공기관장에 선임하라는 압력이 계속 이어졌다. 11월 20일 새누리당 최고위원 정우택은 부총리 겸 기재부 장관 현오석에게 "공공기관 임원 선임 시 원외 당원협의회 위원장을 배려해달라"고 말하기도 했다. 이에 장단 맞추듯 11월 25일 기획재정부 고위 관계자는 "공공기관 기관장에 '낙하산' 인사를 임명하는 것이 무조건 잘못됐다는 인식에 동의할 수 없다"고 말했다. 기재부는 전국 295개 공공기관의 관리·감독권을 갖고 있는 곳으로, 기재부가 공공기관 기관장이나 감사 등 주요 보직에 정치권 출신이나 박근혜 대통령 측근 인사를 임명하겠다는 입장을 밝힌 것으로 풀이되었다.[139]

'안녕들 하십니까' 대자보 달기 운동

2013년 12월 10일 고려대학교 경영학과 학생 주현우가 '안녕들 하십니까?'라고 쓴 대자보를 교내 게시판에 붙인 후 이 글이 온라인과

주현우가 '안녕들 하십니까?'라고 쓴 대자보가 교내 게시판에 붙은 후 세대·지역·계층을 뛰어넘은
전국적 현상으로 확산되었다. 이런 현상의 원인은 '정치의 실종'이라고 할 수 있었다.

대학 사회에서 큰 반향을 불러일으켰다. 주현우는 "철도 민영화에 반대
한다는 이유로 4,213명이 직위해제되고, 밀양 주민이 음독자살을 하는
하수상한 시절에 어찌 모두들 안녕하신지 모르겠다"며 글을 시작한 이
대자보에서 국가기관의 불법 대선 개입, 철도 민영화 등 사회문제에 무
관심한 청년들에게 관심을 촉구했다. 그는 "수차례 불거진 부정선거 의
혹, 국가기관의 선거 개입이란 초유의 사태에도, 대통령의 탄핵소추권을
가진 국회의 국회의원이 '사퇴하라'고 말 한마디한 죄로 제명이 운운되
는 지금이 과연 21세기가 맞는지 의문이다"고 했다. 이어 "저는 다만 묻
고 싶다. 안녕하시냐, 별 탈 없이 살고 계시냐고. 남의 일이라 외면해도

문제 없으신가"라고 밝혔다.

대자보가 게시된 교내 게시판 옆에는 주현우의 글에 응답하는 다른 학우들이 '안녕하지 못합니다. 불안합니다!', '진심 안녕할 수가 없다!' 등의 대자보와 응원 게시물 수 건이 연달아 붙었다. 이 대자보를 찍은 사진은 페이스북에서 1,000회 이상 공유되었다. 고려대학교 인터넷 커뮤니티에서는 대자보 게시물에 댓글이 수십 건 달렸다. 한 학우는 "안녕 못 합니다. 그렇다고 나갈 용기도 없습니다. 목구멍이 포도청이라 함부로 나섰다가 기득권 눈밖에라도 나면 취직도 못 하고 목숨줄이 그들에게 있으니 어찌 대항하겠습니까. 용기 없는 자라 죄송합니다. 그리고 응원합니다"고 밝혔다.[140]

12월 15일 '안녕들 하십니까' 대자보 달기는 강원대, 경상대, 대구대, 명지대, 부산대, 성균관대, 이화여대, 전북대, 카이스트 등이 합류해 이날까지 모두 30여 개 대학으로 확산되고 있었다. 해외에서도 처음으로 '안녕들 하십니까' 대자보가 붙여졌다. UC 버클리 4학년에 재학 중인 신은재(평화와 갈등 전공)·박무영(정치학 전공)은 '저도 안녕하지 못합니다'라는 대자보를 미국 캘리포니아주 버클리캠퍼스 게시판에 올렸다. 이들은 "88만 원이 얼마나 큰돈인지 혹은 작은 돈인지 알지 못하고 살아왔기에, 너무나 안녕했기에 안녕하지 못함을 이야기하는 것이 미안합니다. 그렇지만, 나, 안녕하지 못합니다"는 글을 올렸다.[141]

12월 16일 대학가에서 확산되기 시작한 '안녕들 하십니까' 대자보는 세대·지역·계층을 뛰어넘은 전국적 현상으로 확산했다. 대학가는 물론 고등학생과 평범한 직장인, 주부들도 나름의 문제의식을 담은 대자보를 쓰기 시작한 것이다. 전문가들은 이런 현상의 원인을 '정치의 실종'이

나 '온라인 공간에 대한 불신' 등으로 다양하게 분석했다.[142]

덕성여자대학교 문화인류학과 강사 엄기호는 『경향신문』 12월 17일자 칼럼 「'안녕'이라는 말걸기…파괴된 세계를 재건하는 힘」에서 "사실 주현우 씨가 쓴 대자보 내용은 평범하다. 한국이 왜 살 만한 사회가 아닌지에 대해 우리가 이제까지 알지 못하던 새로운 뉴스가 있는 것도 아니다. 그렇다고 자신이 왜 안녕하지 못한지에 대해 구구절절한 개인적 사정을 쓴 것도 아니다. 그런데도 많은 사람들이 이 말에 동감하고 있으며 각자의 '안녕하지 못한' 사연이나 감정을 풀어내고 서로에게 안부를 묻고 있다"면서 다음과 같이 말했다.

"우리가 살아가고 있는 이 사회는 타인의 안녕을 돌아볼 수 있는 사회가 아니다. 자기 자신이나 돌보고 살아야지 주제넘게 다른 사람의 안녕에 신경을 쓰다가는 자신도 탈락할 수 있다는 공포가 지배하는 사회다. 그래서 이 사회에서 살아가기 위해 무엇보다 필요한 것은 타인의 고통을 외면하는 능력이다. 학교에서 친구가 왕따를 당하더라도 못 본 척해야 하고 직장에서 동료가 '집단적으로' 부당하게 해고를 당하더라도 내가 살아남기 위해서는 그 고통을 외면해야 한다. 대신 자신이 안녕하지 못하다는 것을 호소하는 고통에 대한 '자기 이야기'는 넘쳐난다. 어디를 가나 자기 이야기를 들어달라는 사람들이다."[143]

통합진보당 내란선동 및 해산심판 사건

2013년 8월 28일 통합진보당 의원 이석기를 비롯한 진보 인사 10명에 대한 국가정보원의 동시다발 압수수색으로 '내란음모 사건'이 세상에 알려졌다. 이석기 등을 상대로 3년여에 걸쳐 내사를 벌여왔다는 검찰과 국정원은 이석기 등 130여 명이 'RORevolution Organization'라는 비밀조직에 몸담고 전시戰時에 남한 체제 전복을 위해 인명 살상과 후방 교란을 모의했다고 밝혔다.

압수수색 일주일 만인 9월 4일 국회는 본회의를 열어 이석기에 대한 체포동의요구서를 찬성 258표로 통과시켰고, 국정원은 다음 날 내란음모·선동 및 국가보안법상 반국가단체 찬양 등 혐의로 구속했다. 국정원에서 사건을 넘겨받은 검찰이 20일간의 추가수사 끝에 9월 26일부터 차례대로 이석기 등 7명을 기소하면서 내란음모 혐의로는 33년 만인 재판이 시작되었다.

이 사건의 연장선상에서 11월 5일 대한민국 국무회의는, 법무부가 긴급 안건으로 상정한 '위헌정당 해산심판 청구의 건'을 심의·의결했다. 정부가 위헌정당 해산제도에 따라 정당에 대한 해산심판을 청구하는 것은 헌정 사상 처음이었다. 2014년 12월 19일, 헌법재판소는 이 사건에 대해 인용 8명, 기각 1명으로 인용으로 결정했으며, 통합진보당 소속 국회의원 5명의 의원직도 상실 선고했다. 의원직을 상실한 의원은 김미희(성남 중원), 오병윤(광주 서구을), 이상규(서울 관악을), 김재연(비례), 이석기(비례)였다.

헌법재판소는 통합진보당 비례대표 부정 경선 사건, 중앙위원회 폭력 사건, 국회의원 관악을 선거구 여론조작 사건 등 내란 및 강령 이외 피청구인의 기타 활동과 관련해서도 판시했다. 헌법재판소는 해당 사건들이 내용적 측면에서는 국가의 존립, 의회제도, 법치주의와 선거제도 등을 부정하는 것이고, 수단이나 성격의 측면에서는 자신의 의사를 관철하기 위해 폭력·위계 등을 적극적으로 사용해 민주주의 이념에 반하는 것이라고 판시했다.

이석기는 2014년 2월 17일 1심 재판에서 징역 12년에 자격정지 10년을 선고받았으며, 같은 해 8월 11일 2심 항소심에서 내란음모 혐의가 인정되지 않아 징역 9년에 자격정지 7년으로 감형되었다. 2015년 1월 22일 대법원은 항소심처럼 이석기 전 의원에 대해 내란음모 혐의는 무죄, 내란선동 혐의는 인정해 징역 9년을 확정했다. 복역 중 이석기가 운영한 선거 홍보업체 문제로 형기가 8개월 추가되어 9년 8개월의 형기 중 86%가량 집행된 2021년 12월 24일 대전교도소에서 가석방되었다. 구속된 지 8년 3개월 20일 만이었다.[144]

2010년 6·2 지방선거에서 성남시장에 출마한 이재명은 통합진보당의 전신인 민주노동당 후보 김미희와의 후보 단일화 덕분에 당선될 수 있었다. 그래서 성남시장 인수위원장에 김미희를 임명하면서 통합진보당의 핵심 운동권 세력인 경기동부연합 출신이 대거 포진하게 되었다.

2023년 7월 '대장동 50억 클럽' 의혹을 수사 중인 서울중앙지검이 2013년 수원지검의 '이석기 내란 선동 사건' 수사 당시 이재명이 수사 대상에서 빠졌다는 의혹에 대해 조사 중이라는 언론 보도가 나온 것도 바로 그런 배경에서 비롯된 것이다. 이 의혹은 2023년 4월 전 성남도시개발공사 기획본부장 유동규의 법정 증언에서 불거졌다. 당시 유동규는 이재명의 측근 정진상의 뇌물 혐의 공판에 증인으로 나와 "김만배 씨가 김수남 당시 수원지검장에게 이 대표를 이석기 사건 수사 대상에서 빼달라고 청탁했던 것으로 들었다"는 취지로 말했다.[145]

2024년 2월 25일 고려대학교 학생운동 출신인 개혁신당 의원 이원욱은 "민주당의 위성정당은 통진당에 뿌리를 두고 있는 '이념 세력'의 국회 진출을 위한 계획"이라며 "경기동부연합 등 이념 세력은 이재명이라는 정치인을 숙주로 성남시·경기도를 지나 이제는 국회까지 진출을 시도하고 있다"고 비판했다.[146]

이재명의 멘토이자 책사策士로 불리는 민주연구원장 이한주는 2024년 6월 21일 『중앙일보』 인터뷰에서 "보수 진영에선 이 대표가 경기동부연합 인사들이랑 가깝다는 점을 수상쩍게 생각한다"는 질문에 대해 다음과 같이 답했다.

"그건 완전히 오해다. 경기동부는 자기들끼리 결속력이 무지 강한데 지금 이 대표 주변에 경기동부 출신이 누가 있나. 정진상·김용은 그

쪽과 계열이 다르다. 이 대표가 이석기 전 의원은 만나는 걸 본 적이 없다. 김미희 전 의원도 과거에 일을 같이한 적은 있지만 지금은 정리가 됐다. 이 대표가 경기동부의 감수성을 그대로 받았으면 지금과 전혀 다른 인물이 됐을 거다. 그런 면에서 언젠가 이 대표가 나를 고마워할 수도 있을 것 같다(자신이 이 대표가 경기동부로 쏠리지 않게 조언을 했다는 뉘앙스)."[147]

제6장

종합편성채널과
손석희의 활약

종편을 둘러싼 뜨거운 갈등

2010년대 초반 내내 종합편성채널은 흔히 하는 말로 '뜨거운 감자' 였다. 2011년 12월 종편 출범 이후 진보 쪽에서 종편에 대해 맹폭격을 가하는 상황에서 진보적 영화평론가 허지웅이 종편인 채널A의 영화 프로그램 〈무비 홀릭〉에 출연하게 되었다는 사실이 알려지면서 수많은 사람이 비난과 욕설을 퍼부었다. 허지웅 스스로 개인의 선택에 대한 입장을 적극 해명하며 관련 글도 쓰고 간담회에도 출석했으나 '종편 부역자', '광화문 네거리에서 화형을 당해야' 등의 원색적인 비난을 당했다.[148]

진보? 진보적 가치 때문에 그런 몹쓸 욕설을 퍼부었을까? 그게 아니었다. 증오·혐오의 수렁에 빠져 눈에 핏발이 선 사람들의 광기였을 뿐이다. 문화평론가 최태섭은 『경향신문』(2011년 12월 5일)에 기고한 「'우리편'이라는 괴물」이라는 칼럼을 통해 "일개 영화평론가가 '국민 여동생

김연아'의 유명세를 압도할 정도로 욕을 먹어야 했다"며 증오에 미쳐 돌아가는 세상에 대해 다음과 같이 개탄했다.

"반FTA 집회에서는 다른 구호를 외쳤다는 이유로 폭행을 당하고, 소수자에 대한 차별 문제를 제기하는 것은 분열의 시도라며 공격받고, 참여정부의 공과를 거론하는 것은 신성모독처럼 느껴진다. 집단지성은 실시간으로 살생부를 업데이트하느라 여념이 없고, 정치는 점점 심판이라는 단어와 동의어가 되어간다."[149]

종편은 "'조중동 권력'을 위한 반민주 악법"인가, 아니면 "미디어산업, 장벽 허물고 미래로 도약한다"고 보아야 하는가? 이 양극화된 질문은 여야, 보수·진보 진영 간 뜨거운 갈등으로 비화되기도 했다. 진보 진영은 종편의 실패를 기대하는 희망적 사고wishful thinking에 매달렸는데, 그래서 진보적 언론 비평지인 『미디어오늘』엔 「'선동렬 방어율', 조중동 방송의 암울한 미래」(2011년 12월 21일)와 같은 제목의 기사들이 자주 실렸다. 이는 2012년 1~8월 사이에 『미디어오늘』에 실린 다음과 같은 몇 개의 기사 제목들을 통해서도 확인할 수 있었다.

「종편 시청률 비상, 한 달 평균 0.3%…지상파는 소폭 상승」(2012년 1월 4일), 「100억 쏟아부은 TV조선 '한반도' 조기 종영 파장」(2012년 3월 28일), 「종편, 선정성 점입가경…일본 프로그램 베껴오기도」(2012년 5월 2일), 「망해가는 저축은행, 종편 투자는 왜?」(2012년 5월 9일), 「종편 패밀리 분열 조짐 "1등도 죽을 수 있다"」(2012년 5월 23일), 「종편 안 되면 신문사도? 중앙·동아 수천억 채권 발행」(2012년 7월 11일), 「드라마도 접고 쇼도 접고, 보도 PP로 쪼그라든 종편」(2012년 7월 18일), 「'1등 신문'이 만드는 꼴찌 방송, TV조선의 몰락」(2012년 8월 29일).

JTBC 보도본부로 직장을 옮긴 손석희

제18대 대선에서 박근혜를 위해 맹활약을 한 종편을 둘러싼 논란은 이후로도 가열차게 전개되다가 2013년 5월 10일 새로운 국면을 맞게 되었다. 이날 인터넷을 후끈 달아오르게 만든 두 인물이 있었으니, 한 명은 성신여자대학교 미디어커뮤니케이션학과 교수 손석희, 또 한 명은 청와대 대변인 윤창중이었다. 『동아일보』는 「56년생 동갑내기 손석희-윤창중의 명과 암⋯그것참!」이라는 기사에서 다음과 같이 말했다.

> 손석희 교수는 10일 MBC 라디오 〈손석희의 시선집중〉에서 하차했고, 앞서 전날 성신여대에 사표를 제출한 것으로 알려졌다. 손석희는 JTBC 보도본부를 총괄하는 사장직을 맡기 위해 자신이 맡고 있던 모든 것을 내려놓았다.⋯⋯그는 그동안 큰 실수 한 번 없이 높은 인기를 누려왔기에 다소 갑작스런 소식이기는 하지만 많은 네티즌들이 그의 결정을 존중하며 응원의 목소리를 내고 있다. 여기까지는 명明이다. 그리고 또 한 사람. 윤창중 청와대 대변인이다. 하루아침에 전 청와대 대변인이 돼버린 그는 한미정상회담이 열린 지난 7일 백악관 인근 호텔에서 미국 시민권자인 23세 인턴 여대생의 엉덩이를 허락없이 주무른grab 것으로 신고됐다. 알려진 사실에 따르면 윤창중 전 청와대 대변인은 7일 밤 인턴 여대생의 엉덩이를 만졌고, 성추행 신고를 받은 사실을 알게 되자 급히 한국으로 귀국했다.⋯⋯청와대는 곧바로 윤창중 대변인을 경질했지만 인터넷상에서 파문은 쉽게 가라앉질 않고 있다. 그야말로 암暗이다.⋯⋯한 사람은 새로운 시작에 대한 응원을 받고 있는 반면 다른 한 사람은 비난의 대상이 된 것이 정반대다.[150]

손석희는 10일 MBC 라디오 〈손석희의 시선집중〉 마지막 방송에서 "오랜 고민 끝에 문화방송에서의 생활은 여기까지라는 판단을 했다"며 "마음속에 지닌 정론의 저널리즘을 제 나름대로 펼칠 것"이라고 말했다. 이날 손석희의 마지막 방송 현장에는 MBC 이재용, 박경추, 김경화, 서현진, 김정근, 최현정, 이성배, 이승훈, 동료, 선후배 아나운서들을 비롯, 〈손석희의 시선집중〉을 거쳐간 라디오 PD들과 작가들이 대거 몰렸다. 일부 여성 아나운서들과 작가들은 눈물을 펑펑 쏟기도 했다.

방송 내내 비교적 담담한 모습으로 진행하던 손석희도 "13년은 제게 정말 최고의 시간들이었다. 청취자분들은 저의 모든 것이었습니다. 평소에 매일 아침에 마이크 앞을 떠나듯이 그렇게 떠나고 싶다. 청취자 여러분 끝까지 들어줘서 고맙습니다. 안녕히 계십시오"라고 마지막 인사를 전하며 눈시울을 붉혔다. 그는 흰 손수건으로 눈물을 훔치기도 했다. 취재진과 만난 손석희는 "아까 눈물을 흘리는 것 같은데 심경이 어떠한가"라는 취재진의 질문에 "나도 사람인데……"라며 웃어보였다.[151]

"호랑이굴 들어간 손석희, 결국 잡아먹힐 것"

손석희는 이날 오전 JTBC 보도자료를 통해 "JTBC가 공정하고 균형 잡힌 정론으로서 역할을 하는 데 일조할 수 있다면 큰 보람이며, 결국 그 길이 저 개인뿐만 아니라 JTBC의 성공이 아닐까 생각한다"며 "우리 사회의 가장 큰 문제는 보수와 진보 양 진영 간 골이 점점 깊어진다는 것이다. 언론이 그 간극을 메우는 역할을 해야 한다는 문제의식을 갖고 있었다"고 전했다.

손석희는 "JTBC가 공정하고 균형 잡힌 정론으로서 역할을 하는 데 일조할 수 있다면 큰 보람"이라고 말했지만, 진보 진영의 일각에서는 실망감과 배신감을 드러냈다.

　손석희의 JTBC행이 응원만 받은 건 아니었다. 진보 진영의 일각은 실망감과 배신감을 드러냈다. MBC PD 출신인 단국대학교 커뮤니케이션학과 교수 김평호는 손석희의 발언에 대해 "김영삼 씨가 3당 합당하면서 했던 말과 비슷하다. 호랑이 잡으려면 호랑이굴로 들어간다는 거였는데, 결국 잡아먹힐 게 불 보듯 뻔하다"며 "실망스럽다"고 밝혔다. 김평호는 "(손 교수가) MBC에 대해 큰 애정을 갖고 있었는데, 무슨 사정이 있는 건지 모르겠다. 손 교수는 (정론 저널리즘을 실천하겠다는) 자신의 공식적 발언들이 허망하다는 것을 모를 사람이 아니다"며 "JTBC 보도도 곁가지 정도만 나아지는 수준일 텐데, 과연 본인 인생을 바꿀 정도로 가치가 있는 것인지 잘 모르겠다"고 지적했다.

성공회대학교 신문방송학과 교수 김서중도 "개인의 선택이긴 하지만 종편의 사회적 의미와 손 교수의 상징적 의미를 고려하면 잘못된 선택으로 보인다"며 "손석희 교수가 JTBC를 변화시킨다기보다는 손 교수의 이미지가 깎이는 결과만 남을 것"이라고 우려했다. 김서중은 "그동안 손석희 교수를 아꼈던 사람들로서는 정말 손 교수의 발언대로 되기를 바라는 마음이 있을 것이다. 만약 종편이 아닌 통상적인 언론사라면 손 교수 영입으로 인해 굉장한 시너지 효과가 있을 것"이라며 "그러나 JTBC가 손석희 교수를 통해 일정한 제스처들을 취하긴 하겠지만, 근본적인 변화에는 한계가 있을 것이다. JTBC는 『중앙일보』, 삼성과 무관하지 않는데 과연 손 교수가 사장으로서 조직 밖에서 주어지는 압박에 대해 버텨낼 수 있겠느냐"고 반문했다.

언론노조 위원장 강성남 역시 "씁쓸하다. 자신의 선택을 합리화하기 위한 수사에 불과하다"며 "한두 사람이 들어간다고 해서, 구조가 바뀌지는 않는다. 만약 진짜로 가능하다고 생각했다면, 본인 능력에 대한 과대평가"라고 말했다. 강성남은 "JTBC가 손 교수 영입을 통해서 콘텐츠 차별화를 시도하려는 것 같은데, 마케팅을 위한 수단일 뿐 종편의 본색은 바뀌지 않는다. 검은색 잉크에 하얀 물방울을 넣는다고 하더라도 전체적인 색깔이 바뀌지는 않는다"며 "손석희 교수의 JTBC행에 대해 딱히 크게 의미를 부여하고 싶지는 않다. 좋은 조건에 직장을 옮긴 것이고, 이 조건이 손석희 교수에겐 MBC를 사랑하는 마음보다 더 컸던 것"이라고 지적했다.[152]

KBS 출신으로 인터넷 팟캐스트 방송 〈뉴스타파〉로 옮긴 기자 최경영은 트위터에 "손 교수의 제이티비시 보도 사장 취임은 개인적으론 어떤 소망을 이룬 것이겠지만 대중들에겐 '모두가 투항한다. 너희도 포기하라'는 낙담의 메시지를 선사한다"고 썼다.[153]

"종편 택한 손석희? 손석희 삼킨 종편!"

『프레시안』기자 박세열은 「종편 택한 손석희? 손석희 삼킨 종편!」이라는 기사에서 "이번 사건은 손석희가 종편을 택한 사건이라기보다는 종편이 손석희를 삼킨 사건이다. 가랑비에 옷 젖는다고 했다. 이명박 정부의 방송 장악 시나리오는 2013년에도 현재 진행형이다. 다만, 대부분 눈치채지 못하고 있을 뿐이다"고 했다.[154] 『프레시안』편집국장 전홍기혜는 「윤창중, 손석희…비루한 언론의 현실」이라는 칼럼에서 다음과 같이 말했다.

"일차적으론 개인적인 '선택'의 문제지만, 그 선택에 깔린 함의는 결코 적지 않다. 손석희 전 교수가 30년간 몸 담았던 MBC가 이명박 정부의 '방송 장악 프로젝트'를 통해 얼마나 망가졌는지, 김재철 전 사장 등 그에 충실하게 복무한 언론인들은 후배 언론인들에게 얼마나 부끄러운 모습을 보였는지, 김재철 전 사장의 후임으로 김종국 사장이 낙점됐다는 것의 의미에 대해 MBC 안팎에서 어떻게 받아들이는지……. 더 나아가 손 전 교수가 내세운 '종편이 현실이 됐다'는 명분 역시 가볍지 않은 얘기다. '현실이 된 종편'이 가뜩이나 자본과 정치 권력에 취약한 대한민국 언론 상황에 어떤 영향을 미칠지 매우 중요한 변수이기 때문이다."[155]

『시사IN』기자 천관율은 손석희가 JTBC로 간다는 사실을 확인한 직후 성신여자대학교 연구실에서 손석희를 만나 짧은 인터뷰를 가졌다. 손석희는 MBC에 새 사장이 오는 시점에 그만두는 것이 '재 뿌리기'로 비칠까 걱정하면서 MBC 내에서 겪었다고 알려진 갈등과 고난은 부인 했으며, 신임 사장 인사에 대한 항의성이 아니라고 강조했다.

"김재철 사장이나 새로 오신 김종국 사장, 이런 분들과 관계가 없는 결정이다. MBC가 작년에 어려움을 많이 겪었고 여러 가지로 새 출발을 하는 상황인데, 새로운 분위기가 시작되는 마당에 저는 좀 내려섰으면 하는 마음이 들더라. 오히려 신임 사장은 저와도 잘 알고, 제 기억에 저도 많이 도와주셨던 분이다."

왜 JTBC일까? JTBC가 개국 당시부터 손석희 영입에 공을 들인 것은 방송가에서 나름 알려진 이야기였다. 그도 영입 제안은 오래전부터 받았고, 고민도 오래 했다고 말했다. "언론이라는 게 사회통합 기능이 있어야 된다고 하는데, 현실이 그렇지 못한 부분이 있다면 그걸 한 번 실천해보고 싶은 욕심이 있다. 그래서 딱 JTBC만이 최적의 여건이라고 얘기할 순 없지만, 마지막으로 한 번 도전해볼 수는 있겠다는 생각이 들더라."

『중앙일보』 계열 종편으로 간다는 것이 대중의 눈에 어떻게 비칠지 모를 리 없는 손석희는 보도 방향과 논조에 전권을 갖도록 약속받았다면서 이렇게 말했다. "JTBC와 『중앙일보』가 다른 몸이라고 하지는 않겠지만, 둘이 추구하는 바는 좀 달라질 거다. 『중앙일보』는 저하고 상관이 없는 조직이니까. 제가 신경 쓰는 건 JTBC의 보도다. 한 묶음으로 가지 않을 것 같다."

천관율은 손석희에게 가장 예민한 문제도 물었다. JTBC에서 삼성 관련 이슈를 어떻게 보도할 것이며, 이 문제에 자율권을 갖고 있는가 하는 질문이었다. "〈시선집중〉에서도 삼성 문제를 많이 다뤘다. 그 이상 간다고는 말 못하겠지만, 그 정도는 간다. 그걸 다루지 않으면 (방송을) 내놓을 수가 없다." 전권을 갖는다는 약속은 삼성 문제에서도 적용되느냐는 질문에 손석희는 "그렇다"고 답했다.[156]

"손석희의 '다짐', 아직은 못 믿겠다"

2013년 5월 13일 손석희는 JTBC 신임 보도 담당 사장으로서 첫 공식 일정을 소화했다. 그는 보도국 기자들과의 첫 회의에서 "균형, 공정, 품위, 팩트를 4대 가치로 한 방송 뉴스를 만들겠다"고 밝혔다. JTBC 보도국장 오병상은 "손 사장의 영입으로 보도국 사기가 크게 올라갔다"면서 "앞으로 JTBC 방송 뉴스를 한 층 더 업그레이드할 수 있는 계기가 될 것"이라고 강조했다. 반면 타 종편 고위 관계자는 "거액의 연봉을 주며 종편 시장을 교란시키는 손 사장의 이적이 그리 아름답게 보이지 않는다"며 "스타급 언론인 한 명 영입이 뉴스 경쟁력 강화로 이어질지는 사실 의문"이라며 평가 절하했다.[157]

진중권은 "결국 '손석희가 바꾸느냐, 손석희가 바뀌느냐'의 문제인데, 어차피 종편인 이상 보수적 성향이 바뀌기는 힘들 겁니다. 다만 JTBC는 손석희를 영입하여 합리적 보수의 스탠스를 선점함으로써 막장방송 TV조선이나 채널A와 차별화하려 하겠죠"라고 말했다. 『오마이뉴스』 기자 하성태는 「손석희의 '다짐', 아직은 못 믿겠다」는 기사에서 진중권의 말을 소개하면서 다음과 같이 말했다.

"중이 싫어 떠난 절이 또 다른 절에서 암초에 부딪치는 상황은 손 사장 본인이나 그를 응원했던 수많은 시청자들과 언론인들 모두 원치 않을 것이다. 그럼에도 '삼성 보도 역시 팩트에 근거하겠다'는 손 사장의 다짐에 쉬이 고개를 끄덕이지 못하는 것은 비단 기우일 뿐일까. 한편으론 손 사장의 이탈과 함께 더욱더 공허해진 공중파의 자리 또한 염려스럽다. 〈뉴스타파〉와 같은 대안언론의 지치지 않는 활약이야 물론 반갑다. 하지만 영국의 BBC와 같이 공영방송을 무기 삼아 균형 잡힌 보도는 물론 다큐나 예술영화 지원에까지 영향력을 유지하는 선도적인 공영방송은 대한민국에서는 이제 꿈꿀 수 없을지 모를 일이다."[158]

5월 16일 오후 방송된 JTBC〈썰전-독한 혀들의 전쟁〉('썰전')의 '예능심판자'는 '손석희, JTBC에 새 둥지를 틀다'를 주제로 이야기를 나누었다. 이날 '썰전' MC들은 "손석희를 향한 시청자의 기대치가 맞을지는 미지수다"라면서 기대와 걱정이 공존한다는 평을 내렸다. 이에 허지웅은 "손석희를 통해 이념 통합의 실험을 하는 셈이다. 보도국의 완전한 독립과 자유가 중요하다. 무엇보다 삼성을 깔 수 있느냐가 개인적으로 가장 중요하다고 판단한다"고 소신을 밝혔다. 이어 그는 "손석희 사장은 자기 관리가 평소 투철한데 엄청나다고 느낀 건 하루에 매일 출근할 때 신문을 보면서 담배를 한 가치만 핀다는 것이다. 흡연자들은 공감하는 엄청난 절제력이다. 비인간적이다"고 일화를 털어놓으며 고개를 저었다.[159]

"'손석희의 도박' JTBC행 30년 명성 올인"

2013년 5월 18일 TV 칼럼니스트 이승한은 『한겨레』에 쓴 「'손석희의 도박' JTBC행 30년 명성 올인」이라는 글에서 "내 주변 사람의 반응은 크게 두 가지로 나뉘었다. '실망스럽지만, 손석희니까 뭔가 이유가 있었겠지.' '손석희라서 더 실망스러워.' 그럴 법했다"며 다음과 같이 말했다.

"우린 모두 1992년 문화방송 노동조합 파업에 참여했다가 주동자로 몰려 구속된 푸른 수의 차림의 그를 기억하고 있다. 포승줄에 묶인 상황에서도 말갛게 웃던 서른여섯의 손석희는 문화방송의 공정성을 상징하는 존재였다. 〈100분 토론〉과 〈손석희의 시선집중〉을 통해 자신의 브랜드 가치를 넘어 문화방송의 신뢰성까지 한 단계 끌어올린 걸출한 존재. 사람들은 '손석희이기 때문에' 더 실망스러워하거나, 혹은 '손석희이기 때문에' 덜 실망하려 노력하고 있었다."

이승한은 손석희를 '언론인'이 아닌 '방송인'으로 보는 이들은 그의 JTBC행을 대체로 이해하는 눈치라고 했다. 가수나 코미디언, 탤런트 등의 방송인들이 종편에 출연하는 걸 도덕적 잣대로 평가하지 않듯, 손석희의 역할을 온전히 '방송인'으로 본다면 이해 못할 일도 아니지 않으냐는 자세로, 다음과 같은 논리라는 것이다.

"사실 취재는 작가나 피디가 다 해오는 거고, 이 사람은 그걸 재료로 방송을 매끄럽게 이끌어가는 방송인이었던 거죠. 만약 이 사람의 역할을 언론인으로 본다면, 김재철이 사장이었던 지난 3년 동안 문화방송이 망가져가는 꼴을 보면서도 침묵한 것에 대한 책임을 더 무겁게 물어야 할 겁니다. 피디·출연자 등 같이 일하던 제작진이 잘려나가는 동안에도, 그에 대한 어떠한 항의도 없이 묵묵히 출연하고 출연료 받아갔거든요."

이승한은 그런 논리의 연장선상에서 "2010년 3월 김재철 사장이

손석희는 "균형, 공정, 품위, 팩트를 4대 가치로 한 방송뉴스를 만들겠다"고 밝혔지만, 그의 JTBC행은 '손석희라서 더 실망스러워'라는 반응이 많았다. 1992년 MBC 노동조합 파업으로 구속되어 푸른 수의를 입은 손석희.

들어온 뒤 문화방송은 손석희를 집요하게 흔들었다. 〈100분 토론〉의 진행자 자리에서 손석희를 쫓아내면서 '출연료' 핑계를 댔고, 그 과정에서 그가 〈시선집중〉에서 얼마를 받는지도 만천하에 공개했다. 문화방송 라디오 전체를 통틀어 〈싱글벙글쇼〉의 진행자 강석 다음으로 많은 돈을 받고 있다는 사실은 헤드라인이 되어 입길에 올랐다. 긴 파업과 그에 따른 후유증으로 모두가 어수선한 틈을 타, 문화방송은 슬그머니 오랜 시간 그의 손발이 되어 함께 일했던 피디와 출연자를 차례차례 갈아치웠다. 손석희는 공개적으로 어떠한 항의도 하지 않았다. 대신 그는 일주일에 여섯 번, 자신의 자리를 조용히 지키는 것으로 김재철의 3년을 보냈다"

며 다음과 같이 말했다.

"언론인의 역할은 기계적 공정성을 지키는 것이 아니라 특정 사안에 대한 자신만의 관점을 갖고 이를 객관적 팩트와 논리적 구조로 '프레이밍framing(틀짓기)'해 보여주는 것이다. 그렇기에 문화방송의 공영성 후퇴에 대해 이렇다 할 입장을 제시하지 않았던 '언론인' 손석희의 행보는 분명 비판받을 측면이 있다. 그것도 명실공히 한국에서 '신뢰도 1위의 언론인'으로 평가받아온 그라면, 비판은 더더욱 피하기 어려울 것이다. 사실 우린 지난 몇 년간 손석희로부터 사회 각층의 다양한 견해를 전달받았을 뿐, 그가 특정 현안에 대해 어떤 관점이나 생각을 지니고 있는지에 대해 알지 못한다. 그는 공정한 토론 중재자이자 정보 전달자로서의 위치가 흔들릴 것을 우려한 나머지 인터뷰 한 번 하기도 까다로운 사람으로 이름이 났으니까."

원래 사랑이 미움으로 변할 때 그렇듯이 가혹한 평가가 아닐 수 없다. 이런 평가, 아니 비판은 이른바 위선에 대한 혐오가 지나친 나머지 나타나는 '반反위선 근본주의' 구호라 할 수 있는 "성인이 아니면 입 닥쳐Saint or shut up"를 연상케 한다.[160] "투사가 되어라, 아니면 비판받아 마땅하다"는 식의 이분법에서 살아남을 수 있는 사람이 과연 얼마나 될까? 투사도 변절하길 밥 먹듯이 하는 세상에서 그런 요구는 가혹한 정도를 넘어 잘못된 생각이 아닐까?

하지만 이승한이 "손석희라서 더 실망스러워"에만 머문 건 아니었다. 그는 "실망스럽지만, 손석희니까 뭔가 이유가 있었겠지"라는 기대도 버리지 않았다. 그는 "그가 앵커나 프로그램 진행자의 자리로 가는 게 아니라, 제이티비시의 각종 뉴스를 책임지는 보도·시사 부문 사장으로 간다는 사실에 주목해야 할 필요가 있다. 그는 이제 자신이 생각하는 공정한 '언론'이란 무엇인지, 뉴스를 통해 보여줘야 한다. '언론인' 손석희에 대한 평가는 어쩌면 이제부터 시작일지 모른다. 제이티비시라는 종편의 플랫폼을 통해 그가 어떤 뉴스를 들려주느냐에 따라 그가 지금까지 유지해왔던 '신뢰도 1위 언론인'의 이미지는 순식간에 사라질 수 있다. 도박으로 치면 꽤 위험한 도박이다"며 다음과 같이 말했다.

"손석희는 방송 생활 30년 중 앞의 23년을 문화방송 소속 아나운서로, 뒤의 7년을 프리랜서 방송인이자 강단 교수로 살았다. 특히나 뒤의 3년은 김재철의 문화방송을 경험하며 보냈다. 자신이 생각하는 바람직한 방송을 구현할 수 있는 전권을 주겠노라는 제안을 받았다면, 어쩌면 그로서는 지금까지 쌓아온 모든 이미지를 걸고 도박을 해볼 만한 가치가 있는 일이라 생각했을지도 모른다. 물론 이 도박은 선뜻 동의하기도 쉽지 않고, 승률이 높아 보이지도 않는다. 제이티비시의 보도가 전과 달라지지 않는다면 손석희는 '제이티비시의 액세서리가 되었다'는 이야기를 들으며 불명예스럽게 경력을 마무리해야 할 것이고, 그의 말처럼 '정론'을 추구하는 방향으로 보도 논조가 거듭난다 해도 여전히 '재벌의 언론 소유와 거대 언론의 종편 진출을 정당화하는 알리바이를 제공했다'는 비판을 피하긴 어려워 보인다. 30년간 쌓아온 자신의 명성과 이미지를 올인한 이 한판 도박의 결말은 어떻게 될까."[161]

"배신을 가리켜 배신이라 말하는 내가 옹졸한가"

일반 대중은 대체적으로 "손석희니까 일단 지켜보자, 가서 하는 것을 보고 판단하자"며 유보적인 반응을 보였다. 이와 관련, 『시사IN』 정치팀장 고재열은 "열흘쯤 지나서 그를 이렇게 보내는 것은 예의가 아니라는 생각이 들었다.……당장 손 사장의 종편행 덕분에 종편을 부정하는 지식인들은 '고루하고 편협하고 자기만 잘났고, 자기만 옳고 고집스럽고 답답한' 존재가 되어버렸다. 그들이 JTBC에 출연을 거부하겠다고 하면 제작진은 아마 속으로 '네가 손석희보다 잘났느냐'고 말할 것이다. 이것이 바로 JTBC가 손 사장을 영입한 이유다"며 다음과 같이 말했다.

"손 사장에 관한 판단을 유보하자는 사람들은 1년만 지켜보고 판단하자고 말한다. 하지만 1년이 지나면 그는 더이상 의미 없는 존재가 되어 있을 것이다. 그의 상징가치는 JTBC로 옮기는 순간 상실했기 때문이다. 언론인의 핵심은 비판 정신, 선배 언론인에 대한 전관예우는 바로 멋진 펀치를 날리는 것이리라. 그를 비판하는 데 굳이 1년의 어음을 둘 필요는 없다고 본다. 오늘의 비판을 내일로 미루지 말자."[162]

한국예술종합학교 교수이자 언론연대 대표인 전규찬도 「배신을 가리켜 배신이라 말하는 내가 옹졸한가」라는 칼럼에서 "내게 손석희의 종편행은 말 그대로 배신이다. 동의할 수 없는 처신이자, 이해할 수 없는 행동이다. 유독 야박한 처우가 아니다. 이명박 정권 때의 황석영이나 현 정권에서의 김지하에게도 똑같은 잣대로 문제를 제기한 바 있다. 선택을 이해할 수 없으며, 처신을 인정할 수 없다고 썼다. 종편에서 '정론'의 저널리즘을 펼쳐 보이겠다는 손석희의 말에 대해서도, 나는 똑같이 참을 수 없는 지식인의 가벼움과 기의가 텅 빈 허언의 가려움을 느낀다"며 다음과 같이 말했다.

"부정한 탄생의 역사를 지닌 종편에서 '정론'의 길을 간다? 답해보

라. JTBC 보도 부문은 지난 대선에서 다른 종편의 악의로부터 얼마나 거리를 두고 '정론'을 펼쳤던가? 일개 '책임자'가 통제할 수 없는 JTBC 내부 구성원들의 '정론' 의식은? 그를 영입했고 또 그에게 전권을 줬다는 『중앙일보』 홍석현 회장은 평상시 어떤 '정론'의 철학을 보였던가? 권력의 의지와 선전의 폐해만 잔뜩 묻어나는 상태에서, 손석희의 말과 행동은 설득력을 갖지 못한다. 현실의 변명이고 사실의 은폐다. 많이들 말을 아끼는 듯하다. '진보'라 칭하는 평론가와 매체들조차, 그의 이야기를 들어주려 하고 또 지켜보자 한다. 옹졸한 나는 이런 훈훈한 분위기가 마음에 들지 않는다. 황폐한 언론 현실 속, 그가 한 '정론'이라는 말에 울컥한다. 왜 내가 부끄럽나? 만약 그가 진실로 권력에 대항해 종편에서 '정론'을 구현하거나 혹시 JTBC 안에 참된 저널리즘의 꽃을 피운다면, 즉각 나는 그에게 용서를 구하는 글을 쓰리라."[163]

반면 『미디어스』 기자 김완은 「욕하지 말자 너무도 많은 것이 이미 무너졌다」는 칼럼에서 "손석희가 가진 '상징자본'이 어떠한 것인지는 좀더 복잡한 논의가 필요할지 모른다. 하지만 그가 MBC를 떠났을 때, 그리고 이제 종합편성채널(종편) 사장이 되었을 때 사람들이 느끼는 박탈감과 한 시대가 허물어졌다는 감상적 감상이 난무하는 상황은 우리 언론의 현실에 분명한 메시지를 던진다"며 다음과 같이 말했다.

"언론인을 신념과 당위의 체계에서 노동과 활동의 중간적 위치의 관찰자로 표상하던 시절은 이제 완전히 끝났다. 당대의 언론인들은 그런 차원의 매트릭스에서 살고 있지 않다. 어떤 사람들이 여전히 그걸 원하지만 그 매트릭스가 붕괴될 때 그들은 별다른 도움이 되지 않았다. 당대의 정치권력과 오래된 자본권력 가운데 누가 더 나쁜지를 논해봐야 별

다른 의미는 없다. 공영방송은 언젠가 회복할 수 있지만, 사주가 분명한 방송은 그렇지 않다는 비판을 제아무리 해봐야 모든 언론인이 그 '언젠가 회복'에 인생을 걸 순 없는 노릇이다. 한국 사회에서 가장 영민한 언론인 가운데 한 명인 손석희는 '언젠가 회복'이 아닌 '최악을 차악으로 바꾸는 일'이 더 빠르다고 판단했다. 이에 대해 정의감 넘치는 '도덕적 비판'을 하는 것의 의미는 정말 무엇일까?"[164]

'가장 영향력 있는 언론인' 9년 연속 1위

손석희에 대한 비판은 계속되었다. MBC에서 해직된 후 『GO발뉴스』에 몸담은 기자 이상호는 2013년 5월 25일 『오마이뉴스』 기자 이영광과의 인터뷰에서 "손 사장의 종편행으로 많은 사람이 혼란을 겪어요. 마냥 종편을 거부해야 하는 것인지도 모르겠는데. 종편을 어떻게 규정해야 할까요?"라는 질문에 다음과 같이 답했다.

"손석희 선배 가시면서 어록을 남기셨죠. '종편이 현실이 되었으니 배척하는 것보다는 수준을 높이는 게 현실적이지 않느냐'는 얘기 기억하시죠? 손 선배의 종편행이 보도되고 분명히 뭔가 말씀을 하실 텐데, 저는 좀 멋진 핑계를 기대했습니다. 청산유수에 생방송 잘하는 분이시잖아요. 그런데 실망했습니다. 현실론이잖아요. 거의 초등학교 6학년생 수준이에요. 일제시대 이완용이 원래 독립협회 위원장으로 독립문 건립을 주도한 양반이잖아요. 하지만 일제를 '현실'로 인정한 순간, 나라를 팔아넘긴 매국노가 된 거죠.……노파심에 강조하자면, 제 주장의 포인트는 이겁니다. 공영방송 체제가 무너지고 있다고 해서, 공영방송 체제의 정당성마저 사라진 것은 아니라는 거죠. 어려울 때일수록 원칙을 지켜야 됩니다. 손을 놔버리면 한방에 훅 가버려요. 그런 점에서 손석희 선배가 제기한 현실론은 비판받아 마땅하다는 게 제 주장입니다."[165]

전남대학교 철학과 교수 박구용도 「변절의 흑백논리」라는 『경향신문』(2013년 6월 1일) 칼럼에서 "마음이 변해서 떠난 것이라면 배신이 아니다. 지나간 사랑을 부인한 것도 아니라면 모욕은 더더욱 아니다. 하지만 '종편이 현실이 되었으니 배척하는 것보다는 수준을 높이는 게 현실적이지 않느냐'는 주장은 명백한 현실 왜곡이자 이상의 교란이다"며 다음과 같이 말했다.

"무엇보다 그가 말하는 현실은 모두가 인정해야 할 불변의 과학적 세계가 아니라 자신의 의지에 비추어 자의적으로 구성한 그의 세계일 뿐이다. 그처럼 야만적 현실을 인정하기보다 인정할 수 있는 현실을 위해 싸우는 사람들을 기만하는 현실론으로 이완용이 나라를 팔았고 이광수가 문학을 팔았다. 그리고 또 흑과 백을 뒤집으며 수많은 변절자들이 흑백논리의 저편에서 자신을 변론했다. 나도 끝없이 변절하지만 그 변절로 세상을 바꾸겠다는 사기는 못 친다."[166]

그러나 손석희는 종편으로 옮겼지만, 2013년 9월 여전히 『시사저널』의 '2013 누가 한국을 움직이는가' 조사에서 '가장 영향력 있는 언론인' 부문 1위를 9년 연속 지켰다. 소폭이지만 지난해(45.4%)에 비해 지목률이 더 상승했으며, 모든 직종의 전문가들이 그를 1위로 꼽았다. 특히 기업인(66%)·언론인(58%)·법조인(58%)·정치인(58%) 집단에서 지목률이 높았다.[167]

"손석희, 이름 석 자의 위력이 이렇게 컸던가"

2013년 9월 16일 손석희가 드디어 JTBC 메인 뉴스인 〈뉴스9〉의 앵커로 나섰다. "시청자 여러분, 손석희입니다. 약 70년 전『르몽드』지의 창간자인 뵈브 메리는 '모든 진실을, 오직 진실을' 다루겠다고 말한 바 있습니다. 그럴 수 있다면 저희들의 몸과 마음도 그만큼 가벼워지리라고 믿습니다." 이런 인사말로 첫 방송을 시작한 손석희의 마지막 인사말은 "내일도 최선을 다하겠다"는 각오의 표현이었다.

뉴스는 전반적으로 손석희가 비판해온 백화점식 나열 보도를 탈피한 새로운 형식이었다.『미디어오늘』은 "그의 뉴스는 달랐다. 기존 뉴스와 차별화된 뉴스를 하겠다고 공언한 손석희 JTBC 보도국 사장의 말처럼 '손석희 호'의 첫 〈뉴스9〉은 확실히 달랐다"며 다음과 같이 말했다.

"1분 10초가량의 리포트가 30개 이상 나열된 뉴스가 아니었다. 보도 건수가 확 줄어들어든 대신 하나의 내용을 다양한 방식으로 10분 이상 보도하는 '묶음 뉴스'가 나타났다. 중계차를 연결해 앵커가 직접 취재원을 인터뷰하기도, 취재원이 직접 스튜디오로 나와 앵커와 대담하기도 했다. 또 그날의 '핫'한 이슈에 대한 여론조사 결과를 보여주는 '뉴스룸' 코너도 생겼다. 뉴스 마지막에는 앵커 곁에 스태프들이 모여든 스튜디오의 전체 모습을 보여주며 배경음악으로 팝송을 틀었다. 일단 시청자들의 반응은 좋다. 시청률도 2.1%(닐슨코리아 전국 유료 가구 기준, 광고 제외)를 기록해 종편 메인 뉴스에서 첫 1위를 차지했다. 언론계의 첫 반응은 '역시 손석희구나'다."[168]

칼럼니스트 정덕현은「손석희, 이름 석 자의 위력이 이렇게 컸던가」

손석희는 JTBC 〈뉴스9〉에서 "약 70년 전 『르몽드』지의 창간자인 뵈브 메리는 '모든 진실을, 오직 진실을' 다루겠다고 말한 바 있"다며 첫 방송을 시작했다. 1954년 창간된 『르몽드』의 창간자인 위베르 뵈브-메리Hubert beuve-Mry.

라는 칼럼에서 "그가 앵커로 나선 JTBC 〈뉴스9〉은 확실히 달랐다"며 다음과 같이 말했다.

"〈뉴스9〉이 형식적으로 바꾼 가장 큰 것은 앞부분에 묶음식의 기획 뉴스들을 배치하고 스트레이트성 뉴스를 뒤로 놓은 점이다. 그리고 이 기획뉴스를 스튜디오와 현장, 인터뷰 등 다채로운 방식으로 묶어 훨씬 입체적으로 조명했다는 점이다. 무엇보다 중요한 건 손석희 특유의 날카로운 지적과 민감한 사안도 에둘러가지 않는 질문이다. 이것은 뉴스에서 가장 중요한 신뢰를 더해주는 자세이기 때문이다.……저녁 8시, 9시면 여기저기서 뉴스가 쏟아져 나오곤 있지만 믿을 수 없어서, 또 너무 나열식으로 아무런 초점을 잡아주지 않아 오히려 복잡하고 혼동만 줘서 뉴스를 보고 나면 별로 남는 게 없는 그런 뉴스들 속에서 손석희의 뉴스는 확실히 뉴스도 재미있을 수 있다는 걸 보여주었다. 모쪼록 이 흐름이 계속 이어지길, 그래서 그 변화가 다른 뉴스에도 긍정적인 영향을 주길."[169]

"단물 다 빠지면 쫓겨날 것" 정청래·손석희 설전

2013년 9월 25일 민주당 의원 정청래는 페이스북에 올린 'JTBC 손석희 앵커가 불러도 안 나가는 이유'라는 글에서 "손석희는 훌륭한 언론인으로서 역할을 하면 되고 나는 또 정치인으로서 역할을 하면 된다. 나는 안 나간다"며 종편 출연 거부 이유를 밝혔다. 그러면서 "손석희 보도 부문 사장도 단물이 다 빠지면 언젠가 쫓겨날 것"이라고 직격탄을 날렸다.

이에 손석희는 10월 5일자 『한겨레』 인터뷰에서 "각자 나름의 판단이 있을 수 있고, 누구나 언론 인터뷰에 나서지 않을 권리가 있다. 다만 그는 여기 안 나온 걸 갖고 나온 것보다 더 크게, 잘 이용하시는 것 같다. 정치인이니까 그런가 보다 한다"고 맞받아쳤다. 손석희는 "JTBC가 손 사장을 영입한 것이나 중립적 방송을 하는 것은 상업적 측면에서의 선택"이라는 취지의 정청래 주장에 대해 "뭐 내가 언젠가 토사구팽 당할 것이다. (JTBC가) 단물만 빨아먹고 버릴 것이다 등의 이야기도 있다고 들었다"면서 "다 걱정해주는 말이라 생각하고 감사히 받아들인다. 그런데 이렇게 생각해봤으면 좋겠다"며 반론을 폈다.

손석희는 "나의 쓸모란 올바른 저널리즘을 실천하는 역할이라 생각한다. 내가 그렇게 했을 때, 시청자가 이를 인정한다면 내가 떠나고 싶어도 조금 더 있으라고 하지 않겠나"라고 반문하며 "그래서 그런 염려는 모순이다. 토사구팽 한다는 것은 잘 이용해먹은 뒤 버린다는 뜻인데, 잘 이용해서 시청자가 인정하면 왜 버리겠냐는 것이다. 하도 상업적 측면을 우려하니까 하는 말인데, 상업적 측면에서 봤을 때도 그건 모순이다"고 지적했다.

신문을 통해 손석희의 발언을 접한 정청래는 페이스북에 올린 '손석희 앵커에게 보내는 공개편지'를 통해 "당혹스럽고 서운했다"며 유감을 표했다. 그는 손석희가 "다만 그는 여기 안 나온 걸 갖고 나온 것보다 더 크게, 잘 이용하시는 것 같다. 정치인이니까 그런가 보다 한다"고 한 발언에 대해 "저의 소신을 깔아뭉개기까지 했다. 유감스런 발언이라 하지 않을 수 없다"고 격한 감정을 숨기지 않았다. 정청래는 10월 7일에도 페이스북에 올린 '손학규와 손석희의 셈법'이라는 글에서 이렇게 말했다. "손학규는 선의 편에서 악의 과거를 지우려 하고, 손석희는 악의 편에서 선을 눈앞에 보이려 한다. 누가 더 성공할까?"[170]

"삼성그룹의 노조 와해 문건" 단독 보도

손석희가 앵커로 취임하기 전 종편 4사 메인 뉴스 가운데 가장 낮은 수준인 1% 이하 시청률에 머무르던 〈뉴스9〉은 11월 2.9%(닐슨코리아 수도권 유료 가구, 광고 제외 기준)의 자체 최고 시청률을 기록했다.

2013년 12월 10일 최지은은 "손석희의 이적 이후 반년이 지났다. '나로서는 모든 것을 던지는 것'이라고 말하며 앵커 자리에 앉은 지는 꼭 3개월째다. 아무리 손석희라도 JTBC에서 삼성그룹을 비판할 수 있겠느냐던 의구심에 대한 답은 취임 한 달 만에 돌아왔다. 지난 10월 14일, 〈뉴스9〉은 정의당 심상정 의원이 입수한 삼성그룹의 노조 와해 문건 내용을 헤드라인 뉴스로 단독 보도했다"며 다음과 같이 말했다.

"또한 '모든 뉴스를 다 알 필요는 없지만 더 알아야 할 뉴스는 있다'는 모토에 따라 백화점식 구성을 지양하고 굵직한 현안을 집중적으로 분석해 '한 걸음 더 들어간 뉴스'를 지향하는 〈뉴스9〉은 망가진 지상파와 편향된 종편, 어느 쪽에도 속하지 않고 제3의 길을 택했다. 일부 진보 성향 신문에서만 조명하던 노동과 정치 이슈를 '스타 앵커'가 보도하고, 쟁점을 피하지 않으면서 첨예한 입장 차를 지닌 양측을 직접 부딪치게 만들어 보여주는 방식으로 새로운 정체성을 구축했다. 포털사이트 네이버와 다음에서의 생중계, 팟캐스트 다시듣기 서비스 등 뉴미디어를 적극 활용해 젊은 세대에게 뉴스 접근성을 높인 전략도 상당한 효과를 거둬 이를 벤치마킹하는 종편도 등장했다. 70년대 인기를 끌었던 카펜터스의 올드 팝부터 인디 뮤지션 옥상달빛의 노래까지 다양한 스펙트럼의 음악을 엔딩에 배치하고 홈페이지에서 '앵커가 직접 선곡하는 클로징 BGM'을 한눈에 볼 수 있게 함으로써 뉴스 시청이라는 행위에 취향과 정서를 심기도 했다."[171]

손석희표 저널리즘의 정수라 할 '한 걸음 더 들어간 뉴스'에 익숙하지 않은 사람들은 이런저런 불평을 늘어놓았지만, 그거야말로 '습관의 힘'이 그만큼 무섭다는 걸 말해주는 반증이었다. 스트레스로 새벽에 식은땀을 흘리며 깬다는 손석희의 '한 걸음 더 들어간 뉴스'는 2014년 4·16 세월호 참사 국면에서 빛을 발하게 된다.

"며느린가 일꾼인가
이럴려고 시집왔나"

"얼굴못본 니네조상/음식까지 내가하리/나자랄때 니집에서/보태 준거 하나있나/며느린가 일꾼인가/이럴려고 시집왔나."

2013년 9월 추석을 앞두고 젊은 며느리들 사이에서 꽤 공감을 얻은 작자 미상의 「며느리 넋두리」라는 시다. 이 시가 인기를 얻은 건 남성이 차별받는다고 아우성치는 남자들의 '적반하장'에 대한 무언의 항변이었는지도 모르겠다.

도발적인 항의도 있었다. 추석 연휴 동안엔 한 장의 젊은 며느리 인증샷이 SNS와 인터넷을 발칵 뒤집었다. 차려진 제사상 앞에서 곱게 한복을 차려입고는 가운뎃손가락을 올려 손가락 욕을 날리고 있는 젊은 여성의 사진이었다. 이에 어이없다거나 분노하는 반응이 대다수였지만 합성사진일 거라며 변호하는 반응과 '속이 시원하다'며 옹호하는 반응도 있었다.

이 2가지 에피소드를 소개한 『중앙일보』 논설위원 양선희는 「잔혹 스토리가 난무하는 우리네 명절」이라는 칼럼에서 "이 같은 명절의 '잔혹 스토리'는 실제 상황이다. 이미 '명절'이라는 말은 즐거움·풍족함·가족애와 같은 단어가 아니라 명절증후군·스트레스·우울증·이혼 등의 용어와 섞이기 시작했다"며 다음과 같이 말했다.

"여성들은 자기 부부 중심의 핵가족 문제에 간섭하는 시집 식구들을 '시월드'라는 말로 경멸하기에 이르렀다. 이렇게 가족 관계와 개념은 시대의 변화에 따라 변하고 있는데, 명절만 되면 그 변화를 역행하려는 시도가 일어난다. 평소에 잊고 지냈던 조상 숭배와 효도·우애의 코스프레가 강요되고, 가부장적 복고주의가 고개를 들며 가족 간 긴장감을 높이니 명절이 '잔혹한 날'이 된 것일 수 있다는 말이다."[172]

어떻게 해야 명절이 '잔혹한 날'이 되지 않게끔 할 수 있을까? 아니 그게 가능하기는 한 걸까? 2007년 『한겨레』는 「행복한 설을 위한 '문화혁명'에 나서자」는 사설을 통해 "이 문화혁명의 기본 정신은 배려와 나눔이다"며 "우선 명절증후군의 가장 큰 원인인 가사노동을 줄이는 일부터 시작하자. 준비하는 음식 가짓수를 대폭 줄이고, 음식 준비와 설거지 등 가사노동도 온 가족이 공평하게 부담하도록 만들자"고 했다.[173]

그러나 그런 정도의 변화를 '혁명'이라고 할 수는 없는 일이었다. 아예 명절을 없애버리는 게 혁명에 가까운 일이 아니었을까? 아니 사실 그 일은 혁명이라고 할 것도 없다. 명절 기간을 공휴일화하는 걸 그만두면 간단히 풀리는 문제다. 그 대신 다른 의미 있는 날들을 공휴일로 하면 될 게 아닌가?

하지만 기존 명절 체제의 기득권자인 남자들은 물론 '자궁 가족'의 수장인 시어머니들도 그런 정도나마의 혁명을 할 뜻이 전혀 없었다. 그래서 모든 여성은 아니겠지만, 일부 여성들에게 남은 선택은 '황혼 이혼'이었다. 때늦은 복수로 볼 수도 있겠지만, 남은 여생만큼은 '명절의 고통'으로 대변되는 가부장제의 착취에서 해방되고 싶은 열망의 표현으로 보는 게 옳으리라. 2012년 사상 최초로 황혼 이혼이 신혼 이혼을 앞질렀고 그 추세가 계속된 건 바로 그걸 말해준 게 아니었을까?[174]

제7장

일베는
나꼼수의 사생아인가?

"일베는 나꼼수 현상의 거울 반전상이다"

일간베스트저장소 또는 일베저장소(일베)는 극우 성향 남초 커뮤니티 사이트로, 디시인사이드 갤러리의 일간 베스트 게시물을 모아 저장할 목적으로 개설되었다가, 2011년 디시인사이드에서 독립해 설립되었다. 적어도 2012년 12월부터 중복 회원수 포함해 100만 명의 회원과 평일 낮 기준으로 2만 명 이상의 동시 접속자가 있었다.[175]

2013년 10월 청년 논객 박가분이 출간한 『일베의 사상: 새로운 젊은 우파의 탄생』은 지식계의 뜨거운 화제가 되었다. 스스로 '좌파'임을 밝힌 박가분은 당시 '극우파' 정도로 폄하되던 일베에 대한 심층 연구를 통해 일베를 '우리 편 아니면 적'이라는 진보좌파의 논리를 극단적으로 확대재생산한 우파로 진단하는 등 신선한 시각을 보여주었기 때문이다.

"일베의 사상은 인터넷을 그들만의 자율적인 공론장으로 전유할 수 있으리라 믿었던 진보좌파에 대한 반동에서 연유한다. 일베는 본질적으로 진보와 좌파의 증상이다. 진보와 좌파의 존재 방식이 바뀌지 않는다면 일베 역시 사라지지 않을 것이다."[176]

일베와 나꼼수를 같은 수준에서 비교한 건 무리가 있겠기에, 일베는 '나꼼수의 사생아'라는 정도로 정리할 수 있겠다. 문화평론가 최태섭도 "일베는 나꼼수 현상의 거울 반전상이다"고 했다. 일베와 나꼼수는 닮은 꼴이며, 나꼼수가 자신의 정체성과 일치한다고 보는 '민주화 세력'을 일베 이용자는 '적'으로 본다는 것이다. 청년 논객 한윤형도 "나꼼수가 보수정권을 제도권, 기득권으로 상정하고 불신한다면, 일베는 민주화 세력이 사실을 왜곡한다고 생각한다"며 "양쪽 다 음모론적 가설에 기대 환상을 보고 있다"고 말했다.[177]

『경향신문』은 「'일베 현상'에서 한국 사회를 본다」는 2013년 6월 4일자 특집기사에서 "그러나 일베와 나꼼수는 상식적으로 볼 때 '같은 편'이라고 생각되는 인사를 비판한 적도 있다. 일베 이용자들은 대표적 보수 논객인 '조갑제닷컴'의 조갑제 대표를 '종북'이라 비난했고, 나꼼수 지지자들은 진보 논객인 진중권 동양대 교수를 '질투의 화신'이라 비난했다"며 다음과 같이 말했다.

"조 대표는 5·18 광주민주화운동 당시 북한군이 개입했다는 일베의 주장을 근거없는 것이라 비판했고, 진 교수는 후보자 매수 혐의로 검찰에 구속기소된 곽노현 전 서울시교육감을 편드는 나꼼수를 편파적이라며 비판했다. 일베나 나꼼수 모두 발언자가 애초 가지고 있던 정치적 성향에 대한 고려 없이 자신들이 규정한 적에 동조하는 행동을 한다면 적일 뿐이다."[178]

"진보였던 나는 왜 일베충이 되었는가?"

박가분도 지적했지만, 일베의 태동 근거는 진보좌파가 '오버'했던 2008년 촛불시위였으므로 이를 다시 음미해볼 필요가 있겠다. 이 시위에서 두드러지게 나타난 일부 진보좌파의 과욕 또는 가벼움이 진보좌파의 책임 윤리에 대한 의구심 촉발과 더불어 촛불을 소멸케 하는 결과를 초래했기 때문이다.[179] 촛불시위가 왜 일베의 태동 근거가 되었는가? 자신이 진보에서 일베로 전향한 계기를 촛불시위에서 찾는 한 일베 회원의 말을 들어보는 게 좋겠다.

그는 "광우병 사태 당시 나는 광화문에 있었다. 이명박 정권의 시작은 나에게는 악몽 같은 일이었다.……광화문과 서울시청 광장의 버스정류장과 도로 길바닥에는 시민들의 분노가 표출되어 있었다. 이명박 대통령의 이름은 놀림감처럼 쥐박이가 되었고, 국가가 가지고 있는 공권력을 악의 힘처럼 표현하는 글귀들이 널려 있었다. 서울광장은 거의 무법천지였다. 서울광장에 많은 단체들이 있었는데, 반자본주의, 사회주의 국가 건설, 쥐박이 탄핵 등 수위가 너무 지나친 표현들이 많았음에도 불구하고, 시민들은 같은 방향성을 가진 동지인 양 분위기를 즐기고 있었다"며 다음과 같이 말했다.

"사회주의 국가 건설이 나의 목표인가? 정체성에 혼돈이 왔다. 저녁 10시가 지나자 주체 측이 주관하는 가두시위가 있었고, 광화문으로 몰려갔다. 신문에서는 분명히 평화적 시위라고 했는데 시위대들이 버스 창문을 깨고 방화를 저지르고 어디서 사다리를 가져와서 전의경들과 다툼을 벌이는 장면을 목격했다. 정말 미친놈들이구나. 내가 선동 당했구나.

2008년 촛불시위는 일베의 태동 근거가 되었다. 특히 일부 진보좌파의 과욕 또는 가벼움이 진보좌파의 책임 윤리에 대한 의구심 촉발과 더불어 촛불을 소멸케 하는 결과를 초래했기 때문이다. 2008년 6·10항쟁 촛불집회에서 시위대의 청와대 진출을 막기 위해 설치한 명박산성.

이게 그들이 국가를 정말로 옳은 방법으로 가게 하기 위한 방법인가? 정말 내 자신이 싫었다. 인터넷의 허위 유포 글에 사기를 당한 기분이었다. 집으로 돌아와 다음 아고라와 여러 커뮤니티 사이트를 보니 '완전히 미친놈들이구나'라는 확신이 들었다. 다음 아고라에 선동 당하지 말자, 차분하게 생각하자 등의 말들은 비추천을 먹고 내려갔고, 정신 나간 선동 글만 추천을 받아서 최상위들로 분류되었다. 지금 생각해도 손이 떨린다. 이게 인터넷 좌파들이고 좌파의 본 모습이구나. 선동만 있을 뿐 팩트는 없었다. 표현의 자유만 있을 뿐 책임은 없었다."

이어 이 회원은 "좌파들은 스스로를 '자신만이 정의' '깨어 있는 시민' '우파는 수구꼴통'이라는 마인드를 가지고 있기 때문에 반감을 가지게 되었다. 내가 스스로 일베충이 된 것도 이런 반감이 적지 않게 작용하였다. 자신들이 하면 깨어 있는 시민이 되고, 정의가 된다. 내가 하면 수구꼴통이 된다"며 다음과 같이 말했다.

"이제는 역공이다. 괴물의 역공. 지금까지 좌파는 표현의 자유라는 무적의 칼로 어떤 말이든 어떤 글이든 써왔다. 그리고 막을 수가 없었다. 속수무책으로 당하고만 있었다. '심한 표현이다' '도에 지나치다'라는 경고가 있었음에도 불구하고 계속해왔다. 계속 당해왔던 이 공격은 이제 부메랑이 되었다. 당신들이 신성시하는 김대중을 까겠다, 노무현을 까겠다, 민주주의를 까겠다. 너네들의 이중성이 꼴보기 싫으니까. 똑같은 방법으로 더 악랄하게 그리고 당신들의 무적의 무기인 표현의 자유로 공격하겠다. 이것이 일베 유저들의 마음일 것이다."[180]

'거대한 적과 싸우고 있다는 정의감'

'누군가를 혐오할 권리'를 내세운 일베 회원들은 처음엔 전라도의 향토음식인 홍어 특유의 냄새를 풍자하는 글을 올리더니, 얼마 후 아예 전라도 사람들을 '홍어'로 부르면서 비하하고 모욕했다.[181] 이들은 5·18 광주민주화운동을 '홍어 무침'·'홍어들의 명절'이라고 불렀으며,[182] 5·18 광주민주화운동의 참혹한 주검 사진을 놓고 '배달된 홍어들 포장 완료'라고 희롱했으며,[183] 5·18 희생자들의 사진을 가리켜 '홍어 말리는 중'이라는 막말을 올렸다.[184] 이에 충격을 받아 쓰러지는 사람까지 나왔건만, 이들은 이런 행태에 대한 비판자들을 '홍어좌빨'이라 불렀다.[185]

박가분은 "그들이 5·18에 대해 조롱과 폭언을 퍼붓는 이유는 5·18이 과도하게 성역화되어 있다고 느끼기 때문"이라고 말했다.[186] 이 분석이 맞다면 그 연장선상에서 호남인에 대한 조롱과 모욕과 폭언도 이루어지는 것일 텐데, 놀랍고도 흥미로운 건 그런 생각이 재일교포에게 조롱과 모욕과 폭언을 퍼붓는 일본 극우단체의 논리와 똑같다는 점이었다. 일본 저널리스트 야스다 고이치安田浩—의『거리로 나온 넷우익』(2012)엔 2011년까지 재특회(재일특권을 용납하지 않는 시민 모임) 간부였던 30대 남성의 이런 증언이 실려 있다.

"공격하기 쉬운 목표를 찾은 데 신이 났는지도 모르죠. 재일 조선인은 불쌍한 약자이고 차별해서는 안 된다는 상식에 얽매여왔던 우리에겐 터부를 깨는 쾌감이 있었어요. 비뚤어진 생각일지 모르겠지만, 저 자신도 터부를 깨뜨림으로써 세상의 권위나 권력과 싸우고 있다는 생각을 했습니다.……솔직히 말해 취해 있었어요. 거대한 적과 싸우고 있다는 정의감에 취한 거죠. 지금 생각해보면 왜 재일 코리안을 미워했는지 저도 잘 모르겠습니다."[187]

일베 역시 '거대한 적과 싸우고 있다는 정의감'에 불타 있었던 걸까? 온라인에서 호남인을 모독한 사람들은 악질적인 인간들은 아니었을 게다. 그들 중에는 매우 선한 사람도 많았을 것이다. 그들이 그런 못된 짓을 저지르는 이유는 단 하나였다. 그렇게 해도 괜찮으니까, 게다가 끼리끼리 모인 곳에서 잘했다고 칭찬받으니까 하는 것뿐이었다.

호남인에게 아무런 문제가 없다거나 그들을 비판해선 안 된다는 말을 하는 게 아니다. 호남인들도 비판받을 점이 많다. 5·18 성역화 역시 진보 내부의 엄격한 성찰이 필요하다. 물론 왕성한 비판도 쏟아져 나와야 한다. 다만 일베의 호남 모욕을 정당화시켜줄 정도로 호남인이 잘못한 것은 없다는 것이다.

일베는 '싸가지 없는 진보'의 부메랑

일베는 한마음 한뜻으로 뭉친 단일 구성체가 아니기 때문에 일베의 정치적 주장과 '호남인 저주'는 분리해서 볼 필요가 있겠다. 물론 둘은 상호 무관한 것은 아니지만, '표현의 자유'로서 인정할 수 있느냐 하는 점에선 큰 차이가 있기 때문이다. 정치적 주장과 관련해 일베는 진보좌파가 던진 싸가지 없는 공격의 부메랑일 수도 있다는 점을 인식하는 게 중요하다는 것이다. 한 진보적인 전북대학교 학생도 일베에 대해 이렇게 썼다. "민주화의 성취를 너무 성역화했던 건 아닐까. 2000년대 초반 인터넷 보급되던 시기에 진보세력들이 보수세력에 대해 조롱하고 꼰대로 만들었던 그 언어가 고스란히 되돌아온 것 같기도."[188]

"그들은 왜 그럴까?"라는 물음에 대한 고민이 없는 일베 비판엔 명백한 한계가 있다. 인터넷에서 조금이라도 보수적 정치 성향을 드러내는 사람은 자칭 진보 네티즌들에게서 인간 취급을 받지 못했다. 그런 식으로 모멸을 당한 사람이 하나둘이 아니었다. 그간 이와 관련된 수많은 증언이 쏟아져 나왔다. 그런 사람들이 늘어나면서 그들의 불만과 분노도 축적되어갔고, 이게 바로 일베 탄생의 동력이 된 셈이다.

오프라인 세계가 어떠하건, 젊은 층 우위인 온라인 세계는 진보 우위였다. 그간 보수도 이를 갈고 사이버 파워를 키워오긴 했지만, 자기를 드러내는 존재 방식에서 나꼼수와 일베의 차이가 있듯이, 목소리를 당당하고 크게 내는 쪽은 진보였다. 전북대학교 신문방송학과 학생 노유리는 진보가 참패한 7·30 재·보궐선거에 대해 쓴 글에서 "놀라운 사실은 인터넷 기사나 커뮤니티 댓글만 본다면 한국 유권자들은 모두 진보로 보인다는 점이다"며 다음과 같이 말했다.

"얼마 전 눈에 띄는 댓글 하나를 보았다. 정치 관련 글에 달린 댓글이었는데 내용은 대략 이랬다. '여기는 보수라고 말만 꺼내면 너 일베구나 하고 잡아먹으려고 한다. 그러니 무슨 의견을 제시할 수가 있나.' 설문지를 돌리며 만났던 아저씨도 그랬다. 신문방송학도라고 소개하자마자 이번에도 야당의 전략은 틀렸다며 저러니까 안 되는 거라며 젊은 너희들 탓이 크다고 나를 몰아세웠다(7·30 재·보궐선거 전이다). 한때 운동권에 있던 자신이 보기에 너무나도 답답하다며 진보를 향한 욕을 늘어놓기 시작했다. 물론 중간중간 무언의 눈빛으로 나에게 동의와 리액션을 요구했다. 진보를 믿지 않는 진보, 극단으로 가는 진보의 언행이 사람들에게 좋은 인상을 끼칠 리 없다. 같은 편도 지지하지 않는 진보를 진보도 보수도 아닌 중간층이 신뢰할 수 있겠는가 말이다."[189]

진보의 오만한 자기과시 욕망

'싸가지 없는 진보'의 행태는 오프라인 세계의 대인관계에서도 나타나기도 했다. 한 전북대학교 학생은 자신이 친했던 진보적 친구와 멀어지게 된 이유에 대해 글을 썼다. 「나는 왜 그 친구와 멀어지게 됐을까」라는 글이다. 이 학생은 "'진보도 반성해야 한다'는 화두에 대해 우리는 공통적인 전제가 있었다. 진보라는 이념에만 몰두하기보다 이성적인 논증을 통해 사안별로 검토해봐야 한다는 거였다. 하지만 이건 어디까지나 전제일 뿐, 이게 어떻게 적용될지는 별개의 문제였다"며 다음과 같이 말했다.

"두 달간 공장에서 일해본 경험을 가지고 상관도 없는 문제들에까지 무슨 이데아라도 보고 나온 사람마냥 인식론적 우월성을 과시하는 게 아닌가. 그 인식론적 우월성을 토대로 사람들을 평가하려들 때는 더 듣기 힘들었다. 나한텐 칭찬을 많이 해줬지만, 그 사탕발림에 끔벅 죽는 나도 이내 불편해졌다. 너만은 이성적으로 세계를 신중히 들여다볼 줄 안다는 식으로 말하는 데서 일종의 선민의식이 느껴졌기 때문이다. '너'라고 말하지만, 결국 자신을 가리키는 말 같았다. 이성적인 사유를 하기 위해 '노력'은 해야겠지만, 정말 엄청난 노력이 필요하겠다는 생각이 그 친구 덕에 들었다.……야당도 다를 게 없다. '문창극 총리 후보가 친일파라는 데 동의하지 않으면 네가 친일파임을 증명하는 셈이야'라는 식의 논리를 구사한다. '우물에 독 뿌리는 오류'다. 그 친구와 같이 고민하고 또 싸우면서 느낀 건 '진보도 반성해야 한다'는 말을 할 때조차 진보의 오만이 비껴가질 않는다는 점이었다. 오만함을 단순히 인사 공손히 하고, 말씨 부드럽게 쓰면 고칠 수 있는 것으로 여기는 듯도 하다."[190]

진보의 그런 문제와 한계는 미국의 급진 사회운동가인 솔 알린스키 Saul Alinsky, 1909~1972가 지겨울 정도로 반복해서 지적했던 것이다. 그는 1960년대 미국 운동권 학생들의 영웅이었지만, 일부 학생 행동주의자들student activists, 특히 신좌파New Left 지도자들과는 불편한 관계였다. 신좌파가 혁명 의욕에 너무 충만한 나머지 '있는 그대로의 세상'이 아니라 자기들이 원하는 세상 중심으로 운동을 전개한다고 보았기 때문이다.[191]

미국의 급진 사회운동가인 솔 알린스키는 일부 학생 행동주의자들이 '있는 그대로의 세상'이 아니라 자기들이 원하는 세상 중심으로 운동을 전개한다고 비판했다.

알린스키는 학생 행동주의자들의 진정성마저 의심했다. 물론 세상을 있는 그대로 보지 않는다는 이유 때문이었다. "그들은 사회를 바꾸는데에 관심이 없다. 아직은 아니다. 그들은 그들 자신의 일, 자신을 발견하는 것에만 관심을 두고 있다. 그들이 원하는 것은 자기과시일 뿐 혁명이 아니다."[192]

박가분 역시 문제의 핵심을 잘 꿰뚫어보았다. 그는 "한국의 진보 진영에게 문제가 있다면 그것은 자신의 이상을 유기적으로 공유할 수 있는 사회 없이 이상을 국가에 의해 곧바로 실현시키려는 기획에 그동안 과도하게 의존했다는 점이다"며 다음과 같이 말했다.

"즉 사회를 변화시키지 않은 채 국가를 변화시키는 데 초점을 맞춘 것이다. 하지만 사회의 일상적인 관계나 그 속에서 비롯된 의식이 변화하지 않는 한 국가 역시 변할 리 만무하다. 한편으로 사회의 일상적 관계에서 전혀 변하지 않았는데 여전히 국가에 대한 도덕과 정의에 집착하는 모습이 386세대에 대한 젊은 일베 유저들의 반발감을 낳은 것이다."

제8장

"우리는 차별에 찬성합니다"

인간 차별의 근거가 되는 대학 서열

갑의 갑질이 얼마나 추악하고 비열한지는 당해본 을만이 안다. 그런데 갑을관계의 진짜 비극은 갑의 갑질에 있다기보다는 갑질을 당한 을이 자신보다 약한 병에게 갑질과 다를 바 없는 을질을 한다는 데에 있다. 병은 또 자신보다 약한 정에게 갑질·을질과 다를 바 없는 병질을 한다.

이런 먹이사슬 관계를 온몸으로 가장 잘 드러내는 이들은 놀랍게도 아직 갑을관계의 본격적인 현장에 뛰어들지 않은 대학생들이었다. 미리 연습을 하려고 했던 걸까? 사회학자 오찬호가 2013년 12월에 출간한 『우리는 차별에 찬성합니다: 괴물이 된 이십대의 자화상』이란 책은 대학생들의 '대학 서열 중독증'을 실감나게 고발했다. 대학생들과의 자유로운 대화에 근거한 애정 어린 고발인지라 '괴물이 된 20대'에 대해 연민을 불러일으킨다.

영화 〈내 깡패 같은 애인〉에는 지방대생이라는 이유만으로 면접 때마다 불합격의 고배를 마시는 취업준비생 세진(정유미 분)이 등장한다.

오찬호는 대학의 수능점수 배치표 순위가 대학생들의 삶을 지배한다고 말한다. 전국의 대학을 일렬종대로 세워놓고 대학 간 서열을 따지는 건 단지 재미를 위해 하는 일이 아니다. 매우 진지하고 심각한 인정투쟁이자 생존투쟁이다. 대학 서열은 수능점수나 학력평가로만 끝나는 게 아니다. 아예 노골적인 인간 차별로 이어진다. 왜? 수능점수는 '진리의 빛'이기 때문이다.

오찬호는 〈내 깡패 같은 애인〉(2010)이라는 영화를 '인서울(서울 소재 대학)' 대학생 열다섯 남짓과 같이 보고 나서 지방대생이 사회적 편견으로 인한 차별을 받는 것에 대한 의견을 물었다. 학생들은 모두 "차별이 없는 것이 말이 되느냐!"는 입장을 내보였다. 한 학생은 "에이, 그래도 지방대는 저희 학교보다 대학 서열이 낮아도 한참 낮은 곳인데, 제가 그쪽 학교의 학생들과 같은 급으로 취급을 받는 건 말이 안 되죠!"라고 말했고, 이 말에 모두 다 동의했다나.[193]

그런데 학생들과의 심층 면담과 그들이 제출한 에세이를 통해 접한 104건의 케이스에서 "자신의 대학보다 서열이 낮은 대학에 대한 실제 학문적 역량차를 개인적으로 직접 경험해보았는가?"라는 질문에 92%가 그런 적이 없다고 대답했다.[194]

그럼에도 심지어 사람을 딱 보면 대학 서열을 알 수 있다고 주장하는 학생들도 있었다. "아니, 자꾸 선생님이 우리 보고 '편견'이라고 그러시는데, 정말 그렇지 않아요? 수준 떨어지는 대학을 다니는 애들은 딱 보면 알지 않나요? 선생님은 여러 대학 출강하시는데 그런 것 못 느끼세요? 제가 지금 오버하는 거에요?"[195] 물론 오버지만, 대학생들이 그렇게 생각하게끔 키워져온 걸 어이하랴.

'수능시험의 종교화' 현상

이 학생만 오버한 게 아니다. 서열이 1~2개 차이 나는 대학을 '비슷한 대학'으로 엮기라도 할라치면 그 순간 서열이 앞선다는 대학의 학생들은 "무슨 말도 안 되는 소리를 하냐"며 흥분한다. 오찬호는 이들의 의식과 행태는 아파트값 하락을 염려해 주변에 복지지설이 들어오면 결사 반대하는 건 물론 범죄사건이 일어나도 쉬쉬하는 사람들의 그것과 비슷하다고 말했다.

"이십대 학생들에게 '수능점수'는 이런 부동산 가격과 흡사하다. 그것을 바탕으로 객관적이고 합리적인 서열의 기준이 마련된다. 이들은 자신의 위치를 수능배치표에서 정확히 확인하고 이에 근거하여 행동을 한다. 그리고 이 서열에 미세한 균열이 일어날라치면, 대학생들은 자기 '위치 값'을 지키기 위해 발버둥친다. 집값 하락을 어떻게든 막겠다는 주민들처럼 말이다."[196]

그들은 왜 그러는 걸까? 오찬호는 "수능점수에 대해 이십대들이 이렇게 대단한 신뢰를 보내는 것은, 이들이 수능점수를 '시간을 어떻게 보냈느냐에 따른 공정한 결과'로 이해하기 때문이다"고 말했다. 수능점수에 근거해서 사람의 능력을 판단하는 게 의아하다는 반문에는 이런 대답이 돌아왔다. 한 학생의 말이다.

"수능점수 올리는 것은 힘들잖아요. 수능은 사람을 평가하는 데 있어서 뭔가 객관적이고 공신력 있는 시험이죠. 12년간 교육이 집대성된 결과 아닌가요? 그 점수의 차이가 나의 노력에 대한 보상이죠. 나는 수능을 잘 본 건 아니지만, 어쨌든 그 점수라도 얻기 위해 그 시간 동안 다른 사람들이 누렸던 것들을 포기한 건 분명하죠. 그래도 서울에 있는 대학에 오기 위해 하루 자습시간이 평균 10시간이 넘도록 독서실에 박혀 공부만 했다니까요. 다른 친구들은 이성 친구와 사귀기도 했지만 난 고3 수능 치기 전까지 이성 친구를 사귀지도 않았어요. 공부에 방해될까봐 그랬죠. 하지만 스스로 노력하지 않고 이성 친구들과 연애를 하던 친구들은 모두 지방대, 전문대에 갔어요. 서로 수능시험에 임하는 태도가 달랐다니까요."[197]

'수능시험의 종교화' 현상이라고나 할까? 이 학생은 예외적 사례를 들어 논점을 비켜가면서 자신의 신앙을 지키고자 했다. 수능을 '12년간 교육이 집대성된 결과'라고 볼 수 있는가? 서강대학교 1학년 학생 정주은이 잘 지적했듯이, "고등학교란 수능 형식에 익숙한 학생을 찍어내는 공장"으로 전락하고 말았다. 예컨대, 각자의 해석이 중요한 문학작품도 수능에선 문제를 푸는 방향이 이미 정해져 있다는 것이다.[198]

어디 그뿐인가? '쉬운 수능'에 어떤 장점이 있건, 그로 인한 변별력 확보의 어려움은 입시를 '표준점수'니 '백분위점수'니 하는 복잡한 수리 게임으로 만들어버렸고, 연세대학교 입시에서는 소수점 이하 넷째 자리에서 당락이 결정되기도 했다.[199] 결코 능력이라고 할 수 없는 너무도 사소한 차이에 의해 당락이 결정되는 경우가 너무 많다는 것이다. 물론 이 또한 예외적 사례이겠지만, 이 학생의 논리를 같은 수준에서 반박하자면 그렇다는 말이다.

"날로 정규직 되려고 하면 안 되잖아요!"

이 학생이 제시한 예외적 사례가 타당하다 하더라도 그것 역시 따져볼 문제였다. 굳이 '다중지능multiple intelligences'을 언급하지 않더라도 수능은 사람이 갖고 있는 여러 능력 중 일부만을 측정하는 것일 뿐이다. 그런 측정으로 평생 갈 수도 있는 사회적 서열을 만드는 게 온당한가? 따져볼 문제는 또 있다. 자신이 비교적 고생했기 때문에 그 고생에 대한 보상을 누리는 건 당연하다는 생각은 타당할망정, 그 보상의 규모와 범위가 어디까지 확장되어도 좋은 것인지에 대해선 이 학생은 아무런 생각이 없다. 아니 그런 생각을 아예 하지 못하게끔 12년간 집요한 세뇌 교육을 받아온 탓일 게다.

아니 그건 트라우마 때문일 수도 있다. 갓 제대한 예비역들의 대부분은 군에 다시 입대하는 '악몽'을 꾸기도 한다. 수능에 대한 공포도 비슷한 수준이다.『한겨레』에서 교육 분야를 맡고 있는 기자 김지훈의 다음과 같은 증언은 결코 예외적인 게 아니다. "많은 독자들이 그러시겠지만 저도 가끔 대학수학능력시험(수능)을 다시 보는 꿈을 꿉니다. 분명히 수능을 십 년도 전에 쳤는데도 꿈속에선 수능을 봐야 한다는 상황에 왜 그리 속절없이 말려들어가는지, 꿈에서 깨고 나면 안도감과 함께 허탈하게 웃음이 나옵니다."[200]

그런 트라우마는 "징역 1년에 벌금 2,000만 원"이라는 형벌을 받는다는 이유로 '죄수생'으로 불리는 재수생에게 더 많이 나타난다. 그런데 그런 죄수생 비율은 명문대일수록 높다. 2014학년도 전국의 4년제 189개 대학의 신입생 중에서 재수생은 19.3%에 달한 반면, 서울 지역 대학의 재수생 비율은 전국에서 가장 높은 31.8%를 기록했다.[201] 서울에서도 잘사는 지역일수록 재수생 비율이 높아 강남구는 74.3%에 달했다.[202] 서울대학교의 2014학년도 정시모집 선발에선 재수생 합격자 수(52.9%)가 사상 처음으로 재학생 합격자 수(46.1%)를 넘어섰다.[203] 따라서 죄수생 출신이 많은 명문대 학생일수록 자신이 받은 형벌에 대한 보상 심리로 수능점수에 대한 종교적 신념이 강하다고 볼 수 있겠다.

입시전쟁에서 승자가 되었건 패자가 되었건, '수능의, 수능에 의한, 수능을 위한 삶'을 사는 대학생들의 정신 상태에 대해 오찬호는 "지금 대학생들은 '수능점수'의 차이를 '모든 능력'의 차이로 확장하는 식의 사고를 갖고 있다"고 말했다. "십대 시절 단 하루 동안의 학습능력 평가 하나로 평생의 능력이 단정되는 어이없고 불합리한 시스템을 문제시할 눈조차 없는 것이다. 아이러니한 점은 본인이 당한 인격적 수모를 보상받기 위해 본인 역시도 이런 방식을 사용한다는 점이다. 이들은 더 '높은' 곳에 있는 학생들이 자신을 멸시하는 것에 문제를 제기하기보다, 스스로 자신보다 더 '낮은' 곳에 있는 학생들을 멸시하는 편을 택한다. 그렇게 멸시는 합리화된다."[204]

그렇다. 여성학자 정희진이 잘 지적했듯이, "대부분의 인간이 잉여이거나 잉여 직전인 사회에서, 우리는 잉여의 공포에 떨면서도 먼저 잉여가 된 이들에게 안도감과 경멸을 느낀다".[205] 같은 맥락에서 철학자 문성훈은 "한쪽에서 무시당한 사람들은 다른 쪽을 무시하면서 무시당한 설움을 풀고 훼손된 자존감을 회복하기 마련이다. 따라서 무시당한 사람들은 또 남을 무시하기 위해 새로운 기준을 만들어내며, 이것이 무한분열하면서 한 사회 전체가 무시의 그물망에 사로잡히게 된다"고 말한다.[206]

대학생들이 비정규직의 정규직 전환에 대해 반대하는 것도 같은 맥락에서 이해할 수 있지 않을까? 오찬호의 관련 질문에 한 대학생은 "날로 정규직 되려고 하면 안 되잖아요!"라고 답했다. 이 학생은 다른 학생들의 우호적 반응에 힘입어 다음과 같이 주장했다.

"처우 개선과 정규직 전환의 문제는 전혀 별개의 것이라고 생각합니다. 지금 대학생들이 왜 이렇게 고생을 합니까? 정규직이 되기 위한 것 아니겠습니까? 그런데 입사할 때는 비정규직으로 채용되었으면서 갑자기 정규직 하겠다고 떼쓰는 것은 정당하지 못한 행위인 것 같습니다." 오찬호가 이 주장에 동의하면 손을 들어보라 했더니 수강생 3분의 2 이상이 적극 지지를 표명했다고 한다.[207]

대학생들의 그런 정신 상태는 우리 사회에서 갑을관계와 비정규직 차별이 사라지기는커녕 앞으로 더욱 기승을 부릴 가능성이 높다는 것을 말해준다. 오찬호의 말마따나, 오늘날 20대는 "부당한 사회구조의 '피해자'지만, 동시에 '가해자'로서 그런 사회구조를 유지하는 데 일조하는 존재"가 되고 말았다.[208]

"억울하면 출세하라"는 능력주의

대학생들의 '대학 서열 중독증'은 '개천에서 용 나는' 모델의 막장을 보여주고 있다고 해도 과언이 아니다. 그 모델을 신봉하게끔 키워져 온 학생들은 왜 대학 서열을 따지는 게 문제라는 건지 전혀 이해하지 못한다. 개천 출신이건 어디 출신이건 자신이 용의 반열에 들었을 때 가정과 학교는 물론 자신의 주변에서 쏟아진 환호는 대학 서열을 따지는 게 옳거니와 바람직하다는 걸 말해주는 게 아니었던 말인가?

그들의 그런 신앙을 선의로 해석하자면 이른바 '능력주의 meritocracy' 이데올로기다. 능력주의의 슬로건은 "억울하면 출세하라"다. 물론 능력주의 시스템에서 승리를 거둔 사람들이 내세운 슬로건이다. 이런 식이다. "우리가 이긴 것은 우리가 잘나서이고 너희가 패한 것은 너희가 무능해서일 뿐이다. 그러니 우리를 시기하거나 질투하지 말고 너희의 그 불행한 처지에 만족하면서 살아라. 그리고 그게 억울하면 너희도 출세하라."[209]

그러나 능력주의는 허구이거나 사기에 지나지 않는다. 능력은 주로 학력과 학벌에 의해 결정되는데, 고학력과 좋은 학벌은 주로 부모의 경제력에 의해 결정된다는 것이 분명해졌기 때문이다. 한국에선 서울대학

한국의 20대들은 수능점수를 능력의 중요한 지표로 간주해 그에 따른 차별은 정당하다고 주장한다. 영국의 사회학자이자 사회운동가인 마이클 영이 '능력주의'와 '능력주의 사회'를 그린 소설 『능력주의』.

교 합격률이 아파트 가격과 상관관계를 보인다는 것마저 입증된 바 있다. 학력과 학벌의 세습은 능력주의 사회가 사실상 이전의 '귀족주의 aristocracy'와 다를 바 없다는 것을 웅변해준다.

물론 모든 능력을 다 세습의 산물로 볼 수는 없으며, 그런 시각은 위험하기까지 하다. 지금 우리가 비판하고자 하는 것은 그 정반대의 것, 즉 모든 능력을 세습되지 않은 재능과 노력의 산물로 보고 그로 인해 벌어지는 격차를 정당화하는 이데올로기, 즉 능력주의다. 누가 이기고 누가 지느냐의 차이가 점차 우연과 예상하지 못한 선택에 좌우되고 있는 것이 분명함에도,[210] 그런 우연을 필연인 것처럼 가장하는 게 시대의 유행이 되고 있다.

크리스토퍼 래시Christopher Lasch, 1932~1994는 『엘리트의 반란과 민주주의의 배반』에서 물려받은 사회경제적 기득권이 성공을 결정짓는 중요한 요소 중 하나지만, 새로운 엘리트들은 "오로지 자기 지적 능력의 힘으로 성공해왔다는 '소설'을 써왔다"고 지적한다. "그들은 자신이 받은 수혜에 대한 감사함이나 책임을 다해야 한다는 의무감 따위는 느끼지 않는다. 성공은 오직 자기 노력과 힘으로 달성한 것이라고 생각하기 때문이다."[211]

또 마이클 샌델Michael Sandel은 『공동체주의와 공공성』에서 "우리 재능의 우연성을 절감하는 것, 즉 우리들 중 어느 누구도 자신의 성공에 전적으로 책임이 있지 않다는 의식은 능력중심사회meritocratic society가 부자는 그들이 가난한 자들보다 더 대접받을 만하기 때문에 부자라는 독선적인 생각에 빠져드는 것을 막을 수 있다"고 말한다.[212]

그러나 아쉽게도 래시와 샌델의 주장은 미국 사회에서 주류 의견은 아니었다. 오늘날 미국의 극심한 빈부격차를 정당화하는 최대 이데올로기가 바로 "능력에 따른 차별은 정당할 뿐만 아니라 바람직하다"고 하는 능력주의라고 하는 사실이 그걸 잘 말해준다. 한국의 20대들이 수능점수를 능력의 중요한 지표로 간주해 그에 따른 차별은 정당하다고 주장하는 것도 바로 그런 미국식 능력주의를 한국적 상황에 맞게 부풀려 받아들인 것이라고 볼 수 있다. 이는 능력이 부모의 경제력에 의해 결정되는 '세습 자본주의'라고 할 수 있는데, 이를 둘러싼 논란이 이제 더욱 뜨겁게 벌어질 것이다.

'인맥 만드는 공장'으로 전락한 대학

　그런 한국형 '세습 자본주의'를 바꾸는 것이 제1의 개혁 의제가 되어야 하겠지만, 우리 모두 어느 정도는 갖고 있는 '사소한 차이에 대한 집착'도 성찰의 대상으로 삼을 필요가 있다. 수능점수 몇 점이나 정규직·비정규직의 능력 차이는 사소한 것이지만 우리는 그런 차이에 엄청난 의미를 부여하면서 그에 따른 차별에 찬성하는 것을 정당한 능력주의라고 믿는 경향이 있기 때문이다.

　그런 믿음은 '인맥'마저 능력으로 보는 심성을 키운다. 좋은 대학에 가려는 우선적인 이유는 좋은 인맥을 만들기 위한 것이다. 지난 수십 년간 미국에서 대학 진학률이 급증한 것도 바로 그런 이유 때문이다. 미국 경제학자 로버트 라이시Robert Reich는 "진실을 말하자면, 직장을 구하는 데에 있어 대학 교육이 갖는 진정한 가치는 대학에서 배운 것보다는 대학에서 만난 사람과 더 큰 관계가 있다"며 다음과 같이 말한다.

　"재학 중에 여름방학 아르바이트를 구할 때나 첫 직장을 얻을 때, 그리고 나중에 사업상 고객을 만들 때 친구의 부모는 그 부모의 친구들이 필요한 사람을 소개해줄 것이다. 동창회가 잘 조직된 학교를 다니면 더 앞서나갈 수 있다. 명문대학이라면 인맥의 가치는 더 높을 것이다. 아이비리그 대학의 교육이 다른 곳보다 뛰어난 점이 있다면, 웅장한 도서관이나 교수들의 능력보다는 대학에서 얻게 되는 인맥 쪽일 것이다."[213]

　연고주의의 천국인 한국에선 그 정도가 더욱 심해져 대학은 '인맥 만드는 공장'이라고 해도 과언이 아니다. 대학 서열제를 능력주의로 보는 사람들이 인맥도 능력주의로 보는 건 당연한 일인지 모른다. 2004년

11월 취업정보 포털사이트 인크루트가 직장인 1,514명을 대상으로 실시한 설문조사 결과에 따르면, 대상자의 83.8%가 "인맥은 능력"으로 여기고 있으며, 인맥을 통해 취업에 성공한 적이 있다는 답은 36.9%인 것으로 나타났다.

조사 대상의 절반 이상(51.4%)은 인맥을 통해 평균 2.2번 취업 부탁을 한 적이 있었고, 인맥을 통해 취업 제의를 받아본 이들도 65.8%에 이르렀다. 이 조사에 따르면, 인맥을 통해 입사하더라도, 주변의 시선은 따갑지 않았다. "편견없이 대해준다"는 답변이 75.8%로 가장 높았고, "능력을 인정하지 않고 폄하"하는 경우는 10.0%에 그쳤다. 오히려 "연줄을 같이 타자며 친근하게 대하는 경우-"(4.1%)도 있었다.[214]

한국은 평등주의가 강한 사회라지만, 평등주의는 위를 향해서만 발휘될 뿐이다. 밑을 향해선 차별주의를 외치는 이중적 평등주의를 진정한 평등주의라고 할 수는 없다. 이런 이중적 평등주의는 우리 모두를 피해자로 만든다. 그럼에도 우리 모두의 '사소한 차이에 대한 집착'으로 인해 그 체제는 지속될 수밖에 없다. 우리가 사소한 차이에만 집착하고 그 차이의 정의가 실현되지 않는 것에 분개하는 동안 세상은 점점 더 돌이킬 수 없는 거대한 구조적 불평등과 차별의 나락으로 빠져드는 건 아닐까?

제9장

'지균충'과 '기균충'을 아십니까?

"원세대생이 연세대생 행세할까봐 우려된다"

"연세대학교 입시 결과별 골품 비교한다. 성골=정세(정시합격생)·수세(수시합격생)·정재세(재수 정시합격생), 진골=정삼세(삼수 정시합격생)·정장세(장수 정시합격생)·수재세(재수 수시합격생), 6두품=교세(교환학생으로 온 외국인 학생)·송세(연세대 국제캠퍼스생)·특세(특별전형), 5두품=편세(편입생), 군세(군인전형), 농세(농어촌전형), 민세(민주화 유공자 자녀 특별전형)……."

『한겨레21』(2014년 7월 1일)이 몇 년 전 이른바 '연세대 카스트제' 논란을 불러일으킨, 연세대학교 커뮤니티 '세연넷'의 익명게시판에 올라온 게시글이라며 소개한 것이다. 세연넷에선 입학 형태에 따라 학생들을 계급화한 표현이 '버전'을 달리하며 꾸준히 업데이트되는데, 이런 글도 있었다. "원세대 다니는 친구놈이 나한테 '동문 동문' 거리는데 원세대 놈들 중에 이렇게 신촌을 자기네하고 동급 취급하는 애들 있을까봐 심히 우려된다."[215]

네티즌들은 연세대학교 원주캠퍼스를 원세대, 고려대학교 조치원캠퍼스를 조려대, 세종캠퍼스를 세려대라고 부르며 신촌과 안암에 있는 본교와 구분을 하고 있다. 한 원세대 학생은 『오마이뉴스』에 기고한 글에서 상위 1%에게만 입학이 허락되는 본교에 비해, 2~4등급 정도의 학생들이 다니는 분교 학생들은 "실력은 안 되는데 '수도권 대학의 타이틀'을 사칭하고 싶은 속물들이나 가는 학교로 오해"받기 십상이라고 했다.[216]

이와 관련, '오스카'는 "'현대판 서자'인 이들은 자신의 의지와는 상관없이 서자의 피를 가지고 태어난 조선시대 서자와는 달리 스스로 선택해 입학했다는 점에서 캠퍼스가 아닌 같은 등급의 학교에 다니는 학생들과는 다른 고민을 안고 살아가게 됩니다"라면서 다음과 같이 말한다.

"얼마 전 가수 윤종신 씨의 '열등감' 발언이 화제가 된 바 있습니다. 명문대 학생들로 구성된 그룹 015B 출신인 그는 서울대학생이었던 멤버들에게 열등감과 음악적 박탈감까지 가지게 되어 콤플렉스를 극복하는 데 15년이 걸렸다고 고백했는데요. 평소 '연세대학교' 출신으로 알려진 그의 이러한 발언에 어리둥절해했던 네티즌들이 그의 학력이 '연세대학교 원주캠퍼스'라는 걸 알고 비로소 이해하는 촌극이 벌어졌었죠. '명문대생 밴드'로 이슈가 되었던 그룹의 멤버였다는 점이 더해져 그의 콤플렉스의 큰 원인이 된 것으로 보입니다. 그는 '…캠퍼스인데요'를 차마 말할 수 없었던, 거짓말 아닌 거짓말을 하며 살아온 거예요."[217]

포털사이트에서 '원세대'를 검색했더니 '웹문서'란에 "연고전 때 원세대생이 가면 욕먹냐?"는 질문이 등장한다. 궁금해서 눌러 보았더니,

일베 사이트다. 이런 답들이 올라 있다. "응원석도 아예 따로 지정해서 줌. 본캠 원주캠 무시 진심 개 떤다고 함. 웬만하면 안 가는 게 정신건강에 좋을 거라고 우리 누나가 말해줌. 우리 누나는 연대 10학번 본캠…원세대 의대 아닌 이상 가는 거 존나 의미없다 개무시 차별 쩔고 니들이 한번 사고치면 ㅉㅉ 분캠 새끼들 이러고 존나 욕함. 고대도 마찬가지인데 세려대는 의대도 없어서 세려대는 아예 안 오는 걸 추천…내 친구 세려대 08학번의 증언 ㅋㅋㅋ…누가 세려대라고 하냐 ㅋㅋ 조려대 아님 썩창이라 하지…그러하당 그냥 분교는 끼리끼리 논다."

지방의 서울 식민지화를 가속시킨 분교 정책

이런 기가 막힌 사태를 내다본 갈등은 1980년대 말로 거슬러 올라간다. 1989년 6월 8일 고려대학교 서창캠퍼스 학생 1,200여 명은 본교와의 유사·동일학과 통폐합 등 불평등한 분교 정책의 철폐를 요구하며 서울캠퍼스에 상경, 총장실과 재단이사장실 등 본관 건물을 점거하고 설립자인 인촌 동상에 올가미를 거는 등 2주 동안 격렬한 농성을 벌였다.

이 대학은 1981년에도 분교 정책의 철폐를 요구하며 학생증을 소각하는 등 농성을 벌이다 학생들이 무더기로 제적되었고 1986년에도 4명이 제적되는 등 해마다 빠짐없이 분규로 진통을 겪었다. 서창캠퍼스 설립 이후 10년간 정상적인 수업 기간보다 분규 기간이 더 길었을 정도였다. 정도의 차이일 뿐 거의 모든 제2캠퍼스가 그런 분규를 겪었다. 제2캠퍼스의 원래 취지는 수도권 인구 분산이었지만, 이는 전혀 엉뚱한 결과를 초래했다.

제2캠퍼스의 원래 취지는 수도권 인구 분산이었지만, 지방의 서울 식민지화를 가속화시킨 분교 정책이 되고 말았다. 1986년 6월 20일 고려대학교 서창캠퍼스 학생들이 인촌 동상에 동앗줄을 매놓은 채 농성을 하고 있다.

1989년 9월 13일 건국대학교 충주캠퍼스에서는 전국 10개 대학의 제2캠퍼스 학생들이 모인 가운데 '제2캠퍼스 총학생회 연합 건설준비위원회' 발대식이 열렸는데, 이 발대식이야말로 분교 카스트 제도의 심각성을 웅변해주는 것이었다. 1990년대엔 취업 시즌이 되면 대기업을 비롯한 대부분의 회사에서는 입사원서에 출신 학교 소재지를 기입하게 하고 있어 취업을 앞둔 4학년 학생들은 카드 작성 때마다 비굴함마저 느낀다고 하소연했다. '취업 차별'에 '대학원 진학 차별'까지 벌어졌다. 일반 대학원은 모두 서울에 소재하고 있는데 학생들은 학교 쪽이 노골적으로 제2캠퍼스 학생들의 선발을 기피하고 있다고 불만을 터뜨렸다.[218]

국민대학교 법대 교수 김동훈은 1999년 "지방분교 캠퍼스는 결과적으로 지방의 서울 식민지화를 더욱 가속화했을 뿐이다. 학생들도 대개 수도권 출신이고 하여 주말이나 방학만 되면 지방대 캠퍼스는 휴교 상태에 들어가고 만다. 지방문화의 중심지로서의 대학의 모습은 어디에도 없고 지방 정착에도 실패하고 말았다"며 다음과 같이 말했다.

"이들은 서울의 본교 캠퍼스 학생들로부터는 혹시나 섞이지 않도록 학번 표시 등을 확실히 구분하여 달라고 배척받고, 정작 소재한 그 지역으로부터는 뜨내기 손님으로밖에 인식되지 않고 있다. 어디에도 뿌리를 못 내린 분교 학생들은 오늘도 황량한 들판의 분교 캠퍼스, 자조하여 '조려대'(고려대 조치원 분교) '원세대'(연세대 원주 분교) '천국대'(단국대 천안 분교)로 가는 버스에 몸을 싣는다."[219]

그런 차별은 2000년대 들어서 더욱 악화되었다. 2006년엔 한 인터넷 사이트에 소개된 연세대생이 원주캠퍼스 학생임을 밝히지 않았다는 이유로 신촌캠퍼스 학생 등 네티즌들에게서 사이버 테러를 당하는 사건이 벌어졌다. 이 학생을 공격한 네티즌들은 "왜 원세대생이 연세대생인 척 하냐"며 원색적인 비난을 퍼부었다.[220] 엄기호가 2010년에 출간한 『이것은 왜 청춘이 아니란 말인가』엔 원세대생들의 가슴 아픈 이야기가 등장한다.

"작년 여름 일일 알바로 호텔에서 서빙을 한 적이 있다. 지배인은 날 가혹하게 부려먹다 쉬는 시간에 학교가 어디냐고 물었다. 그래서 연세대학교라고 대답했는데, 갑작스레 태도가 달라지며 자기 자식을 어떻게 공부시켜야 하느냐고 친절하게 묻는 것이었다. 그 사람은 신촌 연대로 알아들은 것이기에, 그를 실망시키기가 두려워 원주캠퍼스라고 뒤늦게 말할 수 없었다.……이는 내가 연고전에 가고 싶지 않았던 이유이기도 하다. 신촌 도서관에 들어서면 느낄 수 있는 감정과 비슷한데, 파란 티를 입고 운동장에 들어서는 것 자체가 나에게는 큰 고문이다. 나는 죄짓는 느낌이 들면서도 뻔뻔해지자고 스스로 세뇌시킨다."[221]

서울대의 '지균충'과 '기균충'

이런 '카스트 제도'는 비단 연세대학교에만 있는 게 아니었다. 속칭 명문대일수록 이런 구별짓기가 발달되어 있었다. 「"친구가 아니라 벌레?": 한심한 서울대생들의 왕따 문화」라는 『국민일보』(2013년 10월 15일) 기사를 보자. 이 기사에 따르면, 2011년 서울대학교의 한 교양수업 쉬는 시간에 오간 이야기를 친구에게서 전해 들은 당시 신입생 A(22·여)는 귀를 의심했다. 지역균형선발 전형으로 입학한 그를 두고 학생들이 이런 험담을 늘어놓았다. "나도 시골에서 학교 다녔으면 쉽게 서울대 왔을 텐데", "누구는 특목고에서 힘들게 공부하고, 누군 지방에서 놀다 들어오고" 등의 비아냥이 한동안 이어졌다. A는 "모르는 사람도 아닌 같은 과 동료들이 공공연하게 그랬다는 사실에 큰 충격을 받았다"며 "입학 후 성실히 공부해왔는데도 색안경을 쓰고 바라봐 자존심이 무척 상했다"고 말했다.

그래도 그건 점잖은 편이다. 서울대학교의 학생 인터넷 커뮤니티 '스누라이프'엔 심지어 '지균충'이란 말까지 등장했다. 지역균형선발의 약자 '지균'에 '벌레 충蟲'자를 합쳐 폄하는 말이다. 저소득층·농어촌학생·장애인·북한이탈주민 등을 대상으로 한 기회균등선발 특별전형 출신 학생은 '기균충'이라고 불린다. 한 재학생은 게시판에 글을 올려 "이번 입시에 '지균'으로 합격한 학생 중 수리 5등급이 있다는 말이 있다"며 "수능 5등급 실력으로 내신 1등급을 받았으니 출신 학교 수준이 뻔하다"고 비아냥댔다.

지역균형선발로 입학해 최근 졸업한 06학번 B(26)는 "2006년에는 지금보다 수시 비중이 작아 어떤 전형을 통해 들어왔는지 손쉽게 파악됐다"며 "입학 초부터 지역균형선발 학생들은 사적 모임이나 과제 등에서 알게 모르게 무시를 받아왔다"고 설명했다. 일반전형 출신인 11학번 C(23·여)도 "이른바 '강남 8학군' 출신에 비해 다른 지역 학생들이 내신 성적에서 이득을 보는 건 사실"이라며 "이 때문에 일부에서 사회적 배려자 전형 출신 학생들을 '거저먹었다'며 폄하한다"고 말했다.[222]

다른 대학들에도 있는 '지균충'과 '기균충'은 '개천에서 용 나는' 모델의 이면을 드라마틱하게 보여주고 있다. '지균충'과 '기균충'은 개천에서 더는 용이 나지 않는 건 물론이고 서울대학교를 비롯한 명문대학들이 점점 부잣집 자식들의 대학으로 변질되어가는 추세에 '두려움'을 느낀 기존 체제 수호파들이 만든 것이기 때문이다. 즉, '지균충'과 '기균충'은 명문대학들이 부잣집 자식들만의 대학이 아니라는 것을 보여주기 위한 면피용 상징으로 고안된 것으로, '개천에서 용 나는' 모델의 허울을 유지하기 위한 몸부림인 셈이다. 물론 개인들의 선의에서 비롯된 것일 망정 거시적인 분석을 해보자면 그렇다는 것이다.

그런 거창한 체제 유지의 필요성까지 생각이 미치지 못하는 학생들은 '지균충'과 '기균충'을 자신들이 신봉하는 능력주의에 반하는 존재로 여겨 모멸하는 것인데, 기존 체제를 깨기 위해선 오히려 이들의 솔직함이 더 바람직한 것인지도 모르겠다. 명문대학들이 부잣집 자식들만의 대학이라는 것을 확실하게 보여줌으로써 기존 판을 뒤엎을 수 있는 동력을 얻을 수 있지 않겠느냐는 것이다.

일부 서울대학교 학생들은 그런 래디컬한 정의감에 불타오른 것일까? 급기야 2014년 2월 '스누라이프'에선 "타대他大 출신은 다 나가라. 서울대 학부 출신에게만 회원 자격을 주자"는 주장까지 나왔으니 말이다. "'네오나치' 같은 발상이다. 당신들만의 '수구꼴통 유토피아'를 따로 만들어 떠나라"는 반론도 있었는데, 이 논쟁의 핵심은 타대 출신 대학원생이나 대학원 졸업생을 '서울대생' 또는 '서울대 동문'으로 인정할 수 있느냐는 것이었다.

한 학부생은 "(타대 출신 대학원생들이) 어쨌든 서울대에 다니고, 학번도 받고, 서울대 메일을 쓴다고 '서울대생'에 포함될 수 있느냐"며 "'서울대생'이라는 말이 갖는 사회적 의미를 알면서도 모르는 척 숨긴다는 게 문제다"고 주장했다. 다른 학생은 "타대를 졸업한 뒤 출신 학부는 숨기고 '서울대 나왔다'고 말하는 이들은 분명 부끄러움을 느낄 것"이라며 "우리(서울대 학부 출신자)들의 내밀한 고민이 바깥으로 흘러나가 '서울대생들의 성생활이 이렇네' '서울대생들은 이기적이다' 등의 선입견이 커지는 게 싫다"고 썼다.[223]

그게 전부가 아니다. 오찬호가 말했듯이, "고작 스무 살에 불과한 친구들이 입학과 동시에 서로를 외고 출신인지 아닌지, 외국에서 살아본 적 있는지 없는지, 그리고 강남 3구에 사는지 안 사는지에 따라 서로를 '당당하게' 구분 짓는다.……어떻게든 '나'의 가치는 드러내야 하고 남의 가치는 밟아야 한다".[224]

대학생의 야구잠바는 신분증

참으로 개탄을 금치 못할 일이지만, 왜 그런 일이 벌어지는지 냉정한 사회과학적인 분석에 임해보자. 마이클 스펜스Michael Spence가 1973년 『경제학저널Quarterly Journal of Economics』에 발표한 「노동 시장의 시그널링Job Market Signaling」이라는 논문이 그런 분석에 도움이 될 것 같다.

스펜스는 이 논문에서 '신호' 개념을 경제학에 도입해 정보 격차의 해소 방안으로 이른바 '시장 신호 이론market signaling'을 제기했다. 줄여서 '신호 이론'이라고 하거나, '시그널링 이론'이라고도 한다. 그는 정보량이 풍부한 쪽에서 정보량이 부족한 쪽에 자신의 능력 또는 자신의 상품 가치나 품질을 확신시킬 수 있는 수단이 필요하고 이를 이용함으로써 정보의 격차로 야기되는 시장 왜곡 현상, 즉 '역선택adverse selection'을 피할 수 있게 된다고 주장했다.

스펜스는 자신의 이론을 설명하기 위해 교육이 생산적인 면에서 쓸모가 없는 세상을 상정하면서, 대학들이 존재하는 까닭은 오직 고용주들이 어떤 사람을 채용할지 파악하기 위해서라고 가정했다. 이런 가정을 입증하듯, 어떤 기업의 CEO는 특정 직책에 대졸자를 채용하는 이유에 대해 이렇게 설명했다. "대학 졸업자가 더 똑똑하다는 뜻은 아닙니다. 하지만 그건 그가 4년 동안 많은 어려움을 견뎌내고 어떻게든 학업을 마무리할 수 있었다는 뜻입니다."

고용주는 구직 당사자에 비해 구직자에 관한 정보가 절대적으로 부족하다. 따라서 일자리를 놓치고 싶지 않은 사람은 어떤 수단을 써서라도 자신의 능력 곧 생산성의 상대 우위를 입증하는 '신호'를 고용주에

대학교의 '과잠'이나 '야구잠바'는 신분 과시용 소품이 되었다. 이처럼 과잠이나 야구잠바는 "대학 서열에 따라 누구는 입고, 누구는 안 입으며, 누구는 못 입는" 것이 되었다.

전달해야 채용 가능성이 높아진다. 이를테면, 직장에 다니는 고졸 학력 자가 야간·방송통신·사이버 대학 과정에 다니는 까닭도 바로 이러한 학력의 신호 효과를 노리는 것으로 풀이할 수 있다. 한국의 뜨거운 '스펙 열풍'도 바로 그런 신호 효과를 겨냥한 몸부림인 셈이다.[225]

기필코 명문대를 들어가겠다는 집념도 자신의 신호 효과를 높이겠다는 열망과 다름없다. 이 신호 효과는 취업에도 결정적인 영향을 미치지만 대학 생활 4년간에도 긍지와 보람의 원천이 된다. 한국에서 2000년대 중반부터 대학생들이 단체로 맞추는 것이 유행이 된 '과잠' 또는 '야구잠바'를 보자. 과거 서울대학교에선 이런 '과잠'을 입고 다니는 학생은 위계질서와 단체소속감을 강조하려는 체육교육과 학생뿐이었지만,

이젠 'SEOUL NAT'L UNIVERSITY(국립서울대)'라는 문구가 적힌 '과잠'을 서울 시내 곳곳에서 볼 수 있게 되었다.[226]

오찬호는 "이십대 대학생들은 야구잠바를 '패션의 영역'에서가 아니라, 어떤 신분증의 개념으로 이해한다. 내가 연구대상으로 만난 대학생의 65%가 학교가 아닌 곳에서 학교 야구잠바를 볼 때 '일부러' 학교 이름을 확인한다고 답했다"며 다음과 같이 말한다.

"학교 야구잠바가 신분 과시용 소품이라는 방증이다. 실제로 야구잠바를 입는 비율도 이에 따라 차이가 나서, 이름이 알려진 대학일수록 착용 비율이 높았다. 낮은 서열의 대학 학생들이 학교 야구잠바를 입고 다니면 비웃음을 사기 십상이라 신촌으로 놀러오는 그쪽 대학생들은 자신의 야구잠바를 벗어서 가방에 넣기 바쁘단다. 심지어 편입생의 경우엔 '지가 저거 입고 다닌다고 여기 수능으로 들어온 줄 아나?'라는 비아냥을 듣기도 한다. 이처럼 학교 야구잠바는 대학 서열에 따라 누구는 입고, 누구는 안 입으며, 누구는 못 입는다."[227]

신호를 구두口頭로 대신하는 학생들도 있다. 수능점수가 높은 학과의 학생들은 교수가 수업시간에 "몇 학번이지?"라고 물어도 반드시 학과 이름을 밝히면서 학번을 대는 학생이 많다. 이런 학생들은 자신의 대학보다 서열이 높은 대학을 향해 그 대학의 점수 낮은 학과는 들어가고도 남을 실력이었다는 것을 강조하는 것이다.[228]

명문대는 '신호를 팔아먹는 기업'

사정이 이와 같은바, 명문대 학생들은 자신을 내세울 수 있는 신호 효과에 교란攪亂이 발생하는 것에 대해 분노한다. 수능에서 자신보다 훨씬 낮은 점수를 얻은 학생이 대외적으로 자신과 같은 신호를 사용할 수 있다는 것을 용납하기 어려운 것이다.

신호 교란에 대한 반발은 오랜 역사를 자랑한다. 고대 로마에 있었던 사치금지법이 수백 년 동안 거의 모든 유럽 국가로 확산되어 시행된 것이 그걸 잘 말해준다. 사치금지법은 무슨 '근검절약 캠페인'이 아니라 기존 신분제도를 유지하기 위한 방책이었다. 사치는 옷으로 자신의 신분이나 계급을 알리는 신호 체계를 교란하는 것이었기에 낮은 신분의 사람이 사치를 통해 자신의 신분을 한 단계 끌어올리려는 시도를 용납하지 않으려 했던 특권층의 몸부림이었다. 사치금지법이 놀랄 만큼 세부적인 내용까지 까다롭게 정한 것도 바로 그런 이유 때문이었다.[229]

명문대는 사실상 '신호를 팔아먹는 기업'이라고 해도 과언이 아니다. 미국 하버드 경영대학원을 다니려면 수업료와 기타 비용으로 매년 12만 달러가 든다. 일부 사람들은 이 경영대학원의 학위가 아무 의미 없는 '12만 달러짜리 신호'에 불과하다고 폄하하지만, 계속 입학 경쟁률이 치열한 걸 보면 취업 시장에선 그 비싼 신호 효과가 만만치 않은 것 같다.

한국 최고의 신호 판매 기업은 단연 서울대학교다. 학생뿐만 아니라 교수들도 그 신호 효과를 누린다. 서울대학교 교수 5명 중 1명은 영리·비영리 법인의 대표·감사·이사직 등을 맡고 있으며, 이 가운데 92명은 거액 연봉을 받는 대기업 등의 사외이사를 겸직하고 있다. 이사회에서 사실상 '거수기' 노릇만 하면서도 92명의 사외이사 연봉은 평균 4,234만 원이다.[230] 이들 중엔 사회를 향해 늘 정의와 공정을 부르짖는 교수들도 적잖이 있는데, 그들이 말하는 정의와 공정의 정체가 과연 무엇인지 아리송하다.

서울대학교의 신호 효과가 워낙 높다 보니 서울대학교 경영대학 최고경영자과정Advanced Management Program, AMP은 1976년 개설된 이래 정·재·관계 인사 5,000여 명이 이 과정을 밟았을 정도로 인기가 높다. 지원 자격은 공·사기업체의 회장·사장·고위 임원, 정부 각 기관의 2급 이상 공무원, 각 군의 장성급 장교, 기타 주요 기관의 기관장급 등인데, 자격이 안 되는 사람이 들어가기 위해 무리를 저지르는 일이 발생할 정도다.[231]

입시 전쟁은 신호 전쟁이다. "원세대 다니는 친구놈이 나한테 '동문 동문' 거리는데 원세대 놈들 중에 이렇게 신촌을 자기네하고 동급 취급하는 애들 있을까봐 심히 우려된다"는 말도 자신이 세상에 보낼 수 있는 값비싼 신호에 교란이 일어나는 걸 우려하는 마음에서 나온 것임은 두말할 나위가 없다.

인도의 카스트 제도가 어떻다고 하지만, 한국의 학벌 카스트 제도는 인도의 그것보다 더 악성인 면이 있다. 인도에선 선거가 카스트에 따라 이루어지기 때문에 최하층 계급은 선거를 통해 자신들의 경제적 지위를 높여 나간다. 그래서 카스트의 완고성은 음식과 결혼의 영역에서만 지켜지고 있을 뿐, 사회에서 서열은 카스트가 아니라 돈과 힘이라는 새로운 물질적 척도에 의해 결정되는 경우가 훨씬 많다.[232] 반면 한국의 학벌 카스트는 상징자본은 물론 돈과 힘까지 독식할 수 있는 근거가 되니, 한국은 어떤 면에선 인도보다 뒤떨어진 카스트 제도를 갖고 있는 셈이다.

한류,
"문화적 상상력이 밥이다"

'잘 놀 줄 아는 한국 사람'

2013년 1월 1일 『동아일보』는 「세계적 격랑 헤치고 기적의 역사
다시 쓰자」는 신년 사설에서 "춤추고 노래하기 좋아하는 우리 민족성에
신명나고 화끈한 고유의 콘텐츠를 담고, 첨단 테크놀로지의 유튜브와 융
합시켜 글로벌 무대로 날아오른 싸이는 세계화 시대 한국 경쟁력의 상
징이다"며 이렇게 말했다. "미국 등 선진국은 최근 산업의 하드웨어에
소프트웨어와 인터넷을 융합해 새로운 가치를 창출하는 '산업 인터넷'
으로 제3의 산업혁명을 추구하고 있다. 세계를 또 한 번 깜짝 놀라게 할
코리아 모델은 바로 과학기술과 정보통신기술을 비빔밥처럼 산업에 융
합한 '산업의 강남스타일'이 될 수 있다."[233]

2013년 1월 2일 『중앙일보』는 「문화적 상상력이 밥이다」는 특집
기사에서 "'해리 포터'의 성공 이후 창조경제 시대를 이끈 영국처럼 경

제의 신동력으로 '문화=콘텐츠=상상력'이 떠오르고 있다"고 했다. 한국 수출입은행 해외경제연구소에 따르면, 문화상품 수출이 100달러 늘어날 때 관련된 소비재 수출은 4배에 달하는 412달러나 증가한다는 걸 그 근거 중 하나로 제시했다. 이 기사에 인용된 상지대학교 경제학과 교수 임상오는 "지금까지가 경제(산업화) 시대였다면 이제는 문화가 미래 성장 동력이 되는 문화경제 시대"라며 "최근의 한류 열풍은 우리의 경제구조 자체가 창조경제로 전환되는 과정"이라고 말했다.[234]

문화체육관광부 산하 한국문화관광연구원은 '2013년 문화예술 트렌드'의 하나로 'K-컬처K-culture'를 전망했다. "1990년대 후반부터 2000년대 중반까지 한국 드라마K-Drama가 주도한 한류 1.0시대, 2000년대 중반부터 2010년 초반까지 한국 가요K-Pop가 주도한 한류 2.0시대를 거쳐 한류를 한국 문화 전반, 즉 K-Culture로 연결시키는 한류 3.0의 시대로 진화될 것이다."[235]

2013년 1월 9월 세종문화회관 사장 박인배는 "다양한 예술 분야에서 한국적 소재로 세계인이 공감하는 K-Culture가 확산될 때, 한국을 찾는 외국인들은 한국 문화의 본질적 특징은 무엇인지에 대한 물음을 던지게 될 것이다. 그때 무엇이라고 답을 하고 어떻게 보여줄 것인가?"는 질문을 던지면서 이렇게 답했다. "'잘 놀 줄 아는 한국 사람'이다. 대륙과 해양의 중간에 위치하기에 여러 이질적 문화 요소들을 잘 융합할 줄 아는 '비빔밥의 문화'. 그리고 그 이면裏面에 감춰진 풍자, 그것을 다시 새로운 차원으로 승화시키는 '신명풀이'. '어려운 이야기는 집어치우고, 신명나게 한판 놀아보세!'"[236]

2013년 1월 10일 『헤럴드POP』 기자 한지숙은 '한류 업그레이드를 위한 조건'으로 "3C를 드러내고, 3B를 감춰야 한다"고 역설했다. 상대국과 우의友誼를 바탕으로 한 문화 교류Companionship, 창의성Creative, 저작권Copyright을 우선시하는 태도가 중요하며, 한류에 부정적인 이미지를 입히는 지나친 상업주의Business mind, 관료주의Bureaucracy, 비매너 Bad manner를 넘어서야 한다는 것이다.

이어 이 기사는 "이런 노력들은 정작 한류 스타 개개인의 잘못된 행동으로 인해 물거품이 될 수도 있다"고 경고했다. "지난해 블락비는 태국에서 무례한 인터뷰로 한류에 찬물을 끼얹었다. 민간 외교인이어야 할 스타들의 그릇된 문화 우월감, 상대를 무시하는 태도 등은 전체 한국과 한국인, 한국 문화에 대한 거부감을 키운다. 연예기획사의 매너 교육을 포함한 스타 양성 시스템, 불량한 연예기획사를 거르는 대책이 필요하다."237

2013년 1월 28일 한류 관련 최초의 글로벌 학회인 세계한류학회가 서울 대우재단빌딩에서 창립총회와 학술 대회를 열었다. 참가자들은 사회학, 인류학, 행정학, 의학, 한국어 교육, 문화산업학, 스포츠학, 미디어 등 다양한 분야의 전공 학자들이었다.238 세계한류학회는 전 세계 20여 개국에 지부를 두는 글로벌 조직으로 발전하는데, 이 학회의 탄생에 주도적 역할을 한 고려대학교 민족문화연구원 교수 오인규는 훗날(2016년) "세계한류학회를 시작하면서, 나는 한류가 끝났다고, 혹은 끝나기를 바라는 학자나 시민들을 많이 만났다"며 다음과 같이 말했다.

"일본보다 한국이 세계에서 제일의 반한류·혐한류 국가가 아닌가 하는 의구심을 가진 적이 한두 번이 아니다. 내가 일하는 고려대 민족문화연구원은 한류를 학문으로 인정하지 않고, 나의 한류에 대한 연구 자체도 한국학의 새로운 연구 업적으로 인정하려고 하지 않는다. 어떨 때는 차라리 한류가 빨리 끝나기를 바랄 때도 있다. 한류를 싫어하는 민족을 위해 내가 왜 이렇게 한류를 연구해야 하는 것일까 반문하기도 한다."[239]

한국인에겐 '게임 유전자'가 따로 있는가?

토종 액션 게임의 자존심이라 할 〈던전앤파이터〉 가입자가 2013년 1월 31일 기준으로 전 세계에서 4억 명을 돌파하는 대기록을 달성했다. 이에 대해 허준은 "4억 명은 대한민국 인구 5천만 명의 8배에 해당하는 수치. 전 세계 누적 회원 4억 명을 돌파한 온라인 게임은 〈던전앤파이터〉가 처음이다. 공식적인 발표는 없지만 전 세계에서 가장 많은 가입자를 확보한 온라인 게임으로 추정된다"며 다음과 같이 말했다.

"〈던전앤파이터〉는 한국 디지털 콘텐츠로도 전 세계에서 가장 많은 회원을 확보한 상품이 됐다.……게임업계 관계자는 '〈던전앤파이터〉의 전 세계 가입자 수 4억 명이라는 기록은 당분간 누구도 넘볼 수 없는 대기록'이라며 '안방에서는 천덕꾸러기 취급을 받는 한국 게임이 전 세계에서 가장 경쟁력 있는 콘텐츠라는 것을 다시 한번 증명한 셈'이라고 말했다."[240]

그런 경쟁력 덕분에 한국의 게임 산업은 K-팝 수출의 12배, 한국 콘텐츠 수출의 56%를 차지할 정도로 규모가 큰 '국민 산업'이 되었다.[241] 1990년대 말 세계 최초로 e스포츠란 용어를 만들어낸 것도 한국인 데서 알 수 있듯이, 한국은 세계적인 게임 강국이었다. 2005년 8월 1일 우즈베키스탄에서 개최된 'WCG 2005 우즈베키스탄 국가대표 선발전'에서 스타크래프트 종목 1·2·3위를 모두 고려인들이 차지해 "한민족

에게는 게임 유전자가 따로 있다"는 말까지 나올 정도였다.[242]

정말 한민족에게는 게임 유전자가 따로 있는 걸까? 한국이 온라인 게임 시장 규모 세계 1위인 동시에 게임 중독 역시 세계 최고 수준인 것도 그렇게 이해해야 할까?[243] 다른 나라와는 다른 한국 게임 문화의 특성은 무엇일까? 히트 게임 〈카트라이더〉를 만든 넥슨 로두마니 스튜디오 개발본부장 정영석은 "한국 게이머들은 독특한 특성을 갖고 있다. 게임을 즐기기보다는 게임 속에서도 경쟁에 목을 맨다. 다른 사람이 갖지 못한 아이템을 얻거나 해내지 못한 임무를 완수하고 싶어한다"며 다음과 같이 말했다.

"이전에 온라인 게임을 운영하다가 실수로 서버를 날린 일이 있다. 몇몇 게이머들의 아이템이 일시적으로 사라졌다. 게이머들에게서 바로 전화가 오더라. 당장 아이템 내놓으라고. 옥신각신 하다가 그 게이머가 전화를 끊었다. 그러고는 넥슨에 찾아와 문을 부숴놓고 갔다. 게임을 하나의 체험이나 재미로 보는 게 아니라 또 하나의 삶 내지는 실질적인 재산 유지 수단으로 생각한다. 그런 부분이 미국과 차이가 있을 것이다."[244]

아닌 게 아니라 한국이 세계적인 게임 강국이 된 배경엔 '유전자'까진 아니더라도 한국인 특유의 기질이 적잖이 작용한 것 같다. 2012년 10월 『월스트리트저널』은 모바일 게임 〈애니팡〉에 빠진 한국의 모습을 전하면서 "한국인들이 집착에 가까운 행태를 보이고 있다"고 평했는데,[245] 그 집착의 정체는 과연 무엇일까? 김일은 "지고는 못 배기는 근성은 세계 최고라 할 골프 열풍, 도박 열풍, 대학입시 과열 등을 불러왔고 바둑, 스포츠, 인터넷 게임 강국이 되게끔 했다"고 분석했다.[246]

경쟁의 무대는 컴퓨터에서 스마트폰으로 옮겨갔다. 온라인 게임 소

한국이 세계적인 게임 강국이 된 배경에는 한국인들의 지고는 못 배기는 근성 혹은 기질에 있다. PC방에서 게임에 몰두하고 있는 게이머들.

비의 산실이라 할 PC방은 2008년 2만 2,000여 개에 이르렀지만, 2013년 1월 스마트폰 보유 3,000만 명 시대에 직면해 PC방은 1만 5,000여 개로 급감했으며 계속 줄어드는 추세였다.[247] PC방은 위기일망정 나날이 고조되고 있는 게임 열풍은 '호모 루덴스Homo Ludens(놀이하는 인간)'를 실증해주었다. 한국인은 호모 루덴스의 진면목, 정수, 극치를 보여주었다. 일과 놀이를 구분하지 않았으며, 놀이에 신들림까지 가미해 목숨을 걸다시피 하면서 놀면서 일하고 일하면서 노는 문화를 가꾸어왔다.[248] 그게 바로 게임을 '국민 산업'으로 만든 최대의 동력이었을 것이다.

'갈라파고스 신드롬'과는 상극인 나라

한국인에게 정말 '게임 유전자'가 따로 있는지는 더 따져보아야 할 문제이겠지만, 한국 게임의 성공은 한국이 이 지구상에서 이른바 '갈라파고스 신드롬Galapagos syndrome'과는 거리가 가장 먼 나라라는 점과 무관치 않았을 것이다. 갈라파고스 신드롬은 전 세계적으로 쓸 수 있는 제품인데도 자국 시장만을 염두에 두고 제품을 만들어 글로벌 경쟁에 뒤처지는 현상을 가리키는 말이다. 달리 말해, 한국의 모든 대중문화산업은 해외 진출을 하지 않으면 죽는다는 절박한 처지와 마인드를 갖고 있었다는 것이다. 이는 한류의 최초 동력은 IMF 환란이었다는 말과 통하는 이야기다.

자국 시장만을 염두에 두고 제품을 만드는 나라도 있단 말인가? 물론이다. 그 대표적 나라가 바로 일본인지라, '일본Japan'과 '갈라파고스Galapagos'의 합성어인 '잘라파고스Jalapagos'라는 말까지 등장했고, 이게 2013년 국내에서 화제가 되었다.

일본 통신산업은 세계 어느 나라보다 빠르게 모바일 인터넷, 모바일TV 등을 상용화했으며, 1999년 이메일, 2000년 카메라 휴대전화, 2001년 3세대 네트워크, 2002년 음악 파일 다운로드, 2004년 전자결제, 2005년 디지털TV 등 매년 앞선 기술을 선보였다. 일본 내 3세대 휴대전화 사용자가 2009년 들어 미국의 2배 수준인 1억 명에 이를 정도였다. 하지만 커다란 내수시장에 만족해온 일본은 국제 표준을 소홀히 한 탓에 경쟁력 약화라는 치명적인 약점을 만들어 한국에 완패를 당한 것이다.[249]

J-팝이 K-팝에 압도당한 것도 바로 그런 이유 때문이었다. 대중문화 전문가 서황욱은 일본의 큰 내수시장 규모는 '독약'과도 같은 것이라며 이렇게 말했다. "일본과 미국은 전 세계 음악시장에서 양대 톱의 규모를 가지고 있죠. 아직도 실물 음반 판매가 가능한 시장이다 보니 제이팝 가수로서는 굳이 다른 나라에 가서 자기 음악을 알리기 위해 노력할 필요가 없죠.……한국에 있는 음악 관계자들에게는 한국 밖을 나가는 게 옵션이 아니라 생존을 위한 필수였어요."[250]

미국이 일본보다 더 큰 내수시장을 갖고 있으면서도 늘 세계를 지향해왔다는 사실에 비추어보자면, 일본이 갈라파고스화Galapagosization의 길을 걷게 된 것은 단지 내수시장이 크기 때문만은 아니었다. 2010년 조사에서 일본 화이트칼라 노동자들의 3분의 2가 해외 근무를 원치 않는 것으로 밝혀졌는데, 바로 이런 독특한 내부 지향성과 더불어 '정보쇄국情報鎖國'이라는 악명을 얻을 정도로 견고한 일본 특유의 폐쇄적 문화가 결정적인 이유일 가능성이 높다.[251]

내수시장이 작을 뿐만 아니라 실제보다 더 작은 걸로 간주하는 성향이 강한 한국은 기업뿐만 아니라 개인도 해외 진출에 뜨거운 열정을 갖고 있는 나라가 아닌가? 이른바 '위험을 무릅쓰는 문화a risk-taking culture'도 세계 최고 수준이니, 어찌 보자면 한류는 당연한 결과가 아니냐는 반문이 가능할 정도였다.

K-팝의 원동력, 디지털 파워와 팬덤 파워

2013년 7월 홍석경의 『세계화와 디지털 문화 시대의 한류』라는 책이 출간되었다. 2000년부터 프랑스 보르도대학 교수로 재직하면서 현지 한류 붐을 체험·관찰하다가 2013년 초 서울대학교 언론정보학과 교수로 부임한 홍석경은 이 책에서 K-팝과 '한드(한국 드라마)' 열풍 등 유럽발 한류를, 디지털·다문화·혼종성 등의 키워드로 분석했다.

영국의 『이코노미스트』가 발표한 2010년도 통계에 따르면 한국인은 개인당 월 33기가바이트GB를 사용하는 세계 1위의 데이터 송수신 국가였고, 이것은 2위인 프랑스의 11기가바이트를 3배나 앞서는 수치였다. 이는 많은 한국의 시청각물이 방송된 직후 다양한 인터넷 영상 공유 포털사이트에 업로드되어 유통되고 있다는 걸 의미하는 것이었다. 이 수치에 주목한 홍석경은 "한국이 세계 최고의 디지털 국가군에 속한다는 점도 한국의 문화 콘텐츠를 세계 속으로 유통 가능한 디지털 파일로 공급한 중요한 요인이다"고 했다.[252]

홍석경은 "서구 팬들을 동아시아 문화산업으로 이끄는 매력은 무엇보다도 아이돌 스타와 팬 사이에 구축된 적극적이고 친밀한 관계이다. 서구의 연예인들은 일단 유명해지면 대중으로부터 멀어지고 천상의 사람들처럼 살아가는 스타의 감각 속으로 들어가버린다. 따라서 팬 서비스가 약하고 팬들을 좌절과 목마름 상태로 방치하는 경향이 있다"며 다음과 같이 말했다.

"그러나 한국의 아이돌들은 소속 기획사의 통제를 넘어 팬들에게 직접 트윗을 하고 페이스북을 운용하고, 힘들어도 여러 가지 팬 서비스를 마다하지 않는다. 그야말로 온몸을 다 바쳐 인기를 갈구하고 팬들의 사랑을 유지하기 위해 애쓴다. 팬들 또한 그에 호응하여 엄청난 열정으로 자기의 아이돌을 '사수'하고, 촬영장에 점심을 나르고, 선물 공세, 팬

한국의 아이돌은 직접 트윗을 하고 여러 가지 팬 서비스를 마다하지 않는다. 이런 '동양적인 가치와 태도'가 세계적인 인기를 끌 수 있었던 중요한 요인이다. 대표적인 아이돌 스타인 소녀시대.

픽, 공연 필수 관람을 통해 아이돌에게 사랑을 표현한다. 한국 네이버 사이트에서 공지되는 아이돌과 관련된 온갖 소식이 영어로 번역되어 인터넷 한국 문화 관련 플랫폼을 통해 제공되기에 서구의 팬들은 한국의 팬덤 문화에 대해 상세히 알 수 있고, 그들에게 이러한 아이돌과 한국 팬의 관계는 무척 따스하고 부러운 대상이다. 이것은 마치 동아시아 드라마 팬들이 한국 드라마에서 '정'을 느끼는 것과 비슷하다."[253]

이화여자대학교 교수 이수안도 「문화 혼종 이론으로 본 케이팝 열풍」(2013)이라는 논문에서 한국 가수들의 인기 이유 중 하나로 '동양적인 가치와 태도'를 지적하면서 이렇게 말했다. "기존 서양의 팝스타들에게서 발견하지 못했던 동양적 공손함 등이 배태된 태도가 한국의 문화를 표현하고 있다면 이를 긍정적으로 받아들이는 유럽인들의 수용 과정에서 문화 혼종이 시작되고 있다고 평가할 수 있다."[254]

물론 그로 인한 한계도 있었다. 홍석경은 『중앙일보』 인터뷰에서 "현재 유럽에서 K-팝은 '여자애 같은 얼굴의 어린 남자들과 인형 같은 어린 여자들이 로봇처럼 춤추는 상냥한 음악'으로 통하고 있다"며 "성과 마약, 폭력이 없는 '소독된' 엔터테인먼트라는 이미지로 보수적인 중산층, 주로 노동자층이 많은 다문화 청소년층, 심지어 30~40대 부모들까지 사로잡았다"고 분석했다. 그는 "아무리 패션과 스타일이 튄다고 해도 빅뱅과 2NE1에게는 마돈나, 레이디 가가에서 보이는 정치적 불온성이 없다"며 "K-팝의 체제 순응성은 인기 비결이지만 동시에 한계"라고 지적했다.[255]

K-팝의 체제 순응성은 보수적인 시장 관문을 고려한 전략이기도 했다. 예컨대, 2008년 9월 25일에 발매된 동방신기의 4번째 정규 앨범 《미로틱》은 그룹이 분열되기 전인 5인 체제에서 발매된 마지막 국내 정규 앨범으로 큰 상업적 성공을 거두었다. 이는 이 노래가 원래 "I've got you under my skin"이란 가사 때문에 19세 이상만 구매할 수 있었지만, 19세 미만에게도 판매가 가능하도록 "I've got you under my sky"로 바꾸었기에 가능한 것이었다. 그 어떤 이유 때문이건, 문화평론가 이문원의 말마따나, "한국에는 '불량 악동' 모델이 없으며, 전부 다 착한 아이"라는 건 분명한 사실이었다.[256]

K-팝의 정체성은 '집단적 도덕주의'

K-팝의 체제 순응성을 어떻게 보아야 할까? 이건 K-팝의 정체성과 관련해 의외로 중요한 문제다. 김수정과 김수아는 「'집단적 도덕주의' 에토스: 혼종적 케이팝의 한국적 문화 정체성」(2015년 8월)이라는 중요한 논문을 발표하는데,[257] 여기서 미리 소개하기로 하자. 그간 일부 진보적 지식인들은 K-팝엔 한국적 문화적인 정체성이 없다는 주장을 해왔는데, 김수정·김수아는 '집단적 도덕주의' 에토스ethos라는 답을 제시함으로써 그런 주장에 반론을 편다. 이 반론의 무게를 감안컨대, 수많은 한류 논문 가운데 매우 중요한 논문 중 하나라고 평가해도 무방할 것 같다.

김수정·김수아는 K-팝의 생산, 텍스트, 소비를 관통하며 작동하는 특정한 구성 원리이자, K-팝에 독특한 결을 형성하는 지역 문화적 특성 locality을 '집단적 도덕주의'로 설명한다. 첫째, 생산 조직 차원에선 연예 기획사의 '인-하우스in house 시스템'이 인성교육을 필수적인 존립 기반으로 삼고 있으며, 기획사와 연습생·소속 연예인의 관계는 가부장제적 가족 공동체 성격을 지니고 있다. 둘째, 텍스트 차원에서는, K-팝 음악의 주요 주제가 성애性愛가 제거된 순수한 사랑으로 한정되고, 팬에 대한 아이돌 스타의 겸손과 헌신이 스타의 퍼포먼스를 구성하는 원리가 되고 있다. 셋째, 소비 차원에선 한국 대중이 K-팝 아이돌들에게 높은 규범성을 요구하며 그들의 행동을 관리하고 있다. 바로 이런 '집단적 도덕주의'가 아이돌의 행위를 포함한 K-팝 생산과 소비를 조직화하는 한국 문화의 특성이라는 것이다. 이 3가지 차원을 순서대로 좀더 구체적으로 살펴보자.

YG에서 나온 '양 사장님의 지시사항'은 다른 기획사들에서 통용되는 원칙이다. "가수가 되기 이전에 먼저 인간이 돼라." "모든 연습생들은 자신보다 나이가 많은 분들이나, YG 소속 가수들 및 직원 분들을 보면 90도로 큰소리로 인사하도록 해라." JYP의 "무조건 좋은 사람이 돼라", SM의 '매너와 겸손한 마음'이라는 행동강령 역시 다를 게 없다. 이는 한국 사회의 전 분야에서 요구되는 처세술인 동시에 "훈련 양성 시스템을 계속 작동 가능하게 하는 구성원들의 조직윤리"이기도 하다. 동시에 연습생과 연예인들에게 끊임없이 강조되는 근면성실의 윤리는 개인의 미래라는 차원을 넘어 기획사의 조직 시스템의 생산성과 직결된다. 예컨대, K-팝의 독보적인 '칼군무'는 그런 윤리와 더불어 다른 사람에게 피해를 끼치면 안 된다는 집단주의 정서로 인해 가능한 것이다. 또한 3대 기획사의 조직문화는 아버지의 책임 아래 보호되고 훈육되는 가부장적 가족 공동체의 정서에 기반하고 있다.

K-팝의 가사 주제엔 성애적 요소나 마약과 폭력 같은 위험한 내용들이 제거되어 있다. 미국의 장르 형식으로 빌려올 때에도 주제 내용만큼은 대부분 사랑만을 노래하는 분명한 특성을 보인다. 앞서 지적했듯이, 이는 문화적으로 여전히 보수적인 국내 시장을 고려한 전략이겠지만, 글로벌 시장을 지향함에도 첫 번째의 '인성교육'과 맞물려 K-팝의 특성으로 굳어진 것으로 볼 수 있다. 아름답고 건전한 감정만을 보여주려고 애쓸 뿐만 아니라 팬들에게 헌신적이고 친밀한 태도를 보이는 아이돌의 퍼포먼스도 그런 맥락에서 이해할 수 있다. 이는 무엇이 먼저인지는 알 수 없으나 한국 특유의 팬덤 문화와 맞물려 K-팝의 본질에 가까운 특성이 된 것으로 보인다.

K-팝에 열정을 보이는 한국의 소비자 대중은 아이돌의 '품행 방정'을 요구하며, 겸손과 노력으로 성장하는 아이돌에게 호감을 보인다. 일반적으로 소비자 대중은 연예인이나 방송 출연자에 대해 높은 규범적 보수성을 적용하는 정서 구조를 갖고 있다. 이는 '정서적 평등주의'로, 현실에서 구현되지 못한 경제적 평등주의의 희구希求가 방송이라는 대중문화에서 정서적으로 표출되는 것으로 이해할 수 있다. 더 나아가 소비자 대중은 연예인이 의식 있는 인물이 될 것까지 바라며, 이는 '개념돌'이라거나 '개념 연예인'이라는 말로 표현되기도 한다. 연예인이 역사의식과 애국주의까지 갖출 걸 원하는 도덕주의도 강한 편이며, 일부 연예인은 이에 적극 화답하는 모습을 보이기도 한다.

김수정·김수아도 강조했듯이, K-팝의 이런 '집단적 도덕주의'는 한국의 '유교' 문화로 환원할 수 없는 것이다.[258] '집단적 도덕주의'엔 한국인의 강한 타인 지향성, 서열주의, '개천에서 용 난다'는 말로 대변되는 '코리안 드림'이 큰 역할을 하고 있는데, 이들을 유교 문화라고 할 수 있을까?[259] 그런 식으로 유교 문화의 범위를 넓혀 부르겠다면, 이 지구상에 유교 문화를 갖고 있지 않은 나라가 얼마나 될지 모르겠다.

한류 콘텐츠와 한류 비즈니스의 결합

2013년 8월 25일 오전 10시 미국 로스앤젤레스 시내에 있는 대형 경기장 '메모리얼 스포츠 아레나'에는 다양한 피부색을 가진 미국인 10~20대가 수백 미터 줄을 서 있었다. 2만여 명의 미국 젊은이가 한류 스타 공연과 패션·식품·IT·자동차 등 한국 기업 제품 전시회가 동시에 열리는 'K-Con(케이콘)' 행사장에 입장하기 위해 행사 시작 30분 전부터 줄을 선 것이다.

K-Con은 사람을 끌어모으는 효과가 큰 콘서트Concert를 매개로 국내 대기업과 중소기업 제품을 체험하는 컨벤션Convention을 융합해 한국Korea 브랜드를 종합적으로 체험할 수 있도록 만든 행사였다. CJ에서 기획해 시작한 행사로 2013년이 2회째였다. 한류에 열광하는 해외 팬들을 직접 찾아가 소통하고, 기업은 이를 활용해 해외 진출과 브랜드 홍보를 하겠다는 전략이었다. K-Con은 2012년 로스앤젤레스 교외 오렌지카운티 어바인시市에서 시범 개최된 데 이어, 2013년엔 규모를 대폭 확대해 열렸다. 참여 기업 수도 2012년의 30개에서 75개로 2배 이상 늘었다.

K-Con 행사에는 미국 최대 통신사인 버라이즌과 CJ·현대자동차·농심 등 대기업뿐만 아니라 이도 발효차, 액세서리 업체 엠주 등 국내 중소기업들도 대거 참여했다. K-Con에 참여한 기업들은 한류를 매개체로 트렌드에 민감하고 전파력이 빠른 미국의 10~20대 젊은 소비자들을 적극적으로 공략했다. 이들을 잠재 소비자로 끌어들이고, 입소문 효과까지 노린 것이다.

K-Con의 마지막 행사인 콘서트 공연 티켓은 한 장에 300달러 하는 VIP 좌석 1,200석이 판매 개시 10분 만에 매진되는 등 1만 1,000석이 모두 팔렸다. K-Con을 기획한 CJ그룹의 브랜드 전략 고문 노희영은 "K-Con은 한류 콘텐츠를 전파하고 한류 비즈니스를 확장해 대·중소기업의 해외 수출에 마중물 역할을 할 것"이라고 말했다. 이후 K-Con은 미국 이외에도 일본, 프랑스 UAE, 프랑스, 태국으로도 확대되어 개최

2012년 로스앤젤레스 교외 오렌지카운티 어바인시에서 개최된 K-Con 행사는 해를 거듭할수록 폭발적인 반응을 이끌어냈다. 2015년 8월 8일 미국 뉴저지주 뉴어크 푸르덴셜센터에서 열린 'K-CON 2015 USA'에서 걸그룹 AOA가 공연을 펼치고 있다.

된다.[260]

　　해외의 K-팝 열풍은 국내 시장에도 큰 영향을 미쳤다. 2013년 10월 민주당 유기홍 의원실과 '대중음악SOUND연구소'가 공동 발간한 국정감사 정책 자료집 「K-POP의 특정 장르 편중 현황과 대책」에 따르면, 10곡 가운데 8곡의 장르가 아이돌(82%)이었으며, 팝이 8%, OST가 5%, 힙합·록·포크 등이 각각 1%를 차지하는 등 거의 절대적으로 아이돌 장르에 편중되어 있는 것으로 나타났다. 이는 2012년 한국 가온 차트 주간 순위 상위 3위 이상을 바탕으로 장르별 비중을 분석한 결과였다. 이 정책 보고서는 "90년대 중반부터 메이저 음악업계(연예기획사+지상파 방송국)는 '상호 이익'에 따라 아이돌 음악만 돈이 되는 유통 구조를 '결과적'으로 형성했다"고 지적했다.[261]

이런 쏠림 현상은 영화 분야에도 나타났다. 2013년 영화 관객이 2억 1,200만 명으로 최초로 2억 명을 돌파한 가운데 한국은 1인당 평균 영화 관람 편수가 4.12편으로, 미국(3.88편)을 제치고 처음 세계 1위에 올랐다. 호주가 3.75편으로 3위, 프랑스가 그다음이었다.[262] 전체 매출액은 1조 5,432억 원을 기록했지만, 한국과 미국 두 나라 영화에 대한 집중도는 97%로 더 커졌다. 영화평론가 전찬일은 "특정 문화에 대한 편식으로 특정 문화에 대한 비대증이 염려된다"며 "다양한 국적과 감독의 영화를 보면서 관객들로서는 문화적 감수성을 넓힐 수 있고, 이를 바탕으로 한국 영화계도 다양한 소재와 형식으로 영화의 질을 높일 수 있을 것"이라고 아쉬워했다.[263]

2013년의 한국 영화 흥행에 일조한 봉준호 감독의 〈설국열차〉는 프랑스 만화를 원작으로 CJ E&M이 투자한 450억 원의 제작비를 들여 만든 SF 액션 스릴러 영화로, 국내 흥행은 물론 전 세계 167개 국가에서 개봉되었고 총 2,000만 달러의 수출액을 기록해 2013년과 2014년 한국 영화 수출액 증가에 큰 기여를 했다. 이 작품은 기획 초기부터 글로벌 시장을 염두에 두고 대부분의 대사를 영어로 반영하는 동시에 주연배우까지 크리스 에번스Chris Evans, 틸다 스윈턴Tilda Swinton 등의 할리우드 배우를 섭외했다. 한 해 전인 2012년에 개봉된 최동훈 감독의 〈도둑들〉은 한국 영화 중 6번째로 1,000만 관객을 돌파했고, 홍콩과 대만 등 아시아 주요 국가들에 수출되었다.[264]

〈변호인〉, 분노가 치밀어 울 시간도 없는 영화

2013년 12월 18일 노무현을 소재로 해 개봉 전부터 논란과 기대가 동시에 일었던 영화 〈변호인〉(양우석 감독)이 개봉했다. 이 영화는 개봉 나흘 만인 12월 21일 100만 관객을 돌파했다. 개봉 7일 만에 300만 명, 개봉 12일 만에 500만 관객을 돌파했다. 급기야 개봉 32일 만인 2014년 1월 19일 1,000만 관객을 달성함으로써 한국 영화로는 9번째 1,000만 관객 영화가 되었다.

민주당 소속 충남지사 안희정은 2014년 1월 3일 CBS 라디오 인터뷰에서 영화 〈변호인〉이 흥행 돌풍을 일으키고 있는 데 대해 "많은 국민들이 봤을 때 국가기관의 선거 개입 현실이라거나 검찰 수사가 외압을 받고 있다고 그동안 과정을 그렇게 느끼기 때문에 민주주의가 후퇴하고 있다는 어떤 국민들의 걱정과 불안이 이 영화에 대한 많은 분들의 공감을 통해서 확인되는 것 아닌가 생각한다"고 말했다.[265]

영화 〈변호인〉은 노무현이 1980년대 변호사 시절 변론을 맡았던 부림사건을 소재로 해 제작 단계부터 화제를 모았다. 돈을 좇던 변호사가 인권변호사의 길을 걷게 되는 과정을 뜨거운 시선으로 바라봐 눈물을 쏟게 하고, 몸에 전율을 안겨준다는 호평을 얻었다. 영화 관계자는 "특정 단체의 이름을 거론할 수는 없다"면서도 "다양한 연령과 직업군이 제작보고회 이후 단체 관람 문의를 해오고 있다"고 밝혔다.

이 영화는 개봉 3주를 앞두고 전국 2만 관객을 대상으로 제주부터 서울까지 '송강호와 함께하는 국토대장정 시사회'를 진행해 화제가 되었다. 영화 관계자는 특정 단체를 위한 단체 관람은 진행할 계획이 없으며, "오로지 일반 관객을 상대로 한 2만 시사만 진행하고 개봉이 될 것"이라며 "영화를 빨리 볼 수 있는 유일한 방법은 국토대장정 시사회에 응모해 당첨되는 길"이라고 말했다. 시사회 반응에 대해선 "무엇보다 영화가 끝난 뒤 크레디트가 올라가도 자리에 뜨지 않는 진풍경이 펼쳐진다"고 전했다.[266]

영화 〈변호인〉에 대한 감상 후기는 SNS를 통해 매분 올라왔다. "감동적인 게 아니고 화가 나고, 30년 뒤에 지금이 개탄스러워 눈물이 나더라." "극장 꽉 찼는데 사람들 죄다 울었음. 영화 속 모든 장면이 우리들 이야기. 옷에 눈물콧물 화장품 립스틱 다 묻었음."[267]

또 '눈물'과 '분노'를 말하는 반응이 많았다. 『경향신문』의 영화 리뷰에 달린 댓글 중 '베스트댓글'은 "분노가 치밀어 울 시간도 없는 영화. 이 시대의 징후와 겹쳐볼 만했던 영화"였다. "정말 눈물보다는 분노가 앞선다." "노무현 대통령!! 이명박귀태가 죽였다!! 살인이다!!!! 온 국민이 다 아는 사실이다!! 정권이 바뀌는 날 곡소리가 날 것이다!!!!!!"[268]

제1부 2012년

1   박성준, 「민주통합 "MB 앞장서 최시중 사표 받아라"」, 『세계일보』, 2012년 1월 5일.

2   정재철, 「창대한 시작, 초라한 마무리」, 『내일신문』, 2012년 1월 13일.

3   우상호, 『민주당 1999-2024』(메디치, 2024), 116쪽.

4   「[사설] 대통령 탈당史는 왜 반복되나」, 『동아일보』, 2012년 1월 20일.

5   「[사설] 보수의 가치를 더럽힌 대통령 측근들」, 『동아일보』, 2012년 1월 25일.

6   안창현·성연철, 「'종편 특혜' MB 멘토 불명예 퇴장…정권 중심축 무너지나」, 『한겨레』, 2012년 1월 27일; 정유미, 「'방통대군' 최시중 결국 사퇴」, 『경향신문』, 2012년 1월 27일.

7   박영환, 「이명박 멘토·개국공신들, MB 정권 막판에 '도덕적 몰락'」, 『경향신문』, 2012년 1월 27일; 신창호, 「[최시중 전격 사퇴] 개국공신 '6인회의' 권력 뒤안길로」, 『국민일보』, 2012년 1월 27일.

8   박종찬, 「'편중인사에 편중비리'…한눈에 보는 'MB 측근의 비리'」, 『한겨레』, 2012년 1월 17일; 박영환·박홍두, 「역대 정권보다 친인척·실세 비리 광범위」, 『경향신문』, 2012년 1월 29일.

9   「[사설] '돈 냄새 진동' 한나라, 언제까지 오불관언할 텐가」, 『경향신문』, 2012년 2월 1일.

10 「[사설] 아부다비 유전개발 계약 진상 밝혀야」, 『국민일보』, 2012년 1월 13일; 이천종, 「MB 정부 'UAE 유전개발' 뻥튀기 논란」, 『세계일보』, 2012년 1월 13일.

11 「[사설] 李 정부의 資源外交에 뒷말 왜 이리 많은가」, 『문화일보』, 2012년 1월 13일;
    「[사설] 자원외교 뻥튀기…이러니 정부 말 믿겠나」, 『서울신문』, 2012년 1월 14일.

12 「[사설] 다이아몬드 게이트…李 정부 도덕성 추락 끝이 안 보인다」, 『문화일보』, 2012년
    1월 18일.

13 박병수, 「김은석 대사, '다이아 매장량 뻥튀기' 알고도 보도자료 주도」, 『한겨레』,
    2012년 1월 26일.

14 「[사설] 다이아몬드 의혹 실체 규명 검찰에 달렸다」, 『경향신문』, 2012년 1월 27일.

15 박병률, 「정태근, 김은석 외교부 대사 안국포럼 '들락날락'」, 『경향신문』, 2012년 1월
    30일.

16 박근혜, 『어둠을 지난 미래로: 박근혜 회고록 1』(중앙북스, 2024), 22~28쪽.

17 「한나라당 전당대회 돈봉투 살포 사건」, 『나무위키』; 「한나라당 전당대회 돈봉투 살포
    사건 및 의혹」, 『위키백과』; 디지털뉴스부, 「박희태 "돈봉투는 동지애적 집안 잔치 관
    행"」, 『한겨레』, 2012년 2월 13일.

18 김정필, 「대법, 정연주 전 KBS 사장 배임 혐의 무죄 확정」, 『한겨레』, 2012년 1월 12일.

19 정재철, 「창대한 시작, 초라한 마무리」, 『내일신문』, 2012년 1월 13일.

20 「정연주 한국방송공사 사장 불법 해임 사건」, 『나무위키』.

21 「민간인 불법사찰 증거, 靑이 부숴라 지시」, 『경향신문』, 2012년 3월 4일.

22 조미덥 · 남지원, 「"검찰의 목적은 '사찰 수사'가 아니라 '증거인멸 확인'이었다"」, 『경
    향신문』, 2012년 3월 5일.

23 박홍두, 「민간인 사찰 폭로 주무관 "청와대가 5000만 원 줬다"」, 『경향신문』, 2012년
    3월 19일.

24 박종찬, 「"청와대로부터 5000만 원 받았다" 메가톤급 폭로」, 『한겨레』, 2012년 3월
    19일.

25 황준범, 「민주당 "대통령이 민간 사찰 몸통 밝혀라"」, 『한겨레』, 2012년 3월 21일.

26 김재중, 「"민간인 사찰, 靑 지시" 檢, 진술 듣고도 무시…축소 수사 의혹 사실로 판명」,
    『국민일보』, 2012년 3월 22일.

27 노현웅, 「이영호, 민정수석 윗선에 '직보'했다」, 『한겨레』, 2012년 3월 28일.

28 권귀순, 「KBS 새노조 "검찰이 법원에 제출한 자료"」, 『한겨레』, 2012년 3월 30일.

29 「KBS 새노조 "총리실 민간인 불법사찰 수십 건 더 있다"」, 『경향신문』, 2012년 3월
    22일.

30 노현웅, 「참여정부 인사는 '축출용' MB 정부 인사는 '충성 검증용'」, 『한겨레』, 2012년
    3월 30일.

31 정유미, 「'방송사 임원 교체' 옆에 'BH 하명'…청와대 개입 드러나」, 『경향신문』,

2012년 3월 30일.

32 김승훈·최재헌, 「"BH 하명" "참여정부 인사 밀어내기" 등 명시」, 『서울신문』, 2012년 3월 30일; 김정필, 「불륜 행각 분 단위로 기록…사생활까지 엿봐」, 『한겨레』, 2012년 3월 30일.

33 「靑 "민간인 사찰 대부분 노무현 정부서 이뤄져"」, 『세계일보』, 2012년 3월 31일.

34 김종철, 「문재인 "참여정부 자료 적법…MB 참 비열하다"」, 『한겨레』, 2012년 4월 1일.

35 손원제, 「"민간인 불법사찰, 여당에 불리할 것" 67%」, 『한겨레』, 2012년 4월 1일.

36 한민수, 「[4·11 총선 D-8 여론조사] 국민 절반 이상 "사찰, 선거에 영향"」, 『국민일보』, 2012년 4월 2일.

37 나기천, 「새누리당 "민간인 사찰 MB 사과하라"」, 『세계일보』, 2012년 4월 2일.

38 「청와대 "민간인 사찰, 사과할 일 아냐"」, 『경향신문』, 2012년 4월 3일.

39 강구열, 「새누리, 불법사찰 MB 겨냥 "하야 요구도 가능"」, 『세계일보』, 2012년 4월 5일; 「새누리 이상돈 "사찰에 비하면 노무현 탄핵 사유는 경미"」, 『한겨레』, 2012년 4월 5일.

40 유창선, 『정치의 재발견: 소셜미디어, 대한민국 정치의 판을 바꾸다』(지식프레임, 2012), 66쪽.

41 김어준·정봉주·주진우·김용민, 『나는 꼼수다: 세계 유일 가카 헌정 시사 소설집 Episode 1』(시사IN북, 2012), 310~320쪽.

42 조기숙, 『어떻게 민주당은 무너지는가』(테라코타, 2023), 215쪽.

43 허완, 「"재협상 안 되면 정권교체 이후 한미 FTA 폐기할 것"」, 『미디어오늘』, 2012년 2월 8일.

44 김승범, 「韓美 FTA를 누가 '매국'이라 외쳤나」, 『조선일보』, 2017년 3월 13일.

45 민병선, 「"라이스, 강간해서 죽이자" 김용민 발언 파문」, 『동아일보』, 2012년 4월 4일; 손원제, 「김용민, 과거 막말 발언 "용서 구합니다"」, 『한겨레』, 2012년 4월 3일.

46 조수진·노지현, 「민주 김용민 "시청역 에스컬레이터 다 없애면 노인들 시청 앞 못 나오지 않겠나"」, 『동아일보』, 2012년 4월 5일; 「"노인들 시청에 못 나오게…" 김용민 막말 논란」, 『경향신문』, 2012년 4월 5일.

47 「막말 김용민, 민주당·한명숙 사퇴 압박에도…」, 『세계일보』, 2012년 4월 8일.

48 「[사설] 민주당, 진정 나꼼수에 업혀 집권하려는가」, 『동아일보』, 2012년 4월 9일.

49 민주통합당의 기본적인 선거 전략은 정권 심판론이었다. 동시에 "심판할 경우 무엇이 달라지는지를 보여주겠다"는 취지였다. 현수막은 '끝까지, 99% 국민 편에 서겠습니다'라는 문구와 함께 반값 등록금, 전월세 상한제, 카드 수수료 인하 등 정책 공약이 포함되었다. 재벌개혁, 경제민주화의 정책 기조를 담은 것이었다. 허백윤, 「새누리 '국민과 변화' vs 민주 '99% 국민 편에…'」, 『서울신문』, 2012년 3월 27일.

50 성홍식, 「새누리 152석, 야권연대 140석」, 『내일신문』, 2012년 4월 12일.

51 조기숙, 『어떻게 민주당은 무너지는가』(테라코타, 2023), 217쪽.

52 김진우, 「김용민 막말에 접전지 타격…"표 1~3%P 깎여"」, 『경향신문』, 2012년 4월 14일.

53 이원재, 『이상한 나라의 정치학』(한겨레출판, 2013), 50~51쪽.

54 함민복·김민정 엮음, 『문재인 스토리』(모악 2017), 97~99쪽.

55 조수진, 「김용민 감싸고돈 문재인 '부메랑'」, 『동아일보』, 2012년 4월 13일.

56 양원보, 「한명숙, 끝까지 김용민 버리지 못한 이유는」, 『중앙일보』, 2012년 4월 14일, 8면.

57 「[사설] 총선의 심판 대상은 정권이지 '김용민'이 아니다」, 『한겨레』, 2012년 4월 9일.

58 장윤선, 「"이렇게 말아먹다니…" 야권 패배, 이유 있다: 4·11 총선 결과와 정국 전망」, 『오마이뉴스』, 2012년 4월 12일.

59 유창선, 『정치의 재발견: 소셜미디어, 대한민국 정치의 판을 바꾸다』(지식프레임, 2012), 83쪽.

60 최병천, 『이기는 정치학: 현실주의자의 진보집권론』(메디치, 2024), 308~309쪽.

61 이철희, 『뭐라도 합시다』(알에이치코리아, 2014), 96쪽.

62 구혜영, 「'선수가 게임 룰에 개입' 흠집 난 문재인」, 『경향신문』, 2012년 4월 27일.

63 김종인, 『영원한 권력은 없다: 대통령들의 지략가 김종인 회고록』(시공사, 2020), 331쪽.

64 김종인, 『영원한 권력은 없다: 대통령들의 지략가 김종인 회고록』(시공사, 2020), 337~338쪽.

65 김진철, 「0.1% 재벌, 서민의 삶 포위하다」, 『한겨레』, 2012년 2월 12일.

66 김성수, 「MB "기업 지켜주겠다"」, 『서울신문』, 2012년 1월 20일.

67 황예랑, 「자율에 맡긴 MB 재벌정책이 화 불렀다」, 『한겨레』, 2012년 1월 24일.

68 「[사설] 재벌개혁, 말이 아니라 실천이 중요하다」, 『한겨레』, 2012년 1월 24일.

69 「[사설] "대기업, 스스로 개혁 대상 전락했다"」, 『경향신문』, 2012년 1월 17일.

70 류이근, 「MB 정부 5년 동안 82조 감세」, 『한겨레』, 2012년 2월 23일.

71 박찬준, 「고위공직자 61% 재산 불었다」, 『세계일보』, 2012년 3월 24일.

72 권혁철, 「고위공직자 61%가 재산 증가」, 『한겨레』, 2012년 3월 23일.

73 한민수, 「[공직자 재산 공개 내역] 靑 참모진 53명 평균 재산 15억…2011년보다 줄어」, 『국민일보』, 2012년 3월 23일.

74 안창현, 「이 대통령 부부 3억 306만 원 증가」, 『한겨레』, 2012년 3월 23일.

75 원희복, 「[공직자 재산 공개] 공직자 땅 보유, 투기 의혹 여전히 많아」, 『경향신문』,

2012년 3월 24일.

76 「[사설] 고위공직자의 재산 증가와 팍팍한 서민의 삶」, 『아시아투데이』, 2012년 3월
    30일.

77 박재현, 「[가계부채 1000조 원] 가계는 빚 갚는 데 소득 40% 쓰고, 공공부채 사상 최
    대」, 『경향신문』, 2012년 4월 2일; 「'한국, 빚에 허덕인다'…국민 56% 빚지고 살아」,
    『동아일보』, 2012년 4월 2일.

78 류이근, 「나라빚 420조 넘었다…MB 정부 4년간 121조 원↑」, 『한겨레』, 2012년 4월
    10일.

79 「[사설] 가계부채에 이어 공공부채도 1000조 원이라니」, 『한겨레』, 2012년 4월 11일.

80 최창봉, 「파이시티 금품 수수 혐의 최시중 구속…"내가 많이 잘못됐다"」, 『동아일보』,
    2012년 5월 1일.

81 이범준, 「박영준 구속…검찰, 파이시티 인허가 청탁 대가 1억 수수 혐의」, 『경향신문』,
    2012년 5월 8일.

82 한민수, 「정두언 "4년 전부터 박영준 112 신고했는데 작동 안 해"」, 『국민일보』, 2012년
    5월 8일.

83 「[사설] 세계 3위 철강社 포스코가 정권의 전리품이었나」, 『조선일보』, 2012년 5월
    11일.

84 「윤석만 전 포스코 사장 사찰…박영준이 지시했나」, 『한겨레』, 2012년 5월 13일.

85 구교형, 「박영준, 코스닥 업체서 1억 원 추가 수수」, 『경향신문』, 2012년 5월 19일.

86 「[사설] 납득하기 어려운 최시중 씨의 신병 처리」, 『경향신문』, 2012년 5월 24일.

87 「[사설] 최시중 씨는 감옥에서도 여전히 '방통대군'인가」, 『한겨레』, 2012년 5월 25일.

88 「[사설] 법무부, 보통 시민도 최시중 씨 같은 혜택 누리게 할 건가」, 『조선일보』, 2012년
    5월 25일.

89 김정수, 「MB 정부 녹색성장 '낙제점'…"돈벌이로 변질된 녹색세탁"」, 『한겨레』, 2012년
    6월 6일.

90 곽정수·최종훈, 「현대·삼성 등 건설사 담합 4대강 혈세 1조 넘게 샜다」, 『한겨레』,
    2012년 6월 5일.

91 김다슬, 「건설사 4대강 입찰 담합 확인…업체당 100억~200억 과징금 예상」, 『경향
    신문』, 2012년 5월 24일.

92 곽정수, 「공정위, 4대강 담합 의혹 나온 뒤 2년 8개월 질질 끌었다」, 『한겨레』, 2012년
    6월 5일.

93 이귀전·장원주, 「'짬짜미' 눈감은 국토부…뻥튀긴 공사비 국민에 덤터기」, 『세계일
    보』, 2012년 6월 5일.

94   손봉석,「환경단체 "15조 지류지천 사업, 22조 4대강 사업 붕어빵"」,『경향신문』, 2012년 6월 12일.

95   김진표,『대한민국은 무엇을 축적해왔는가: 1961-2024, 이 나라의 열 정권을 돌아보며』(사이드웨이, 2024), 205~207쪽; 이용웅·이영재,「국회 '몸싸움' 구태 사라진다… '선진화법' 본회의 힘겹게 통과」,『국민일보』, 2012년 5월 3일.

96   김남일,「국회 몸싸움 사라진 지 1년 훌쩍」,『한겨레』, 2013년 5월 30일.

97   「[사설] '몸싸움 방지법', 새로운 정치문화의 밑거름돼야」,『경향신문』, 2012년 5월 3일.

98   박상기,「野 중진 이상민 "검수완박 법안, 헌재서 위헌 결정 나와야 마땅"」,『조선일보』, 2022년 7월 6일.

99   오현석·강보현,「김진표 의장 "정치인이 깡패집단인가…팬덤 사로잡혀 패거리 정치"」,『중앙일보』, 2024년 5월 30일.

100   「김능환」,『나무위키』; 허동준·김동혁,「김능환, 6년 전 상고심 때 "건국하는 심정으로 판결문 썼다"」,『동아일보』, 2018년 10월 31일; 김종혁,『두 번 다시, 경험하고 싶지 않은 나라: 기대할 것 없는 정권, 기댈 곳 없는 국민』(백년동안, 2021), 181~184쪽.

101   전영기,「대법관들이 잘못 끼운 첫 단추」,『중앙일보』, 2019년 7월 15일.

102   김덕한,「'시' '분' 전성시대」,『조선일보』, 2012년 6월 16일.

103   임철순,「참 이상한 접객어」,『자유칼럼그룹』, 2011년 10월 14일.

104   구교형,「저축은행 금품 수수 의혹 이상득 검찰 출석…"정말 가슴이 아프다"」,『경향신문』, 2012년 7월 3일.

105   「[사설] 2007년 대통령 선거 뒤편에서도 돈 보따리 오갔나」,『조선일보』, 2012년 7월 6일.

106   조미덥,「[속보] 'MB 친형' 이상득 전 의원 구속수감」,『경향신문』, 2012년 7월 11일.

107   김정필·박태우,「넥타이 잡히고 계란 맞은 이상득 "저런 사람들 통제 못하고…"」,『한겨레』, 2012년 7월 11일; 유정인·조미덥·정희완,「'상왕' 이상득, 멱살 잡히자 "저런 사람들 왜 통제 못하나"」,『경향신문』, 2012년 7월 11일.

108   강현창,「이상득 법원 출석…저축銀 피해자들 '분노'」,『서울경제』, 2012년 7월 19일.

109   김정필·박태우,「최시중 "대선 앞 MB 경선 자금으로 6억 받았다"」,『한겨레』, 2012년 7월 17일.

110   백인성·이효상,「법조계·시민사회·야당 "MB 대선 자금 전면 수사" 촉구」,『경향신문』, 2012년 7월 18일.

111   「[사설] 검찰, 불법 대선 자금 공소시효 끝나기만 기다리나」,『경향신문』, 2012년 7월 19일.

112   김재중,「'내곡동 의혹' 특검법 통과…야당이 특검 추천 '초유'」,『국민일보』, 2012년

9월 3일.

113 성연철·김태규·안창현, 「'내곡동 특검법' 국회 통과···야당에 첫 특검 추천권」, 『한겨레』, 2012년 9월 3일.

114 백인성, 「내곡동 건물 철거 때 이 대통령 명의로 계약서 다시 썼다」, 『경향신문』, 2012년 11월 2일.

115 「특검에 자료 제출 거부하면 청와대 수색할 수밖에」, 『한겨레』, 2012년 11월 5일.

116 황춘화·안창현, 「내곡동 특검 압수수색 청와대 거부로 무산」, 『한겨레』, 2012년 11월 12일.

117 「[사설] 이명박·박근혜 찰떡 공조로 중단시킨 특검 수사」, 『한겨레』, 2012년 11월 13일.

118 지호일·신창호, 「[내곡동 특검 수사 종료] "이시형 씨 땅 매입 돈은 편법 증여"···시형 씨에 무혐의 처분」, 『국민일보』, 2012년 11월 14일.

119 김태규, 「영부인의 빗나간 '모정'이 내곡동 특검 자초했다 김윤옥 씨 "아들 장래 생각해 아들 명의로···"」, 『한겨레』, 2012년 11월 14일.

120 「[사설] 이 대통령, 내곡동 사저 부지 불법 증여 사과해야」, 『경향신문』, 2012년 11월 15일.

121 「[사설] 한국 대통령 가족의 윤리의식 언제쯤 바뀔 건가」, 『조선일보』, 2012년 11월 15일.

122 「희망버스」(시사상식사전, pmg 지식엔진연구소), 『네이버 지식백과』.

123 김기원, 『한국의 진보를 비판한다: 노무현 정권과 개혁진보 진영에 대한 성찰』(창비, 2012), 150쪽.

124 김기원, 『한국의 진보를 비판한다: 노무현 정권과 개혁진보 진영에 대한 성찰』(창비, 2012), 163쪽.

125 곽정수, 「진보경제학계 '큰 별' 지다···김기원 교수 별세」, 『한겨레』, 2014년 12월 9일.

126 김기원, 『개혁적 진보의 메아리: 경제학자 김기원 유고집』(창비, 2015), 103~104쪽.

127 이명박, 『대통령의 시간 2008-2013』(알에이치코리아, 2015), 404~406쪽.

128 「2012년 이명박 대통령 독도 방문」, 『나무위키』; 유성운, 「한·일 관계 나쁘면 대통령 지지율 오르고 좋으면 내렸다」, 『중앙일보』, 2019년 7월 24일, 8면.

129 이제훈, 「민족주의와 보편적 인권 사이에서」, 『관훈저널』, 통권 138호(2016년 봄), 48쪽; 강준식, 『대한민국의 대통령들』(김영사, 2017), 481쪽; 유성운, 「한·일 관계 나쁘면 대통령 지지율 오르고 좋으면 내렸다」, 『중앙일보』, 2019년 7월 24일, 8면.

130 김수혜, 「新친일 호구' 탈출법」, 『조선일보』, 2019년 8월 15일, A31면.

131 김경환, 「[ICT법 바로보기] 트레이드 드레스(trade-dress) 바로 알기」, 『디지

털데일리』, 2013년 1월 29일~2월 1일; 유창선, 「[ICT 시사용어] 트레이드 드레스(Trade dress)」, 『전자신문』, 2015년 12월 24일; 「트레이드 드레스(trade dress)」, 『네이버 지식백과』; 「Trade dress」, 『Wikipedia』.

132 「2012 연합뉴스 10대 국내 뉴스」, 『연합뉴스』, 2012년 12월 21일; 황인혁, 「한국 언론의 '삼성-애플 분쟁' 보도」, 『관훈저널』, 통권 125호(2012년 겨울), 52~59쪽.

133 안호천, 「삼성·애플 판결 핵심은 '트레이드 드레스' 불인정…경쟁 저해 요소 제동」, 『전자신문』, 2015년 5월 25일.

134 김세진, 「미 법원 "삼성, 애플 '트레이드 드레스' 침해 않아"」, 『연합뉴스』, 2015년 5월 19일; 안호천, 「삼성·애플 판결 핵심은 '트레이드 드레스' 불인정…경쟁 저해 요소 제동」, 『전자신문』, 2015년 5월 25일.

135 「삼성 Apple 소송전」, 『나무위키』.

136 박은몽, 『진실과 원칙으로 꿈을 이룬 안철수 이야기』(문예춘추사, 2012), 10쪽.

137 박은몽, 『진실과 원칙으로 꿈을 이룬 안철수 이야기』(문예춘추사, 2012), 224~225쪽.

138 안철수 외, 『안철수: 경영의 원칙』(서울대학교출판문화원, 2011), 20쪽.

139 남궁욱, 「이문열 "안철수는 언론이 키운 아바타"」, 『중앙일보』, 2012년 4월 21일.

140 홍유진, 「[인터뷰] 시사평론가 김종배: 팟캐스트의 힘, 한국 언론이 다시 일어난다」, 『월간 인물과사상』, 2012년 3월, 25쪽.

141 강원택 외, 「4·11 선택-긴급좌담: 총선 결과만으로 대선 유불리 따지기 힘들 것」, 『중앙일보』, 2012년 4월 12일, 14면.

142 박성민·강양구, 『정치의 몰락: 보수 시대의 종언과 새로운 권력의 탄생』(민음사, 2012), 158쪽.

143 이태희, 「안철수 투표율 70% 호소는 사실상 야권 지지 뜻」, 『한겨레』, 2012년 4월 10일.

144 박국희, 「안, 어제는 광주 오늘은 대구: 안철수, 탈이념·무당과 강조」, 『조선일보』, 2012년 4월 4일, A5면; 류정화, 「안철수식 총선 강연 정치…"정당보다 개인을 보라"」, 『중앙일보』, 2012년 4월 4일, 5면.

145 신용호 외, 「정몽준 "박근혜 군림하는 듯…우린 얼굴도 못 봐"」, 『중앙일보』, 2012년 4월 28일.

146 George Lakoff, 『The Political Mind: Why You Can't Understand 21st-Century Politics with an 18th-Century Brain』(New York: Viking, 2008), pp.70~72.

147 George Lakoff & the Rockridge Institute, 『Thinking Points: Communicating Our American Values and Vision』(New York: Farrar, Straus and Giroux, 2006), pp.14~15.

148 임혁백, 『대선 2012 어떤 리더십이 선택될 것인가?』(인텔리겐찌야, 2012), 290~291쪽.

149 양원보·이지상, 「안철수 "정치하게 되면 특정 진영 논리에 기대지 않겠다"」, 『중앙일보』, 2012년 3월 28일.

150 류정화, 「안철수식 총선 강연 정치…"정당보다 개인을 보라"」, 『중앙일보』, 2012년 4월 4일, 5면.

151 양원보, 「유시민 "중립은 없다"…안철수 선택 압박」, 『중앙일보』, 2012년 4월 6일, 4면.

152 박국희, 「안, 어제는 광주 오늘은 대구: 안철수, 탈이념·무당파 강조」, 『조선일보』, 2012년 4월 4일, A5면.

153 김신영, 「사진 공유 앱 개발한 미 두 20대, 슈퍼 리치 됐다」, 『조선일보』, 2012년 4월 11일, A16면.

154 도성해, 「리얼미터 "안철수, 2030에서 박근혜 두 배 앞질러"」, 『노컷뉴스』, 2012년 4월 13일.

155 박성민·강양구, 『정치의 몰락: 보수 시대의 종언과 새로운 권력의 탄생』(민음사, 2012), 11쪽.

156 박성민·강양구, 『정치의 몰락: 보수 시대의 종언과 새로운 권력의 탄생』(민음사, 2012), 146~148쪽.

157 박성민·강양구, 『정치의 몰락: 보수 시대의 종언과 새로운 권력의 탄생』(민음사, 2012), 197쪽.

158 손병관, 『노무현 트라우마: 보복을 넘어 공존의 정치로』(메디치, 2022), 134쪽.

159 이지은, 「민주 부산 경선서 '노무현 정신' 공방전(종합)」, 『연합뉴스』, 2012년 9월 8일.

160 손병관, 『노무현 트라우마: 보복을 넘어 공존의 정치로』(메디치, 2022), 134~135쪽.

161 손원제·송채경화, 「이해찬·박지원 "무소속 대통령 안 돼" 공세」, 『한겨레』, 2012년 10월 9일.

162 손병관, 『노무현 트라우마: 보복을 넘어 공존의 정치로』(메디치, 2022), 137~139쪽.

163 손병관, 『노무현 트라우마: 보복을 넘어 공존의 정치로』(메디치, 2022), 139쪽.

164 '피눈물 나는 결단'이란 표현은 3개월 후 안철수가 당시를 회상하면서 한 말이다. 선명수, 「안철수 "내가 대선 당일 미국으로 출국한 이유는…": "약속 지키기 위한 결단…심약했다면 끝까지 갔을 것"」, 『프레시안』, 2013년 3월 28일.

165 김윤태, 「50대 보수화가 대선을 결정했는가?: 세대 동원의 전략적 오류」, 이창곤·한귀영 엮음, 『18 그리고 19: 18대 대선으로 본 진보개혁의 성찰과 길』(밈, 2013), 77~78쪽.

166 이철희, 『뭐라도 합시다』(알에이치코리아, 2014), 99~100쪽.

167 우상호, 『민주당 1999-2024』(메디치, 2024), 125~126쪽.

168 우상호, 『민주당 1999-2024』(메디치, 2024), 126쪽.

169 박근혜, 『고난을 벗삼아 진실을 등대삼아: 박근혜 일기모음집』(부일, 1998), 194쪽.

170 김종철, 「"오매불망 아버지를 위해"…박정희를 극복 못한 유신공주」, 『한겨레』, 2017년 3월 18일.

171 방승배, 「원칙 따라 '뚜벅뚜벅' 박근혜 후보」, 『관훈저널』, 통권 125호(2012년 겨울), 14쪽.

172 손석희, 『장면들: 손석희의 저널리즘 에세이』(창비, 2021), 163~168쪽.

173 최병천, 『이기는 정치학: 현실주의자의 진보집권론』(메디치, 2024), 69~70쪽.

174 이지선, 「이한구 "경제민주화는 문제 있는 용어다" 김종인 "모르면서 공부 않고 엉뚱한 소리"」, 『경향신문』, 2012년 7월 3일.

175 김종인, 『영원한 권력은 없다: 대통령들의 지략가 김종인 회고록』(시공사, 2020), 338~339쪽.

176 김종인, 『영원한 권력은 없다: 대통령들의 지략가 김종인 회고록』(시공사, 2020), 340~343쪽.

177 조혜정, 「김종인, 박근혜가 불러 나가보니…어머, '10대 1'」, 『한겨레』, 2012년 11월 14일.

178 김종인, 『영원한 권력은 없다: 대통령들의 지략가 김종인 회고록』(시공사, 2020), 344~345쪽.

179 박근혜, 『어둠을 지난 미래로: 박근혜 회고록 1』(중앙북스, 2024), 49~50쪽.

180 김종인, 『영원한 권력은 없다: 대통령들의 지략가 김종인 회고록』(시공사, 2020), 347쪽.

181 http://www.socialdesign.kr/news/articleView.html?idxno=6710.

182 김봉구, 「[대선 D-3] 박·문, 마지막 토론서 '네거티브 공방'」, 『한국경제』, 2012년 12월 16일; 남지원, 「표창원 경찰대 교수 "국정원 댓글 수사 발표 정치적 의도"」, 『경향신문』, 2012년 12월 18일; 「국가정보원 여론조작 사건」, 『위키백과』; 「국가정보원·국방부 여론조작 사건」, 『나무위키』.

183 「제18대 대통령 선거」, 『나무위키』.

184 선명수, 「안철수 "내가 대선 당일 미국으로 출국한 이유는…": "약속 지키기 위한 결단…심약했다면 끝까지 갔을 것"」, 『프레시안』, 2013년 3월 28일.

185 문재인, 『대한민국이 묻는다: 완전히 새로운 나라, 문재인이 답하다』(21세기북스, 2017), 250쪽.

186 이철희, 『뭐라도 합시다』(알에이치코리아, 2014), 96쪽.

187 유승찬, 「빅데이터와 SNS 선거 전략」, 이철희·유승찬·안병진, 『바꿔야 이긴다』(로도스, 2013), 90~92쪽.

188 김만흠·김태일·황주홍, 『새정치 난상토론: 국민은 비록 틀렸을지라도 옳다』(이지북, 2013), 125쪽.

189 박해현, 「[만물상] '노인 암살단'」, 『조선일보』, 2012년 12월 26일.

190 문재인, 『1219 끝이 시작이다』(바다출판사, 2013), 310쪽.

191 우상호, 『민주당 1999-2024』(메디치, 2024), 130쪽.

192 장덕진, 「박근혜 정부 지지율의 비밀: 정치적 양극화」, 『황해문화』, 82호(2014년 봄), 32~47쪽.

193 전여옥, 『오만과 무능: 굿바이, 朴의 나라』(독서광, 2016), 316~317쪽.

194 안수찬, 「"입 닥쳐" 뉴스를 보게 될까: 지상파 아니지만 막강한 상업성과 영향력을 지닌 '폭스TV'」, 『한겨레21』, 제771호(2009년 7월 31일).

195 정연우, 「편향적 종편에 미래는 없다」, 『경향신문』, 2012년 12월 8일.

196 이재진·정철운, 「'언론 장악' MB 5년차…눈물·분노 뒤엔 희망도 있다: 인물로 본 2012 언론계」, 『미디어오늘』, 2012년 12월 20일.

197 문현숙·유선희, 「언론사들 유례없는 장기 파업…종편은 대선 편파 보도 '얼룩'」, 『한겨레』, 2012년 12월 26일.

198 전홍기혜, 「'막말' 윤창중, 박근혜 '공포정치'의 신호탄: 종편과 나꼼수, 그리고 윤창중」, 『프레시안』, 2012년 12월 26일.

199 남지원, 「[탄핵! 박근혜 정책] (2) 인사·보도 장악 '언론의 친위대화'…지배구조부터 바꿔야」, 『경향신문』, 2016년 12월 13일.

200 김영춘, 『고통에 대하여: 1970-2020 살아 있는 한국사』(이소노미아, 2020), 230쪽.

201 한상진·최종숙, 『정치는 감동이다: 2017 승리를 위한 탈바꿈 정치』(메디치, 2014), 87~88쪽.

202 소스타인 베블런(Thorstein Veblen), 이완재·최세양 옮김, 『한가한 무리들』(동인, 1899/1995), 201쪽.

203 토머스 프랭크(Thomas Frank), 김병순 옮김, 『왜 가난한 사람들은 부자를 위해 투표하는가: 캔자스에서 도대체 무슨 일이 있었나』(갈라파고스, 2004/2012).

204 한귀영, 「왜 가난한 이들은 보수정당을 지지했는가?」, 이창곤·한귀영 엮음, 『18 그리고 19: 18대 대선으로 본 진보개혁의 성찰과 길』(밈, 2013), 35쪽.

205 박원호, 「세대 갈등: 청년의 정치적 소외를 중심으로」, 고상두·민희 편저, 『후기 산업사회와 한국 정치: 갈등의 지속과 변화』(마인드탭, 2015), 152~157쪽.

206 윤종성·김영오, 「박근혜 대통령 당선인의 리더십에 관한 연구」, 『사회과학연구』(경성

대학교 사회과학연구소), 29권 1호(2013년 2월), 71~93쪽.

207 김외현, 「'정치 창녀' 막말 저주 윤창중, 박근혜 '입' 됐다」, 『한겨레』, 2012년 12월 25일.

208 이지선, 「박근혜의 첫 인선, 대통합과 정반대로 간 '윤창중 기용'」, 『경향신문』, 2012년 12월 25일.

209 신승근·송채경화, 「박 '100% 대한민국' 외치더니…첫 인선은 국민통합 역행」, 『한겨레』, 2012년 12월 24일.

210 「[사설] 불통과 독선으로 출발한 '박근혜 인사'」, 『한겨레』, 2012년 12월 26일.

211 「[사설] 박 당선인, 대통합 외치며 극우 인사 중용하나」, 『경향신문』, 2012년 12월 26일.

212 조혜정, 「박, 또 드러난 '밀실 인사'…당사자들도 10분 전 통보받아」, 『한겨레』, 2012년 12월 25일.

213 김광호·이지선, 「박의 비선 통한 '깜깜이 인사'…YS 인사 스타일과 닮은꼴」, 『경향신문』, 2012년 12월 25일.

214 이지선, 「대변인이 밀봉 봉투 뜯고 그대로 읽은 '깜깜이 인사'」, 『경향신문』, 2012년 12월 27일.

215 신승근, 「'박 밀봉 인사' 연이은 논란에도 검증 개선책 감감」, 『한겨레』, 2012년 12월 30일.

216 손병호, 「박기춘 "밀봉 4인방 바꿔야…새 대통령 발목 안 잡을 것"」, 『국민일보』, 2012년 12월 30일; 「박기춘 "인수위 '밀봉 4인방' 교체하라"」, 『동아일보』, 2012년 12월 30일.

217 「[사설] 組閣도 '밀봉 인사' 할 건가」, 『조선일보』, 2012년 12월 31일.

218 조수진, 「[야당이 우뚝 서야 정치가 선다] 〈5·끝〉 "민주당 싸가지 없다" 운동권 친구들조차…」, 『동아일보』, 2013년 1월 22일.

219 김수진·엄혜진·윤보라·김원정, 「농담과 비키니, 나꼼수 사건을 바라보는 조금 다른 시선」, 『페미니즘 연구』, 12권 1호(2012년 4월), 221쪽.

220 정희준, 「정녕, '나꼼수'를 무릎 꿇리려는 것인가?」, 『미디어스』, 2016년 2월 5일.

221 김수진·엄혜진·윤보라·김원정, 「농담과 비키니, 나꼼수 사건을 바라보는 조금 다른 시선」, 『페미니즘 연구』, 12권 1호(2012년 4월), 222~223쪽.

222 나영, 「모순과 혐오를 넘어 페미니즘 정치를 향하여」, 『황해문화』, 97호(2017년 겨울), 106쪽.

223 김수진·엄혜진·윤보라·김원정, 「농담과 비키니, 나꼼수 사건을 바라보는 조금 다른 시선」, 『페미니즘 연구』, 12권 1호(2012년 4월), 223~225쪽.

224 김현섭, 「'비키니 시위' 나꼼수 김어준의 공식 입장은…"권력 불평등 없어, 성희롱 아니다"」, 『쿠키뉴스』, 2012년 2월 5일.

225 박권일, 「나쁜 신호」, 『한겨레』, 2018년 3월 16일.

226 김수진·엄혜진·윤보라·김원정, 「농담과 비키니, 나꼼수 사건을 바라보는 조금 다른 시선」, 『페미니즘 연구』, 12권 1호(2012년 4월), 226쪽; 홍현진, 「"누님들 왜 그래 부끄러워요, 했어야지!"」, 『오마이뉴스』, 2012년 2월 11일.

227 홍현진, 「"누님들 왜 그래 부끄러워요, 했어야지!"」, 『오마이뉴스』, 2012년 2월 11일.

228 최태섭, 「나꼼수 '실패한 농담'이 남긴 뒷맛」, 『프레시안』, 2012년 2월 12일.

229 박성제, 『MBC를 날리면: 언론인 박성제가 기록한 공영방송 수난사』(창비, 2023), 207쪽.

230 박서연·윤유경, 「MB 때 2번 해고당한 MBC 기자가 말하는 이진숙」, 『미디어오늘』, 2024년 7월 17일.

231 임명현, 『잉여와 도구: 억압된 저널리즘의 현장 MBC를 기록하다』(정한책방, 2017), 35~36쪽.

232 김도인, 『적폐몰이, 공영방송을 무너뜨리다: 언론노조의 MBC 장악 기록』(프리뷰, 2019), 216, 237쪽. 2022년 12월 16일 대법원은 이 170일 파업에 대해 "공정방송은 쟁의행위의 정당한 목적이 될 수 있다"는 판결을 내렸다. 전국언론노동조합 MBC 본부는 대법원 판결에 성명을 내고 "공영방송을 장악하려는 권력, 그 권력과 내통해 공영방송을 팔아넘긴 적폐 경영진에 맞서 공정방송 쟁취를 위한 '2012년 170일 파업'이 오늘 사법부로부터 최종적으로 정당성을 인정받았다"면서 "공정방송은 노사 양측에 요구되는 의무임과 동시에 방송 종사자들의 근로관계 기초를 형성하는 원칙이기에 공정방송 쟁취를 위한 파업은 정당한 쟁의행위임을 확인시켰다"고 환영했다. 정철운, 「2012년 김민식과 이용마의 170일 파업은 정당했다」, 『미디어오늘』, 2022년 12월 16일.

233 오정환, 「MBC 오정환이 고발한다: '형수 욕설' 외면하고 '××'만 반복…MBC 정상화 시급하다」, 『중앙일보』, 2022년 10월 5일.

234 임명현, 『잉여와 도구: 억압된 저널리즘의 현장 MBC를 기록하다』(정한책방, 2017), 139쪽.

235 이기주, 『기자유감』(메디치, 2023), 36~37쪽.

236 이기주, 『기자유감』(메디치, 2023), 39~42쪽.

237 이기주, 『기자유감』(메디치, 2023), 39쪽.

238 여정민, 「문재인 "정문헌 발언 사실이면 내가 책임지겠다": 민주, 정문헌에 '대통령기록물관리법 위반' 법적 대응 시사」, 『프레시안』, 2012년 10월 12일.

239 손병관, 『노무현 트라우마: 보복을 넘어 공존의 정치로』(메디치, 2022), 142쪽; 박영환·박홍두, 「연평도 간 MB "목숨 걸고 NLL 지켜라"」, 『경향신문』, 2012년 10월 18일.

240 손병관, 『노무현 트라우마: 보복을 넘어 공존의 정치로』(메디치, 2022), 143~144쪽.

241 강수진, 「프랑스 '르몽드' '르피가로', 한류 집중 소개!」, 『경향신문』, 2012년 6월 10일.

242 강수진, 「아이돌에게 '오늘'이 있기까지…'스파르타식 훈련' 어느 정도」, 『경향신문』, 2011년 2월 23일.

243 이은정, 「'아이돌 금지령'…사생활 관리냐 인권침해냐」, 『연합뉴스』, 2013년 1월 22일.

244 남지은, 「24시간 내내 소속사 감시받는 아이돌들」, 『한겨레』, 2016년 7월 27일.

245 지금종, 「예고된 몰락, 한미 FTA와 문화」, 『황해문화』, 52호(2006년 가을), 110쪽.

246 유재혁, 「"세계 첫 가상 국가 'SM타운' 건설…각국 팬들에게 시민권 나눠줄 것"」, 『한국경제』, 2012년 7월 2일.

247 임희윤·전주영, 「SM타운-YG패밀리-JYP네이션 '엔터테인먼트 국가' 개국을 선포하노라」, 『동아일보』, 2012년 8월 31일.

248 김성민, 『케이팝의 작은 역사: 신감각의 미디어』(글항아리, 2018), 174~175쪽.

249 이규탁, 「해외에서의 케이팝(K-Pop) 학술 연구」, 『한류비즈니스연구』, 2호(2014년 6월), 15쪽.

250 안창현, 「일본에서 혐한 현상과 한류 재도약 전략」, 『방송문화』, 408호(2017년 봄), 76~79쪽.

251 한여울, 「씹고 뜯고 맛보고 즐기고, 어느 SM 해외 팬의 하루」, 『10 아시아』, 2012년 6월 21일.

252 배국남, 「[진화하는 연예기획사] 인기는 돈이요, 스타는 힘이다…스타 영입 '몸집 불리기' 경쟁」, 『이투데이』, 2012년 11월 23일.

253 이성원, 「[경제프리즘] 이수만·양현석 2000억대 주식 부자로」, 『서울신문』, 2012년 8월 28일.

254 권석, 『아이디어는 엉덩이에서 나온다: 잘 마른 멸치 권석 PD의 방송일기 세상 읽기』(새녘, 2012), 110~112쪽; 김학선, 『K·POP 세계를 홀리다』(올유문화사, 2012), 33~38쪽.

255 이정혁·백지은, 「[WHY?] 'K팝 스타' 양현석-박진영-보아 갈등, 왜? 태생부터 다른 SM-JYP-YG」, 『스포츠조선』, 2011년 12월 20일.

256 임희윤, 「오빠 강남스타일~♬ 싸이, CNN까지 접수」, 『동아일보』, 2012년 8월 4일.

257 서정민, 「싸이 콘서트 '3만 명 말춤' 외국 취재진 몰려」, 『한겨레』, 2012년 8월 12일.

258 정성은, 「문화 콘텐츠로서의 '강남스타일': 미디어 시대에서 콘텐츠 시대로」, 『관훈저널』, 통권 125호(2012년 겨울), 82쪽.

259 박유리·이경원, 「싸이 '강남스타일' 세계인의 '스타일' 바꿔놓다…외국인, 한국 연예기획사 주식 대거 매입」, 『국민일보』, 2012년 8월 16일.

260 배문규, 「타임에도 실린 '싸이 스타일'」, 『경향신문』, 2012년 8월 20일.

261 서정민, 「싸이 '강남스타일' 뮤비 유튜브 5000만 건 조회」, 『한겨레』, 2012년 8월 25일; 박성서, 「국내외 대중음악사에서 '강남스타일'의 의미」, 『관훈저널』, 통권 125호 (2012년 겨울), 78쪽.

262 강수진, 「'강남스타일' 조회수 1억 돌파…싸이, 미 대형 음반사와 전속 계약」, 『경향신문』, 2012년 9월 5일.

263 박경은, 「기네스 오른 싸이 '강남스타일'…유튜브 '좋아요' 245만 건 최다」, 『경향신문』, 2012년 9월 26일.

264 박봉권, 「글로벌 시장에서 본 '강남스타일' 열풍」, 『관훈저널』, 통권 125호(2012년 겨울), 97쪽.

265 서정민, 「'강남스타일' 유튜브 동영상 조회수 신기록」, 『한겨레』, 2012년 11월 25일.

266 유재혁, 「유럽 달군 K팝…글로벌·유튜브·맞춤 전략으로 '대박'」, 『한국경제』, 2011년 6월 13일.

267 이선희, 「무료 서비스 유튜브, 싸이에게 황금알 낳는 거위?: 클릭 한번에 1원…전 세계로 퍼지니 '수십억'!」, 『매일경제』, 2012년 9월 29일.

268 「싸이 기사 나흘 만에 2400건, 애국주의 보도 위험 수위」, 『미디어오늘』, 2012년 10월 10일; 고경석, 「한국 언론의 '강남스타일' 보도」, 『관훈저널』, 통권 125호(2012년 겨울), 93쪽.

269 김환표, 『드라마, 한국을 말하다』(인물과사상사, 2012), 407, 410쪽.

270 임혜영, 「피 튀기는 시청률 전쟁, 시청률이 뭐기에…」, 『리뷰스타』, 2012년 6월 21일.

271 김영욱, 「한 자릿수 시청률」, 『주간조선』, 제2241호(2013년 1월 21일).

272 유니 홍(Euny Hong), 정미현 옮김, 『코리안 쿨: 세계를 사로잡은 대중문화 강국 '코리아' 탄생기』(원더박스, 2014/2015), 150쪽.

273 정지섭, 「합치고 나누고…아이돌, 생존의 바다에 뛰어들다」, 『조선일보』, 2013년 2월 7일.

274 전동진, 「'만능엔터테이너'의 일반화, 득인가 실인가: 아이돌의 영역 확장을 중심으로」, 전북대학교 신문방송학과 '매스컴과 대중문화' 2013년 2학기 학생 리포트.

275 이수기, 「아이돌 지망생 100만 명, 데뷔는 324명 '바늘구멍 뚫기'」, 『중앙선데이』, 2018년 6월 30일.

276 특별취재팀, 「문화적 상상력이 밥이다」, 『중앙일보』, 2013년 1월 2일.

277 양성희, 「[취재일기] 문화 수지 흑자 시대를 살려 나가려면…」, 『중앙일보』, 2013년 2월 13일.

278 「2012 연합뉴스 10대 국제 뉴스」, 『연합뉴스』, 2012년 12월 21일; 「시진핑」, 『위키

백과』.

279 유상철,「시진핑은 왜 무덤 속 마오주의 되살리나」,『중앙선데이』, 2024년 7월 13일.

280 최병천,『좋은 불평등: 글로벌 자본주의 변동으로 보는 한국 불평등 30년』(메디치, 2022), 129~130쪽.

281 길윤형 외,「전략적 대결 거듭하는 미-중… '투키디데스 함정' 피할까」,『한겨레』, 2019년 1월 4일.

제2부 2013년

1 최장집 외,『양손잡이 민주주의: 한 손에는 촛불, 다른 손에는 정치를 들다』(후마니타스, 2017), 24~25쪽.

2 임지선,「박근혜에 보고 사흘 만에…또 '깜깜이 발표'」,『경향신문』, 2013년 1월 15일.

3 석진환,「박근혜의 '자택 정치' 한 달…인수위 회의 딱 1번 참석」,『한겨레』, 2013년 1월 18일.

4 「[사설] 이동흡 헌재 소장 후보자 스스로 결단할 때」,『동아일보』, 2013년 1월 19일.

5 석진환,「역시 박근혜…대변인도 총리 지명 30초 전 알았다」,『한겨레』, 2013년 1월 24일.

6 신승근·석진환·조혜정,「비판 커지는 박근혜 '수첩 인사'…"시스템 인사로 가야"」,『한겨레』, 2013년 1월 31일.

7 엄지원,「"죄인 다루듯…" 박근혜, 인선 실패 사과 대신 '청문회' 탓」,『한겨레』, 2013년 1월 31일.

8 이동훈,「일반인도 알 수 있는 자료 박근혜 당선인 혼자만 몰랐다」,『한국일보』, 2013년 1월 31일.

9 허신열,「불통·불안·불만, 3불의 박근혜」,『내일신문』, 2013년 2월 8일.

10 배성규,「[박근혜 정부 組閣 마무리] 또 깜깜이 인사…인선 배경은 물론 인적 사항도 안 밝혀」,『조선일보』, 2013년 2월 18일.

11 정환보,「李 대통령, "이번 사면도 원칙 입각해 실시"」,『경향신문』, 2013년 1월 30일.

12 정환보,「임기 말 훈장도 남발…관치금융 논란 빚은 강만수에 무궁화장」,『경향신문』, 2013년 1월 29일.

13 「[사설] 최악의 권력 사유화 사례로 기록될 'MB 특사'」,『경향신문』, 2013년 1월 30일.

14 정희진,「행복했던 대통령」,『경향신문』, 2013년 3월 15일.

15 정재호,「MB 역대 최악 대통령…전두환·노태우·YS 순」,『한국일보』, 2015년 8월 7일.

16 조혜정·안선희·곽정수,「팽 당한 '경제민주화'…표현 바뀐 채 하위 전략 밀려」,『한

겨레』, 2013년 2월 21일.

17　「[사설] 국정 철학을 공유한 인사는 '코드인사'와 다른가」, 『동아일보』, 2013년 3월 13일.

18　석진환, 「박 대통령, 공공기관장 대규모 '코드인사' 예고」, 『한겨레』, 2013년 3월 12일.

19　김종철, 「MB 정부 기준이면 박근혜 내각 절반은 '낙마 대상'」, 『한겨레』, 2013년 3월 2일.

20　임지선, 「기본적 검증도 없는 부실 인사…황철주 중기청장 내정자 사퇴」, 『경향신문』, 2013년 3월 19일.

21　박근혜, 『어둠을 지난 미래로: 박근혜 회고록 1』(중앙북스, 2024), 55~63쪽.

22　김창혁, 「[비밀해제 MB 5년] 〈9〉 무대와 공주」, 『동아일보』, 2013년 5월 5일.

23　「서울시 공무원 간첩 조작 사건」, 『나무위키』; 「서울시 공무원 간첩 조작 사건」, 『위키백과』; 이슬비, 「헌정사 첫 검사 탄핵안 헌재서 기각…5대 4 의견」, 『조선일보』, 2024년 5월 30일.

24　박진영, 『심리학 일주일』(시공사, 2014), 279쪽.

25　강준만, 『갑과 을의 나라: 갑을관계는 대한민국을 어떻게 지배해왔는가』(인물과사상사, 2013); 강준만, 『개천에서 용 나면 안 된다: 갑질공화국의 비밀』(인물과사상사, 2015).

26　한승태, 『인간의 조건: 꽃게잡이 배에서 돼지농장까지, 대한민국 워킹푸어 잔혹사』(시대의창, 2013), 161~162쪽.

27　한승태, 『인간의 조건: 꽃게잡이 배에서 돼지농장까지, 대한민국 워킹푸어 잔혹사』(시대의창, 2013), 160쪽.

28　「2013 연합뉴스 10대 국내 뉴스」, 『연합뉴스』, 2013년 12월 15일.

29　구혜영·구교형, 「'NLL 정쟁' 여야 성적표 10: 0…민주, 새누리에 사실상 완패」, 『경향신문』, 2013년 7월 30일.

30　김순덕, 「남자답지 못한 남자는 껍데기다」, 『동아일보』, 2013년 12월 2일.

31　이철희, 『뭐라도 합시다』(알에이치코리아, 2014), 103쪽.

32　「2013 연합뉴스 10대 국내 뉴스」, 『연합뉴스』, 2013년 12월 15일.

33　손병관, 『노무현 트라우마: 보복을 넘어 공존의 정치로』(메디치, 2022), 160~161쪽.

34　권영철, 「[Why뉴스] "'채동욱 검찰총장' 왜 '파도남'으로 불리는 걸까?"」, 『노컷뉴스』, 2013년 4월 4일.

35　천준, 『별의 순간은 오는가: 윤석열의 어제, 오늘, 내일』(서울문화사, 2021), 27쪽.

36　손병관, 『노무현 트라우마: 보복을 넘어 공존의 정치로』(메디치, 2022), 161~163쪽.

37　김동현, 「조갑제 "검찰, '좌파의 주구'라는 말 나올 지경"」, 『뷰스앤뉴스』, 2013년 5월

30일.

38 이현미·김병채, 「"원세훈 선거 개입 지시 명확한데 법무장관이…"」, 『문화일보』, 2013년 6월 11일.

39 천준, 『별의 순간은 오는가: 윤석열의 어제, 오늘, 내일』(서울문화사, 2021), 20~21쪽.

40 천준, 『별의 순간은 오는가: 윤석열의 어제, 오늘, 내일』(서울문화사, 2021), 21쪽.

41 손병관, 『노무현 트라우마: 보복을 넘어 공존의 정치로』(메디치, 2022), 163쪽.

42 디지털뉴스팀, 「검찰이 밝힌 선거 개입 의혹 댓글 보니…쥐 한 마리?」, 『경향신문』, 2013년 6월 14일.

43 디지털뉴스팀, 「민주당 국정원 수사 논평 "용두사미…유권무죄 현실 봤다"」, 『경향신문』, 2013년 6월 14일.

44 이서화·남지원·김한솔, 「대학가 '국정원 선거 개입 규탄' 시국선언 확산」, 『경향신문』, 2013년 6월 20일.

45 남지원, 「"국정원 선거 개입 규탄" 광화문광장에 촛불 켜졌다」, 『경향신문』, 2013년 6월 21일.

46 안홍욱·구교형, 「박 대통령 "국정원 댓글 사건, 의혹 밝힐 필요 있다"」, 『경향신문』, 2013년 6월 24일.

47 김남일, 「민주당 지지자 72% "야당 역할 못하고 있다"」, 『한겨레』, 2013년 7월 5일.

48 원희복, 「[뉴스 플러스] 4대강은 운하 건설 "MB가 국민 속였다"…감사원」, 『경향신문』, 2013년 7월 10일.

49 성한용, 「"박 대통령과 아베는 귀태의 후손"」, 『한겨레』, 2013년 7월 11일.

50 석진환, 「청와대, '홍익표 막말'에 초강경 드라이브 왜?」, 『한겨레』, 2013년 7월 12일.

51 「[사설] 민주 원내 대변인의 저급한 '귀태' 발언 파문」, 『경향신문』, 2013년 7월 13일.

52 김아진·김현길, 「이해찬, 박 대통령에게 "당신" 호칭 "국정원과 악연 끊어라" 맹공」, 『국민일보』, 2013년 7월 14일.

53 손병관, 『노무현 트라우마: 보복을 넘어 공존의 정치로』(메디치, 2022), 163쪽.

54 강희철, 『검찰외전: 다시 검찰의 시간이 온다』(평사리, 2020), 295쪽.

55 강희철, 『검찰외전: 다시 검찰의 시간이 온다』(평사리, 2020), 295쪽.

56 박근혜, 『어둠을 지난 미래로: 박근혜 회고록 1』(중앙북스, 2024), 97~99쪽.

57 손병관, 『노무현 트라우마: 보복을 넘어 공존의 정치로』(메디치, 2022), 165쪽; 김연우, 『구수한 윤석열』(리딩라이프, 2021), 96~97쪽.

58 이경미, 「[단독] 국정원 트위터글 2091만 건 더 있다」, 『한겨레』, 2013년 12월 6일.

59 박근혜, 『어둠을 지난 미래로: 박근혜 회고록 1』(중앙북스, 2024), 99~100쪽; 김도연, 「'채동욱 혼외자 사건' 정보 유출 공무원 '위증' 소송전 결과는」, 『미디어오늘』,

2023년 10월 24일.

60   문소영, 「프레임의 덫에 걸린 '국정원 댓글 사건'」, 『기자협회보』, 2014년 2월 12일.

61   김현길, 「유인태 "尹, '사람에 충성 안 해' 발언 기회 준 박영선 고마워해"」, 『국민일보』, 2024년 4월 18일.

62   손병관, 『노무현 트라우마: 보복을 넘어 공존의 정치로』(메디치, 2022), 165~166쪽.

63   김명일, 「7년 前 조국이 윤석열에 남긴 말 "더럽고 치사해도 버텨달라"」, 『한국경제』, 2020년 7월 6일; 박태견, 「한인섭 "뜻밖에 권은희 경정, 윤석열 검사 만날 줄이야"」, 『뷰스앤뉴스』, 2013년 10월 21일; 윤석만, 『정의라는 위선, 진보라는 편견: 자유주의를 집어삼킨 가짜 민주주의』(나남출판, 2021), 290쪽.

64   강희철, 『검찰외전: 다시 검찰의 시간이 온다』(평사리, 2020), 296쪽.

65   한국일보 법조팀, 『민간인 사찰과 그의 주인: 공직윤리지원관실 불법 사찰 전모 추적기』(북콤마, 2013), 5쪽; 이춘재, 『검찰국가의 탄생: 검찰개혁은 왜 실패했는가?』(서해문집, 2023), 67쪽.

66   김연우, 『구수한 윤석열』(리딩라이프, 2021), 103쪽.

67   「[사설] 청와대의 비열한 윤석열·권은희 '보복 인사'」, 『한겨레』, 2014년 1월 12일.

68   김연우, 『구수한 윤석열』(리딩라이프, 2021), 106쪽; 천준, 『별의 순간은 오는가: 윤석열의 어제, 오늘, 내일』(서울문화사, 2021), 29~30쪽; 지식공작소 정세분석팀, 『윤석열 국민 청문회』(지식공작소, 2021), 4쪽.

69   「사람에게 충성하지 않는다」, 『나무위키』; 「정갑윤」, 『나무위키』.

70   「2013 연합뉴스 10대 국내 뉴스」, 『연합뉴스』, 2013년 12월 15일.

71   신희강, 「박 대통령 "원전 비리 용서받지 못할 일"…한때 전력 수급 '준비' 단계 발령」, 『아주경제』, 2013년 6월 3일.

72   연합뉴스, 「대규모 원전 비리 수사 1년…아직 '진행형'」, 『KBS 뉴스』, 2014년 5월 27일.

73   원희복, 「[뉴스 플러스] 4대강은 운하 건설 "MB가 국민 속였다"…감사원」, 『경향신문』, 2013년 7월 10일; 최종훈·석진환, 「국민 기만한 MB…4대강 사실은 대운하」, 『한겨레』, 2013년 7월 10일; 조백건·정한국, 「[4대강 사업 監査] 감사원이 4대강 사업을 대운하 전초 사업으로 보는 까닭은 "水深 2~4m면 충분한데 6m까지 준설"」, 『조선일보』, 2013년 7월 11일.

74   온라인뉴스팀, 「청와대 "4대강 감사 결과 사실이면 국민 속인 것"」, 『한겨레』, 2013년 7월 11일.

75   석진환, 「MB 정부 실정에 발목 잡힐라…박 대통령 '4대강 선긋기'」, 『한겨레』, 2013년 7월 11일.

76   「[사설] 대운하 고려한 4대강 사업, 이 전 대통령 책임 물어야」, 『한겨레』, 2013년 7월

11일.

77 「[사설] 대운하 재추진 꿈꾸며 벌인 4대강 사기극」, 『경향신문』, 2013년 7월 11일.

78 「[사설] '대운하 前 단계로 4대강 팠다' 감사 결과 사실인가」, 『조선일보』, 2013년 7월 11일.

79 권대열, 「MB측 "대운하 전제로 4대강 안 했다" 공식 반박」, 『조선일보』, 2013년 7월 12일.

80 심혜리, 「야권 "4대강은 이명박·박근혜, 두 정권 공동책임"」, 『경향신문』, 2013년 7월 12일.

81 「[사설] '감사원의 4대강 감사'를 감사하고 싶다」, 『경향신문』, 2013년 7월 12일.

82 김형섭, 「與野, 감사원 국감서 '4대강은 대운하' 감사 결과 공방」, 『뉴시스』, 2013년 10월 15일.

83 이명박, 『대통령의 시간 2008-2013』(알에이치코리아, 2015), 564~565, 572~583쪽.

84 남도영, 「이 대통령, 4대강 관련 강도 높은 질타 '설득 못하고…노력 안 하고'」, 『국민일보』, 2010년 3월 23일.

85 강성원, 「이명박 4대강 재앙 1·2등 공신 문화·동아일보」, 『미디어오늘』, 2015년 6월 10일.

86 한삼희, 「'4대강과 가뭄 피해' 정확하게 보면」, 『조선일보』, 2015년 9월 12일.

87 채진원, 『무엇이 우리 정치를 위협하는가: 양극화에 맞서는 21세기 중도정치』(인물과사상사, 2016), 71~72쪽.

88 채진원, 『무엇이 우리 정치를 위협하는가: 양극화에 맞서는 21세기 중도정치』(인물과사상사, 2016), 73, 77쪽.

89 디지털뉴스팀, 「세종시 공식 출범…36개 부처 이전한다」, 『경향신문』, 2012년 7월 2일.

90 길진균·박재명, 「여의도 상주하는 세종시 장관들」, 『동아일보』, 2013년 4월 29일.

91 천영준, 「충청권 인구, 호남 지역 앞질렀다」, 『경향신문』, 2013년 8월 2일.

92 오윤주, 「'영·충·호' 시대여 오라…충청이 뛴다」, 『한겨레』, 2013년 11월 25일.

93 임종업, 「"공동체 붕괴, 아파트가 아니라 아파트 '단지' 때문"」, 『한겨레』, 2013년 7월 10일.

94 박인석, 『아파트 한국 사회: 단지 공화국에 갇힌 도시와 일상』(현암사, 2013), 99~100쪽.

95 임종업, 「"공동체 붕괴, 아파트가 아니라 아파트 '단지' 때문"」, 『한겨레』, 2013년 7월 10일.

96 안홍욱·심혜리, 「경제민주화 '빈 수레 입법'」, 『경향신문』, 2013년 7월 11일.

97   손준현, 「기초연금, 소득 하위 70~80%에만 지급…대선공약 대폭 수정」, 『경향신문』, 2013년 7월 17일.

98   「[사설] 휴지 조각이 돼버린 '기초연금 20만 원' 공약」, 『한겨레』, 2013년 7월 18일.

99   「[사설] 사과 한마디 없이 뒤집히는 '박근혜 공약'」, 『경향신문』, 2013년 7월 19일.

100 권은중, 「"대기업 법인세는 놔두고…" 직장인들 분노」, 『한겨레』, 2013년 8월 9일; 디지털뉴스팀, 「소득 3450만 원 넘는 근로자 434만 명 세금 더 낸다」, 『경향신문』, 2013년 8월 8일.

101 박병률, 「5년간 48조 더 확보한다더니…내년 추가 세수 4300억 불과」, 『경향신문』, 2013년 8월 8일.

102 노현웅, 「'증세 없는 복지' 한다더니 결국 월급쟁이 '유리지갑' 털기」, 『한겨레』, 2013년 8월 8일.

103 디지털뉴스팀, 「경실련 "세법개정안, 재벌에 혜택·서민에 부담"」, 『경향신문』, 2013년 8월 8일.

104 박병률·강병한·이재덕, 「세법개정안 후폭풍…시민사회 '증세론' 확산」, 『경향신문』, 2013년 8월 8일.

105 「[사설] 공약 이행 재원을 근로자 주머니 털어 마련하나」, 『경향신문』, 2013년 8월 9일.

106 최병성, 「조원동의 "거위 깃털 살짝 뽑기" 역풍 급확산」, 『뷰스앤뉴스』, 2013년 8월 12일.

107 김수헌·석진환·송호진, 「세법개정안 역풍에 화들짝 박 대통령 "원점서 재검토하라"」, 『한겨레』, 2013년 8월 12일.

108 「[사설] '증세 없는 복지'의 한계 보여준 세법개정 논란」, 『경향신문』, 2013년 8월 13일.

109 「[사설] 박 대통령, '구경꾼 화법' 그만두라」, 『한겨레』, 2013년 8월 14일.

110 이용욱·유정인, 「박근혜 대표 공약 '기초노령연금' 결국 대폭 후퇴」, 『경향신문』, 2013년 9월 22일.

111 손준현·송채경화, 「공수표된 '기초연금'…박근혜 정부, 노인 빈곤 해소 포기?」, 『한겨레』, 2013년 9월 22일.

112 오일만, 「박근혜 정부 갈수록 '보수 본색'」, 『서울신문』, 2013년 9월 25일.

113 박기용·조혜정·송채경화·손준현, 「박 대통령, 기초연금 공약 파기 이어 무상보육 공약도 저버렸다」, 『한겨레』, 2015년 9월 25일.

114 조혜정, 「민주당 "박 대통령의 공약 먹튀 대국민 사기극"」, 『한겨레』, 2013년 9월 25일.

115 정대연·허남설, 「"국민과 약속 저버리고 공적연금 신뢰 무너뜨리는 일" 반발」, 『경향신문』, 2013년 9월 25일.

116 유정인·송윤경, 「진영 "장관으로서 어떻게 국민·야당 설득하겠나"」, 『경향신문』,

2013년 9월 29일.

117 김남일, 「새누리 "대선공약 만든 사람이 이제 와…" 민주 "대통령에겐 장관 같은 양심 없나"」, 『한겨레』, 2013년 9월 29일.

118 김효진, 「'박근혜 정부 공약 파기' 시민사회 분노 확산」, 『한겨레』, 2013년 10월 1일.

119 강윤주, 「친박 브레인 '연쇄 실종사건'」, 『한국일보』, 2013년 10월 1일.

120 윤완준·고성호, 「"모든 길은 김기춘으로"…원조친박의 귀환」, 『동아일보』, 2013년 8월 6일.

121 송호진, 「야당 "정치공작 했던 사람 기용 웬말" 여당선 "경륜과 능력을 중시한 인사…"」, 『한겨레』, 2013년 8월 5일.

122 성한용, 「김기춘의 복귀…청와대 유신시대로 회귀」, 『한겨레』, 2013년 8월 5일.

123 이용욱·유정인, 「박근혜 대통령 '인사 참사 시즌2'…이유는」, 『경향신문』, 2013년 10월 6일.

124 이용욱·유정인, 「박근혜 대통령 '인사 참사 시즌2'…이유는」, 『경향신문』, 2013년 10월 6일.

125 박은하·구교형, 「'용산 참사' 지휘 김석기, 공항공사 사장 내정」, 『경향신문』, 2013년 10월 4일.

126 심혜리, 「[단독] 한국공항공사 사장 김석기, 심사에선 '꼴찌'」, 『경향신문』, 2013년 10월 11일.

127 「[사설] '용산 참사' 김석기 씨, 공항공사 사장 자격 없다」, 『경향신문』, 2013년 10월 7일.

128 「[사설] 용산 참사 책임자까지 중용하는 오만한 인사」, 『한겨레』, 2013년 10월 7일.

129 정유진·고서정, 「野 "낙하산 근절 공약한 朴, 보은 인사"」, 『문화일보』, 2013년 10월 11일.

130 김재홍·박세준, 「"대선 공신 홀대 너무 지나쳐" 새누리 인사 불만 부글부글」, 『세계일보』, 2013년 10월 11일.

131 「[사설] 새누리당은 낙하산 공장인가」, 『중앙일보』, 2013년 10월 12일.

132 「[사설] 정권마다 '선거 功臣 챙겨주기' 공기업만 멍든다」, 『조선일보』, 2013년 10월 12일.

133 오창민, 「박근혜 정부서 임명된 공공기관장, 절반이 영남 출신」, 『경향신문』, 2013년 10월 14일.

134 「[사설] 공공기관장 인사, '대선 논공행상' 흘러선 안 된다」, 『경향신문』, 2013년 10월 15일.

135 심혜리, 「박근혜 정부 새 공공기관장 45%가 '낙하산'」, 『경향신문』, 2013년 11월 14일.

136 류이근·이완, 「박 대통령, 없애겠다더니…공공기관 절반이 '낙하산'」, 『한겨레』, 2013년 11월 14일.

137 이완·류이근, 「'꽃보직 비상임이사' 1시간 회의하고 250만 원」, 『한겨레』, 2013년 11월 15일.

138 「[사설] 낙하산 인사 하면서 공공기관 다잡을 수 있나」, 『한겨레』, 2013년 11월 15일.

139 오창민, 「[단독] "공공기관 파티 끝났다"더니… '낙하산' 옹호」, 『경향신문』, 2013년 11월 25일.

140 김여란, 「하 수상한 시절, 한 대학생의 물음 "안녕들 하십니까"」, 『경향신문』, 2013년 12월 12일.

141 정대연, 「"안녕들 하십니까" 봇물 터져…페이스북 "공감" 20만 명에 육박」, 『경향신문』, 2013년 12월 15일.

142 송호균·정대하·전진식, 「고교생·주부·직장인도 '안녕들 하십니까' 신드롬」, 『한겨레』, 2013년 12월 16일; 박은하, 「"성적·돈에 굴종 가르쳐" 고려대생 엄마의 자성 대자보」, 『경향신문』, 2013년 12월 17일.

143 엄기호, 「[세상읽기] '안녕'이라는 말걸기…파괴된 세계를 재건하는 힘」, 『경향신문』, 2013년 12월 17일.

144 「통합진보당 내란선동 사건」, 『나무위키』; 「통합진보당 해산심판 사건」, 『위키백과』; 「이석기」, 『나무위키』; 「이석기」, 『위키백과』; 임재근, 「이석기 전 의원 8년 3개월 20일 만에 가석방」, 『통일뉴스』, 2021년 12월 24일.

145 유종헌, 「[단독] '이석기 내란 선동 사건' 수사서 이재명 빠진 의혹도 조사」, 『조선일보』, 2023년 7월 10일; 유동규, 『당신들의 댄스 댄스 댄스: 과연 '그분'은 누가 조종하고 있는가』(지우출판, 2024), 33~34, 50~163쪽.

146 김경화, 「"경기동부연합, 이재명을 숙주 삼아 국회 진출 시도"」, 『조선일보』, 2024년 2월 26일; 김정하, 「이재명과 경기동부의 끈끈한 인연」, 『중앙일보』, 2024년 3월 8일; 이철호, 「이재명과 경기동부의 위험한 정치공생」, 『문화일보』, 2024년 3월 8일.

147 김정하·손국희, 「[더 인터뷰-이재명 멘토 이한주] "이재명, 테러 겪은 뒤 중도의 길…종부세 완화론, 그래서 나왔다"」, 『중앙일보』, 2024년 6월 21일.

148 「허지웅」, 『나무위키』.

149 최태섭, 『모서리에서의 사유: 청년 문화연구가 최태섭의 삐딱하게 세상 보기』(알마, 2013), 286~288쪽.

150 김동석, 「56년생 동갑내기 손석희-윤창중의 명과 암…그것참!」, 『동아닷컴』, 2013년 5월 10일.

151 조은별, 「"시선집중" 떠나는 손석희, 마지막 방송 현장 울음바다」, 『노컷뉴스』, 2013년

5월 10일.

152 곽상아,「"호랑이굴 들어간 손석희, 결국 잡아먹힐 것": 6월부터 'JTBC 뉴스9' 진행…언론계 반응은 '싸늘'」,『미디어스』, 2013년 5월 10일.

153 최원형,「손석희, '시선집중' 마지막 방송 "역할 여기까지…"」,『한겨레』, 2016년 5월 10일.

154 박세열,「종편 택한 손석희? 손석희 삼킨 종편!」,『프레시안』, 2013년 5월 10일.

155 전홍기혜,「윤창중, 손석희…비루한 언론의 현실」,『프레시안』, 2013년 5월 13일.

156 천관율,「손석희 교수 인터뷰」,『시사IN』, 제296호(2013년 5월 13일).

157 원성윤,「손석희 사장, JTBC 보도 바꿀까」,『기자협회보』, 2013년 5월 15일.

158 하성태,「손석희의 '다짐', 아직은 못 믿겠다」,『오마이뉴스』, 2013년 5월 16일.

159 황소영,「'썰전' 허지웅, 손석희 엄청난 절제력에 "무시무시한 사람"」,『TV리포트』, 2013년 5월 17일.

160 Jeremy Lott, 『In Defense of Hypocrisy: Picking Sides in the War on Virtue』(New York: Nelson Current, 2006), p.10.

161 이승한,「'손석희의 도박' JTBC행 30년 명성 올인」,『한겨레』, 2013년 5월 18일.

162 고재열,「종편 간 손석희, 판단 유예 필요할까」,『피디저널』, 2013년 5월 21일.

163 전규찬,「배신을 가리켜 배신이라 말하는 내가 옹졸한가」,『한겨레21』, 제962호(2013년 5월 21일).

164 김완,「욕하지 말자 너무도 많은 것이 이미 무너졌다」,『한겨레21』, 제962호(2013년 5월 21일).

165 이영광,「"손석희 비판하지 않는 언론인, 삼성 전화 기다리나"」,『오마이뉴스』, 2013년 5월 25일.

166 박구용,「변절의 흑백논리」,『경향신문』, 2013년 6월 1일.

167 조현주,「[2013 누가 한국을 움직이는가] 언론인: 손석희의 철옹성은 굳건했다」,『시사저널』, 제1248호(2013년 9월 16일).

168 이아인,「역시 손석희? TV판 '시선집중' 기대와 한계」,『미디어오늘』, 2013년 9월 17일.

169 정덕현,「손석희, 이름 석 자의 위력이 이렇게 컸던가」,『엔터미디어』, 2013년 9월 18일.

170 「"단물 다 빠지면 쫓겨날 것" 정청래-손석희 설전…왜?」,『동아일보』, 2013년 10월 7일.

171 최지은,「PEOPLE 2013 | ① 손석희, 서릿발 칼날 진 그 위에 서다」,『IZE』, 2013년 12월 10일; http://ize.co.kr/articleView.html?no=2013120822087279758.

172 양선희,「[분수대] 잔혹 스토리가 난무하는 우리네 명절」,『중앙일보』, 2013년 9월 23일.

173 「[사설] 행복한 설을 위한 '문화혁명'에 나서자」,『한겨레』, 2007년 2월 17일, 19면.

174 이효상,「4쌍 중 1쌍 황혼 이혼…신혼 이혼 앞질러」,『경향신문』, 2013년 10월 21일; 장은교,「"정 때문에 산다"고요? 황혼 이혼, 신혼 이혼 추월」,『경향신문』, 2014년 10월 23일.

175 「일베저장소」,『나무위키』;「일베저장소」,『위키백과』.

176 박가분,『일베의 사상: 새로운 젊은 우파의 탄생』(오월의봄, 2013), 19쪽.

177 이효상,「['일베 현상'에서 한국 사회를 본다] '일베'와 '나꼼수', 주의·주장에 기반한 "유희"…대중의 반응··인식은 극과 극」,『경향신문』, 2013년 6월 4일.

178 이효상,「['일베 현상'에서 한국 사회를 본다] '일베'와 '나꼼수', 주의·주장에 기반한 "유희"…대중의 반응··인식은 극과 극」,『경향신문』, 2013년 6월 4일.

179 이에 대해선 강준만,『한국 현대사 산책 2000년대편: 노무현시대의 명암』(인물과사상사, 2011)의 제5권을 참고해주시기 바란다.

180 2014년 4월, 한 일베 회원이 쓴「괴물-일베의 역사」라는 자전적 글의 일부다. 개인적으로 입수한 글인데, 이 회원의 뜻에 따라 익명으로 처리한다.

181 박가분,『일베의 사상: 새로운 젊은 우파의 탄생』(오월의봄, 2013), 128쪽; 정원식,「온라인 극우파 결집 코드는 '혐오'」,『주간경향』, 제980호(2012년 6월 19일).

182 최우리,「욕설과 조롱과 섹드립…맨 정신으론 대화 불가!」,『한겨레』, 2013년 1월 18일; 이재진,「"혹시 너도?"…'일베충'들을 어찌하오리까: [분석] 일베 현상 문제는 어디 있나…'담론의 장' 시급」,『미디어오늘』, 2013년 5월 29일.

183 이항우,「"종북에 대한 극단적 적대주의가 뿌리…무차별적 혐오·독설 민주사회 괴물로"」,『한국일보』, 2013년 5월 29일.

184 정재원,「일베충? 우습게 보다간 큰 코 다친다!: 러시아 스킨헤드, 일본 넷우익, 그리고 일베」,『프레시안』, 2013년 4월 23일.

185 서민,「기생충보다 못한 '일베'」,『경향신문』, 2013년 6월 7일; 조윤호,「넷우익은 이미 거리에 있다」,『미디어오늘』, 2013년 6월 4일.

186 박가분,『일베의 사상: 새로운 젊은 우파의 탄생』(오월의봄, 2013), 170쪽.

187 야스다 고이치, 김현욱 옮김,『거리로 나온 넷우익: 그들은 어떻게 행동하는 보수가 되었는가』(후마니타스, 2012/2013), 198쪽.

188 2014년 8월, 비정규 과목으로 매주 목요일에 했던 나의 '글쓰기 특강'에 제출된 한 학생의 글인데, 학생의 뜻에 따라 익명으로 처리한다.

189 2014년 8월, 비정규 과목으로 매주 목요일에 했던 나의 '글쓰기 특강'에 제출된 글이다.

190 2014년 8월, 비정규 과목으로 매주 목요일에 했던 나의 '글쓰기 특강'에 제출된 한 학생의 글인데, 학생의 뜻에 따라 익명으로 처리한다.

191 Sanford D. Horwitt,『Let Them Call Me Rebel: Saul Alinsky-His Life and

Legacy』(New York: Vintage Books, 1989/1992), pp.524~526; Saul D. Alinsky, 「Afterword to the Vintage Edition」, 『Reveille for Radicals』(New York: Vintage Books, 1946/1989), p.229.

192 Sanford D. Horwitt, 『Let Them Call Me Rebel: Saul Alinsky-His Life and Legacy』(New York: Vintage Books, 1989/1992), p.528; 강준만, 「왜 '있는 그 대로의 세상'은 안 보고 '원하는 세상'만 보는가?: 알린스키의 법칙」, 『우리는 왜 이렇 게 사는 걸까?: 세상을 꿰뚫는 50가지 이론 2』(인물과사상사, 2014), 92~96쪽 참고.

193 오찬호, 『우리는 차별에 찬성합니다: 괴물이 된 이십대의 자화상』(개마고원, 2013), 108~111쪽.

194 오찬호, 『우리는 차별에 찬성합니다: 괴물이 된 이십대의 자화상』(개마고원, 2013), 118쪽.

195 오찬호, 『우리는 차별에 찬성합니다: 괴물이 된 이십대의 자화상』(개마고원, 2013), 129쪽.

196 오찬호, 『우리는 차별에 찬성합니다: 괴물이 된 이십대의 자화상』(개마고원, 2013), 146쪽.

197 오찬호, 『우리는 차별에 찬성합니다: 괴물이 된 이십대의 자화상』(개마고원, 2013), 122~123쪽.

198 김지훈, 「입시 지옥 거친 학생들의 '돌직구'…"고교는 수능 익숙한 학생 찍어내는 공 장"」, 『한겨레』, 2015년 1월 20일.

199 김지훈, 「정말로 수능 만점자도 대학 떨어졌을까요?」, 『한겨레』, 2015년 1월 17일.

200 김지훈, 「정말로 수능 만점자도 대학 떨어졌을까요?」, 『한겨레』, 2015년 1월 17일.

201 김연주, 「'인서울(In 서울·서울지역 대학교)' 大學 신입생 10명 중 3명은 재수생」, 『조선일보』, 2015년 2월 12일.

202 김연주, 「'인서울(In 서울·서울지역 대학교)' 大學 신입생 10명 중 3명은 재수생」, 『조선일보』, 2015년 2월 12일.

203 원선우, 「재수생이 더 많은 서울대 정시 합격자」, 『조선일보』, 2014년 2월 5일.

204 오찬호, 『우리는 차별에 찬성합니다: 괴물이 된 이십대의 자화상』(개마고원, 2013), 168쪽.

205 정희진, 「잉여」, 『경향신문』, 2013년 10월 30일.

206 문성훈, 『인정의 시대: 현대사회 변동과 5대 인정』(사월의책, 2014), 24쪽.

207 오찬호, 『우리는 차별에 찬성합니다: 괴물이 된 이십대의 자화상』(개마고원, 2013), 17~18쪽.

208 오찬호, 『우리는 차별에 찬성합니다: 괴물이 된 이십대의 자화상』(개마고원, 2013), 5쪽.

209 장은주, 『정치의 이동: 분배정의를 넘어 존엄으로 진보를 리프레임하라』(상상너머, 2012), 146쪽.

210 진 스펄링(Gene Sperling), 홍종학 옮김, 『성장친화형 진보: 함께 번영하는 경제전략』(미들하우스, 2005/2009), 54쪽.

211 필립 브라운(Phillip Brown)·휴 로더(Hugh Lauder)·데이비드 애시턴(David Ashton), 이혜전·정유진 옮김, 『더 많이 공부하면 더 많이 벌게 될까: 지식경제의 불편한 진실』(개마고원, 2011/2013), 263~264쪽.

212 마이클 샌델(Michael Sandel), 김선욱 외 옮김, 『공동체주의와 공공성』(철학과현실사, 2008), 269~270쪽.

213 로버트 라이시(Robert Reich), 오성호 옮김, 『부유한 노예』(김영사, 2001), 188쪽.

214 최혜정, 「"인맥도 능력" 83% "인맥 써 취업" 37%」, 『한겨레』, 2004년 11월 16일, 27면.

215 박성환·황윤정, 「"감히 연세대 동문 동문 거리는 놈들…"」, 『한겨레21』, 제1018호(2014년 7월 1일).

216 엄기호, 『이것은 왜 청춘이 아니란 말인가: 20대와 함께 쓴 성장의 인문학』(푸른숲, 2010), 45쪽.

217 오스카, 「책, 대학 서열을 말하다: '대학 계보' 뒤에서 눈물짓는 서자들」, 2010년 12월 22일; http://prunsoop.com/100.

218 김동훈, 『대학공화국: 취재기자가 발로 쓴 6공화국 대학사건 취재기』(한국대학신보, 1993), 71~87쪽.

219 김동훈, 『대학이 망해야 나라가 산다』(바다출판사, 1999), 136~137쪽.

220 하재근, 『서울대학교 학생선발지침』(포럼, 2008), 336쪽.

221 엄기호, 『이것은 왜 청춘이 아니란 말인가: 20대와 함께 쓴 성장의 인문학』(푸른숲, 2010), 33~34쪽.

222 조성은·박요진, 「"친구가 아니라 벌레?": 한심한 서울대생들의 왕따 문화」, 『국민일보』, 2013년 10월 15일.

223 원선우, 「"他大 출신은 나가라"…서울대 인터넷 커뮤니티에서 벌어진 '서울대 순혈주의' 논쟁」, 『프리미엄조선』, 2014년 2월 12일.

224 오찬호, 『우리는 차별에 찬성합니다: 괴물이 된 이십대의 자화상』(개마고원, 2013), 232쪽.

225 강준만, 「왜 연세대엔 '카스트 제도'가 생겨났을까?: 신호 이론」, 『생각의 문법: 세상을 꿰뚫는 50가지 이론 3』(인물과사상사, 2015), 300~306쪽 참고.

226 원선우, 「"他大 출신은 나가라"…서울대 인터넷 커뮤니티에서 벌어진 '서울대 순혈주의' 논쟁」, 『프리미엄조선』, 2014년 2월 12일.

227 오찬호, 『우리는 차별에 찬성합니다: 괴물이 된 이십대의 자화상』(개마고원, 2013), 163쪽.

228 오찬호, 『우리는 차별에 찬성합니다: 괴물이 된 이십대의 자화상』(개마고원, 2013), 154쪽.

229 낸시 에트코프(Nancy Etcoff), 이기문 옮김, 『미(美): 가장 예쁜 유전자만 살아남는 다』(살림, 1999/2000), 262~263쪽; 댄 애리얼리(Dan Ariely), 이경식 옮김, 『거짓 말하는 착한 사람들: 우리는 왜 부정행위에 끌리는가』(청림출판, 2012), 154~158쪽.

230 서영지, 「서울대 교수 92명 사외이사 겸직…한 해 평균 4234만 원 받아」, 『한겨레』, 2014년 9월 16일.

231 김도연, 「곧 승진할 테니 서울대 최고경영자과정에 합격시켜달라?」, 『미디어오늘』, 2015년 2월 16일.

232 이광수, 『인도는 무엇으로 사는가』(웅진출판, 1998), 70, 136~137쪽.

233 「[사설] 세계적 격랑 헤치고 기적의 역사 다시 쓰자」, 『동아일보』, 2013년 1월 1일.

234 특별취재팀, 「문화적 상상력이 밥이다」, 『중앙일보』, 2013년 1월 2일.

235 박인배, 「한류의 새로운 이름, K-culture」, 『헤럴드경제』, 2013년 1월 9일.

236 박인배, 「한류의 새로운 이름, K-culture」, 『헤럴드경제』, 2013년 1월 9일.

237 한지숙, 「한류 업그레이드를 위한 조건…3C를 드러내고, 3B를 감춰라」, 『헤럴드 POP』, 2013년 1월 10일.

238 「28일 창립총회 여는 세계한류학회 박길성 초대 회장」, 『콘텐츠경영』, 2013년 1월 30일; http://blog.daum.net/seawol/132.

239 오인규는 한류에 대한 국내의 부정적 시각을 오리엔탈리즘으로 비판하는 등 의미 있고 중요한 문제 제기를 하고 있지만, "문화 혼종은 파괴와 수탈의 결과이지, 결코 한류와 같이 침략과 약탈 없이 전 세계에 어필할 수 있는 (문화 현상의) 그 어떤 근간도 되지 못한다"며 '엉터리 사회과학 기능주의'로 일축하는 등 문화 혼종에 대한 학계의 일반적인 이해나 인식과는 동떨어진 주장을 펴고 있는 점이 아쉽다. 오인규, 「한류 현상을 왜 학문적으로 연구하는 것이 중요한가?」, 『철학과 현실』, 110권(2016년 9월), 130, 146쪽.

240 허준, 「던전앤파이터 가입자 4억 명 돌파 '대기록': 전 세계 가장 많은 가입자 확보한 온라인 게임 등극」, 『아이뉴스24』, 2013년 2월 11일.

241 남혁우, 「"게임은 이미 문화다. 건강하게 키우자": 공개 토론회 '게임 매니아 다 모여라' 개최」, 『디스이즈게임』, 2012년 3월 13일.

242 김진욱, 「한민족 '게임의 피'가 흐른다?」, 『스포츠서울』, 2005년 8월 1일, 13면.

243 이재명·임우선, 「어린이 게임 중독…머릿속 "뱅뱅" 수업은 "뒷전"」, 『동아일보』,

2007년 12월 8일.

244 백승재, 「"게임업계 '온라인 혁명' 쉬운 게임이 대세될 것"」, 『조선일보』, 2008년 5월 9일.

245 김리선, 「"한국인 애니팡에 빠져 하트 구걸": WSJ "직장·학교 갈등 빚어"」, 『노컷뉴스』, 2012년 10월 10일.

246 김일, 「카트라이더와 승부 근성」, 『중앙일보』, 2005년 6월 21일, 31면.

247 맹기돈, 「게임과 PC방」, 강지웅 외, 『게임과 문화연구』(커뮤니케이션북스, 2008), 101~120쪽; 김현수 외, 「손님은 줄고 목돈 들 곳은 많고…PC방 "한계상황" 아우성」, 『한국일보』, 2013년 1월 25일.

248 조흥윤, 『한국문화론』(동문선, 2001), 91~94쪽.

249 「갈라파고스 신드롬(Galapagos syndrome)」, 『네이버 지식백과』; 이선진, 「잘라파고스 일본 모바일 앱 성공 공식」, 『이티뉴스』, 2013년 3월 19일; 앤디 이, 「일본은 왜 인터넷 강국이 못 됐나: 우수한 인프라에도 폐쇄적 문화 탓…전방위 진흥 조치 약효 지켜봐야」, 『주간동아』, 제886호(2013년 5월 6일), 50~51면.

250 서황욱·김아영, 「유튜브 이전의 케이팝, 이후의 케이팝」, 한국국제문화교류진흥원 엮음, 『한류, 다시 출발점에 서다』(한국국제문화교류진흥원, 2019), 59~60쪽.

251 이케다 준이치, 서라미 옮김, 『왜 모두 미국에서 탄생했을까: 히피의 창조력에서 실리콘밸리까지』(메디치, 2011/2013), 227~228쪽; 「Galápagos syndrome」, 『Wikipedia』; 알렉스 커(Alex Kerr), 이나경 옮김, 『치명적인 일본』(홍익출판사, 2002), 156~157쪽; 강준만, 「왜 휴대전화 전쟁에서 일본은 한국에 패배했나?: 갈라파고스 신드롬」, 『감정 독재: 세상을 꿰뚫는 50가지 이론』(인물과사상사, 2013), 285~290쪽 참고.

252 홍석경, 『세계화와 디지털 문화 시대의 한류: 풀하우스, 강남스타일, 그리고 그 이후』(한울아카데미, 2013), 11~12쪽.

253 홍석경, 『세계화와 디지털 문화 시대의 한류: 풀하우스, 강남스타일, 그리고 그 이후』(한울아카데미, 2013), 174~175쪽.

254 이수안, 「문화 혼종 이론으로 본 케이팝 열풍」, 이화인문과학원 편, 『문화 혼종과 탈경계 주체』(이화여자대학교출판부, 2013), 44쪽.

255 양성희, 「K팝 유럽서 왜 떴나…폭력·섹스·마약 없는 '청정 음악'이니까」, 『중앙일보』, 2013년 7월 5일.

256 유니 홍(Euny Hong), 정미현 옮김, 『코리안 쿨: 세계를 사로잡은 대중문화 강국 '코리아' 탄생기』(원더박스, 2014/2015), 158~159쪽.

257 김수정·김수아, 「'집단적 도덕주의' 에토스: 혼종적 케이팝의 한국적 문화 정체성」,

『언론과사회』, 23권 3호(2015년 8월), 5~52쪽.

258 김수정·김수아, 「'집단적 도덕주의' 에토스: 혼종적 케이팝의 한국적 문화 정체성」, 『언론과사회』, 23권 3호(2015년 8월), 43쪽.

259 강준만, 『한국인 코드』(인물과사상사, 2006); 강준만, 『갑과 을의 나라: 갑을관계는 대한민국을 어떻게 지배해왔는가』(인물과사상사, 2013); 강준만, 『개천에서 용 나면 안 된다: 갑질공화국의 비밀』(인물과사상사, 2015) 참고.

260 신은진, 「"지드래곤 보고 신라면 먹고, 현대車 탈래요" 2만 명 美 청춘 들썩였다」, 『조선일보』, 2013년 8월 27일; 김영대, 「하위문화로부터 탈한류 담론의 가능성까지: 케이콘과 방탄소년단을 중심으로」, 이기형·이동후 외, 『문화연구의 렌즈로 대중문화를 읽다: 변화하는 한국 대중문화 지형도』(컬처룩, 2018), 164쪽.

261 조수경, 「10곡 중 무려 8곡… '아이돌 공화국'된 대한민국」, 『미디어오늘』, 2013년 10월 16일.

262 이태훈, 「'장' 보러 갔다 1000만이 울었다: '국제시장' 오늘 역대 11번째」, 『조선일보』, 2015년 1월 13일.

263 홍석재, 「관객 2억 명 시대 '국적 편식'은 더 심화」, 『한겨레』, 2014년 1월 3일.

264 권상집, 「한류 확산을 위한 CJ E&M의 디지털 및 글로컬 콘텐츠 전략」, 『한국콘텐츠학회논문지』, 16권 12호(2016년 12월), 85~86쪽; 윤호진, 『한류 20년, 대한민국 빅콘텐츠』(커뮤니케이션북스, 2016), 82~83쪽.

265 홍석재, 「노무현 소재 영화 '변호인' 나흘 만에 120만 관객 돌파」, 『한겨레』, 2013년 12월 23일; 김진우, 「안희정 "민주주의 후퇴 현실이 〈변호인〉 호소력 짙게 해"」, 『경향신문』, 2014년 1월 4일.

266 신진아, 「'변호인' 단체 관람 문의 많다? "20대 관심 의외로 높아"」, 『CBS 노컷뉴스』, 2013년 12월 3일.

267 변이철, 「영화 '변호인' 박스오피스 1위…"영화관은 지금 눈물바다"」, 『CBS 노컷뉴스』, 2013년 12월 19일.

268 김경학, 「거칠고, 불친절하고, 솔직하지 못한 영화 '변호인'」, 『경향신문』, 2013년 12월 25일.

한국 현대사 산책 2010년대편 2권

ⓒ 강준만, 2024

초판 1쇄 2024년 11월 29일 찍음
초판 1쇄 2024년 12월 10일 펴냄

지은이 | 강준만
펴낸이 | 강준우
인쇄 · 제본 | 지경사문화

펴낸곳 | 인물과사상사
출판등록 | 제17-204호 1998년 3월 11일

주소 | (04037) 서울시 마포구 양화로7길 6-16 서교제일빌딩 3층
전화 | 02-325-6364
팩스 | 02-474-1413

www.inmul.co.kr | insa@inmul.co.kr

ISBN 978-89-5906-780-0 04900
     978-89-5906-778-7 (세트)

값 22,000원